象征
Symbol

漫漫征途　　与书为伴

耶路撒冷史

THE HISTORY OF JERUSALEM

[德]阿尔伯特 著
王向鹏 译

图书在版编目(CIP)数据

耶路撒冷史/(德)阿尔伯特著；王向鹏译. — 郑州：大象出版社，2022.12
(西方史学名著译丛/陈恒主编)
ISBN 978-7-5711-1412-1

Ⅰ.①耶… Ⅱ.①阿… ②王… Ⅲ.①耶路撒冷-历史 Ⅳ.①K382

中国版本图书馆 CIP 数据核字(2022)第 060807 号

耶路撒冷史
YELUSALENG SHI
[德]阿尔伯特 著
王向鹏 译

出 版 人	汪林中
责任编辑	徐清琪
责任校对	钟 骄
封面设计	张 帆

出版发行	大象出版社(郑州市郑东新区祥盛街 27 号　邮政编码 450016)
	发行科　0371-63863551　　总编室　0371-65597936
网　　址	www.daxiang.cn
印　　刷	北京汇林印务有限公司
经　　销	各地新华书店经销
开　　本	890 mm×1240 mm　1/32
印　　张	16.5
字　　数	367 千字
版　　次	2022 年 12 月第 1 版　2022 年 12 月第 1 次印刷
定　　价	95.00 元

若发现印、装质量问题，影响阅读，请与承印厂联系调换。
印厂地址　北京市大兴区黄村镇南六环磁各庄立交桥南 200 米(中轴路东侧)
邮政编码　102600　　　　电话　010-61264834

目 录

第一卷

隐修士彼得与平民十字军

1

第二卷

贵族十字军与尼西亚之战

33

第三卷

从安纳托利亚到安条克

77

第四卷

安条克之战结束

141

第五卷

从安条克到耶路撒冷

193

第六卷

创建耶路撒冷王国

232

第七卷

戈德弗里病逝及鲍德温一世加冕

279

第八卷

1101 年十字军

338

第九卷

拉姆拉之战及哈兰之战

369

第十卷

耶路撒冷王国拓疆与稳固

415

第十一卷

的黎波里伯国创建

448

第十二卷

鲍德温一世去世及鲍德温二世继位

477

译 后 记

510

第一卷
隐修士彼得与平民十字军

1. 此文事关那场每日皆令人难以置信、惊诧异常，向着耶路撒冷的旅程和征伐。我屡屡有冲动，想要参加这场远征，渴望着到那里去做祷告。尽管我亢奋不已，但因为种种阻碍，我是完全无法成行。仗着鲁莽的勇气，我决定至少将我靠着他人叙述得知的在世亲历者的回忆告知世人。于是，纵使因此不得空闲，我也要竭尽全力，即使不以身体，也要以全部的心智和灵魂，让自己仿若成为旅程中的一员。因此，我以凡人微小的力量，幼稚、不谨慎的文体，冒险记述艰辛和不幸、坚强的信仰，以及因基督之爱，强大王公和其余人所拥有的和睦融洽。他们离开家乡、亲人、妻子、儿女、城堡、城市、土地、王国和世上所有的甜蜜，抛弃安逸去追求动荡无常，奉耶稣之名去寻求放逐；他们以大能的手、强大的军队，向着耶路撒冷挺进；军队勇敢攻伐，屠戮1000000突厥人和萨拉森人；他们打开前往主耶稣基督之圣墓的入口，走了进去；他们完全免除了渴望着到那儿去的朝圣者的税和贡品。

2. 一位叫彼得的教士，曾是位隐修士，生于亚眠城（Amiens），那座城市位于法兰克王国的西边。他竭尽所能地去鼓动，第一个站出来，坚决力主展开这样的旅程。在法兰克王国的一个地方，即贝里（Berry），他成为了一名兼具训诫之能和口才的布道者。在他持续不断的训诫及号召下，主教、修道院院长、教士、修士，最显贵的俗人、各个王国的王公，全体平民大众、跟虔诚人一样多的罪人：杀人犯、盗贼、伪誓者、强盗，也就是说，各种信仰基督的人，还有女性，受悔悟的引导，成群结队，喜悦地拥向这次的旅程。这里要叙述的是，这位隐修士是出于何种的缘由和意图，为这场旅程布道，还成为了它的第一个发起者。事实上，在这次旅程开始前若干年，这位教士曾为了祷告动身前往耶路撒冷。在那里，他在主圣墓的圣殿中，心情悲伤地承受着所目睹的一些不法、邪恶之事，因受感于圣灵而愤怒咆哮；他向上帝恳求，要成为所睹不义的惩戒者。终于，因对此恶行的忧虑，他找到了神圣耶路撒冷教会的宗主教询问，为何会允许异教徒和邪恶之徒玷污圣所，信徒的供奉被这些人拿走，教堂做畜舍，基督徒被痛打，神圣的朝圣者受繁费的勒索，因他们强烈压迫而痛苦不堪。

3. 这位主教——主圣墓受人尊重的一位教士——听到这些后，做出了答复，虔诚而催人泪下："唉呀，至虔诚的基督徒啊，为何您要因这些事情谴责我，或者说，在我们的力量想来甚至不如只小老鼠强的时候，面对如此众多的暴虐，向我们苛求教父那般的看护？事实上，我们的性命要么是靠着没完没了的贡税赎下来，要么就是受极刑而终结。我们料想，这样的危险是与日俱增的，除非有基督徒的援助到来。我们想让您为使者去召唤它。"彼得如此答道："尊敬的神父，我已然知道得够多了。现在，我知晓并看到了,同你居住于此的一群基督徒是何等虚弱无力,还有你们所承受的异教徒的压迫。因此,为了上帝的恩泽及你们的解放,还有圣所的净化,有上帝相伴,只要性命无忧,返回后,我首先会去找教皇,然后是基督教徒的所有显贵,国王、公爵、伯爵,以及居于王国至高权位的人,明示你们所受奴役的枷锁,以及你们所无法承受的困难。此外,同样要让他们知道我们相互间所讲的这些话,如此方能解决问题。"

4. 这时,黑暗降临于整个天际,为了祷告,彼得回了圣墓。在那里,他因祈祷和守夜而疲倦,睡着了。凭着显圣,主耶稣的圣像显现于他的面前,如此屈尊,对这个脆弱的凡人讲话:"彼得,基督徒中最为亲爱的孩子啊,起来,去拜访宗主教,从他那儿获得带有圣十字封印,附有吾等使命的信件。你竭尽所能地赶路,去你同族土地,去揭露施加于吾等子民和圣所的罪状及不公。你去激发信众的心,让他们净化耶路撒冷之圣所,恢复圣所之仪式。也就是说,经由危险和种种诱惑,天国的门现在要向受召唤、被选中之人打开了。"

5. 因此,在上帝美妙而高尚的启示下,在显圣结束后,彼得睡醒了。天刚亮,他就从圣殿的入口走了出来,前往宗主教那里。他将上帝于自己的显圣如实地告知宗主教,请求带有圣十字封印的、神圣使命的信件。宗主教没有拒绝,感激地答应了。于是,获得许可后,他遵从使命,返回故土海岸。他非常焦虑地坐船由海上出发,回到了巴里(Bari)城。刚上岸,他就立即动身前往罗马。在那里,他找到了教皇,明示自己从上帝和宗主教那儿听到、得到的使命，事关异教徒的秽行以及对圣所、朝圣者的冒犯。教皇心甘情愿、专注地听完这些后，向他承诺，完全服从圣徒们的命令和要求。教皇关切这个事业，前往维泽拉（Verzellaus）城，翻过阿尔卑斯山，宣布召开一次全法兰克的集会，然后是在圣玛利亚（St Mary）的勒皮（Le puy）城召开一次会议。随后，他动身前往位于奥弗涅（Auvergne）的克莱蒙（Clermont）。在听到上帝赋予的使命和教皇的建议后，全法兰克的主教、公爵和伯爵、强大的王公们、各层各级之人，向上帝承诺，要自己承担费用，向圣墓远征。在这个幅员辽阔的王国内，在举右手宣誓后，在最强大的人中间，这次旅程的神圣、和睦及联合达成了。为了证实此事，一场大地震发生了，它唯预示了，不同王国的军队将要参与到这次的旅程中来，他们来自法兰克王国和洛林（Lotharingia），德意志人之地，还有盎格鲁人之地，以及丹麦王国。

6. 主道成肉身的第 1096 年，第四小纪，亨利为第四位国王。罗马人的第三位皇帝奥古斯都，在他统治的第 43 年，以及作为皇帝统治的第 13 年，乌尔班二世（Urban II）——他也叫奥达尔（Odard）——为教皇，在 3 月的第八日，姓桑萨瓦尔的卓越骑士沃尔特（Walter Sansavoir）[1]率领着众多法兰克步兵随从——其中仅有 8 名骑士，因上面说到的隐修士彼得的训诫，进入了匈牙利（Hungary）王国，开始了前往耶路撒冷的旅程。在得知他心中所想及这

---

[1] 译者注：亦被称为贫穷者瓦尔特，因其姓氏"Sansavoir"的含义为贫困、贫穷之意。不过苏珊等学者认为，其姓氏更可能来自其家族出身的地名，博伊西—桑萨瓦尔（Boissy-Sans-Avoir），位于法国的伊夫林省。

次旅程的发起原因后，他受到匈牙利至为虔诚的基督教国王科洛曼（Coloman）陛下亲切的接待，还被授予了和平通过其王国全部土地并购买食物的许可。于是，在这里，没有不幸及任何敌对侵犯，他一路来到了保加利亚人的城市贝尔格莱德（Belgrade）。在这段旅途中，他经过了泽蒙（Zemun），那是匈牙利王国领土的终端。在那里，他乘船渡过了平静的摩拉瓦河（Morava）。但是，也是在那里，他随从中的16人耽搁了下来，去购买武装，但沃尔特并不知晓，当时他已经渡过河很长时间了。一些心怀叵念的匈牙利人从远处看到沃尔特和他的军队离开了，就袭击了这一行16人：劫掠了他们的武装、衣物及金银。然后，这些赤身裸体、身无一物的人，就这样被放走了。这些悲伤的人失去了财产和武装，一路匆忙地赶往上述的贝尔格莱德，在那里，沃尔特正率全军在城墙外扎营，暂作休整。他们将发生于自己身上的所有不幸告诉了他。不过，他以公心认了这些事，因为，为报复而返回是徒劳无益的。于是，在当晚，这些赤身裸体、身无一物的同伴被接纳了进来。沃尔特向这里的保加利亚王公和这座城市的行政官请求购买生活必需品的许可。他们以为这是诡计，是要窥视这片土地，于是禁止城内的人向这些人出售任何东西。为此，沃尔特和他所有的同伴内心极其焦虑，就开始强行抢占并掠走那些被放牧于野外、四处游荡的牧群：它们都是保加利亚人的牛羊。就这样，在朝圣者和正在赶着自己牧群的保加利亚人之间发生了一场严重的骚乱，还动了武。事情发展到最后，因为保加利亚人的力量占了优势，有约140名朝圣者与大部队分离，逃到了一座小教堂里。保加利亚人仗着自己队伍不断壮大,而且沃尔特信心尽失,带着全部同伴逃跑了,就包围了小教堂,烧死了被关在里面的60人。其他为了保命从敌人手中及小教堂里逃出来的人,多数都遭到击打,受了重伤。在这次灾难和自己人的损耗后,沃尔特抛弃了四散奔逃的同伴,在保加利亚的森林里穿行了8天,撤到了一座叫作尼什(Nis)的城市,它位于保加利亚王国中部,非常富有。在那里,他找到了公国的公爵,报告了他所遭受的所有不公和迫害,很容易就讨到了一切的公道。并且,公国的这位公爵为了和解,给了他武器和金钱,还授予了他安全通行权,令他和他的军队可以和平通过保加利亚的城市索菲亚(Sofiya)、菲利普波利斯及阿德里安堡(Adrianople),同时,亦享有购买食物的特许。随后,他带着自己的全部军队向着帝国的城市——全希腊王国的首都——君士坦丁堡进发。到达那里后,他至为谦卑地请愿,极尽所能地急迫恳求皇帝陛下,让他们在他的王国里平静地暂作停留,并获得购买生活补给的特许,直到隐修士彼得——因为他的训诫和激励,他们才开始了这次的旅程——同行为止。届时,在彼得手下成千上万的人加入后,他们乘船渡过圣乔治(St George)海峡,进而就有了充足的力量,就能更有把握地与突厥人及异教徒的全军对阵。然后,他就这样做了。他所恳求的所有事情,都获得了这位名为阿列克修斯(Alexios)的皇帝仁慈的回应,都被准许了。

7. 这之后,没过多久,前述的彼得,还有他手下那如同海中无以计数的沙子一样多的人,从不同王国——法兰克、斯瓦比亚、巴伐利亚,还有洛林——聚集起来,加入他庞大的军队,也相继地开始了前往耶路撒冷的旅程。在旅途中,他行进到了匈牙利人的王国,将自己的帐篷扎于肖普朗(Sopron)的门前,连同一起的,还有他率领的全部基督徒军队。安置好这些后,他即刻向匈牙利国王送去消息,请求国王向他和他的同伴开放一条从王国穿过的通道。国王答应了他,但是增加了这样的条件:他不能在王国的土地上劫掠,要平静前行。他们可用钱交易到军队所需的任何东西,不必争吵和冲突。彼得获悉了国王对他和他的队伍的仁慈后,欣喜不已,和平地通过了匈牙利王国。他购买了大量用得到的必需品,而且交易公正、度量合理。于是,他在未受干扰的情况下,率领着自己全部的军队一直行进到泽蒙。但是,当他快到此地边界的时候,他和他的队伍听到了一个传言,即这个地区的一位名叫古兹(Guz)的伯爵是匈牙利王国的一名显贵,聚集有大量的武装士兵,他因贪婪而堕落,同名叫尼基塔(Nichita)的公爵——上述保加利亚人的王公及贝尔格莱德城的统治者——谋划了极其邪恶的计划:公爵在将手下的军队集合起来后,征服并屠杀彼得军队中前突的部分,古兹则在追击中屠戮他们军队的尾部,进而抢夺并瓜分如此庞大的一支军队的全部战利品——马匹、金银,还有衣物。听到这些后,因为匈牙利人和保加利亚人同是基督教兄弟,彼得完全不相信他们会实施这样的暴行,直到来到了泽蒙,他的同伴看到防御墙和城墙上挂着沃尔特的 16 名同伴的武器和战利品:那些人不久前被耽搁了下来,匈牙利人用诡计大胆地抢劫了他们。随后,彼得听说了兄弟受到的不公,看到了他们被劫掠的武器和物品后,催促同伴们进行报复。

在号手们的信号下，他们大声怒吼着，擎着战旗，向防御墙拥了过去。箭雨攻击着城墙，密集程度令人难以置信，连续不断地射向站在防御墙上的人的眼睛。因此，匈牙利人根本无力招架这些高卢人的攻势，只好从城墙上下来，寄希望于能在城内坚守。这时，一个叫戈德弗里（Godfrey）姓比雷尔（Burel）的人出现了，他生于埃坦普（Etampes）城，是200名步兵的首领和掌旗官，他本人也是步兵，非常强壮。他在离防御墙很远的地方看到匈牙利人逃跑了，就用碰巧在那儿找到的梯子爬过了城墙。布鲁瓦（Broyes）城堡的赖诺尔德（Reinold）是一位著名的骑士，他用头盔护着头，穿着锁子甲，在戈德弗里之后，也爬上了城墙。接着，所有人，既有骑兵也有步兵，都奋力向里冲。匈牙利人眼看自身陷入危境，危险已经近在咫尺，于是集中起约7000人进行防御。这些人从另一座朝东的城门出去，占据了一块非常高的岩石顶部，这块岩石的一侧有多瑙河流过，从其所在的方向看，他们的防御简直是牢不可破。因为通道狭窄，他们中的大部分人未能从城门快速逃出，在那座城门处死于剑刃之下。一些想要到山丘的顶上求生的人，被追击的朝圣者杀死。一些从岩顶上跌落下去的人，被吞没在了多瑙河的波涛里。不过，更多的人坐船逃走了。在这里，朝圣者杀死了近4000名匈牙利人；在这里，除去受伤的，仅有100名朝圣者被杀。获胜之后，彼得率着他的所有人在泽蒙这座城堡中待了5天，因为他们在那里找到了充足的补给，有谷物、羊群、牛群、充足的酒及无数的马匹。

8. 另一方面，在得知了这场胜利和匈牙利人受到的血腥屠戮，并看到他们那被刀剑砍碎了的尸体后——湍急的多瑙河将大多数被骇人的创伤所毁灭的尸体带到了贝尔格莱德，河床在那里转向，在距离泽蒙1罗马里[1]远的河道中继续前行——前述的公爵尼基塔召集了他的人。在所有人做了商议后，他因恐惧而动摇，不愿在贝尔格莱德继续等彼得。怀着抵御法兰西人、罗马人及德意志人军队的愿望，他带走了贝尔格莱德所有的财富，准备前往尼什，因为这座城市筑有城防，并且城墙坚固。于是，他将其城中的居民及其牧群带了出来，在森林中、多山地区和荒无人烟的地方逃跑。若能召来君士坦丁堡皇帝的军队的援助，他或许能与彼得的同伴一较高低，为匈牙利人报仇，这既是为了友谊，也是为了他同泽蒙伯爵古兹所达成的协议。6天后，一个信使——他来自法兰克人所不熟悉的民族所在的一个村庄——被迅速地派到了彼得那里，让彼得明悉所面临的种种威胁。信使说道："匈牙利国王为给他的人报仇将整个王国的军队集合起来，正朝你们进军。确凿无疑，你们没有一个人能从他的武装下逃生。他们所有的亲属和朋友对被杀的人的悲痛和恸哭激怒了国王。因此，你们要尽快渡过萨瓦河（Sava），加紧赶路。"在得知国王的愤怒，还有其联军即将到来的严峻性之后，彼得带着所有的同伴离开泽蒙，并带走了全部的战利品、牧群及劫掠来的马匹，着手渡过萨瓦河。尽管因为对迅猛追来的国王的恐惧，他们想要立刻渡河逃跑，不过，在整个河岸上彼得都

---

[1] 译者注："*Miliaria*"，罗马里（Roman mile），即1000步，约合1620码，近似于1英里（1760码，约合1.609千米）。

没找到多少能够让如此庞大的群体过河的船只：总共只有150艘船。在这里，众多没船的人，将木头连接起来，系上柳条，奋力渡河。但是，在这种木头和柳条组成的支架上于波浪中奔腾起伏的人们，没有舵，还跟同伴们分隔开来，便有许多被居住在保加利亚的佩彻涅格人用弓箭射中，丢掉了性命。彼得看到发生的事情——他们被毁灭、溺亡——后，命令巴伐利亚人、斯瓦比亚人及其余的德意志人遵循所依从的承诺，去救援法兰克兄弟。他们立刻乘上了7艘木筏，将佩彻涅格人的7只小船，连同上面的人一起击沉了，并活捉了7个人带到彼得的面前。依照彼得的命令，这些人被处死。在为法兰克兄弟报完仇，并渡过了萨瓦河之后，彼得带着来自贝尔格莱德载有食物的马车及全部的装备和劫掠品，进入了保加利亚广袤的森林。随后，在非常广阔的林地中过了8天后，他率领着自己的人，逼近了固若金汤、筑有城墙的尼什城。在那里，他们自城前的石桥上穿过了一条河扎营，占据了草地——绿意葱葱，地域广阔，令人愉悦——及河岸。

9. 因此，在安置好朝圣者的军队以后，彼得以先见之明，加上大多数人的建议，将使者派到了保加利亚人的王公——公爵尼基塔那里去，他当时就在这座城市里。他们请求获得购买食物的特许。他友好地同意了，不过有这样的条件：要提供给他人质，这样的话，如此庞大的一群人就不会造成像在贝尔格莱德发生的那样的不法或暴力行径。沃尔特——他是博韦（Beauvais）附近布勒特伊（Breteuil）城堡的沃尔伦（Waleran）的儿子——及埃坦普（Etampes）的戈德弗里·比雷尔（Godfrey Burel）被选为人质，交给了公爵。在将这两个人送了过去,并被公爵接收后,他们获准在任何地方都可购买物品,足量且应有尽有。并且,为了那些无购买能力的人,这座城市中还收集起大量的布施之物。于是,当晚就完全平静地过去了。在人质如王公所约定的那样被交还给了彼得后,100个斯瓦比亚人,因为在晚上的买卖中,同一个保加利亚人间发生了一次微不足道的争执,自彼得队伍的末尾脱离了一小会儿。他们放火烧毁了桥下位于河边的7个磨坊。此外,他们还放火焚烧了城外的一些房屋,以作盛怒之下的报复。不过,在看到自己的房屋毁于大火之后,市民全都集合了起来,去见他们的公爵尼基塔。他们称,彼得和他所有的随从都是虚假的基督徒,完完全全的强盗,并不安分守己,他们屠杀了贝尔格莱德公爵的佩彻涅格人、泽蒙众多的匈牙利人,现在,他们胆大妄为地放了这场大火,以怨报德。

10. 在听到了这样的暴行及市民们的控诉后,公爵命令所有人,连同在知晓了对泽蒙的进攻后,已经集合起来的他的全部骑兵,赶紧武装起来,立刻去追击朝圣者,带着所有邪恶之徒的脑袋回来见他。随后,依照公爵的命令,众多的保加利亚人、库曼人(Cuman),连同一群为防御城市集合起来的坚定不移的佩彻涅格人,拿起角和骨制的弓,穿上锁子甲,将旗帜系在矛上,追击正带着自己的军队毫无戒备地前行的彼得,毫不留情地劈砍、刺戳军中走得慢而落在后面的人。他们将跟在后面缓慢前行的二轮和四轮马车截了下来,将妇女、女孩、年幼的少年——人们发现,直到今日,他们仍旧是保加利亚土地上的放逐者和囚犯,连同所有的财物和牧群都带走了。在这次朝圣者所受到的突如其来的毁灭和杀戮中，一位名叫兰伯特（Lambert）的人纵马疾驰，逃出来后立刻到了彼得那里，将发生的所有事情，以及这番恶行和诡计起初是因斯瓦比亚人纵火引发的情况，都告诉了对此一无所知的彼得。彼得离着有1罗马里远，完全不知道这些事情。彼得对信使的话感到非常焦虑，将比较理智、聪明的人从军中召集了起来，对他们讲话：

11. "源于愚蠢的德意志人的这场灾祸狂暴、严重且残酷，正威胁着我们。我们之中许多的人，连同这些斯瓦比亚人，被公爵尼基塔和他的卫队用弓和剑屠杀，受到了对那场完全不为我们所知的火灾的报复。此外，我们所有的马车，连同财产和牧群，都被截走了。关于这些，我认为别无他法，唯有回去见公爵，去同他讲和，因为他的市民将全部的必需品和平地提供给了我们，我们的人却对他行了不义之事。"依照彼得的这些话和意见，军队向着尼什城原路返回，将帐篷再次扎在了前述的草地上。彼得是想求得对他，以及之前离开的整个军队的原谅，这样的话，公爵在获得安抚后，就能归还他们的俘虏和辎重。因此，在这样的意图和计划下，就在彼得和最为谨慎的同伴一起奔波忙碌着，用审慎的语言谋求致歉的时候，1000名失去理智的人——他们是极其轻率、刚愎自用的年轻人，是一群难以驾驭、不守规矩的人——没有原因，没有理由，就经由前述的石桥，仗着猛烈的攻势，冲向了城市的防御墙和城门。同样轻率的另外1000名年轻人也冲过了浅滩和那座桥，在巨大的呐喊声和狂暴中加入他们去支援，拒绝听从当时正同所有明智的人一起阻止他们，并命令和解的领导者彼得的话。结果，军队陷入了争执，在这次严重的分歧当中，除了那 2000 人，全军都同要阻止这场暴动的彼得留了下来，不为他们提供帮助。保加利亚人看到他们有分歧，觉得可以轻易打败这 2000 人，就迎着箭矢和矛，无惧重创，从两座城门猛冲出来。保加利亚人击退了这些受到强力阻击的人。其中，有 500 人从桥上掉了下去，陷入波涛中，淹死了。在桥的另一边，300 人开始向着不为人所知的浅滩逃跑，一些人被杀死，其他人被波涛毁灭。终于，那些被从这种疯狂行径中叫回来在河的另一边同彼得留在了林子中的人，看到自己人在如此惨烈的殉教下被残害，无法再袖手旁观，穿戴上了锁子甲和头盔，不顾彼得的意愿，一起向那座桥冲了过去。于是，在桥上，在箭矢、宝剑及矛之间，惨烈的战斗爆发了。但是，因为有那些在浅滩上及桥梁前面的保加利亚人，他们根本过不去，被挡了回来，拼命逃跑。看到自己人的毁灭和溃逃后，彼得通过一个保加利亚人——他决定随彼得踏上前往耶路撒冷的旅程——向前述的公爵送去了消息，请求他屈尊，同彼得简短地做下商谈，在双方之间，以上帝的名义达成和解。此事就这样解决了。

12. 这次的和解在彼得的人中间传开了，突发的暴力冲突停止了，最终，一切都复归了和睦。桀骜不驯、屡教不改的步兵们取回了二轮和四轮马车，装上辎重，继续前行。彼得、福尔谢（Folcher）、赖诺尔德不准他们这样做，要等到商谈达成和解的时候方可如此。但他们根本无法阻止这些愚蠢、桀骜不驯的人。另一边，市民看到彼得和军中多数人都在阻挡前行的人的去路，而且挡住了四轮和二轮马车，就以为他们准备带着这些暴徒逃跑。于是，他们从城门里拥了出来，同公爵的战士一起，去猛追他们，一直追出2罗马里远。军队中被截住了的那些人遭到了严重的屠戮，还有许多人被俘。此外，一辆装有彼得的箱子——满是无数的金银——的四轮马车被俘获、夺走，俘虏也一起被带了回去，存放到了公爵的金库里，其他的战利品则被分给了军队。不计其数的男人被屠杀，男孩和母亲，以及妇女——已婚和未出嫁的——被夺走，其数量无人知晓。事实上，彼得和他那得以逃脱的队伍逃入了昏暗、辽阔的森林中，一些人跑到了陡峭的山坡上、荒野之地。所有人都被打散了，就像绵羊从狼那里奔逃出来一样。最后，在这次的逃亡后，彼得、布鲁瓦的赖诺尔德、布勒特伊的沃尔伦的儿子沃尔特、戈德弗里·比雷尔、奥尔良（Orleans）的福尔谢，所有这些人仅仅带着500人，在一座山的山顶上偶遇了。40000人中的多数看来都未能幸免。这时，彼得深思着，他的人和军队已被严重削弱了，他焦虑地反省着种种事情，唉声叹气，悲叹他那被驱散的庞大军队，他成千上万的人被残杀，却只死了一个保加利亚人。他想知道，那逃跑、被打散了的40000人当中，是否仍有人幸存下来。于是，依照他的意愿和指示，这些逃脱了的与他一同停留在山顶上的人发出信号，吹响号角，发出巨大的响声。如此一来，朝圣者，无论跑散到了山区、森林，还是荒野之地，在听到彼得和他的人的信号后，就能返回，聚合到一起，再次踏上他们已然开始的旅程。一天不到，在听到了信号后，约7000人集合了起来。他们就这样集合起来，自散乱中折回，再次踏上了旅程。他们来到了一座市民、物品都已经撤空了的城市,在那里扎营,等待逃跑、被打散了的同伴们找来。因为失去了超过2000辆装载着食用的谷物、大麦及肉的四轮和二轮马车,在荒野中又只发现了很少的食物,所以他们在那里遭受了非常严重的饥荒。他们没有发现出售或可提供任何东西的人。于是,在7月,他们身处这样的困境中,这时,这个地方的成熟的庄稼已经变成了丰收的金黄色。因为受迫于饥荒,那些极为谨慎的人提出建议,他们该用火去炙烤那些在这座被遗弃的、无人的城市的原野中所发现的已成熟的庄稼,将烤干的谷粒抖落下来,忍饥挨饿的人们或许能靠着它们坚持下去。人们靠着食物的滋养,活了3天。直到最后,约30000逃跑、溃散的人集合了起来。此外,有约10000人被消灭了。

13. 与此同时,公爵的信使来到了君士坦丁堡皇帝面前,将有关彼得之行径及其全部不幸都告诉了他:他杀害泽蒙的匈牙利人;他到达尼什城,对市民以恶报德;他为此受到了惩罚。听到这些后,皇帝向彼得派去了使者。使者找到了彼得,他已经离开了那座空无一人的城市,带着他的所有同伴前往索菲亚城。遵照皇帝的命令,他们告知了他这样的消息:"彼得,对您及您的人的严重控诉皇帝陛下已知晓,因为您的军队在他的领土上劫掠、暴乱。因此,依照他的命令,向你们宣布,您不得在他领土上的任何城市停留超过3天,直到您进入君士坦丁堡城为止。此外,依照皇帝的命令,我们吩咐了所有你们要经过的城市,要和平地将所有东西出售给您和您的人。并且,因为您是基督徒,您的同伴也是基督徒,他们不会再阻碍您的旅程。

不管您的随众因傲慢和狂暴对公爵尼基塔犯过怎样的罪过，他都完全宽恕你们。因为他深知，为了这样的错误，你们已经受到了惨痛的惩罚。"在听到这个和平的消息后，彼得非常高兴，喜极而泣。他感谢上帝，在如此巨大、严厉且是罪有应得的责罚后，还借助于如此杰出、著名的皇帝的意志，赐予他和他的人恩泽。

14. 因此，他心甘情愿地服从皇帝的命令，从索菲亚城继续前行，带着他全部的同伴，撤到了菲利普波利斯城。在那里，于所有希腊市民的倾听下，彼得将全部灾祸和不幸讲了出来，他获得了极多的赠礼，有拜占庭金币（bezant）、银子、马匹和骡子。因耶稣之名，以及对上帝的敬畏，所有人都被感动了，都怜悯他。然后，在第三天拂晓，他带着这些受馈赠而来的必需品，兴高采烈又愉快地出发了，到达了阿德里安堡。在那里，他仅在城墙外驻扎了两天，第三个拂晓到来后，他就从那儿离开了。皇帝的第二批使者催促他，加紧赶往君士坦丁堡，因为，皇帝听到了有关彼得的传说，渴望见到他。不过，在到达君士坦丁堡后，彼得的军队被命令远离城市驻扎，他们被授予了完全的购买特许权。

15. 彼得身材细小，但言语和心灵伟岸，在福尔谢一人陪同下，由皇帝的使者带到了皇帝的面前。皇帝要看看他是否确如传闻所言的那样。彼得进去了，以主耶稣基督之名，沉着地向皇帝致敬。彼得详细叙述了在基督的爱和恩泽下，自己如何从家乡离开，前往基督的圣墓。他还以简短的话语回溯了他已然遭受的厄运。他宣称，极其强大的人们——最为尊贵的伯爵、公爵们——随后就会到来，他们非常渴望拜访主的圣墓,决定一同踏上前往耶路撒冷的旅程。同时,在看到彼得,并通过其话语知晓了其心中的意图后,皇帝问彼得想要什么,或者说,渴望从他那里获得什么。彼得恳求从他那仁慈的手中得到救济,这样的话,他和他的人就能活下去。他陈述道,因为自己人的无知和反叛,他失去了庞大到无以计数的物资。在听到彼得的这些谦卑之词后,皇帝为怜悯之心所动,吩咐将200拜占庭金币赐给他,并将大量的被称为"特塔塔伦"(Tetartaron)的钱币付给他的军队。这之后,会谈结束了,彼得从皇帝的宫殿返回,获得了仁慈的许可,仅在君士坦丁堡的平原和土地上停留了5天。沃尔特·桑萨瓦尔也在那儿扎营,在这一天成为了他的同伴。进而,资财、武器,所有用得到的必需品被混到了一处。然后,第五天结束后,他们拆掉了自己的帐篷,靠着皇帝的船只和帮助,跨越圣乔治海峡(Strait of St George),进入了卡帕多西亚(Cappadocia)地界,经山区向尼科美底亚(Nicomedia)挺进,在那里过了一晚。之后,他们在被称为奇维特(Civitot)的港口扎营。依照皇帝的命令,商人们持续不断地将满载着补给——有充足的葡萄酒、谷物、油、大麦和奶酪——的船只运到那儿,将所有东西出售给朝圣者,公平且足量。于是,当他们因这样充足的补给而欣喜,重振了筋疲力尽的身体后,至虔诚的基督教皇帝的使者来了,告知他们因为有突厥人的埋伏和攻击,不准彼得及全军向尼西亚城的山区进发,直到即将赶来的更大数量的基督徒加入他们方可。彼得听了他们所讲的,认同了皇帝的建议,所有基督徒亦是如此。他们在那儿停留了两个月,享受着平静和欢愉,安稳地睡觉,未受任何敌人的进犯。

16. 于是,两个月后,因为安逸及无可计数的食物补给,人们变得放荡不羁,也不听彼得的话,甚至违背他的意愿,经山区进入尼西亚城的土地及突厥王公苏雷曼(Suleyman)[1]的领土。他们劫掠牲畜,有牛、绵羊和山羊,皆为从属于突厥人的希腊人的牧群,将它们带回到同伴那里。彼得看着这些,伤心不已,因为他知道,他们这样做是要遭到报复的。于是,彼得一直在劝告他们,就像皇帝建议的那样,不要再去这样劫掠了。但是,他对愚蠢、桀骜不驯的人们讲话就是白费力气。一切都进展很顺利,他们亦不怕劫掠会受到阻拦。这些鲁莽、善变的人觉得应该组成一支队伍,在突厥人的眼前,于尼西亚城墙前的草地和牧场上去抢夺财物,并将其带回来。因此,7000 名步兵集合了起来,连同 300 名穿着锁子甲的骑兵,擎着他们的旗帜,在巨大的喧闹中离开了,最终将 700 头牛和其他的牧群从尼西亚城的草场上抢了回来,并带回到彼得的营帐,举办了盛大的宴会。他们将大部分牧群卖给了依附于皇帝的希腊人和海员。同时,德意志人看到罗马人和法兰西人的事情进展得这么顺利,这样频繁带着他们的劫掠物返回,还未受到阻碍,受到了鼓舞,约 3000 名步兵,还有

---

[1] 译者注:此人就是基利什·阿尔斯兰一世(Qilij Arslan I),罗姆苏丹(1092—1107)。他是伊本·苏莱曼(Ibn Sulayman)之子,于是被西方人冠以"苏雷曼"的名号。1096 年他率军击溃了彼得的大众十字军。1097 年他围攻梅利泰内期间,十字军和拜占庭联军围困了尼西亚。他驰援未果,在丢失了尼西亚后,在多利拉埃姆又遭重创,退居伊克涅。之后,他击败了 1101 年十字军。1106—1107 年,他相继占领了梅利泰内、马蒂罗波利斯、摩苏尔,1107年战败身亡。艾伦·V. 默里主编:《十字军百科全书》(*The Crusades: an encyclopedia*),ABC-CLIO 出版集团,2006 年,第 998 页。

仅仅 200 名骑兵，因劫掠的贪欲集合在一处。他们带着紫色和暗红色的旗帜，经相同的山区走上了一条小路，到达了突厥公爵和王公、强权者苏雷曼的一座城堡。那里是群山和森林的边界，离尼西亚 3 罗马里远。他们在战吼声中对这座城堡进行攻击，动用了全部武力，最后，用剑刃刺死了被征服的城堡里的居民，仅仅饶恕了基督教希腊人。在这座城堡里，其他所有被发现的人，不是被屠杀就是被驱逐了。于是，在堡垒被征服，其居民被驱逐后，他们因在那儿发现大量食物而兴高采烈。他们因为这场胜利而喜悦，接连提议：若是留在这座堡垒里的话，他们就能够仗着自己的力量轻易地获得苏雷曼的土地和他的统治权，从各处聚集起劫掠物和食物，并能够高枕无忧地同苏雷曼战斗到底，一直到期望中的权贵的军队到来。

17. 然而，在听说基督徒确实来了，还抢劫了自己的财物后，突厥公爵和王公苏雷曼从整个罗姆和呼罗珊（Khurasan）王国集合起 15000 名突厥人。他们是精通以角、骨制成的弓的尚武之人，是最为迅捷的弓手。在德意志人胜利的两天后，他将这些人集合起来，率领着这支极为强大的联军从遥远的土地回到尼西亚城。在那儿，因为斯瓦比亚人的消息，他得知沦陷的那座城堡所受到的攻伐，以及他的人所受的屠杀和驱逐，本就痛苦异常的苏雷曼愈加悲愤了。随后，第三天，太阳升起后，率全军扎营的苏雷曼从尼西亚来到了德意志人攻击过的那座城堡的附近。他的掌旗手仗着弓箭手的力量对这座城堡发起猛攻，残忍地对那些在防御墙上激烈抵抗的德意志人射箭，不停进攻，直到最后，德意志人再无力继续防守，被无穷的箭雨从城墙和防御墙上赶了下去。这些没有遮蔽、陷于困境中的人在城堡里寻求庇护，免受投射的伤害。突厥人看到已然将斯瓦比亚人从城墙和防御墙上压制回去后，准备爬过城墙和防御墙。但是，在城堡里的斯瓦比亚人焦虑、急迫地要保住性命，以长矛相对，戳刺那些想要进来的人，其他人则用剑和战斧抵抗着眼前的敌人，直到他们不敢再攀爬为止。于是，突厥人因为无法凭借箭矢攻击及无边的箭雨将斯瓦比亚人吓跑，便将各种木材积聚在城堡的门口，然后点燃，接着要塞中的大部分建筑也被烧着了，直到最后，火焰、炎热变得炽烈，一些人被烧死，其他人为了保命，从城墙上跳了下来。但是，在门外的突厥人用剑杀戮这些出来逃跑的人；带走了其他约 200 名俊俏的、有着年轻面孔和身体的俘虏；其余所有人都死于剑和箭矢之下。

18. 这次严酷异常的复仇后，苏雷曼率领着他的人，带着斯瓦比亚的俘虏回去了。德意志人受到极其惨烈屠杀的消息传到了彼得的营地中。在那里，所有人的灵魂和心都被压垮了，因他们兄弟的毁灭而悲痛异常。他们被自己人的不幸激怒，彼此间频繁商议着，是即刻行动去为他们报仇，还是等待彼得。在这些天之前，彼得就离开了，前往君士坦丁堡去见皇帝，代表军队请求出售更多的补给。双方仍在相互商议，沃尔特·桑萨瓦尔不让他们前去为兄弟报仇，要等到明晓事情的结果、彼得在场方可，他们要完全依照彼得的意见行事。人们因为沃尔特的这个建议平静了下来，等了彼得 8 天。但是彼得还没有从皇帝那里获得返回的准许。然后，在第八天，突厥人——他们是好战之徒，以战术闻名——从尼西亚城出来，有 100 人。他们仔细探察着山中之地和城镇,想要掌握并找到高卢人夺走的战利品和财物。在那里,就在这一天,据说他们将众多被发现的在各个地方四处游荡的朝圣者斩首,有时是10个,有时是15个,或者比这还要多。然后,这样的传言在彼得的营地里传开了:突厥人就在附近,将在周围徘徊的基督徒斩首。他们完全不相信突厥人会如此远离尼西亚。但是,尽管如此,一些人还是建议,如果还能在那一片地方找到这些突厥人的话,就去追击他们。

19. 同时,在知晓真相后,众人一片喧哗,步兵全部集合了起来,去见布鲁瓦的赖诺尔德、沃尔特·桑萨瓦尔,还有另一位来自布勒特伊的沃尔特和布鲁瓦的福尔谢。他们是彼得军队的首领。众人准备去为兄弟们报仇,报复突厥人的胆大妄为。但是,首领不让他们出发,要等他们见到彼得并得到他的意见方可。然而,步兵统领戈德弗里·比雷尔在听到这样的答复后,称这些如此显赫的骑士们胆小怯懦,根本不能打仗。他激烈讲演,反复嘲讽这些阻止其余同伴前去追击突厥人为兄弟报仇的人。结果,军中首领无法再忍受他及其随从的侮辱和嘲讽,因怒火和愤慨勃然大怒,发誓要去迎战突厥人的军队和埋伏,即使战死沙场也在所不惜。没有耽搁,星期三破晓后,全营地的所有骑兵和步兵被命令武装起来,以号手发出的轰鸣声为信号,集合起来准备战斗。只有没有武器和患病的人,以及无数的女性被留在了营地里。他们武装了起来,全体集合,约25000名步兵和500名穿着盔甲的骑士踏上了前往尼西亚城的道路,要挑衅苏雷曼公爵和其他突厥人一战,为兄弟报仇。于是,他们被划分并部署成6个阵列,并被给予了各自的旗帜，分左右两侧行进。在彼得不在场且完全不知情的情况下，他们刚从奇维特的港口和驻地前行了3罗马里远，走在那座森林及群山里，在巨大的喊叫和喧闹声中吹嘘，发出如雷的响动。而就在此地，苏雷曼率领着他无可匹敌的全部军队从尼西亚城出发，从另外一边进入了这座森林，意在突袭营地里的高卢人，要杀死、消灭所有毫不知情、始料未及的人们。在森林中，他听到走近的基督徒那猛烈的喧闹声，十分惊讶，不知道这喧闹是什么。因为他根本不清楚基督徒到底要做什么。然后，他立刻意识到朝圣者就在附近，便这样对自己人讲道："看，我们要对付的法兰克人就在眼前。而且，对你们来说，可以肯定的是，他们是来跟我们交战的。不过，我们要尽可能快地从森林和山区退回到开阔平坦的平原上，在那里我们能够无所顾忌地同他们交战，他们会无处藏身。"于是，他们就立即按照苏雷曼所说的做了，悄无声息地从森林和山里走了出去。

20. 另一方面，法兰克人不知道苏雷曼在逼近，他们在喧闹和巨大的喊叫声中从森林和山里走了出来，然后，猛然看到为战斗隐藏在平原中间的苏雷曼的阵列。看到突厥人后，他们开始以主之名互相宽慰，然后向前派出了有着500名骑士的两个阵列。苏雷曼看到了这两个被派到前方来的阵列后，毫不迟疑地纵马而出，他的部下也策马疾驰，发出了闻所未闻的、无法比拟的吼叫声，令基督的战士大为惊骇，他们愣住了。伴随着一阵箭雨，苏雷曼的部队冲入了这两个阵列中间，基督的战士遭受重创，被击溃，同本方的大部队隔离开来。当听到了武器的碰撞声，以及凶残追击的突厥人的大声喊叫后，最后面还未从森林出来的军队,聚集在了他们所行进的狭窄小径上,以作抵抗,挡住了这条狭窄的通道及山区。另一方面,上面提到的,那两个受到突厥人冲击、被分隔开来的阵列,因为不能返回到森林和山区之中,就占据了通往尼西亚的那条道路。他们立刻从那儿往回返,猛烈呐喊着,向回猛冲到突厥人中间,骑兵和步兵相互间大声提醒着,片刻间就消灭了200名突厥战士。但是,沮丧的突厥人在看到骑兵的力量占据上风后,就朝他们的马匹射箭,从而令极其强悍的基督教斗士只能步行。

21. 沃尔特·桑萨瓦尔被七支箭射穿了锁子甲和胸膛,当场丧命。布鲁瓦的赖诺尔德和奥尔良的福尔谢——他们都是其土地上最著名的人物——被敌人杀死,殒命于这次的殉教之中,但是并没有多少突厥人战死。不过,布勒特伊的沃尔特——戈德弗里·比雷尔的儿子——及步兵统领戈德弗里·比雷尔从荆棘和灌木丛中逃走了。他们退到了一条狭窄的小径中,从战斗中撤了出来,仍旧集中在一处的军队全都聚集在那里。在得知了他们逃跑、放弃后,所有人都转身逃走,经走过的那条道路匆忙赶往奇维特,他们勉强保住了性命,没受到敌人的伤害。于是,突厥人因顺心的胜果欣喜,屠戮着悲惨的朝圣者队伍,追杀了他们3罗马里远,一直来到了彼得的营地里。在进入他们的营地后,突厥人发现了体弱者、跛子、教士、修士、年老的妇女,以及哺乳中的男孩,年纪大小不一。突厥人用剑结束了所有人的生命。他们只掠走了年轻的女孩和修女——她们的脸庞和身姿似乎愉悦了他们的双眼——及没有胡须、脸庞俊俏的年轻男人。他们将金钱、衣服、骡子、马匹及所有稍有价值的东西，连同那些帐篷，运往了尼西亚。此外，在上述的奇维特附近的海岸上，有一座古老的、被遗弃了的堡垒。3000名逃往这里的朝圣者期望能自保，就进入了这座被拆毁了的堡垒。但是，当他们发现它没有门和屏障时，焦虑又无助，就将盾牌堆到了门口作门，还用一大堆的石头作屏障。他们仅仅用矛、木制的弓，以及石头来勇敢地保护自己免受敌人伤害。突厥人看到没法屠戮这些被围的人，就从四面八方将堡垒包围了起来。这座堡垒没有顶盖，他们将箭矢射向高空，这样一来，箭矢从天空折回，掉落到被围困的人的头顶和身上，就能消灭这些可怜的人。余下的人在看到了这些后，就会被迫投降。据说，在那里，有非常多的人因此受伤、被杀。但是，因为惧怕不信教者那异常残酷的惩罚，武器和暴力都无法逼他们出来。

22. 这时，太阳已过正午，进入堡垒的那3000名步兵正被突厥人围困着。但是，他们为了性命勇敢自卫，无论是诡计抑或夜幕的掩护，都没能将他们从这座堡垒里赶出来。与此同时，一个信使——他是一位忠实的希腊人，是基督徒——趁着夜色乘船渡海，找到了彼得，将他们的危险及其他人的灾祸和毁灭全都告诉了他。彼得在听到自己人的险境，还有被杀之人的不幸后，哀痛悲伤，谦卑地乞求皇帝，以上帝之名，去救援成千上万人中幸存下来的、少得可怜的朝圣者，不要让这些绝望痛苦的人被众多的刽子手屠灭。皇帝听了彼得的话，得知了他的人的灾祸及受到的围困后，因怜悯而被打动，将各处的特科波佣兵（Turcopoles）及他王国内所有民族都召集起来，命令他们全速穿越海峡，去救援那些逃跑并被围困的基督徒，打败突厥人，将他们赶走，解除围困。不过，在得知皇帝的命令后，突厥人带着俘获的基督徒和极多的战利品半夜就从城堡离开了，于是，被围困的朝圣者战士被从不信教者那里解救了出来。

23. 在彼得横渡后不久，一位名叫戈特沙尔克（Gottschalk）的教士受到鼓舞，他出身德意志，居于莱茵河流域，因彼得的布道，心怀对前往耶路撒冷的旅程的爱和渴望，靠着讲演激发了不同民族的众人一同奋力踏上旅程的决心。他从洛林、东法兰克、巴伐利亚及斯瓦比亚这些不同的地区聚集起超过15000人，骑士同步兵大众同样多。他们聚集了数不胜数的金钱及其他必需品，获准进入匈牙利王国，和平地继续他们的旅程。在国王的好意下，这些人到了莫索尼（Mosony）门前，去了他的城堡，被光荣地引了进去。此外，他们还被授予了购买食物补给的特许，并且，依照国王的命令，双方都宣告了和平相处，以免这样庞大的一支军队进入城市会出现纷争。但是，当他们在那儿停留了若干天，开始四处游荡后，巴伐利亚人、斯瓦比亚人——他们乃粗暴的民族——及其他蠢人喝了太多的酒，违背了已宣告的和约，逐渐地从匈牙利人那儿偷窃葡萄酒、大麦和其他必需品，最终发展到在牧场里抢夺牛羊、杀死牲畜。他们甚至杀死了阻挡并想要赶走他们的人。他们还做了其他许多我们无法尽述的可耻之事，就像是有愚蠢的乡野习惯的人，散漫且无法驾驭。甚至于，据在场的人说，在市场的街道上，他们因为非常不值一提的争吵，将木桩戳入了一个匈牙利年轻人的私处。对此事以及其他暴行的控诉，一直传到了国王和他的王公的耳中。

24. 国王因这样的恶行焦虑不安,他的整个王室也都陷入混乱。于是,他命令侍从武装起来,并对整个匈牙利发出指令,命令对这样的罪行及其他的侮辱进行报复,不要宽恕任何一个朝圣者,因为他们犯下这样的恶行。很快,戈特沙尔克的军队发觉了国王做出的如此残酷的要屠杀他们的命令。他们在整个队伍中发出巨响作为信号,全军集合在了圣马丁礼拜堂旁的贝尔格莱德平原上。迅即,整个匈牙利王国的王室军队武装了起来,要去摧毁这些聚集起来的人们。不过,他们发现,德意志人用矛、剑和箭矢猛烈抵抗着,孤注一掷,急迫地想要保住性命。因此,他们不太敢上前进犯。于是,在想到此事性命攸关,且与高卢人交手会带来不可估量的损失后,他们就施以诡计,如此哄骗道:"有一纸诉状将你们告到了国王那儿,事关你们对其王国所犯下的暴行。然而,他觉得,并非你们所有人都有罪,因为你们当中许多人是审慎的。并且,违反和约的可耻暴行也给你们造成了困扰,同这个王国和他的人民所遭受的同样多。因此,如果你们想要向国王赔罪,并安抚这片土地的诸位王公的话,必需且必然要做的是,将你们的所有武器交到国王手中,遵照我们的提议展现出你们和平的意愿,带着全部金钱投降,这样或许能减轻他的愤怒,获得他的友善。如果不这样做,你们谁也抵挡不住他和他的人,也不可能活下来,因为在他的王国,你们如此恶劣地侮辱了他,背信弃义。"在听到这些后,戈特沙尔克和其他理智的人完全相信了这些话,并因为匈牙利人是立誓的基督徒,就向所有聚集在一起的人提议,照着这番话所讲的,交出武器,向国王道歉。这样一来,一切都会复归和平、友善。所有人都同意了这个提议,将锁子甲、头盔、所有的武器,以及全部的金钱——这是他们前往耶路撒冷的资金——交到了国王的官员手中,谦卑颤抖着,在国王面前低下了头,满心以为能完全获得国王的怜悯和恩泽。国王的官员和战士将所有武器搬到王宫的一个房间里,将这样庞大的一支军队所收集起来的金钱及其他贵重财物搬到了国王的金库里。在所有人的武器被放到库房里后,他们承诺的,国王对众人的全部保证和怜悯都成了谎言。他们极其残酷地屠戮这些手无寸铁、身无一物的人,将他们斩首。以至于——如那些在场并勉强逃走的人证实的——那些被杀死、被屠戮的人的尸体和鲜血覆盖了整个贝尔格莱德平原,只有少数人被从这次殉难中拯救出来。

25. 同年,夏天伊始,在彼得和戈特沙尔克集合起部队率先出发后不久,一群庞大到难以计数的基督徒——他们同样来自不同的王国和土地,即法兰西、英格兰、佛兰德斯和洛林——燃起了圣爱之火,带上了十字标志,连续不断地从各个方向成群结队地拥向一起,带上了他们前往耶路撒冷所需的全部家当、俗世的财物及武器装备。于是,这些人成群结队地从不同的王国和城市集合了起来。但是,他们根本没有戒除不正当的性关系和私通,同那些为了同样轻浮的意图而出发的妇女、女孩无节制地狂欢作乐。欢愉持续不断,他们还极为轻浮地夸耀所获得的这次旅行的机会。

26. 在这里,我不清楚,是因上帝的审判,还是思想的错乱,他们产生了与分布于各个城市之中的犹太人为敌的残酷精神,并对他们进行了极其残忍的杀戮,在洛林王国尤其严重。他们宣称,远征伊始之时,就是服反对基督信仰之敌军役的开始。对犹太人的屠杀，首先是在科隆（Cologne）城由市民做出来的。他们突然袭击了一小群犹太人，对其造成重创，将多数人砍死了，还摧毁了他们的房屋和会堂，彼此瓜分了他们所拥有的众多钱财。随后，在目睹了这样的凶残后，约 200 名犹太人趁着夜晚的寂静乘船逃往诺伊斯（Neuss）。朝圣者和十字军[1]发现了他们，没有留下活口，照样施以屠戮，抢夺了所有的东西。

27. 这之后，他们没有耽搁，继续前行，如他们宣誓的那般。众人抵达了美因茨（Mainz）城。在那里，伯爵艾米舒（Emicho）——尊贵的人，乃当地最有权势的人——率领着众多德意志军队，正等着那些从各地汇集起来，走王室大道，向这儿拥来的朝圣者们到来。这座城市的犹太人得知自己的兄弟们受到了屠杀，也知道自己无法从这样庞大的军队手中逃脱，为了安全，他们到主教鲁塔特（Ruthard）那里避难。他们将无数财富托付给他来监护和照管，因为他是这座城市的主教。这位城里最高级别的教士将这笔自他们那里接收过来的、令人难以置信的金钱，小心存放了起来。他将犹太人安置在自己房中最宽敞的厅堂里，不让伯爵艾米舒和他的随从看到。在那儿，他们能够安全、平静地留在非常安稳、坚固的居所之内。但是，艾米舒在和军中其余人做了商议后，等太阳升起后，就用箭矢和矛突袭厅堂内的犹太人。他们破坏了门闩和门，杀死了约 700 名犹太人；这些人抵挡成千上万之众的进攻，

---

[1] 译者注：就是以十字为标记的人。十字军的称号在 12 世纪初其实并不常见，阿尔伯特似乎是最早使用"crucesignatus"这个称谓的人，这个词在 12 世纪末才被普遍使用。

根本是白费力气。他们还屠杀了妇女,用剑杀死了年幼的儿童,不分年龄和性别。犹太人看到基督教敌人前来攻击他们和他们的小孩,且不放过任何年纪的人之后,纷纷自杀,还对自己的兄弟、孩子、妇女、母亲和姐妹下手,在自相残杀中毁灭了自我。母亲们——这段文字是何等的恐怖——用匕首切开了尚在哺乳期的孩子的喉咙,还刺戳其他的孩子。他们宁愿死于自己人之手,也不想被未受割礼之人的武器杀死。

28. 这场对犹太人的屠杀如此残忍,只有少数人逃走了,还有少数人出于对死亡的恐惧而非对基督信仰的爱,被施了洗礼。伯爵艾米舒、克莱姆鲍德(Clarembald)、托马斯(Thomas),以及那支有男有女、不可抵挡的联军带着抢来的众多物品,继续前往耶路撒冷,向着匈牙利人的王国赶去,那儿的王室大道通常是不拒绝任何朝圣者的。然而,当他们到达国王的莫索尼城堡——它受到多瑙河和莱塔河(Leitha)沼泽畔的保护——后,他们发现,城堡的桥和城门皆依匈牙利国王的命令关闭了。这是因为,朝圣者屠杀了匈牙利人的兄弟,所有匈牙利人都陷入了巨大的恐惧中。此外,就在这样庞大的军队紧随而至的时候,那些被杀之人的尸体依旧在散发恶臭。确实,他们有 200000 人的步兵和骑兵,不过骑兵的数量估计只有 3000 人。于是,因为门关闭了,对所有人而言,通过王国的道路被堵了,他们就扎营在了平坦的平原上,向国王派去使者,寻求和平。然而,他们的请求和承诺完全没被听进去。于是,艾米舒、托马斯及克莱姆鲍德——三位因英勇事迹而闻名的人——同较为谨慎的人达成决议:他们要损毁这附近属于国王的土地；他们不会从这里撤走，而是要架起跨越沼泽和莱塔河的桥梁；凭借这座桥，利用谋略靠近并通过城堡的城墙。这样一来，凭着他们的力量，通道就会被打通了。从6月中旬起，他们在城堡前停留了很多天，修筑桥梁，并且经常袭击那些被围困的人。城堡的防御者猛烈抵抗着，到处投射，双方皆损失惨重。有时，他们从要塞里冲出来，凭着穿锁子甲之人的力量，猛地将高卢人从河的这边及桥上赶回去；有时，高卢人占了上风，将不堪战斗和创伤的匈牙利人一直赶回到城堡里。一天晚上，约9点的时候，托马斯、克莱姆鲍德和威廉率领着300名穿戴着锁子甲和头盔的骑术精湛的骑兵，来到了设伏的地方：匈牙利人经常在那里用船渡河，监视这个地方。若是可能，他们或许有机会向匈牙利人发起冲锋，同他们交手，抑或抢夺找得到的匈牙利人的牧群。于是，当这些人怀着这样的期盼过来后，700名去侦察基督教军队的国王的骑兵，遭遇了这些骑马持械的战士。匈牙利人看到无法从他们手中逃脱后，就突然对高卢人的军队发起了进攻。在交手后，匈牙利人被击败并受了伤，他们受到重创，经熟悉的路径逃走了。这些悲痛沮丧的人坐船回到了自己的土地上。在这场冲突中，威廉遭遇了匈牙利军队的首领，他是国王的参事，是一个杰出的人，头发花白。尽管他做出了抵抗，威廉还是砍掉了他的头。因为这场胜利，全军当晚在欢庆中通宵不眠。他们俘虏了许多匈牙利人。

29. 经过如此这般漫长又激烈的冲突及日复一日的杀戮后，军队疲倦不堪，因食物匮乏而衰弱。在约定的一日，一些人在集合起来后，穿戴上锁子甲，穿过军队修建的那座桥，余下的人则分散在了沼泽上，勇敢地进攻莫索尼的城防。他们布置好攻城塔，在两个地方打穿了城墙，竭力绞杀匈牙利人。只要他们能够坚持得住，第二天城门就会洞开。另一方面，国王及全军迅速上马准备着，一旦看到城防被攻破，这样强大的高卢军队侵入到其土地后，就逃往罗斯国。事实上，他们已经修复了很久以前就被毁坏了的桥梁，必要的时候，他们能经这些桥梁跨过沼泽和河流，进入罗斯的土地。但是，正当几乎一切都向着有利于基督徒的方向顺利发展，他们已经通过一个个巨大的缺口突破了城墙的时候，我不知道是出于偶然或是不幸，全军都感到巨大的恐惧，转身就逃，好像受到狼攻击的绵羊一样被驱散，惊慌失措，四处逃窜，忘了同伴。匈牙利人看到这些勇敢的斗士如此突然的失败并匆忙逃跑后，连同国王一起，全都从城门拥了出来，毫不迟疑地追击这些逃跑的人。他们杀死了非常多的人，俘虏了极多的人，差不多整晚都在进行大肆残害。众多步行的人，无论男女，遭到了大屠杀，以至于多瑙河和莱塔河的河水都成了血红色的波涛。不计其数的人因为害怕迫近的屠杀，寄望于从河水里逃走，盲目跳下，被多瑙河的波涛卷了进去，因迅猛的河水溺亡。说来令人惊异！如此多逃跑的人溺水而亡，以至于如此宽广的河水因为成千上万的尸体而在相当的一段时间内被遮盖住了。不过，艾米舒、托马斯、克莱姆鲍德、威廉和其他少数人，因乘着快马，逃了出来，没有受到伤害。还有一些人，或是躲在沼泽的杂草和灌木丛中，或是趁着夜色逃走了。艾米舒和他的一些人顺着来时的路逃了回去。托马斯、克莱姆鲍德和其他的一些人朝着卡林西亚

（Carinthia）及意大利急速逃去。在此，人们觉得，上帝之手是反对这些朝圣者的。在他看来，他们是有罪的——过度淫乐，还通奸。并且，他们因为对金钱的贪欲而非为了上帝的正义，大肆屠戮被放逐的犹太人，尽管犹太人是反基督的。因为，上帝是公正的审判者，他命令，不得令任何人不情愿或被迫去受大公教信仰的约束。

30. 在这样一群愚蠢、精神错乱、轻浮的步行之人当中，还有着其他可憎的恶行，此事无疑为上帝所憎恶，令所有信者都难以置信。他们声称，一只鹅受了圣灵的启示，一只母山羊亦满是圣灵。他们甚至把这些动物当作了前往耶路撒冷神圣之旅的领导者；他们还极其崇拜这些牲畜；队伍中的多数人全心全意地相信着，这两只牲畜是以自己的方式在引导着他们，还说这是千真万确的。信众要从心底杜绝这样的谬想，即所谓主耶稣会愿意自己至圣身躯的墓被愚蠢而无理性的牲畜拜访，他还会让这些畜生成为他屈尊以自己的血为代价去赎回，从偶像之污秽中拯救出来的，基督徒之灵魂的领导者。因为，主耶稣升入天国后，他任命了极神圣的，与上帝相配的主教和修道院长为其子民的领袖、引路人和导师，而非愚蠢无理性的牲畜。然而，纵然在现在，这种令人憎恶的事情，如此邪恶的罪过还是发生在一些庞大人群之中，这有什么可惊奇的呢？当不公在摩西、约书亚和上帝的其他仆从的时代就被发现，他的威严之权杖被他——伸冤的上帝[1]——拿走并净化后，主上帝已将这些还到了他们的脑中。

---

[1] 译者注：《诗篇》，94：1。

第二卷
贵族十字军与尼西亚之战

1. 说来，在隐修士彼得离开后，他的军队蒙受了极为惨重的灾祸；此后不久，教士戈特沙尔克的队伍遭到残酷屠戮；斯瓦比亚伯爵哈特曼（Hartmann）、艾米舒和其他勇敢的人，以及高卢土地上的王公——内勒（Nesle）的德罗戈（Drogo）和旺德伊（Vendeuil）的克莱姆鲍德——亦历经了不幸。就在他的军队于匈牙利王国，莫索尼的门前被歼灭之后：洛林王国至为尊贵的戈德弗里公爵[1]和与他同母的兄弟鲍德温（Baldwin）[2]，这位公爵的亲戚，即格雷兹（Grez）的沃纳（Warner），还有伯克（Bourcq）的鲍德

---

[1] 译者注：戈德弗里（1060—1110），布伦伯爵尤斯塔斯二世的次子，从无子嗣的舅父戈德弗里三世那里继承了下洛林公爵领。第一次十字军期间，他是军队重要的领导人，攻克耶路撒冷后，被选为耶路撒冷的统治者，1100 年病故。艾伦·V. 默里主编：《十字军百科全书》，ABC-CLIO 出版集团，2006 年，第 533—535 页。

[2] 译者注：即耶路撒冷的鲍德温一世（1060s—1118），是布伦伯爵尤斯塔斯二世的三子。当他的兄长戈德弗里决定参加十字军后，他和妻子一同前往。攻克尼西亚后，他率领一部进军奇里乞亚，继而东进艾德萨，建立了首个十字军国家——艾德萨伯国。1100 年，在戈德弗里死后，他加冕为耶路撒冷国王，1118 年 4 月 2 日病亡。艾伦·V. 默里主编：《十字军百科全书》，ABC-CLIO 出版集团，2006 年，第 132—133 页。

温，图勒（Toul）伯爵雷纳德（Rainald）[1]和他的兄弟彼得[2]，康斯（Cons）的多多（Dodo），埃施（Esch）的亨利和他的兄弟戈德弗里——非常勇敢的骑士，是极其著名的王公——于同年8月中旬，踏上了前往耶路撒冷的征程。他们停留在奥地利的土地上，临近图尔恩（Tulln）城。在那里，以莱塔河为界，高卢王国被分隔开来。9月里的3个星期，他们都停留在那儿。这样的话，他们应听说且知晓：在前不久，在那场暴乱意外发生后，那支朝圣者的军队已然被消灭了，它的王公和领导者放弃了前往耶路撒冷的打算，正绝望地向着他们返回。

2. 终于，在听了许许多多坏消息后，他们觉得，首先查清匈牙利人对多次招待过的基督教兄弟做下的这件事及凶残行径，这样是较谨慎和明智的。所有人都觉得，这样一个主意是明智的：在最著名的人及首领中，他们只能派遣埃施的戈德弗里前去调查这样令人发指的杀戮和恶行。因为，此地的国王科洛曼熟悉他，在这次远征的很久以前，他曾作为公爵戈德弗里使团中的一员，被派去觐见过这位匈牙利的国王。他们还安排了其余12人——都是从公爵家族里选出的，有巴尔德里克（Baldric）、斯塔贝罗（Stabelo），余下的皆不为人知晓了——同他一道前往。他们表露了这般众多的王公身负的使命，如此说道："洛林公爵戈德弗里和其他高卢的贵族，致匈牙利国王科洛曼以问候及基督的全部善意。因为您是信仰基督教的，我们的领

---

[1] 译者注：即雷纳德三世，上洛林的图勒伯爵。他和彼得是阿斯滕诺伯爵弗雷德里克的儿子，是戈德弗里的亲戚。
[2] 译者注：即阿斯滕诺伯爵亨利，他是雷纳德的弟弟。

主和王公觉得疑惑,为何你们造成如此残酷的殉教,摧毁了永生上帝的军队?为何禁止他们通过您的土地和王国,并使得他们饱受各种诬告之折磨?正因如此,他们当下正因恐惧和疑虑有所动摇,决定滞留在图尔恩,直到从国王口中获悉基督徒为何会成为基督徒的迫害者,为何会犯下如此残忍之罪行为止。"

3. 当着所有来集会的人的面,国王答道:"我们并非迫害基督徒的人,无论我们对他们显露过怎样的残忍,抑或是将他们消灭了,全属被逼无奈。事实上,起初我们为彼得所集合起来的那些军队准备了所有的好东西,准许他们购买物资,而且度量公平,不亏欠分量,还安排他们和平地通过匈牙利的土地。但他们以怨报德,不仅盗窃我们土地上的金银、马和骡子、牧群,还摧毁我们的城市和城堡,杀死了我们约4000人,劫掠了物品和衣物。在彼得的军队对我们犯下了如此令人无法容忍的不义暴行后,戈特沙尔克的军队紧随着到来了。恰恰是这支刚被毁灭又在溃逃途中与你们相遇的队伍,围困了我们王国位于莫索尼的城堡和要塞。这些人狂傲自负,仗着军力想要冲进我们的领土,要惩罚我们,将我们赶走。上帝保佑,我们勉强保护住了自己,幸免于伤害。"在这样答复后,国王吩咐,在自己宫殿中的一个被称作帕农哈尔马(Pannonhalma)的地方,体面地款待公爵的这些使者。在那里,在8天的时间里,他们需要的一切东西都被慷慨地摆到了国王的餐桌上。在这8天以后,在公爵的使团同他的贵族商讨过后,国王将这些使者送了回去,他宫廷的使者也一同前往。他们为公爵和军队的首领们带来了国王如是的答复:"国王科洛曼向公爵及同来的基督徒致以问候和真诚的爱。我们听闻，您是您土地上的一位有权势的人，一位强大的王公。我们还发现，您被所有认识您的人信赖着。而且，因为您总是珍视您那无与伦比的好名声，我现在决定来看望并认识您，然后，我做了决定，望您能屈尊到我们这里来，到我们的肖普朗城堡来，完全不用顾忌任何的危险。在沼泽哪一边的岸上，我们都能安全地进行关于您对我们所质询的，认为我们有罪的所有事情的会谈。"

4. 听到国王的口信后，公爵将整个队伍留下来，依照显贵的建议，仅带上 300 名战士，动身前往正在前述之地的国王那里。然后，公爵将所有随行之人留在了岸边，仅仅叫上了格雷兹的沃纳——一个非常尊贵的人、他的亲戚图勒的雷纳德，还有彼得，通过沼泽上方的桥。他发现国王在桥上，于是友善地向他问候，谦卑地亲吻了他。然后，他们就基督徒的和睦及和解举行了各种会谈。最后，因和平与爱，可谓效果斐然，公爵信了他的诚意，从 300 人中挑选出了 12 人，跟随着他，同国王一起前往帕农哈尔马及匈牙利人的土地。他将 300 名战士派遣回去，委任弟弟鲍德温统率、管理众人。于是，公爵进入了帕农哈尔马，受到了国王本人和他的贵族的体面接待。国王友善、慷慨地提供给他各种给养，无论是在宫廷中还是餐桌上，而且都确与如此显赫的王公相称。此后，在 8 天的时间里，国王和他的人——他们蜂拥而来，也是为了见见这位极著名的王公——做了许多次的商议，寻求一个办法，既能诚心诚意、互相信赖地让重型武装的庞大军队进来，同时还要保证他的王国和人民财产的安全。最终，他们找到了办法，并告知公爵：除非有显赫之人及军中首领来做人质，否则他和他的人皆是不可通过的。这样，即使有什么情况发生，他也不会让土地和王国陷落于多到不计其数的庞大人群之手。听了这些后，公爵完全答应了国王，也没有拒绝交出人质的要求。不过，他提出了这样的条件：此后，朝圣者的军队——无论是现在的还是将来的——皆要未受任何阻碍地通过国王的土地，并能和平地交易到生活之需。国王立刻同公爵签署了一份协定，他王国的全部贵族用誓言证实了它：不伤害途经的朝圣者。于是，在双方真诚地达成了这些协议后，国王在自己人的建议下，要求公爵本人的兄弟鲍德温充当人质，此外，还要有他的妻子和家族。公爵没有任何异议，答应了这个条件。于是，在8天后，公爵立刻派出了特使，命令全军急速赶往肖普朗城堡，将他们的帐篷安置在河流和沼泽另外一边的岸上。

5. 收到公爵的信儿后，军中大喜，所有先前因公爵长期离开而踌躇的人欣喜不已——他们原以为他被虚情假意迷惑，被杀了。但是现在，他们振奋了起来，仿佛是从沉睡中醒了过来。他们依照公爵的命令来到河流和沼泽的岸边，在那里扎营。帐篷刚扎好，公爵就从匈牙利国王那里回来了，回到了自己人的身边。公爵讲述了国王对他是何等关照和尊重，以及他答应国王及其贵族的所有事情。国王要求他的弟弟鲍德温，连同他的妻子和家族一起充当人质，直到众人安静而和平地通过为止，否则朝圣者得不到通行的许可。过了一会儿，他又提醒他的兄弟鲍德温如宣告的那般，为众人去做人质，却遭到他的兄弟激烈抵抗和反驳，直到他因他兄弟的犹豫而生气，决定由鲍德温照料上帝的军队，他本人则去为兄弟们充当人质，而且没有丝毫犹豫。最终，鲍德温不再动摇，坚定了想法，同意去做人质，为了自己兄弟们的安全受放逐。

6. 于是，在这位如此著名的王公已然成了人质后，国王同他一起回了帕农哈尔马。依照国王的命令和允诺，全军获准从桥上通过沼泽，扎营在汉塔克（Hantax）河畔。建好营地、安置好所有人的住处后，公爵戈德弗里委派传令官向各个家族和营帐发布通告：不得强占、暴力抢夺匈牙利王国内的任何东西，不得引发任何骚乱，买东西的价格要公道，违者处死。同样地，国王命令在全王国内发布通告，要足量地供给这支军队全部所需：面包、葡萄酒、谷物和大麦、旷野的野兽、天空的禽鸟。国王还下令，匈牙利人不得贩售不公，不得扰乱军队，所有东西都要售价实惠，违者处死。于是，每日皆相安无事，度量公平，贩售公正，公爵和众人穿越了匈牙利王国，抵达了德拉瓦河（Drava）。在那里，他们收集起大量的木材，用许多枝条扎起木筏，渡过了这条河。国王率领着一支极其强大的骑兵队伍，一直在队伍左侧行进，同他在一起的还有鲍德温和其他人质，一直到一处叫法兰科里拉（Francauilla）的地方。他们在那儿停留了3天，购买生活给养及军队所需，价格公道。随后，他们带着所有人赶往泽蒙，在萨瓦河的岸边度过了5个夜晚。在这里，公爵和军队其他的领导人得知，君士坦丁堡皇帝那不可阻挡的大军就在眼前，阻止朝圣者通过保加利亚王国。于是，公爵和所有人定下了策略：他们派部分军队携带着武装先过河，阻挡这支皇帝派来的敌军，直到众人不受阻碍地过河为止。他们在那里只找到了3艘船，1000名穿锁子甲的骑兵乘船渡河，占领了河岸。其余众人将木头和树枝捆绑成木筏渡河。

7. 众人及其王公刚渡过河，国王就已经在岸边准备妥当，随同的还有公爵的兄弟和他的妻子及全部的人质。就在那个地方，国王将他们交还给公爵，以至高的爱称赞了公爵和他的兄弟，给予他们非常多的礼物，还有和平之吻。之后，他就返回了自己王国的土地。公爵和他的整个队伍驻扎在了另一边的岸上，在保加利亚城镇贝尔格莱德过夜。彼得和他的军队前不久曾劫掠并烧毁了这座城市。到了早晨，公爵和他的军队起身，进入了保加利亚王国那令人难以置信的广阔森林，这时，皇帝的使者与他们相遇了。使者以这番话传达了口信："希腊王国，君士坦丁堡皇帝阿列克修斯，向公爵戈德弗里和他的随从致以全部的爱。我请求您，至虔诚的公爵，不要让您的人蹂躏、劫掠你们所进入的我的王国和土地。您应去获取购买给养的特许，您的人会发现，在我的王国内能买到所有的东西，而且价格公允。"于是，在得知了皇帝的好意后，公爵承诺他本人会完全服从皇帝的命令。因此，所有人皆被告知，今后不得以不义的力量去抢占东西，但马匹的草料除外。于是，他们遵照皇帝的要求，和平地穿行而过，到达了他的城堡尼什。在那里，大量美食作为皇帝的礼物提供给了公爵：有谷物、大麦、葡萄酒和油，以及狩猎来的极多野味。其他人被授予了买卖的特许。于是，他们在那里休息了4天，补给充足，非常安逸。此后，公爵率领全军前往索菲亚，在那里，他又获得了同样多的国王的礼物，心满意足。几天后，他离开了，前往壮丽的城市菲利普波利斯。在那里，同样地，在8天的时间里,作为国王的赠礼,为他提供了各种所需,应有尽有。在那里,他收到了消息:皇帝将法兰西国王的兄弟——"显贵者"("the Great")休[1]、德罗戈和克莱姆鲍德戴上镣铐,投入了监狱。

8. 听到这些后,公爵向皇帝派去使者,要求恢复这些被皇帝在其土地上抓住的王公的自由,否则他无法坚持对皇帝的信任和友谊。埃诺(Hainaut)伯爵鲍德温和埃施的亨利在得知公爵的使者要去见皇帝后,天刚亮就率先赶往君士坦丁堡,想先于使者们抵达,从皇帝那里获得更多的赠礼。公爵对此并不知情。公爵知道后,对此深感不满,但还是压下了愤怒,动身前往阿德里安堡。在那里,他们骑马渡过了一条河,然后扎营,过了一晚。这时,一座跨越河流延伸到城中的桥梁被居民封锁了,他和他的人过不去。随后,他们起程,急速赶往萨拉波瑞亚(Salabria)[2],在舒适的草原上扎营。在那里,公爵的特使们从皇帝那里回来了。他们报告,皇帝根本不想归还被抓的王公们。于是,公爵和所有同伴被激怒了,拒绝再向皇帝保持信义及和平的约定。即刻,依照公爵的命令,这里所有的土地都任由这些朝圣者和外来的战士劫掠。他们在这里停留了8天,毁灭

---

[1] 译者注:即韦芒杜瓦的休(1057—1101),法王菲力的兄弟。休参加十字军,有着复杂的政治背景。其兄,法王菲力因为通奸的罪名,在1094年的奥顿公会议上被开除了教籍,教皇乌尔班二世在1095年的克勒芒公会议上批准了这一裁决。在休宣誓参加十字军后,菲力就写信给乌尔班二世,表示顺服。休最先抵达君士坦丁堡,在攻克安条克后,他被派往君士坦丁堡商谈安条克事宜,继而返回了欧洲。之后,他参加了1101年十字军,最终在战斗中受伤而死。艾伦·V. 默里主编:《十字军百科全书》,ABC-CLIO 出版集团,2006年,第611页。

[2] 译者注:即锡利夫里(Silivri),位于马尔马拉海沿岸,在君士坦丁堡附近。

了整个地方。

9. 皇帝得知此地被严重损毁后，派鲁道夫·佩德劳（Rodolph Peeldelau）和达戈贝尔特（Dagobert）的儿子罗杰（Roger）——口才极好的两个人，身居这片土地，有法兰克血统——去见公爵。皇帝请求军队停止劫掠他的王国，不要再加以蹂躏，他会立刻归还公爵索要的那些囚犯。公爵同其他的首领做出了决定，答应皇帝的使者，拔营，禁止劫掠，率领所有朝圣者前往君士坦丁堡。在那里，他们支起帐篷，住了下来，军威强大、不可阻挡，士兵们穿着锁子甲，全副武装。在那里，被皇帝释放的休、德罗戈、"木匠"威廉，还有克莱姆鲍德同公爵相见，因他和他的大军到来而欣喜不已，向公爵和其他人致以亲吻和拥抱。同样地，上述的皇帝的那些使者急忙来见公爵，请求他带上军中的一些显贵前往皇宫，去听国王的话语；剩余的众人则要留在城墙之外。

10. 公爵刚接待完使者，一些来自法兰克之地的陌生人就秘密地来到了公爵的营地里。他们急切地警告公爵，要当心皇帝的诡计、有毒的衣物，还有骗人的谎话，绝不要去见他，不论他做过什么诱人的承诺；要留在城墙外面，稳妥地接受皇帝所提供给他的一切东西。于是，在如此这般地受到陌生人预先警告后，公爵知晓了希腊人的诡计，没有前往皇帝那里。皇帝因此对公爵和他的整个军队感到非常愤恨，不给予他们买卖的特许。公爵的兄弟鲍德温意识到皇帝的愤怒，看到大众的窘迫和必需品的极度匮乏，向公爵和军中其余尊贵之人提议，应再次对希腊人居所和土地进行劫掠，以积聚食物，直到皇帝受这些妨碍所迫，再次给予买卖的特许为止。于是，皇帝看到了他们对自己王国的严酷劫掠及恶行，再次给予了所有人买卖的特许。那天正是圣诞节。于是，在如此庄严的时刻，在欢乐而和平的日子里，在上帝的面前，皇室、公爵及军队的所有权贵重归于好，这对所有人来说都是美好的，值得称赞且可以接受的。由此，和平达成了，军队终止了所有的劫掠和暴行。在这4天的圣日里，他们停留在君士坦丁堡城的防御墙前，处于完全的平静和安逸之中。

11. 4天后，皇帝的使团前来见公爵。因为正值雨季，大雪和冬季常见的严寒在困扰着他们。出于这样的缘由和国王的好意，公爵获准移走营地，同他的军队住在位于海峡岸边的宫殿里。这样一来，他们的帐篷就不会被浸湿、磨破，不会受损毁了。最终，公爵和其他贵族决定服从皇帝的心愿，将帐篷移到宫殿和带有塔楼的居所中，这些海岸边的建筑绵延30罗马里的距离，基督徒的全部军队都住到了里面。从这天往后，依照皇帝的命令，他们获得并买到了大量各种各样的食物和必需品。不久之后，皇帝的使团又来找公爵，建议他前去觐见皇帝，听皇帝所言。公爵拒绝了这个建议，因为他预先受到了那些陌生人关于皇帝诡计的警告。但是，他安排显赫的人做使者，前往皇帝那里：有蒙泰居（Montaigu）伯爵科诺（Cono）、伯克的鲍德温、埃施的戈德弗里。他们前去向皇帝解释，如此讲道："公爵戈德弗里向尊贵的皇帝表示忠诚和顺从。我本来要欣然而自愿地前去见您，环顾您宫廷的荣耀和财富。但是，我听到的极多有关您恶行的事情让我感到害怕，尽管我不清楚这些是不是因为对您的嫉妒或恨而编造并流传开来的。"皇帝听完这些后,将大部分指控都推卸掉了。他说,公爵和他的伙伴永远不要担忧或相信任何关于他的谎言。公爵应该像儿子和朋友那般,去关照和尊敬皇帝和他的人。然后,公爵的使者返回了,将他们所听到的,皇帝郑重、诚信地亲口承诺的所有事情尽己所能地讲了出来。公爵仍旧不相信他的甜言蜜语,断然拒绝同他会谈。在这样的消息的来回往复中,15天过去了。

12. 皇帝知道了公爵的执拗,也无法召他过来。他获悉这些回复后,再次恼怒了,取消出售大麦和鱼,接着是断供面包,想用这种方式迫使公爵同意见他。但是,事情还不仅如此。就在皇帝设法软化公爵态度的时候,一天,在皇帝本人的教唆下,500名特科波佣兵(Turcopoles)乘船航行,穿越海峡。在早晨,他们背上弓和箭袋,向公爵的战士射箭。一些人被杀死,其他人受了伤。朝圣者远离了海岸,在那里无法像惯常那样购买食物。很快,这个残酷的消息传到了公爵的御座前。他立刻命令吹响喇叭,召集所有人武装起来,回到君士坦丁堡城前,再次搭上帐篷。遵照公爵的命令,号手发出信号,所有人冲出来,武装起来。他们将曾住过的部分宫殿和塔楼付之一炬,将其余的一些地方砸得粉碎。他们对君士坦丁堡的人造成了无可弥补的损害。

13. 就在这个时候,关于这场大火及建筑损毁的消息在宫廷中传开了。公爵很是担心,唯恐皇帝的战士和弓箭手在看到建筑的火焰,还有这支愤怒军队的喧闹后,会仗着强力,出人意料地抢先占据那座他们从君士坦丁堡前往宫殿驻地时曾经过的桥。于是,他立刻派遣自己的兄弟鲍德温率领 500 名身穿锁子甲的骑兵率先占领那座桥，以免皇帝军队的先锋毁坏了它，从而令朝圣者无法从上面通过并回返。于是，就在鲍德温刚刚站到桥中央之后，皇帝的特科波佣兵就坐船从左右两侧赶来了，以箭矢从四面八方猛攻这些正在通过的人。鲍德温在桥上无力御敌。他急于躲开箭矢，于是迅速过桥，来到了桥另一边的岸上。面对着这座城市巍峨又工艺高超的防御墙，他据守着这座桥，直到全军从桥上通过为止。公爵带着他的人殿后。与此同时，无数的特科波佣兵及各样出身的战士，从朝向圣阿金特（St Argent）方向的城门冲了出来，携带着箭矢和不同的武器，想要击败鲍德温和基督教众的整个队伍。但是，鲍德温坚守在约定的地方，面对任何来犯之敌，都坚定不移，不可征服。最终，从清晨一直到夜晚，人们过了桥，回到了城市的防御墙前面，安置好营地，驻扎下来。鲍德温率领着 500 名穿锁子甲的人，勇敢地攻击那些从城门跑出来的特科波佣兵和其他进犯者。到处都在激战，双方都死了很多人。法兰克人的很多马匹死于箭矢之下。最后，鲍德温占据了上风，将那些被打得落荒而逃的皇帝的战士逼退到了城门里，毫无悬念地占据了平原，赢取了胜利。特科波佣兵及皇帝的战士因自己被击败、逃跑而感到愤怒，反复从城门里冲出来，前去挑战和进攻军队，一直到公爵到来为止。因为已经是晚上了，他让所有人都平静下来，督促他的兄弟带着所有人返回营地，不要在夜幕下战斗。同样地，皇帝也担心遭遇更大、更强烈的战争风暴，担心他的人在昏暗的夜晚叛逃或被毁灭。他下令恢复和平，看到公爵也欲停战，甚是高兴。

14. 翌日日出后，依照公爵命令，人们群情激奋地行动起来，前往皇帝的土地及王国各处，一连大肆劫掠了6天。这样一来，至少看起来，皇帝和他的人的傲慢是被打压下去了。得知了这些后，皇帝悲痛不已，因为他的土地和王国正因此被毁灭。皇帝立即与群臣进行了商议，向公爵派去使团，希望他能禁止劫掠和纵火，在所有事情上皆会让他如愿。他这样说道："结束这场敌对吧，让公爵来见我，他会从我这里获得信任和人质，完全无需任何担忧。他过来，然后回去，不会受到伤害。公爵应确信我们所能给予他和他的人的全部敬意和光荣。"公爵仁慈地同意了，前提是所交付的人质是能让他确保自己的性命和安全的人。这样的话，公爵会毫不犹豫地前去见他，会欣然地同皇帝面对面地谈话。就在公爵做出了这样的答复，皇帝的使者刚回去后，博希蒙德（Bohemond）[1]的使者就到了，向他致以问候，这样说道："西西里及卡拉布里亚（Calabria）最为富有的王公博希蒙德请求您不要做出同皇帝和睦的回应。您应退回到保加利亚城市阿德里安堡和菲利普波利斯去，在那里过冬。到了3月初，博希蒙德定会亲自率全军到达，来支援您战胜这位国王，入侵他的王国。"在听完博希蒙德使者的话之后，公爵有所迟

---

[1] 译者注：博希蒙德（1058—1111），罗伯特·圭斯卡德之子，曾于11世纪80年代参加其父对拜占庭发动的战争。1096年参加十字军，是诺曼人集团领袖。围困安条克期间，他在说服军队领导层后，借助城内叛徒的接应，攻占该城，并最终攫取了其控制权，建立了安条克公国。1101年他被穆斯林俘获，1103年获释，在拜占庭和穆斯林两方面的军事压力下，于1104年返回欧洲，1107年以十字军的名义，对拜占庭发动战争，以失败告终。艾伦·V. 默里主编：《十字军百科全书》，ABC-CLIO出版集团，2006年，第175—176页。

疑，并没有当面做任何答复。直到翌日天亮商议后，公爵做出了答复：他不是为了得利或毁灭基督徒才离开自己的故土和亲族的。他以基督之名踏上前往耶路撒冷的征程，他想要完成这次的旅程。他愿意满足皇帝的意愿，只要皇帝能恢复并坚持自己的支持和好意。博希蒙德的使者知晓了公爵的意图和答复，也受到了公爵亲切的褒奖。他们返回了阿普利亚（Apulia）之地，将他们从公爵口中听到的全部告诉了博希蒙德。

15. 同时，皇帝获悉了新近到来的博希蒙德的使者和主意，催促公爵及他的同伴加紧和谈。若公爵想同皇帝和解，和平地通过他的土地，就必须前来同他面对面地会谈。皇帝会把自己最爱的儿子——名为约翰——交给他做人质。皇帝会用购买特许权给予他和他的人全部所需。得知了皇帝所宣布并保证的这些承诺，并与自己人商议后，公爵将营地从城市的城墙前移走了，再次从桥上折返回去，驻扎在海峡边那座有城墙的建筑里。公爵告诫全军，要安分守己，购买所需时不可滋事。翌日破晓，公爵吩咐让蒙泰居伯爵科诺和伯克的鲍德温——他是一位非常尊贵的人，且精通各种语言——前来见他，并委派他们，要勇敢无畏地保护好人质——皇帝的儿子。然后，他们就这样做了。人质——皇帝的儿子——被带来安置在了公爵和他的人的军中，受到了忠诚的看护。公爵立刻乘船通过了海峡，前往君士坦丁堡。公爵率领着显赫之人——格雷兹的沃纳、当皮埃尔（Dampierre）的彼得，以及其余的贵族——勇敢地进了皇帝的宫廷，站在了他面前，听他讲话。公爵当场对皇帝所询问的令其极恼怒的事情做了答复。鲍德温并没有去皇宫，他同余下的众人留在了海边。

16. 皇帝看到了极其可敬的公爵和他的随从们：他们华丽光鲜，穿戴昂贵的服饰，极其奢侈地装饰成了紫色和金色，还配着雪白色、灰色及杂色的貂皮制品——这些是高卢的王公们所特有的。皇帝对他们的高贵和装饰感到非常惊讶。首先，皇帝亲切地用一个吻迎接公爵，随后，他马上以相同的和平之吻向所有的贵族和随从致意。然而，皇帝还是如习惯的那样，强势地坐在他君权的御座上，不是起身给予公爵和任何人亲吻，而是公爵屈膝躬身，他的人也躬身，去亲吻极其荣耀和强大的皇帝。然后，在依照地位之序亲吻了所有人之后，皇帝对公爵讲了这些话："我听说，您是您土地上最强大的骑士和王公，乃甚明智之人，非常诚信。因此，我收您为养子，将我所拥有的全部都归属于您之权辖。通过您，我的帝国和土地就能被当下及将来到来的大军解放及拯救。"公爵被皇帝的这番和平而深情的话语安抚和诱惑，不仅使自己成了他的儿子——这是这片土地的习惯，还双手相合，成了他的封臣，连带着当时在场的，以及随后而来的所有贵族。立刻，无价的礼品被从皇帝的金库中拿出来，送给了公爵和集会的所有人，包括各式各样的金银和紫衣，有骡子和马，以及所有珍贵之物。因此，皇帝和公爵被完全的信任和友谊组成的牢不可破的链条联系了起来。从主的生日——和平在这时达成——一直到圣灵降临节的几天前，每个星期都有4个人从皇帝的宫廷中被派出，满载着拜占庭金币和10摩第

(modius)[1]的特塔塔伦钱币，战士能够靠着它们维系生活。说来奇异，所有来自皇帝的馈赠，那些被公爵分发给战士的钱财，都径直以购买食物的方式返回到了皇室的金库中。并且，不仅是这些钱，还有军队从全天下聚集到这里的那些钱财亦是如此。这没什么好奇怪的，因为在整个王国内，唯有皇帝的商品，如葡萄酒和油、谷物和大麦，以及全部的食物在出售。因此，皇室的金库中总是充满了钱财，不会因赠礼而变空。

17. 在这样的条件下，正如我们说过的那样，皇帝和公爵间达成了和平及和睦，公爵回去了，住到了海峡边上的建筑中。他体面地送还了一直充当人质的皇帝的儿子，这进一步稳固了皇帝的信任和友谊。翌日，在基督教军队的全体大会上，遵照公爵的命令，宣告如下：从今以后，皆要向皇帝及所有他的人展现和平和友谊，要确保买卖之中的度量公平。皇帝同样在他的整个王国里宣告，禁止任何人伤害、欺骗这支军队中的任何人，所有卖给朝圣者的东西都要度量公平，要切实地降低价格，违者处死。这之后，在大斋节开始后，皇帝召唤公爵前去见他，凭着宣誓为证的友谊和信任，急切地恳求他，渡过海峡，将帐篷安置在卡帕多西亚之地，因为有些屡教不改的人正在摧毁那些建筑。公爵仁慈地答应了。他和所有人渡过海峡扎营，停留在了另一边岸上的卡帕多西亚平原中。自此以后，渐渐地，所有东西都被高价卖给朝圣者。不过，皇帝给公爵的礼物仍旧一点都没减少。皇帝实在是太畏惧他了。公爵

---

[1] 译者注：摩第是罗马的一种干货容积量度单位，1摩第大约等于1配克。

注意到所售卖的必需品的匮乏，听到了恼人的高声抗议，反复去见皇帝，向他说明售卖问题的严峻。不过，皇帝似乎是不知情的。他不愿如此，于是再次将所有要卖给朝圣者的东西的价格降了下来。

18. 其间，三个星期过去了，正当公爵同皇帝商议这些事情的时候，神圣的复活节到来了[1]，博希蒙德统率着10000名骑兵及众多步兵通过了阿夫洛纳（Avlona）、都拉斯（Durazzo）及其他保加利亚城市，来到了君士坦丁堡的城墙前，军威强大。在皇帝的要求下，公爵从自己的军中选出了20名贵族，随同自己去见博希蒙德，为的是在他们存放好武器或搭好帐篷之前，将他护送到皇帝的面前。他们互致了问候，然后公爵同博希蒙德商谈了许久，以溢美之词说服他前往宫廷，听皇帝所言。博希蒙德拒绝了，他甚是畏惧皇帝，因为，有人言，皇帝诡计多端又狡猾。最后，在公爵美好的承诺和安慰下，他被说服了，自信地前往了皇帝的宫殿，受到了和平之吻及所有充满善意和敬重的接待。随后，在他们举行了若干次的会谈和商议后，博希蒙德成了皇帝的人，他许下诺言，宣誓忠诚，同皇帝达成协议：除非有皇帝的恩赐或允诺，他不会将其王国内的任何地方占为己有。立刻，礼物被赠给了博希蒙德，同给予戈德弗里的那些是一样的：绝妙而令人难以置信的金银财宝，以及手工制作、带有装饰，比任何人所能想象的都要华丽的器皿。

19. 与此同时，正当皇帝和博希蒙德达成这样的一致

---

[1] 译者注：1097年的复活节是4月5日。

和协议时,坦克雷德(Tancred)[1]——博希蒙德姊妹的儿子——带着所有同伴和装备——既有他的人,也有博希蒙德的人——渡过了海峡,未知会皇帝、公爵和博希蒙德。他不想臣服于皇帝。在听说了坦克雷德的妄为后,皇帝感到大为光火,因为坦克雷德没有跟他做过商议就行事了。不过,他还是明智地隐藏了自己的愤怒,将博希蒙德和公爵送过了海峡,送回了军中。他们满载着皇帝的爱、无以计数的荣耀,以及慷慨的赠礼。不久之后,佛兰德斯(Flanders)的罗伯特[2]率大军到来了。在获悉了公爵和博希蒙德所达成的和议后,他也与皇帝达成了协议,成为了他的人。于是,他本人就像之前的那些人一样,也从皇帝的手中获得了大量的礼物。几天后,他受到了皇帝亲切的称赞,然后渡过了那座海峡。在卡帕多西亚地区和平原上,同伴们和基督教王公都在一处,他同他们会合了。

20. 此后不久,这些杰出至极的人物集合在一起,经共同商议,他们决定,当下正是所承载的远征——如他们曾宣誓过的那样——之良机,他们应继续上路,前往尼西亚城。突厥的异教徒武装从皇帝那里抢占了这座城市,使

---

[1] 译者注:坦克雷德(1076—1112),出生于南意大利欧特维尔的诺曼骑士家庭,其母是阿普利亚和卡拉布里亚公爵罗伯特·圭斯卡德的女儿。1096年他随舅父博希蒙德参加了十字军,1101年之后两度担任安条克公国摄政。艾伦·V. 默里主编:《十字军百科全书》,ABC-CLIO 出版集团,2006年,第1143—1145页。

[2] 译者注:佛兰德斯伯爵罗伯特二世(1065—1111),十字军重要领导人,参与了沿途诸次的重要战役。他占领耶路撒冷,1099年在阿什克伦重挫法蒂玛军队,促成戈德弗里同雷蒙德和解后,返回欧洲。他还曾平息了雷蒙德同博希蒙德之间的纷争。艾伦·V. 默里主编:《十字军百科全书》,ABC-CLIO 出版集团,2006年,第1039页。

之屈服，受其统辖。于是，当天，他们拔营，前往吕菲内尔（Rufinel）。圣吉勒（Saint-Gilles）伯爵雷蒙德（Raymond）[1]的使者到了。他本人也进入了君士坦丁堡，同皇帝缔结了协议。雷蒙德恳求他们能够等待他和一位名叫阿德马尔（Adhemar）的勒皮主教[2]。不过，他们不准备等他，也不会再在此地多做停留。尽管如此，他们还是会缓慢前进的，这样一来，在伯爵仔细而认真地安排好同皇帝的事宜后，就能直接经由不太险峻的路径跟上来。隐修士彼得正在吕菲内尔这个地方等候，他所率之大众基本被摧毁了，唯有少数幸存者同王公们会合了。伯爵雷蒙德的使者在收到公爵的答复后，返回了君士坦丁堡。于是，公爵和博希蒙德、佛兰德斯的罗伯特在收到皇帝赠予的珍贵礼物，并受到大加赞扬后，继续自己的旅程。雷蒙德受到了皇帝的青睐和尊重，在君士坦丁堡待了15天，从皇帝那里获得了许多的荣耀和礼物。他以自己的忠诚和誓言成为了他的人。

21. 在这些天，诺曼伯爵罗伯特、布洛瓦（Blois）的

---

[1] 译者注：雷蒙德（1041—1105），图卢兹伯爵和普罗旺斯侯爵，最早响应教皇乌尔班二世十字军号召。他在攻占安条克后，就其控制权，一度同博希蒙德产生激烈争执，未果。攻占耶路撒冷后，他也未能如愿成为圣地的统治者，1099年离开耶路撒冷，于1100年回到君士坦丁堡，并于次年加入了1101年十字军。遭遇惨败后，他再度逃回君士坦丁堡，1102年再度南下，获的黎波里伯爵封号，但至死未攻下的黎波里城。艾伦·V. 默里主编：《十字军百科全书》，ABC-CLIO出版集团，2006年，第1011—1013页。
[2] 译者注：阿德马尔（1045—1098），勒皮主教，教皇乌尔班二世在十字军中的代表，军队公认的宗教领袖，1098年8月1日死于瘟疫。艾伦·V. 默里主编：《十字军百科全书》，ABC-CLIO出版集团，2006年，第15页。

斯蒂芬（Stephen）[1]、公爵戈德弗里的兄弟尤斯塔斯（Eustace）带着由骑兵和步兵组成的庞大队伍抵达了。他们也同皇帝达成了协议，结成了友谊，宣誓效忠，成了他的人。皇帝给予了他们极多的赠礼，以表荣耀。与此同时，公爵及他的随从赶到了尼西亚城。在安置好营地后，公爵首先决定，于这座城市的门前围城。那些紧随着公爵而来的王公们在渡过圣乔治海峡后，在卡帕多西亚的边界上做了极为短暂的休整。在急速行军并扎营后，他们在尼西亚城周围占据了位置。这座城市有防御墙、城墙，还有修建着塔楼的筑垒，看来是坚不可摧的。在这座古老且固若金汤的城市里，苏雷曼——他是一位突厥王公，非常尊贵，却是个异教徒——作为领主掌控大权。在得知基督徒已然进犯到城下后，他凭着勇夫的武器及装备防御这座城市，从所有地方收集食物，用极坚固的门闩锁住了所有方向的城门。当上述的这些王公们骑马聚集到这座城市及其防御墙周围后，一些人在马匹的跳跃奔驰中神魂颠倒，因那些塔楼和固若金汤的城防，以及那双层的城墙而惊叹。但是，在环顾了这些之后，他们并没有感到任何的恐惧，而是因男子气概和尚武的品性而振奋，向这座城市冲了过去，发起了进攻。一些人是步行着战斗，还用弓箭挑衅守城的人一战。然而，许多人受到防守方自高处掷下的投射物的沉

---

[1] 译者注：斯蒂芬（1045—1102），布洛瓦伯爵，他的妻子是征服者威廉的女儿阿德拉。他参加了第一次十字军，但在1098年围困安条克期间，返回了欧洲。在妻子的压力下，他再次参加了1101年的十字军，在拉姆拉同法蒂玛王朝军队的交战中战死。艾伦·V. 默里主编：《十字军百科全书》，ABC-CLIO出版集团，2006年，第1122—1123页。

重打击：他们鲁莽、盲目地冲锋，出人意料地吼叫着，冒险去尝试在城墙附近战斗。

22. 军中的首领们看到，这样一来，战斗可谓徒劳无功，人们不断地死去，对固守于要塞中的人却无法造成任何的伤害。但是，除了靠着全面封锁给城市及城墙的守卫施压，他们也想不出更好的办法来。于是，洛林公爵戈德弗里——他是布永（Bouillon）城堡的王公和领主，连同洛林全军都部署在了最重要的围城点上。西西里和卡拉布里亚王公博希蒙德，乃诺曼一族，他有着高尚情操、惊人才能，能征惯战，精于军事，且极其富有。他占据了临近的位置。杰出的年轻骑士坦克雷德，连同他的同伴，被安排在了他的舅父博希蒙德的旁边。泰提修斯（Tatikios）[1]——一个被削掉了鼻子的人——是君士坦丁堡皇帝的仆人，知晓皇帝的秘密。他亦是这支基督教军队的指挥者，因为他熟悉此地的地形。他率领着一支由皇帝的武士组成的辅助队伍，在指定给他的地方困厄城市。佛兰德斯伯爵罗伯特，没有人能在武装、财富和人力上与他相提并论。诺曼人的王公罗伯特伯爵，是英格兰国王的儿子，武装精良，尚武善战，拥有非常多的财富。他们依照顺序，在前述的那些围城的人旁边布阵。格雷兹城堡的沃纳，是一位战争技艺毫无瑕疵的骑士；尤斯塔斯，乃上述的公爵戈德弗里的兄弟；这

---

[1] 译者注：泰提修斯，奴隶出身，其父为突厥战俘。他被皇帝阿列克修斯拔擢，成为地位显赫的军事将领。1097年作为皇帝代表、拜占庭联军统帅，随十字军共同行动。围攻尼西亚期间，他成功说服城内突厥人投降。1098年围困安条克期间，他突然率众撤到了塞浦路斯岛，安娜认为这是博希蒙德的诡计所致。安娜·科穆宁娜：《阿列克修斯传》（*Alexiad*），企鹅出版社，1969年，第343页。

些人，连同他们的兄弟鲍德温———一个极著名、战无不胜的人，同样依序列阵。蒙斯（Mons）城堡的鲍德温，是埃诺（Hainaut）的伯爵及王公，乃军功显赫之人；法兰克费雷（Fere）城堡的托马斯，是一位极其热情的骑士；连同一起的，还有伯克的鲍德温，内勒的德罗戈，奎亚兹（Quierzy）城堡的杰拉德（Gerard），里布蒙（Ribemont）的安塞尔姆（Anselm），圣波勒（Saint-Pol）伯爵休；林格洛兰德（Engelrand），是这位休的儿子，是一位杰出的骑士，波塞斯（Possesse）城堡的盖伊（Guy），是一位在战争中非常勇敢的年轻骑士，朗特（Lant）城堡的鲍德温，还有另一位叫鲍德温的，是因战争而极有名望的人，姓卡德伦（Calderun）；在一起的，还有福雷（Forez）城堡的公爵威廉，他因男子气概、能征惯战而著名：所有这些最为勇敢的人，在被委与他们的地方布阵，封锁这座难以被人力所征服的城市。

23. 勒皮主教，名叫阿德马尔，因各种美德而著名，在城市周围增援了众多的军队和装备。布洛瓦伯爵斯蒂芬，是全军议事会的首脑和领袖，率领着极其庞大的军队在一侧监守着这座城市。休，绰号"显贵者"，是法兰西国王的兄弟，是极其显赫的一位同伴，按次序扎营，监守这座城市。杰拉德的儿子罗伯特；姓皮莱（Pilet）的雷蒙德；沙普（Chappes）城堡的唐·沃克；还有姓卢埃（Louez）的迈洛（Milo），是一位非常著名的骑士；欧马勒（Aumale）的斯蒂芬，他是香槟伯爵奥多（Odo）的儿子；多梅达特（Domedart）的沃尔特和他的儿子伯纳德（Bernard），他行事令人愉悦，还有着赏心悦目的外貌；古尔奈（Gournay）的杰拉德；戈德弗里的儿子罗特哈特（Rothard），是一位非常杰出的年轻人；有着众多军队的鲁道夫（Rodolph）；姓费尔冈（Fergant）的阿伦（Alan）大人，还有科南（Conan），他们都是布列塔尼（Brittany）的王公；博韦城的雷纳德；肖蒙（Chaumont）的瓦洛（Walo）；蒙彼利埃（Montpellier）的威廉，是一个无畏的人；在搭好帐篷后，他们同上述的其他人一起，在城市周围布阵。此外，还有其他人：贝济耶（Beziers）城的加斯顿（Gaston）；鲁西荣（Roussillon）城的杰拉德；特拉韦斯（Traves）的吉尔伯特（Gilbert），他是勃艮第（Burgundy）的一位王公；瑞塞（Jussey）城堡的奥利弗（Oliver），乃一位勇敢而好斗的骑士；蒙梅勒（Montmerle）的阿沙尔（Achard），满头皆是白发；奥朗日（Orange）城的伯爵莱曼博尔德（Raimbold），没人比他更健壮；穆松（Mousson）的路易，战功赫赫，他是蒙贝利亚尔（Montbeliard）伯爵蒂里（Thierry）的儿子；康斯（Cons）的多多，有着一头红发，久经沙场；戈泽罗（Gozelo）和他那极善战的兄弟兰伯特，连同他们的父亲，蒙泰居的科诺，一位极其显赫的人。他们将帐篷安置在了前述那些人的帐篷的旁边。阿斯滕诺（Astenois）的彼得；图勒城的雷纳德；维尔威（Verveis）的沃尔特；蒂尔斯（Tirs）的阿努尔夫（Arnulf）；奈梅亨（Nijmegen）的约翰；布永的赫布兰德（Herbrand）。他们不知疲倦地围困着城市，历尽各种战火。

24. 毫无疑问地，同这样众多优秀的领袖们在一起的，还有为数众多的随从及下等人、仆人、女仆——结婚和未婚的、各个阶层的男人和女人们。主教、修道院长、律修会修士、修士,以及教士掌控一切,训导着他们,令他们变得坚强。整座城市被封锁了,被大军围了起来,不过,有一处需监守的地方被空了出来:他们将它分派给了伯爵雷蒙德。这般庞大的军队使得供给和维生所需之物都无法从城门运进去。不过,有一座湖,宽度和长度惊人,像海那般深,适于划桨航行,位于城市城墙的一侧。经由这座湖,苏雷曼和他的人就一直有一条能够进出、输送补给的通道。然而,前面提到过的,那位来自圣吉勒之地——人们称之为普罗旺斯(Provence)——的伯爵雷蒙德,仍旧没有带着他的军队和资源到来。因为,他同他的队伍正停留在君士坦丁堡的皇帝那里。在皇宫中,因为日复一日被授予的华丽的礼物,他同皇帝达成了紧密的同盟。

25. 在获悉如此众多的善战之人集合而来后,苏雷曼就从尼西亚的要塞中出去,去寻求其他突厥人和异教徒的帮助。许多天里,他殚精竭虑,最终从整个罗姆集合起了500000之多的战士和穿戴盔甲的骑兵。当他将这些人从各处召集起来,并做了训诫后,尼西亚被围及有关基督教军队的消息传到了他的耳中。他还被告知,千千万万的人驻扎在那里,人数超过400000。苏雷曼因这个消息而惊讶,率着他集结的所有人改变了路径,由山区赶往尼西亚的防御墙。他要从山崖的顶点上亲眼探察,是否犹如听说的那般,千千万万的人聚集在那里。再者,从那里发起进攻也是更有把握的。最后,在自己人的建议下,在围城的第四天,苏雷曼安排他的两个人伪装成基督徒,像是朝圣者一般,去探察基督教军队的军力和动向。他们要将消息这般告知守城的人:"你们要知道,是我们城市的王公和领主苏雷曼派我们到你们这儿来的。你们要坚定不移地持着受到他救援的希望。你们不要因为这些围城的人而恐惧，他们因为漫长的旅程而疲倦，背井离乡到此，估计也就是群蠢货。他将给予他们惩罚和殉难，就像这些天之前他对彼得的队伍所做的那般。他已准备好，在最短的时间内，率领强大的军队，以千千万万无穷的人来救援你们。"在接到苏雷曼的这个使命后，这两人被先行派出，经由他们熟知且偏远的地方，前往那座湖——正是因为它，城市才没有被封锁住。若是可能，他们就秘密地渡过湖去，去见守城的那些人，将苏雷曼委托给自己的事告知他们：苏雷曼组织好了队伍，很快就要去进攻朝圣者；届时，突厥全军都要从城门中猛冲出来，兵合一处，勇不可当，就此消灭上帝的子民。但是，因上帝所愿，苏雷曼派出的这两个人被基督教守卫俘获并监禁了起来。这些守卫散布于四周，把守各处路径，以免受到对手诡计和武装的伤害。两人中的一个在冲突中被杀，另一个则被带到了基督教王公的面前。

26. 于是，博希蒙德、戈德弗里，以及其他人以酷刑相威胁，迫使这个被逮住的人毫无欺瞒地交代，他是出于什么原因被派遣而来的。此外，他因为如此众多的显赫王公的威胁感到恐惧，意识到自己命悬一线，声泪俱下，低声下气，泪如泉涌，哭个不停，为了自己的性命和安全而拼命祈求，四肢颤抖，承诺说出所有的实情，并会令所有人受益。他承认是被苏雷曼派来的。他声言，苏雷曼正率领着无数部众驻扎在山顶上，近在咫尺：基督徒的王公要信他所言，明日 3 点就会交战的话，就能防范苏雷曼的诡计及突袭。他还请求，将他关押到他所说的那个时刻，届时，苏雷曼进攻的实情就会被证实。但是，假若所言有半分没有兑现，他绝不指望得到宽恕，甘愿受斩首之刑罚。此外，他还以热烈而谦卑的恳求强烈要求信仰基督教，接受洗礼，并依照基督教的法律同基督徒交往。不过，他如此渴求，更多的是出于对其所忧虑的死亡的恐惧，而非对大公教信仰的爱。最后，因为此人可怜的哭泣和急切的恳求，还有对基督教的承诺，军队的首领们心软了，怜悯了他，给了他活路。但是，他仍旧被关押了起来，如他要求的那样。然后，基督教全军都被动员起来，始终保持警惕，无论白天黑夜，都备好武器和装备，一直到他们从俘虏的声言中所得知的，苏雷曼那不可抵挡的军队从山里出来的时刻为止。公爵戈德弗里、博希蒙德、佛兰德斯的罗伯特，以及全部在场的人连夜向伯爵雷蒙德派去了使者，要他赶快上路，若是他还想着同突厥人交战，救援同伴们的话。他们知道，雷蒙德刚刚被皇帝放行，获得了大量的礼物和殊荣，受到了赞许。雷蒙德认出了这么多的王公所派来的使者，在得知苏雷曼的进攻迫在眉睫后，不再耽搁，当晚连夜赶路。破晓时分，在阳光洒满世间时，他和勒皮主教到了，带着各种颜色和式样的旗帜，骑士和步兵穿戴着锁子甲和头盔，强健勇武。

27. 就在这位伯爵的营帐刚刚搭建好的时候，约3点钟，苏雷曼从山顶下来了，他的全部同伴就像海边的沙，形成了战线，由各条路径溢了出来。他们所有人都极为强壮，极善战，全副武装，穿戴着锁子甲、头盔，拿着金色的圆盾，前面的人手擎着众多异常漂亮的旗帜。其中，排在阵线最前面的约10000人皆是弓手，率先冲进了尼西亚山谷，手里持着角和骨制的弓，弓都拉满了，以便击发，并且，所有人都乘着极适于作战的快马。就这样，苏雷曼和他的人来了，竭力要强冲进城门。前面提到的伯爵雷蒙德正封锁、监守着这座城门。然而，伯爵和公爵的兄弟鲍德温，连同鲍德温·卡德伦和一支非常强大的军队，正面迎击这些突厥人，使其受到重挫。在这场极为残酷的战斗之中，急忙赶到军中的主教用讲演如此安慰着恐惧的人们："啊，献身于上帝的子民们，你们为了上帝的爱放弃了所有东西：财富、地产、葡萄园，还有城堡。现在，永恒的生命就在你们眼前，死于这场战斗的人都会被冠以殉教的荣耀。毫不犹豫地去攻打这些与永生上帝为敌的人吧，上帝恩赐，今天你们将取得胜利。"在这番训诫后，加兰德（Garlande）的佩恩（Payen）——乃法兰西国王的管事、波塞斯的盖伊、巴讷维尔（Barneville）的罗杰、坦克雷德、佛兰德斯的罗伯特、诺曼底王公罗伯特[1]毫无迟疑地前去救援基督教兄弟。他们纵马疾驰，在敌人的阵列中纵横，带来了毁灭的一击。公爵戈德弗里和博希蒙德没有裹足不前，而是纵马奔驰，猛冲到敌人阵中，用长矛刺戳他们，令他们跌落马下，还一直以满含男子气概的劝诫宽慰、鼓励同伴去屠戮敌人。在这里，在这场战斗中，听得到矛的巨大碰撞声，还有剑和头盔的鸣响声，这些杰出的年轻骑士及他们的同伴们给突厥人带来了巨大的毁灭。上帝恩典，这场胜利归于大公教众，苏雷曼和他的人逃走了，回

---

[1] 译者注：罗伯特（1051—1134），诺曼底公爵，是征服者威廉的长子。为筹措参加十字军的资金，他将公爵领抵押给了他的兄弟，英格兰国王威廉二世，于征服耶路撒冷后，返回欧洲。

到了山里。在这次围城期间，他再不敢与上帝的子民们交战。从那天起，基督的信者们对苏雷曼的那位被俘的使者显得非常仁慈，因为他们发现，他的承诺的确是真实和可靠的。他受到了特别的奖赏，成为了最为尊贵的贵族家庭中的一员。基督徒将被杀的、受伤的人的脑袋砍了下来，系在马鞍的肚带上，作为胜利的标志带回了自己的营帐。他们兴高采烈地回到了那一部留在营地中阻止被围的突厥人出来的伙伴那里。

28. 当这场围绕着尼西亚城的初战的旋风平息后，他们将被砍下的突厥人的头颅抛掷到城市的防御墙里，威吓卫城中的首领和城墙的卫戍。然后，他们将1000个突厥人的脑袋收集起来，装在二轮马车、袋子和四轮马车里，径直运往叫作奇维特的港口。于是，这些头被用船送到了君士坦丁堡的皇帝那里。皇帝看到了如此多他的敌人和苏雷曼——因他不义之力，在诡计下，皇帝失去了尼西亚城——的战士的头颅后，因信者的胜利而异常欢喜，颁布命令，赐予他们众多奖赏，以表对其辛劳战事的嘉奖。于是，他将大量金钱、各式各样的紫色衣物，以及各种必需品装在了骡子、马运载的车上，送了过去，以奖赏每位权贵。同时，他还赐予了他们无数食物，并准许他们可在其王国内任何地方进行买卖，此乃最为慷慨的便利。遵照皇帝的命令，海上的商人们急速渡海而来，船上满载着补给，有谷物、肉、葡萄酒、大麦和油。他们在奇维特港口抛锚，众多信者在那儿获得了各种贩卖之物，从先前的饥饿折磨中恢复了。在享受了这丰富的食物，并因此而欣喜后，他们同意并申明，在城市被征服、占领、复归皇帝统治之前，他们是不会离开的。因为,他们已然宣誓承诺,不占据皇帝之王国内的寸土,不占据其城堡和城市,除非出于他之所愿和赠予。我们之前说到过的那位囚犯发觉并获悉了整件事情,目睹了基督徒的胜利及突厥人受到的残忍屠戮,失去了活下去的希望,想要从基督徒的枷锁中逃脱出来。一天,他迎来了绝好的机会:看守疏忽了。于是,他敏捷地从城墙的壕沟上一跃而过。他不停地向着防御墙上正因战斗的间隙无所事事的突厥人呼喊,催促并恳求他们帮助自己。他们立刻从防御墙上放下了绳索,交到了这个假冒的、在逃跑的朝圣者手中。很快他就将自己悬在了上面,并用双手抓牢。在内外巨大的喊叫和喧闹声中,他们将他拉了上去,拽到了城墙里。而且,因为突厥人自上面投射,没有一个基督徒敢去追或阻止这个逃跑的人。

29. 因为人们铁定了心,要围困并毁灭了这座城市,所以环绕着防御墙的战斗持续了 7 个星期。一些王公在准备着抛掷和发射石头的机械,以捣毁城墙和塔楼,其他人在建造包铁的攻城槌,并设法制造各种机巧的装置。他们攻势猛烈,鲍德温·卡德伦不停地攻打城墙,总是极其鲁莽且大胆,结果,他的脖子被掷出的石头击中,折断了,丢了性命。根特(Ghent)的鲍德温全力攻城,正当他鲁莽地攻打城墙的时候,被一支箭射穿了脑袋,丧了命。此后,军队依照王公的决定和命令,重新展开攻势,福雷伯爵和名叫瓦洛的佛兰德斯岛伯爵在这次的进攻中过于冲动,过于渴望战斗,在攻打敌人的时候,被箭射中,丧了命。波塞斯的盖伊,一位杰出的骑士,在这里得了病,撒手人寰。所有大公教的子民都在为这些人的死哭泣,因为他们是强有力的谏言者，是生死攸关之事的担当者。主教、修道院长以各种荣耀和圣洁的仪式安葬了这些极其尊贵的人，而为了拯救他们的灵魂，非常慷慨地将施舍分发给了赤贫的人和乞丐。

30. 随后的一天，众多王公将成堆的木材和攻城塔放置在尼西亚城墙附近，一些没有白费，一些没有起到任何效果，这时，埃施的亨利和斯瓦比亚的一位有权势的伯爵哈特曼自费用橡木梁柱建造了一架名为"狐狸"的机械。他们在它周围附上了坚固的栅栏，这样它就能承受得住突厥人用武器和各种投射物造成的最猛烈的打击。而他们则能够待在里面，安全且毫发无损，仗着猛烈的攻势，突入到城中去。终于，这架做工精细紧固的"狐狸"装置完成了，那两位王公的约 20 名穿盔甲的战士就躲到了这架"狐狸"的掩护中。但是，由于人们蜂拥而至、城墙附近的巨大压力，以及防御墙的不平整，它下陷了。它得不到适当的推力，拉力也不均衡，下陷无法遏制。就这样，横梁、立柱及所有捆绑在上面的材料都崩塌了，立刻压死了藏在里面的人。哈特曼和亨利悲痛不已，为他们的人的阵亡而恸哭。他们光荣地埋葬了这些死去的人。然而，没有在这次瞬间的窒息中同自己人一起死去一点儿也不能让他们感到高兴。

31. 在这之后的一天，正当众人徒劳无功地进行持续不断的进攻时，伯爵雷蒙德猛烈进攻一座塔楼，用两座投射石头的弩炮——人们一般称之为投石机（mangonel）——猛击它。但是，这座极其坚固、几乎坚不可摧的古代防御工事，甚至于这座砖石建筑上的一块石头，都未能因每日的进攻有所损坏或松动。直到后来，又加上了更多的投石机。最终，在这些机械的猛烈打击下，城墙的某些地方出现了裂缝，砖石结构受到连续轰击，一些石头开始受损并掉落下来。永生上帝的军队看到了这些裂缝，就将队伍集合起来，举着柳条编成的遮板越过了壕沟。他们勇敢地穿越过去，攻击城墙，用钩状的鹤嘴锹竭力去突破和穿透城墙那高耸的塔楼。突厥人在里面用大量的石头堆满了这座塔楼。这样一来，因堆积成山的石头，塔楼就更加稳固。而且，一旦外墙被想要进入的高卢人损毁了，还有堆积着的无数石头阻挡。另一边，永生上帝的子民越发愤怒，被自己人所遭受的屠戮激怒，用锋利的铁尖头打穿了塔楼，直到他们凭借这样的力量破出一个贯穿塔楼的洞为止。这样一来，凿开的城墙就会显现出个缺口，就能让两人同时进入，他们可以一块一块地减损并拆毁那堆石头，打通一条通往敌人那里的路径。但是，他们未能如愿。

32. 一天晚上，人们被围绕着这座城市的搏斗、巨大的杀戮折磨得痛苦不堪，暂时退回营地，此时有人发现，城里的突厥人总是坐船从湖上出来，将来支援的人、武器，以及所有的必需品运进去。依仗着那座湖——商人全部集中在那儿，突厥人获得了各种商品。因此，随后，王公们做了许多的商讨：他们应该做什么，或者说，该怎样做才能封锁住这座湖，不再让受围的人坐船出入。不然，他们的攻势或辛劳是不会奏效的。最后，经过许多讨论，他们做出了这样的决定：除非用船只将这片极宽广的湖看守、封锁起来，否则，敌人不可能被遏制住，城市的食物也就不可能匮乏。于是，高贵和低贱的人都被召集在一起，经共同决议决定：将不计其数的平民大众——骑马或步行——派往奇维特港口。那里有皇帝的船，一些是经过请求后，从皇帝陛下那里获得的，还有的是被他当作礼物赠予的。人们用木工改造过的马车，以及套在人和马的肩、颈上的麻绳和牛革皮带将它们从海里经陆路直接运到尼西亚的湖边。此事就这样做了。在夜深人静的时候，他们将这些有着惊人重量和尺寸的船只——它们能够容纳100人——拖拽了7罗马里的路程。在太阳升起后，他们来到了那座湖边，将这些船放到了岸边和水里。军队的王公立刻起床，从各处前往湖边，去查看这些船只，欣喜不已。因为他们的人没有受伤，没有受到敌人的进攻，船也毫发无损地送到了。最为勇猛的高卢战士被布置在了这些船上，他们禁绝出口，遏制住那些想再次出城的突厥人，完全不让任何必需品经由船只运送给他们。并且，一艘船上有皇帝的特科波弓箭手，他们非常擅于在水上进行船战。突厥人和要塞的所有守卫在听到湖边众人的喧哗，发现王公们如此早就集合起来后，就蜂拥到了靠水一侧的防御墙上，对那些刚被运到这儿的船感到惊讶异常。他们本要毫无疑虑地以为这些船是他们自己的。不过，他们看到自己的船仍旧停在湖的另一侧靠近城墙和防御墙的岸边上，正被铁和螺栓锁着。于是，湖被船封锁住了。在湖边，一队武装着锁子甲、矛、弓和箭的战士留了下来。伯爵雷蒙德和他的侍从们，以及另一支军中派出的庞大队伍再次集合在前述的那座塔楼前，增强了攻势，更加猛烈地投掷石头，勇猛地侵扰和进攻着突厥人。伴随着战吼声和潮水般的人潮，他们用包铁的攻城槌反复撞击着城墙。

33. 于是，突厥人看到城墙被攻城槌反复撞击并震撼着，塔楼被鹤嘴锄凿穿，随即将油脂、油、沥青同亚麻及熊熊燃烧着的火把混在一起，从防御墙上倾倒下去，将攻城槌和枝条构架的器械完全烧毁了。一些人用箭矢和角制成的弓杀死了许多的人，其他人则投下石头，将靠近城墙战斗的人砸得粉碎。在突厥人此番的防御和抵抗期间，有一个拥有最为好战的精神和心的突厥人用弓和投射物竭力战斗，不遗余力。并且，说来都令人惊异，他因为自己受的创伤，不再抱着活下去的希望，将圆盾远远地扔了出去，直接用胸膛去面对各样的武器，用双手向人群中投掷岩石。如亲历的人所言，尽管已经有20支箭刺入了他的胸膛，他依旧没有停止用双手投掷石头、打击高卢人，反而是更有力、更凶猛地对人群造成伤害。公爵戈德弗里看到如此凶猛和残暴的人在发狂，没有因这么多箭的刺入而变得蹒跚，反而有越来越多的信者因他的投掷而被置于了死地，于是拿起了弩，站在两个同伴的盾牌之后，射穿了这个突厥人的心脏，一击致命。他杀死了这个人，令他无法再做出骇人听闻的杀戮。最后，基督徒精疲力竭，太阳也落山了，极其骇人的攻势平静了下来。受困于破裂塔楼的突厥人趁着夜深人静，又在里面堆积起了大量的石头。这样一来，第二天基督徒就无法从此通过了。

34. 在早晨，太阳重新升起后，上帝的子民抖擞精神，武装了起来，要重新开始进攻，扩大塔楼的裂隙。但是，他们看到后才知晓，在那个新的裂口当中，就在他们的面前，石头又重新堆积了起来。前一天的危险及焦虑的记忆一直在折磨着他们，无法磨灭。于是，他们的心开始变得软弱，每个人都叫别人先上。终于，一名来自诺曼伯爵罗伯特营帐的杰出战士站了出来，穿戴上了头盔和锁子甲，手持盾牌。他英勇无畏地越过了堑壕，来到了城墙下，狂奔向塔楼，试图从裂口中拔去那成堆的石头，清出填满了石头的入口。但是，因为暴雨般的石头和不停地倾泻而下的投射之物，他放弃了这种努力。这位战士看到自己孤立无援，并且不可能挡得住倾泻下的重石，就紧靠城墙，想避开突厥人的投射，他们不间歇地折磨着这个优秀的人。在这样的情况下，他无路可逃。最后，成千上万的石头将盾牌从他的头和脖子上方震得脱离了手。他的脖颈被砸中，他在城墙的脚下被砸得粉碎。他穿着那身锁子甲，戴着头盔，就在所有信者的眼前丢掉了性命，根本没人去救他。突厥人看到人一动不动的，已经死了，就从那座令人厌恶的塔楼上扔下了链锁。这种链锁由能工巧匠所制，有着非常锋利、抓力极大的爪子，类似于挂钩。这些挂钩牢牢地挂住了这位被杀死的战士的锁子甲的环，抓住了他。链锁升了上去，连同死尸一起，被拽到了防御墙里。然后，在得到了这位战士的躯体后，尽管他已经死了，他们还是将他用绳索悬挂在了防御墙上。他们这种非人的行径进一步触怒了基督徒。他们感到被冒犯了，悲伤痛苦，所有人都为这位阵亡的兄弟所遭遇的如此残酷的死，所受到的如此卑劣的待遇悲恸。在长时间的嘲弄之后，这具赤裸的尸体被从防御墙上扔了下来。他们敬重地将他收了回来，连同前面提到过的其他人一起。人们分发施舍，教士唱着颂歌，大家将他葬在了安葬被杀的信者的那个地方。

35. 公爵戈德弗里、博希蒙德及所有的王公被这位勇敢者的死，还有每日攻城中基督徒不断的损兵折将折磨着。并且，无论攻城塔、投石机，抑或人的进攻，都不能对城墙造成任何的伤害，他们所有的努力和勇气都白白耗费掉了。一个伦巴第出身的人，善于制造、创造庞大的筑垒和攻城机械，在目睹了基督徒所受的痛苦和屠戮后，自愿来到上述尊贵的人面前，用这番宽慰之言和承诺振奋了他们的精神："我看到你们使用攻城器械的全部努力都徒劳无功，你们的人在城墙周围频繁死亡，在减损，而活着的人的性命也是朝不保夕。同时，受围的突厥人则在大胆、安全地从塔楼和防御墙反击着，用箭矢和石头淹没了那些掉以轻心、未加防护的人。这些城墙是古人机巧之建筑，不可被铁或他力所摧毁。在看到你们所有的力量就此受挫后，我动身前来见各位大人。我请求各位，若同意这样的计划，希望我能从你们那里为我的辛劳获得些许的酬劳。有上帝所助，我可使得这座看似强大、不可征服的塔楼轰然倒地，同时亦不会给你们的战友带来损失和危险。由此，一条通向敌人的道路将为你们打开。只要能从公共的花费和支援金中，将制造所需的东西提供给我即可。"听到此人这番承诺后，王公们全力支持，同意给予15磅的沙特尔（Chartres）币，以作他辛劳的奖赏，并不加限制地给予他工作所需的一切。他们很是高兴，寄望于承诺的器械。因此，这位工艺大师在获得了这番准许后，就开始准备他的发明，他将斜墙拼连起来，将枝条编成的梢捆附在了这个非凡的装置上。他本人以及同他一起竭力劳作的人们就躲在它的保护下，他们的脑袋就不会受到自上方加以阻挠的突厥人的投射伤害。

36. 当这位大师的防护装置建造完成后，身穿锁子甲，武装着盾牌的基督徒聚集在了这台器械装置的周围。他们将它推过了堑壕，拉拽过去，在城上的所有突厥人的抵挡和阻挠下，他们将它放置在城墙的近旁，紧靠着它。这位工程大师，连同他其余的工匠，被安全地留在了这台器械里面，信者的军队撤了回去，没受到多大的伤害。突厥人意识到基督徒发明的这台装置能够导致城市的陷落，便将燃烧的火把，连同沥青和油脂一起，投掷到了这台器械上，并从防御墙上推下去了许多石头。他们寄望于用这样的方式，以及各种诡计，摧毁附在城墙上的器械，吓跑里面的人。但是，他们投掷出去的所有东西，还有做出的各种努力，都是徒劳的，因为斜墙令它免受投掷出的火或石头的损害。这位工程大师，连同陪着他的同伴们，自信地躲在器械中，不停地在塔楼的地基下用鹤嘴锄和尖锐的铁器挖出泥土，直到他能在地基下的这个洞里构筑起横梁、柱子及其他数量庞大的橡木为止。被运出来的泥土正好用来支撑城墙，这样城墙就不会突然间倒塌在仍在挖掘的人们的头上。当这个洞无论是从长度还是宽度上看，都已然是巨大之后，在工艺大师的建议下，军中的所有人，无论尊卑，将细枝、茎梗、枯柴、干燥的芦苇、亚麻和所有能点火的东西收集起来，堆在了柱子、横梁，以及那些极好的木材中间。洞里的所有地方都堆满了这些木柴。在这之后，工程大师点燃了火，火势因风而长。最后，火焰发展到不可征服的程度，发出巨响，四处蔓延，愈演愈烈，将被置于下方的柱子、横梁，以及所有的木材烧成了灰烬。在这些东西变成灰烬，既无泥土也无木材做地基来支撑后，这座极其古老的塔楼建筑，在午夜时分，顷刻间就完全倒塌了。

它发出了巨大的声响，以至于所有从睡梦中惊醒的人都以为是雷声。结果，塔楼倒下了，突然倒塌在地上，其重量巨大无比，不可承受。尽管它没有因为碰撞而破碎成极多的碎石或巨砾石块，但是，这座要塞的多处城墙则被砸碎、损毁、倒塌了。城墙因为裂缝造成的损坏而裂开了，并显现出了一条通道，不过它仍旧是艰险的。因为塔楼的倒塌和毁灭，苏雷曼极为尊贵的妻子受到了极度的惊吓，不再相信城市所能提供的保护。在夜深人静的时候，她被她的人送到了湖上，想由此坐船从基督徒的手中逃脱出去。但是，她的离去被监守湖面的战士发现了，他们划着刚刚运来的船只抓获了她。她被带了回去，连同两个年幼的儿子，被置于了王公们的监护之下。

37. 突厥人，以及要塞的守卫，皆因塔楼被夷为平地感到恐惧，又因这位夫人的被俘感到震惊。自此以后，他们对在湖上航行不再抱希望。围城期间，他们的人被杀戮，损失惨重，突厥人被压垮了。他们被漫长的围城搞得疲倦不堪，看到无法逃脱，相互之间便进行了商议。他们为了性命和保全躯体而乞求着，恳求基督的军队宽恕他们。突厥人承诺将城门钥匙移交到君士坦丁堡皇帝的手中。原本，依照继承法的话，这座城市是臣属于这位皇帝的，直到后来，苏雷曼以不义之力侵占了它，将其归为己有。劓鼻的泰提修斯——他是皇帝的仆人——答应了军中首领在商议后所做出的请求，在双方之间承诺守信并获得确认后，他为突厥人在基督教的首领中进行了斡旋，提出了这样的条件：突厥人从城里出来，不受伤害；他们要向皇帝投降，连同苏雷曼那极其尊贵的妻子一起。她刚刚被俘虏，受到法兰克王公的监护，正同她的两个仍旧年幼的儿子在一起。于是，双方间的攻伐停止了。其间，事关降城的各种商议在进行着，众多基督教俘虏被归还。一名格拉纳艾（Granaries）圣玛利亚修道院——它从属于特里尔（Trier）教堂——的修女同其他人一起被释放，回到了基督军队的手中。她宣称自己是在彼得那支被击溃的军队中被俘虏并掠走的。她控诉，自己几乎毫无间隔地同某个突厥人及其他的人进行了污秽而令人厌恶的性交。当她在基督教听众中发出对这些罪恶的不幸哀怨时，在基督的贵族和战士中，她认出了埃施城堡的亨利。她用哀痛而低沉的嗓音呼唤他的名字，恳求他帮自己涤罪。亨利立刻认出了这个女人，被她的不幸所触动，他在公爵戈德弗里面前极尽所能，展现出了最大的怜悯。最终，由尊贵的主教阿德马尔大人给了她一个悔罪的提议。最后，在接受了这位教士关于这种不洁行为的建议后，她同那个突厥人间非法的私通被宽恕了，从轻做了悔罪。因为她是被迫的、不情愿的，她因那些邪恶而卑劣的人遭受了这种污秽的暴虐。这之后，仅仅一个晚上的短暂间隔后，那个曾强暴了她，将她从其他人中掠走的突厥人的信使，在极力劝说和花言巧语的承诺下，再次邀她前去结成那非法且不洁的婚姻。那个突厥人因她那无价的美貌而兴奋不已，因她的离开感到痛苦至极，以至于向她承诺了正符合这个女人心意的奖赏。结果，她返回了邪恶丈夫的身边。这个突厥人甚至承诺，如果有机会从皇帝的囚禁和锁链中逃脱的话，自己不久后就去做基督徒。最后，这个不幸的女人——如果说她之前是被迫做了错事的话——这时是被花言巧语和徒然的希望所欺骗，匆忙赶回了那不正当的新郎那里，奔赴了那场非法的婚姻。全军都不知道她是被这些人以怎样的诡计和淫荡带走的。从口述者那里得知，这之后，她回到了那个突厥人逃亡的地方，缘由无它，就是因为她那无法忍耐的淫欲。这时，战争的风暴平静了下来，城里基督教的俘虏被还了回来，突厥人被接收，然后移交给皇帝纳降。永生上帝的军队就在这里，在营地中，整日沉浸在巨大的欢乐和喜悦中。对他们来说，到那时为止，所有的事情都进展顺利。

38. 翌日破晓，在带上用得到的必需品后，所有人动身离开了，安全地从罗姆中部通过，不畏惧任何即将到来的敌人。此后的两天里，他们以一支队伍携带着武装行进，走过了山顶和隘路。然后，他们决定将这样庞大的一支军队分开，这样大家就可自由地待在宽敞的营地里。并且，这样分开，会给马匹带来更为充足的食物和草料。他们集合于两座山峰之间，在那里有条河，河上横着一座桥。博希蒙德率领随从，同公爵戈德弗里分离开来。一些大贵族跟随着他：有诺曼伯爵罗伯特和布洛瓦的王公斯蒂芬。于是，他们一直沿右侧的路径前进，同兄弟们之间的距离不超过1罗马里。公爵及其营帐中的伙伴们，连同勒皮主教和伯爵雷蒙德，一直沿右侧行进。于是，在做完划分后，在约第九个小时的时候，博希蒙德率领他全部的同伴向德格甘里（Degorganhi）峡谷进发，现在的人将这座峡谷称为奥利斯（Orellis）[1]。他们寻找适宜驻扎的地方，同伴们散

---

[1] 译者注：这里，就是第一次十字军战争中著名的多利拉埃姆（Dorylaeum），也就是现代的埃斯基谢希尔（Eskisehir）。

布在了草地上的各个角落扎营，在舒适的溪流和草甸中着手寻找物资：食物和其他的必需品。

39. 然而，就在博希蒙德和其他极勇敢的人们刚从马上下来后，苏雷曼出现了。自逃离尼西亚城后，他就去安条克、塔尔苏斯（Tarsus）、阿勒颇，以及突厥人在罗姆境内各处所占据的其他城市聚集援军。苏雷曼人多势众，一出现就发起猛烈的冲锋。他们突袭这支军队，一路杀戮着，冲入营地，没有延缓，没有间隙。一些人被箭射中了，一些人则被剑砍掉了脑袋，一些人被极其残忍的敌人俘虏了。于是，到处都是巨大的喊叫声，人们战栗着。妇女，不管是结婚的还是未婚的，连同男人和小孩，都惨遭杀戮。巴黎的罗伯特想前去救援这些不幸的人，被一支飞来的箭射穿，丧了命。博希蒙德因这场极为惨烈的屠杀惊异，其他贵族们则重新备好马匹，急忙去穿戴上锁子甲，拿上武器，集合在一处。他们要在这种完全出乎预料的情况下自卫。他们与敌人战斗了很久。威廉，一个非常勇敢的年轻人，非常英俊的年轻骑士，是坦克雷德的兄弟。正当他在用武器猛烈抵抗，多次用矛刺穿突厥人的时候，就在博希蒙德的眼前，被一支箭射中，倒下了。坦克雷德用剑勇猛地抵抗着，勉强逃生。不过，他将展示于长矛之上的漂亮战旗留在了兄弟的身边。突厥人和他们的王公苏雷曼变得越发强大，他们强行冲入营地，用箭矢和骨制的弓射击，杀戮朝圣者：步兵、女孩、妇女、婴儿、老人，没有放过任何年纪的人。那些出身非常高贵的柔弱女孩们被这种骇人至极的凶残杀戮惊呆了，极度恐慌，急忙去穿上衣裳，要把自己献给突厥人。这样的话，至少，他们会喜爱上她们那出众的美貌，会兴奋，会受到安抚，或许能学会去怜悯自己的俘虏。

40. 大群的信者正因此遭受着痛苦，博希蒙德的抵抗力量已然衰减，因为突厥人是在出乎预料的情况下对他及他的人发起了攻击，他们的武器都已经放了起来。基督教军队中约4000人已经死于敌人之手。就在这时，一名信使立刻骑上马，从陡峭的山坡间疾驰而过，最终到达了公爵的营地，神色悲伤沮丧。这时，公爵正在营帐出口外审视同伴们，看到了信使远远地疾驰而来，表情沮丧，面色苍白。公爵问他为何匆忙而来。信使向他和其他贵族做了陈述和解释。他将严酷而痛苦的消息带到了这儿，说道："我们的王公，连同博希蒙德本人，正在遭受着最为激烈的战斗，所有随同的平民大众现在都在受着死亡的折磨。我们在那儿的王公大人们亦会就此阵亡，除非您的军队能够赶紧前去救援。突厥人冲入了我们的营地，然后，他们经过了一座被称为奥利斯，即'恐怖'的山谷，到了德格甘里山谷，不停屠杀朝圣者。他们已经杀死了巴黎的罗伯特，砍掉了他的脑袋。他们击杀了杰出的年轻人威廉，他是博希蒙德姊妹的儿子，这实在令人悲叹。因此，我们整个队伍都迫切地要求你们前去救援，不要再耽搁下去了。"

41. 在听到朝圣者这样的悲惨境遇以及突厥人的胆大妄为后，公爵命令向全军吹响号角，召集全部同伴，拿起武器，擎着战旗，即刻前去救援盟友。他们就仿佛是被叫去参加一场满是欢愉的盛宴，赶紧去拿起武器，穿上锁子甲，再次佩带上宝剑，拿起盾牌，给马套上笼头，将马鞍放回到马背上。约60000名骑兵，连同其余步兵，从营地出发了。极为晴朗的一天已然破晓了，太阳发出了最为耀眼的光芒，它的光辉使得金色的盾牌和铁制的锁子甲闪闪发亮。以珠宝和紫色印染华丽装饰的军旗和旗帜被擎着固定在矛上，随风飘荡。迅捷的马匹被马刺驱策着，奋力前行，没有人等待同伴或兄弟，每个人都在尽可能快地前去救援基督徒，为他们报仇。然后，出乎突厥人的意料，他们清清楚楚地看到，这些基督徒军势威猛，持着武器，穿戴着铁制的盔甲，擎着闪光的战旗，满含战斗热诚全速疾驰，精神卓越地来救援他们的同伴。于是突厥人开始逃跑。他们因恐惧而战栗，停止了骇人的屠杀，或是走偏远之地，或者经由其熟悉的小径逃跑了。不过，苏雷曼率领着一支相当庞大的队伍，阵列排得更为紧密，他逃了出来，并在一座山顶占据了位置，在那里布阵，迎战追击而来的基督徒，进行正面抵抗。

42. 同时，公爵戈德弗里骑着快马突前，随同的只有50名同伴。很快，当随后赶来的众人同他会合后，他毫不犹豫地向着山上的陡坡攀去，去打击突厥人，用武器去进攻那些他所看到的正聚集在山顶上坚定抵抗的人。公爵——正如他的人受到公认的那般——进攻那些不屈之敌，用矛对准他们，以刚强的呼喊声激励着同伴们，坚定不移地逼近他们。突厥人和他们的首领苏雷曼看到公爵戈德弗里和他的人坚定不移，发现他们并没有失去战斗的勇气，于是纵马从山顶上急速逃走。公爵追了他们6罗马里远，将一些人击杀于剑刃下，并和他的人一起抓获了一些俘虏，从他们那里夺取了不少的劫掠物和战利品。他们从敌人那里夺取了女孩、青年，以及所有突厥人想要掠走或带走的东西。奎亚兹的杰拉德，骑乘着令人赞许的马匹，在追击那些敌人的时候，回头看到一个突厥人仍旧留在山顶上，非常勇敢且强壮。杰拉德用盾牌保护好自己，勇敢地持着矛发起了进攻。这个突厥人射出了一支箭，被盾牌挡下，杰拉德刺穿了他的肝和肺。这个突厥人丧了命，跌落马下，杰拉德夺走了他的马匹。埃诺伯爵鲍德温，一个勇敢的人，一位慷慨救济的施舍者，同佛兰德斯的罗伯特一起驱散逃跑中的突厥人，激励周围正在冲锋的同伴们去杀戮，决不要被人看到他们耽搁了追击或停手。伯克的鲍德温、费雷城堡的托马斯、博韦的雷纳德、肖蒙的瓦洛、戈德弗里的儿子罗特哈特、贝济耶的加斯顿、鲁道夫，所有这些人行动一致，在这次的战斗中竭尽全力，有着尚武之勇，追击突厥人的军队，将他们驱散开来。马匹气喘吁吁，两肋猛烈颤动，喘息带来的水汽在阵列之中凝结成了雾。不过，突厥人在这时恢复了力量，仗着人多，以密集飞出、落下的箭雨勇敢抵抗着。但是，这种箭雨很快就过去了，信者的军队手里紧攥着武器，要去削减并摧毁突厥人的大军。最终，他们迫使那些被打败的突厥人逃到了偏僻的小路上，还有山崖峭壁间。突厥人熟知这些路径。

43. 于是，基督徒胜利了，将突厥人聚集起来的全部东西都留了下来，用作这次远征的酬劳：谷物、不少的葡萄酒、野牛、公牛和公羊、驴、马和骡子，还有贵重的金子、无数的银子、有着惊人装饰和工艺的帐篷。在获得这次的胜利果实后，所有人一起——当然有博希蒙德，还有上面提到的其他的王公，他们乃军队的首领和支柱——返回，进行着商榷，达成协议。他们决定，从即日起，食物补给及所有所需都要聚集起来共同使用，所有的物资都是共同所有。然后就这样做了。在这场战争冲突及突厥人的溃退中，多名基督教战士被箭矢所伤，丧了命。据说死了3000名突厥人。在这样的一场极其残酷的战斗结束后，基督的战士们在一条河及它那长着苔草的岸边附近休息了3天时间。他们用那些被杀及逃走的突厥人留下的大量食物来调理非常疲惫的身躯。在场的主教、教士、修士将死去的人的躯体入土安葬了，用祈祷和赞美诗将他们虔诚的灵魂托付到了耶稣基督的手中。这时，再次被击败的苏雷曼勉强逃脱了，爬上了罗姆的群山，不再对尼西亚城、妻子及他的儿子们抱有任何的希望，并为他的人悲伤异常：既有那些在这些天以前，在尼西亚平原上被高卢人所消灭的人，也有被他遗弃在德格甘里峡谷中的，被俘虏和杀死的人。

第三卷
从安纳托利亚到安条克

1. 在敌人的进攻退散后，即第四天的黄昏即将来临的时候[1]，法兰克人、洛林人、斯瓦比亚人、巴伐利亚人、佛兰德斯人，以及整个德意志民族拔营，带上了所有必需的东西和突厥人的战利品，扎营在黑山的山顶，留宿了一晚上。此后，到了早晨，诺曼人、勃艮第人、布列塔尼人、斯瓦比亚人、巴伐利亚人、德意志人，应该说，是整个军队，都由此下山，进入了名为马腊布尼亚斯（Malabrunias）的山谷。在那里，因为地势及岩石间通路狭窄造成的困难，也由于无穷尽的庞大人群和8月的炙热，他们缩短了白天的行程。到了这个月的一个星期六，水的极度短缺变得越发严重。于是，众多的男女被饥渴之苦压垮了，如亲历者所言，约500人在这一天撒手人寰。此外，马、驴、骆驼、骡子、公牛，还有众多的牲畜，也死于这极度的饥渴之中。

2. 事实上，此事不仅是传闻，我们也从那些卷入到这场困境中的人的真实记述中获悉，在这次饥渴的困境中，男人和女人受了悲惨的折磨，以至于这般悲惨的饥渴之不幸令人们心智恐惧，听到都会害怕，颤抖不已。众多怀孕

---

[1] 译者注：1097年7月3日。

的妇女的咽喉干透了，子宫干枯了，身体里所有的血管都被这难以估量的太阳和炙热之地的高温榨干了。在大道中间，在所有人的面前，她们分娩了，然后遗弃了自己的婴孩。其他悲惨的女人，在孩子即将出生的时候，在公众的道路上打滚，就因为饥渴所带来的极端痛苦，忘记了自己全部的羞耻心和羞怯。她们被迫生产，并非因为月数或时间已近临盆，而是受阳光的炙热、旅途的疲倦、饥渴的膨胀，以及水源的遥远所迫。她们的婴儿在平原中被发现，有些死了，其他的则是奄奄一息。此外，许多男人因艰苦的体力活及炙热而越发衰弱，张开口，扯开喉咙，试图去吞下最稀薄的水汽以解除口渴。但这么做完全没有用。相当大的一部分人——据我们所听到的——在那一天死在了那里。甚至于，猎鹰——被驯化，并受到出身高贵的贵族喜爱的鸟禽——也因同样的炎热和饥渴，在携带着他们的主人手中奄奄一息。狩猎技术卓越的猎犬，因受到同样饥渴的折磨而气喘吁吁，死在了主人的手中。就在这时，当所有人正如此这般地处于此番灾祸的折磨之中的时候，大家渴望的、正寻找的河流出现了。他们急迫地向它赶去，每个人都渴望极了，都竭力地要跑到他人的前面去。他们肆无忌惮地饮着水，直到后来，非常多虚弱的人——除了人，还有同样众多的驮畜亦是如此——因为饮水过量而死。

3. 这之后，当他们从狭窄的峡谷中走出来后，在所有人的支持下，军队决定：因为人数过于庞大，将军队分为两个部分。坦克雷德和鲍德温——公爵戈弗里的兄弟——带着自己的人离开了其余的人，从奥利斯峡谷的中间穿越过去[1]。不过,坦克雷德带着他的人走在了前面,行进到了菲洛迈利姆(Philomelium)、赫拉克利亚(Heraclea),以及伊康(Iconium)的城市[2]。在这些地方,基督教市民生活在苏雷曼的突厥人的奴役之下。鲍德温和他的人走进了山区崎岖的小路。他和他的整个军队严重地受困于食物短缺。马匹缺乏草料,几乎跟不上队,更不可能载人了。公爵戈德弗里、博希蒙德罗伯特、雷蒙德走在大道上,在很远的距离外跟随着,逼近了小安条克(Antioch the Less),它位于赫拉克利亚一侧。在这天的第九个小时,他们命令军队停下来以作休整。到了晚上,公爵戈德弗里和其他的贵族在临近群山的一片令人愉悦的草地上扎营。公爵认为这个地方是舒适且讨人喜欢的,有着大量的猎物。贵族热衷于用狩猎来娱乐身心,锻炼体魄。他们在那里休息,将武器和所有的战利品放到了一边,还发现了一片非常适于狩猎的树林。他们带上了弓和箭袋,系上了宝剑,进入了毗邻群山的隘路,看看能否遇到猎物。他们可凭借着敏锐的猎犬去攻击、追逐它们。

4. 最后,正当所有人都分散到森林中各处隐蔽的地方,在各自的路径上伏击野兽的时候,公爵戈德弗里看到,一只有巨大且令人恐惧身躯的熊在攻击一名无助的、在收集细枝的朝圣者,他还看到,熊就要吞吃这个正在绕着树逃跑的人。据说,它惯于吞食此地的牧羊人,或者是进入

---

[1] 译者注:阿尔伯特的记述在地理方面有时会出现混淆,这里所谓的奥利斯山谷在前面已经出现过了。
[2] 译者注:菲洛迈利姆是现代的土耳其城市阿克谢希尔(Aksehir);赫拉克利亚是现代的埃雷利(Eregli);伊康就是现代的科尼亚(Konya)。这里城镇的顺序是有问题的,十字军应该是在到达赫拉克利亚之前就到了伊康。

森林的人。公爵向来都是随时准备好,要去帮助处于困境中的基督教兄弟的。于是,公爵急忙拔出了宝剑,奋力地用马刺驱策战马,向那个不幸的人疾驰而去。他急忙赶去将这个恐慌的人从屠夫的牙齿和利爪中解救出来。随着一声怒吼,他从灌木丛中冲了出来,挡在了这个凶残的野兽面前。这只熊看到了疾驰的战马和骑在上面的骑手后,仗着凶残和贪婪的利爪,立刻就动了起来,与公爵面对面地遭遇了。熊张开大嘴,直立起整个身子,要去撕咬公爵的喉咙。确切地讲,它与其说是抵抗,还不如说是要攻击。它亮出自己那极为锋利的爪子,要将公爵撕成碎片。它缩回了头和前爪,小心地躲开剑的打击,总是想着进攻,还声东击西。它那可怕的吼叫声震撼了整座森林和群山,所有听到的人都大惊失色。公爵知道这个狡猾、极其邪恶的牲畜会以无畏的凶残做出抵抗后,内心被激恼,勃然大怒。在将剑的尖端掉转向它之后,在一次鲁莽而盲目的冲锋中,公爵逼近了这只畜生,要去刺穿它的肝脏。但是,不幸的是,这个野兽在躲避攻击的时候,突然间将弯弯的爪子插入到公爵的外衣里,令公爵从马上跌落下来,掉到了地上,正在它的前爪所及的范围内。它马上过去,要用牙齿撕碎他的喉咙。此时,公爵处于险境之中,回想起自己众多英雄事迹,到那时为止,他皆能漂亮地化险为夷。而这时,他痛苦不堪,因这个残忍的野兽而身处困厄,面临着卑贱的死亡。就在此时,公爵恢复了力量,立刻重新站了起来,迅速地拿起剑——在他突然从马上掉下来,并同这个狂暴的残忍野兽搏斗的时候剑被缠绕到了他自己的腿上——并紧握剑柄,对准了这只野兽的喉咙。他腿上有一个严重的切口,小腿肚和肌腱受了重伤[1]。尽管如此,尽管血液持续不断地喷涌出来,削弱着公爵的气力,他却没有屈服于这个怀有敌意的野兽,而是极其强烈地做着防御。直到后来,那些分散在森林里的同伴当中,有一个叫胡瑟欣(Huscehin)的人,听到了被从熊手中解救出来的那个可怜农民的大喊声,还有这个屠夫猛烈的吼叫声,纵马疾驰,前来救援公爵。他拔出宝剑,攻击那只骇人的野兽,同公爵一起,用剑刃刺穿了它的肝脏和肋骨。最终,这个极其狂暴的野兽被消灭了。这时,公爵才第一次因为创伤的剧痛、血液的大量涌出,开始失去勇气,脸色苍白。整个军队因为这个邪恶的消息陷入了混乱。所有人一起向着这位勇敢的斗士、智慧的人、朝圣者的领袖负伤的地方跑去。军队的王公们将他抬了起来,带回了营地,男人陷入了无尽的悲哀和伤痛之中,妇女哀号。他们找来医术最为精湛的医生来治疗他。他们承认,以前从来没有见到过这样庞大的野兽。他们把它均分了。

5. 公爵为重伤所阻,军队缓慢随行,走在前面的坦克雷德沿着通向海岸的大道行进,在经过了悬崖峭壁后,先于公爵的兄弟鲍德温通过了布坦特罗特(Butentrot)山谷,接着向下行军,通过了被称作"犹大"(Judas)的大门[2],前往一座被称作塔尔苏斯的城市。这座城市通常被人称为图索特(Tursolt),苏雷曼的突厥贵族依旧在控制着

---

[1] 译者注:尽管当世及后来的西方文学家对这段斗熊的事迹津津乐道,但戈德弗里的表现显然是笨拙的,这道伤口亦有可能是他跌落马下的时候被自己的剑割伤的。
[2] 译者注:这里是乞里齐亚门(Cilician Gates),是土耳其南部托罗斯山脉关口。

它，掌控着它的塔楼。在这里，一个暂时与坦克雷德同行的亚美尼亚人与他熟络，承诺去向受突厥人严酷奴役的市民建议，于时机合适的时候，在未让突厥人察觉的情况下，将这座城市谨慎地交到坦克雷德的手中。但是，市民怯懦，而且因突厥人的存在和警觉，不接受这位亚美尼亚兄弟的建议。于是，走在前面的坦克雷德劫掠了这座城市周边的地区，并聚集起了无数劫掠而来的补给用于围城，将他的帐篷散布到城墙周围。在安置好帐篷后，坦克雷德向分散在防御墙和塔楼上的突厥人施予重重威胁：博希蒙德即将到来，还有紧随而来的大军。他宣称，除非他们出城并打开城门，否则，在这座城市如尼西亚那般被占领，所有居民被征服之前，随后就到的军队是不会撤围而去的。不过，如果他们满足他的意愿，打开城门，他们不仅可以在博希蒙德那里获得好感，保住性命，还能获得许多的奖赏，还会得到掌管这座城市和其他城堡的权力。

6. 因为这些引诱和承诺，以及坦克雷德时常做出的令人敬畏的威胁，突厥人服软了，承诺将城市交给坦克雷德，条件是：只要他们——连同城市的守卫——臣服于博希蒙德的权力，随后赶来的军队不能再给他们带来危险或动乱。坦克雷德没有拒绝，如此达成了为突厥人所认可的协议：将坦克雷德的旗帜立在主堡的顶部，以作信号，意即坦克雷德——在博希蒙德到来之前——宣布占有这座城市。因此，相应地，它不会受到任何的侵犯。戈德弗里公爵的兄弟鲍德温；阿斯滕诺伯爵彼得，图勒城的伯爵雷纳德，是一个非常勤奋的人；伯克的鲍德温是一名杰出的年轻武士；他们因友谊而联合在了一起。他们独自走上了另外一条道路,同军队走散了,迷路了三天,走到了沙漠地带和群山中不为人知之地。他们忍受着严重饥饿和必需品匮乏带来的折磨,最终,在从迷宫般错综复杂的道路中走出来后,意外地站在了一座山的山顶。在那里,他们看到坦克雷德为了围困塔尔苏斯而遍布于旷野平原上的帐篷,非常恐惧,以为这是突厥人的用具。坦克雷德从远处看到在山顶上的人后,也很惊恐,以为他们是驰援困在城内的突厥人同伴的。终于,山上的人下来了,他们失去了活着的希望,几乎就要饿死了。坦克雷德是一个极机敏的战士,告诫同伴们自卫。

7. 另一方面,为了虚张声势和防御,约500名突厥人正聚集在带角塔的防御墙上,他们同样以为鲍德温和他的随从是突厥人的阵列。这些突厥人以如此的方式嘲讽并威胁坦克雷德:"看看那些赶来救援我们的军队吧!我们并非如你所想的那样是在你的掌控之下,反而是你和你的人处在我们的掌控和力量之下,即将被摧毁。于是,现在你可确信的是,你被我们所签订的这个一无是处的协议欺骗了。我们让你待在营地里,不是出于别的原因,就是因为我们在期盼你所看到的这样的阵列的救援,他们将会给你和你的人带来毁灭。"坦克雷德是位无畏的年轻武士,蔑视突厥人的威胁,用简短的答复来回击这些嘲讽:"即便这些人是你们的战士或王公,以上帝之名,我们对他们可是毫不在乎。我们不怕他们逼近。若上帝保佑,他们被我们击败了,你们的傲慢自大和夸耀吹嘘逃脱不了惩罚。反之,若我们因受自己罪过的拖累,抵抗不住,你们也绝不会从即将赶来的博希蒙德和他的军队手中逃脱出去。"说完这些后,坦克雷德率领着自己的整个队伍疾驰在前,擎着旗帜,持着武器,穿戴着头盔和锁子甲,乘着最为迅捷的马匹,急速去迎战鲍德温。突厥人在城墙上猛烈地用响声骇人的喇叭和号角发出雷鸣般的巨响,以恐吓坦克雷德。但是,双方认出了彼此的基督教旗帜,看到是朋友和同胞,他们喜极而泣。在上帝的恩泽下,现在,他们被从痛苦和险境中解放了出来。双方的军队立刻混到了一起。他们一致赞同,一起将帐篷扎到了城市的防御墙前面。他们将从山区和周围劫掠来的一些牛和牲口杀掉,放到火上烧烤,充当食物。在烹调的时候都没有盐可放,但长时间的饥饿使他们狼吞虎咽。在这里,所有人都吃不上面包。这座城市四面都筑有城墙,有溪流和草场,位于富饶的平原之上,对居民可谓是适宜且舒适的。它的防御墙牢固得令人惊异,以至于人们相信,除非上帝所愿,它不会被任何人力征服。

8. 第二天天亮后,鲍德温和他的人起床,来到了城市的防御墙前,看到坦克雷德的那面非常著名的旗帜依照同突厥人达成的协议和约定树立在了卫城那高耸的塔楼上。他们群情激愤,非常愤怒,以辛辣桀骜的言语对坦克雷德和他的人破口大骂,无视坦克雷德和博希蒙德的虚饰和高位,将他们看作烂泥和残渣。因为这些,以及愤怒的言语,几乎爆发了冲突,多亏更明智、平和的人做了调解,提出了这样的建议:双方派出一个使团,去搞清楚亚美尼亚的市民更愿意将这座城市交到谁的统治和管辖之下,他们喜欢将哪方作为最好的选择。即刻间,所有人做出了答复:相比其他王公的管辖,他们更愿意向坦克雷德臣服和投降。事实上,他们这样说并非出于衷心的热爱,而是出于对博希蒙德的攻击那挥之不去的忧虑。意料之中的是，早在这次远征很久以前，博希蒙德的名声在希腊、罗姆、叙利亚的各个地方就已经是尽人皆知了，他的战争令他们战栗发抖。这时，公爵戈德弗里的名字是第一次璀璨发光。

9. 听到这些后，鲍德温怒火中烧，因这些冒犯的言语激起了对坦克雷德的愤怒。在坦克雷德在场的情况下，他通过翻译，向市民还有突厥人做了这样的讲话："你们绝不要以为你们如此崇敬和畏惧的博希蒙德和这个坦克雷德是基督教军队最为显贵和强大的首领。你们也不要以为他们能与我的兄弟戈德弗里——全高卢战士的公爵和领袖——以及他的任何亲属相提并论。事实上，这位王公，我的兄长戈德弗里，是依靠他尊贵祖先的世袭权利获得了一片广袤领土的公爵，那是罗马首位皇帝奥古斯都之地。他受全军的敬重，高贵和低微之人皆会服从于他，因为他被所有人选举并任命为领袖和领主。你们要知道，你们及你们所有的东西，还有这座城市，一定会被这位公爵用剑和火焰吞噬和摧毁，不管是博希蒙德还是坦克雷德，都不会充当你们的支持者和保护人。并且，你们所支持的这位坦克雷德，今天也逃不出我的手心。除非你们将那面他为了侮辱我们、为了自我炫耀而树起的旗帜从塔顶扔下来，向我们打开城门。如果你们确实能满足我们的意愿，清除这面旗帜并投降，我们将会提高你们的地位，令你们位于你们所安居的这片疆界内所有人之上，在我们的领主和兄弟，就是那位公爵面前享有荣光。你们将一直受到尊重，得到应得的礼物。"市民和突厥人被这番美好而诱人的承诺所吸引，在坦克雷德完全不知情的情况下，同鲍德温达成了协议和友谊。他们立刻将坦克雷德的旗子从塔楼的顶上取了下来，似一文不值般，从防御墙上远远地扔到了一片泽沼中。鲍德温的旗帜被安置到了这座塔楼的顶上。

10. 在看到鲍德温的旗帜被放上，自己的旗帜被取下来并扔掉后，坦克雷德尽管感到悲伤，还是隐忍未发。他意识到，因为这次易帜，他的人和鲍德温的同伴之间的冲突已经是一触即发，并且，自己这方在人数和武器上都处于劣势。所以，他不想再为这次的不合耽搁下去，动身前往附近的一座叫作阿达纳（Adana）的城市。它筑有城防，非常富足。他发现城门紧闭，根本不让他进去。一个叫韦尔夫（Welf）的人占据了这座城市。他来自勃艮第王国，是一名杰出的骑士，在赶走并消灭了突厥人之后，占领了这座城市。他发现这里有金子和银子、贵重的斗篷、补给、绵羊、葡萄酒、谷物和大麦，以及各种各样的必需品。也就是说，这位韦尔夫和其他同军队分开的人一起走在了前面。坦克雷德发现城门紧锁，并了解到一位基督教的王公占据着这座城市，就派出了信使，安全地进了城，恳求获得恩泽，允许留宿，可公平买卖、分享食物。韦尔夫听到了请求，命令打开城门，将坦克雷德，连同他的人一起，带了进去，将所有生活必需品都提供给他们。

11. 在坦克雷德离开后，鲍德温再次警告突厥人。他向他们施压，并承诺，只要他们能开放城市，举右手起誓保证，让他和他的人进城，那么，公爵众多的奖赏和礼物随后就到，不仅如此，他们还可以选择前往其他的城市。这时，突厥人和亚美尼亚人看到坦克雷德逃走了，不见了，而鲍德温的力量更为强大，在誓约被双方接受并确认后，他们打开了城门，让鲍德温和他的人进城。但是，他们宣布，要继续保留所有带塔楼的筑垒，直到戈德弗里公爵和紧随而至的军队到来为止。到时候，不管他们是选择基督教信仰，还是坚持异教的仪式，这座城市的命运就取决于公爵的礼物和支持，以及鲍德温向他们承诺的其他事情。他们只交给鲍德温两座主塔，他可以安全无忧地在里面居住和休息。军中剩余的众人则被分散到了城中各处的房屋和街区中。于是，这些人和他们的首领鲍德温一起被放了进去，留宿休息，恢复体力。就这样，到了第二天的晚上，300名博希蒙德的随从和民众——他们是从朝圣者的军队中分离出来的，随着坦克雷德的足迹而来——站在了城墙前面，持着武器和盾牌。在鲍德温的命令及权贵们的建议下，城门和入口都被禁止向他们开放。这些人因漫长的路途疲倦不堪，缺少必需品，精疲力竭。他们苦苦哀求，想在城中留宿，并购买必需物资。鲍德温军中所有平民也做出央求，因为他们是兄弟，也信仰基督教。但是，鲍德温完全不听他们的请求。他这样做出于这样的缘由：首先，他们是前来支援坦克雷德的，其次，还因为他对突厥人和亚美尼亚人许下的承诺，即在公爵戈德弗里到达之前，除了他自己的人，任何人都不能被接纳或放进城。

12. 然而，鲍德温随从中的兄弟和朝圣者，看到这些人就这样被拒之门外，毫无办法，心生怜悯。因为他们看到这些人已经在忍受饥饿。他们决定在篮子里放上面包，用绳子将篮子和牲口系下去给他们吃。这些人由此恢复了体力。因为旅途的劳顿，他们在夜深人静的时候，陷入了沉睡之中。那些被承诺保护的正在卫戍塔楼的突厥人完全绝望了，根本不信任鲍德温和跟随他的基督徒，相互间秘密地做了商议。有一条河从城中流过，其中一处浅滩为他们所熟知。然后，约300人，带上了他们所有的财宝和其他的东西，趁着鲍德温和他所有的人都在睡觉，就从这处浅滩秘密出走了。他们仅仅将卫戍中200名低贱的仆从和从属留了下来，以免基督徒怀疑他们逃走了。但是，这些出走的突厥人突袭了那些在城前的草地上摊开疲倦的四肢、陷入沉睡的基督徒。他们将一些人斩首，用箭矢残杀了另一些人。在这所有人当中，没有人——或者说很少有人——活下来。

13. 到了早晨，城内的基督徒睡醒了，他们上了防御墙，去确认、查看基督教兄弟是否仍旧留在草地上。他们看到所有人都被突厥人的武器斩首，草地被他们的鲜血所污染，血流成河。就这样，突厥人的背信弃义和不义暴露了。立刻，大公教徒在整座城市内掀起了一场暴动，所有人都持着武器，为了给在诡计中被杀死的兄弟们复仇，他们猛冲去破坏塔楼，杀死在其中看得到的突厥人。在喇叭声和巨大的叫喊声中，他们激起了一场庞大的骚乱。鲍德温对如此猛烈的喧闹及众人群情激愤地聚集到一处感到惊讶，离开了驻防的塔楼，纵马疾驰，从城市中穿过，催促武装部队停止战斗，返回自己的居所，以免双方达成的协议这么快就被破坏了。最终，他完全知晓了基督徒所遭受的这场屠杀。但是，骚乱变得越来越猛烈，人们难以忍受基督徒被谋害，大喊着鲍德温对这次杀戮和那个致命的建议负有罪责。人们喧闹着，向他射箭，极猛烈又数量庞大，以至于他不得不为保全自己的性命，跑到塔楼里避难。鲍德温立刻恢复了自我，平息了心中的波澜。他安抚民众，为这一切做辩解，宣称自己对突厥人的残忍行径一无所知。他将永生上帝的子民拒之门外并非出于其他的缘由，唯是因他曾向突厥人和亚美尼亚人立誓，承诺在公爵到来之前，除了他自己的人，不让任何人进城。在鲍德温这番辩解后，他同自己人和解了，随后，他逐个塔楼地去进攻、征服那些因为出身低微而被留下来的下层突厥人。他的人也去突袭这些突厥人。结果，为了给城外的朝圣者报仇，差不多有200人被斩首。这座城市众多显贵妇女控告这些突厥人，向朝圣者展示被突厥人砍掉的耳朵和鼻子——皆因突厥人发觉她们不愿被玷污所致。耶稣基督的子民因这样的恶行和骇人的控诉激起了对突厥人更大的仇恨，从而加剧了对他们的屠杀。

14. 这之后，几天时间过去了，分散在防御墙上的鲍德温的人观察到在远处的海中——距离城市有3罗马里——有一大群种类、做工各不相同的船只。它们桅杆的高度惊人，有最纯质的金包裹着，因阳光而闪闪发亮。他们看到人们从这些船上下来，登上了海岸，相互之间分配着极多的用了将近8年的漫长时间聚集起来的劫掠之物。看到他们之后，基督徒以为他们是被那些从晚上对基督徒的屠杀中逃走的人招来的敌人。于是，他们赶紧武装起来，有的骑马，有的步行，径直向海岸赶去，毫不畏惧地开口询问他们为何而来，来自哪个国家。这些人答复说，他们是信仰基督的战士，承认自己来自佛兰德斯、安特卫普、弗里西亚（Frisia）及高卢的其他地方。直到今天，这些人已经当了8年的海盗了。这些航行至此的人同样发问：出于何种缘由，他们从罗马人和德意志人的土地行到此处，在经历了漫长的背井离乡后，同样来到如此野蛮的国度之中。他们发誓，保证是为了朝圣，为了在耶路撒冷礼拜而来的。这样一来，双方相信了彼此的言谈和话语，伸出右手，达成协议，要一同前往耶路撒冷。在这个海上同盟中，有一个名叫温尔莫（Winemer）的人，他是所有这些同伴的首领和支配者，来自布伦（Boulogne）之地，出自尤斯塔斯伯爵的家庭——这位伯爵是这片土地上的一位显赫的王公。在确信了彼此相互间达成的誓约后，他们带着劫掠之物和全部辎重离开了船，和鲍德温一同进入塔尔苏斯城。在这儿，他们因这片土地上各种美好之物欢愉宴饮了几天。然后，他们相互间做了商议，从这支海军中挑选出300人，以坚守和防御这座城市。同时，也从鲍德温的军中委派了200人。安排妥当之后，他们出发了，武器和军力都联合在一起，在喇叭和号角声中，在强大的军势下，他们沿大道向前挺进。

15. 与此同时，坦克雷德离开了阿达纳城，辞别了那座城市的首领韦尔夫，前往被突厥人占据并防守的马米斯特拉（Mamistra）城。他率身着护甲的部队对这座抵抗并反对他的城市发起了猛烈的进攻，很快将它的城墙推倒在地，摧毁了城门和铁门闩，用残酷的屠戮毁灭了此地突厥人昔日至高无上的傲慢自大。在将敌人消灭并赶走后，坦克雷德将自己的人组成卫戍，驻守塔楼，给基督教同伴们分发在城中找到的大量食物、衣物、金子和银子。他在这里停留了几天。正当坦克雷德安稳地停留于此，处心积虑地驻守这座城市的时候，公爵的兄弟鲍德温带着武器和同伴，在大道上行进着，进入了这座城市的边界。鲍德温和他的拥护者，还有同行的贵族们在城市附近的一座栽有茂密林木的林园中安营。一个叫理查德（Richard）的人，是意大利城市萨勒诺（Salerno）的王公，出身于诺曼人，是坦克雷德的近亲。他看到了他们，怒火中烧，就这件事情，以非常激烈的言语斥责坦克雷德，说道："坦克雷德啊，今日你可算所有人当中最没用的人了。你看，鲍德温就在眼前，因为他的不义和嫉恨，你失去了塔尔苏斯。啊，如果你现在还有些男人的气概，那就去发动你的人，将他对你造成的伤害当头还给他。"听到这些后，坦克雷德发自内心地怒吼，立刻召集武器和战士，将自己的弓箭手先派了出去，以强大军势，前去挑衅帐篷里的敌人，击伤在牧场和草地上徘徊的马匹。他本人骑着马，率领着500名身着锁子甲的骑兵，冲进鲍德温的营地，突袭他的随从，这样，他就能为他所遭受的所有伤害做出应有的报复。

16. 鲍德温，还有和他同姓的伯克的鲍德温、克莱蒙的吉塞尔伯特（Giselbert），以及他的整个队伍，察觉了坦克雷德的这次非常突然的袭击和冲锋，立刻披上铁甲，擎起战旗。他以浑厚的嗓音提醒着同伴们。在巨大的喇叭声和号角声中，他急忙去迎击坦克雷德。双方激烈交战，许多人因严重的创伤倒下。但是，坦克雷德的军队在数量和力量上均不敌鲍德温，无力承受这样猛烈的战斗，随即转身向城市逃跑，寻求保护，坦克雷德穿过了河上狭窄的桥梁，勉强逃出了战斗的旋涡。在这座桥的狭窄通道上，萨勒诺的王公理查德——坦克雷德的至亲——及安齐（Anzi）城的罗伯特，两位极其勇敢的战士，因耽搁得太久，被俘房并抓了回去。坦克雷德同伴中的许多骑兵和步兵，不是当场被杀，就是重伤而死。唯独克莱蒙的吉塞尔伯特追击得过于猛烈，陷到了敌人中间，在这座桥狭窄的通道上被俘虏并带走了。鲍德温和他的人以为他被杀了，失声痛哭，悲痛不已。

17. 第二天太阳升起后，双方都为被俘的尊贵者的缺席而悲伤，回想起，两方都在上帝的面前犯了错，亵渎了对前往耶路撒冷的至神圣之旅程的虔敬。经过军中权贵的商议，他们达成了坚实的和平，互相交还了俘虏。在实现了和平，归还了所有的战利品和俘虏之后，鲍德温离开了他的700名骑兵，在一位名叫帕科阿德（Pakrad）的亚美尼亚战士的建议下，进入了亚美尼亚人的土地，围困了一座有着惊人工艺，名为图柏赛腊（Turbessel）的极其坚固的城堡。亚美尼亚的市民——信仰基督的人——看到了这些，在秘密地同这位王公鲍德温做了商议后，将控制着卫城的突厥人赶了出去，移交到了他的手中，因为他们更愿意为一位基督教的公爵服务，而非受异教徒管辖。于是，这座城市，连同要塞的卫城，都被征服，他的人进了城，之后，他如法炮制，亦围困并占领了拉沃德拉（Ravendel），一座非人力所能攻克的城堡。突厥人被图柏赛腊的陷落吓倒了，据说他们逃跑了，离开了这座城市。他还占领了许多的城市，连同它们附近的城堡。它们都被向着安条克挺进的军队的威势吓倒了。同样地，突厥人很久以前就征服了这些地方，把守着它们，他们被恐惧所震撼，晚上就弃城而逃了。于是，鲍德温将占领的拉沃德拉委托给了前面提到的那个亚美尼亚人帕科阿德——一个不可靠的人，大叛徒。在尼西亚，在他从希腊皇帝束缚中逃脱出来后，鲍德温将他扣留了下来，因为他听说，这个人是一个尚武的人，诡计多端，变化无常，还因为，整个亚美尼亚、叙利亚和希腊都熟知此人。帕科阿德，背信弃义且狡诈奸猾，在突厥人那里非常出名，他以为自己能够强行地将拉沃德拉这座要塞的土地占为己有，不让鲍德温的人进城。他将自己的儿子——一位杰出的青年人——委派在了城里。不过，他仍然留在鲍德温身边，同他一道行军，用诡计将所作所为隐藏了起来。

18. 终于，一些王公在得知了鲍德温的坚毅和尊贵后，同他达成了盟约。他们都是亚美尼亚人，其中一位叫费尔（Fer），是图柏赛腊的统领，另一位叫尼库苏斯（Nicusus），他的城堡和广阔地产就在图柏赛腊附近。这两人发现了帕科阿德同突厥人所谋划的背信弃义之事，知道他是一个恶毒且诡计多端的人，便向鲍德温告发，称：如果继续将拉沃德拉城堡委托给这样的一个人，一个向皇帝做过伪誓的罪大恶极的人的话，鲍德温很快就会失去这片他曾征服过的土地。听到了这些可信而忠实的人的话之后，鲍德温多次察觉到了此人的狡诈，于是向他索要委托给他的那座城堡。帕科阿德顽固地拒绝将它交还到高卢人的手中，也不愿交由他们坚守。最终，在经过对这座城堡的多次索要后，鲍德温愤怒了。一天，他将这个拒不服从的人抓了起来，用锁链绑起来，施以刑罚，直到他被迫交还城堡为止。但是，即使如此，不管在怎样的刑罚之下，生命处于何等的险境，他仍旧不屈服。鲍德温对这个受到各种折磨仍旧活着的人厌烦了，终于命令，要生生地将他的四肢逐个扯下来,除非他能交出这座城堡。此人惧怕对四肢和肌腱这般可怖的撕扯,便经费尔之手将多封信件送交给他的儿子,让他将城堡赶快交还给鲍德温,以解救其性命和肢体。然后,事情就这样做了,随后,帕科阿德被从枷锁中解放了出来,鲍德温继而断绝了与他的同伴关系。鲍德温将这座收回的城堡委派给了他的高卢人,交由他们看守。他离开了图柏赛腊这座又被称为柏萨庇(Bersabee)的城市。他征服了周围所有的土地和地区,使得它们皆臣服于自己的权势。

19. 这之后,过了一些天,鲍德温声名远播,他在与敌交手时的英雄气概传播开来。罗哈斯(Rohas)城——人们称之为埃德萨(Edessa),位于美索不达米亚地区——的公爵[1]派本城的主教,连同12位城市的高官——此城及此地的各阶层皆拥护他们的主张——去见鲍德温,为的是让他率领着高卢战士来这座城市,保护这片土地免受突厥人的侵扰。鲍德温可同公爵共享权势,一同拥有全部的岁入和税收。经过商议后,鲍德温终于答应了,仅仅带着200名骑兵前往,剩下的众人分散开,留在了图柏赛腊、拉沃德拉,以及赶走突厥人后,业已臣服于其权势下的许多地方。但是,当他急速前行,径直赶到幼发拉底河,准备渡河的时候,突厥人和其他敌人的队伍出现了,在从鲍德温枷锁中解放出来的帕科阿德的建议和教唆下,他们从四面八方聚集起来,约有20000人,到了这儿,要拦截欲

---

[1] 译者注:此人为托罗斯(Thoros),亚美尼亚人,承认拜占庭为宗主,受封于君士坦丁堡皇帝。他信仰的是东正教,而非当地人的亚美尼亚教派。称他为公爵,显然是阿尔伯特主观上的一种想象。

过河的鲍德温。但是，他察觉了他们的力量和骑兵，这时，他无力抵御或击败这成千上万的敌人，就原路返回了图柏赛腊。在突厥人分散开来，并返回了各自的防磐之后，他再次率领200名骑兵动身前往埃德萨。在忠实于己的人的护卫下，他完成了旅程，没有遇到阻碍或敌人的进攻，成功渡过了幼发拉底河。

20. 这位极其显赫著名的王公到来的消息传到了城市元老们的耳中，闻讯之人都欢欣愉悦，在喇叭声和各种音乐声中，高贵和低微的人都聚集在一起，前去见他，将他带进了城里，极尽荣耀和欢乐，恰与如此杰出之人相配。他在极尽尊敬、光荣中被引入城门，他和他的人被安排好了舒适的住宿。然而，为了抵御本城之敌而邀鲍德温来同12名元老商议的公爵，对民众和元老对他所表现出的赞扬和尊重感到恼怒，开始从内心深处强烈地嫉妒他，完全不许他去掌控此城此地，也不许他均享任何的岁入和税收。公爵说，只要鲍德温不拒绝成为他本人、市民，以及这个地区的捍卫者和支持者，在委派给他的地方抵御突厥人的伏击和突袭，就会给予他大量的金银和紫衣，充足的骡子、马匹，还有武器。鲍德温拒绝了公爵这些在如此卑贱的协约下才能得到的礼物，只要求获得安全通行的承诺，没有危险，免遭不义的诡计，让他可健全、不受伤害地回到他的兄弟戈德弗里公爵那里去。12位首席元老、市民中的显贵，还有余下的大众获悉了此事，知道他无法被金银或任何珍贵的礼物所挽留。他们前去见公爵，用尽方法，万分恳求，强烈要求公爵不要让如此尊贵的人，这般勇敢的一位保卫者离开，也不要疏远他，应为了王国和城市而让他成为伙伴。鲍德温可凭着自己的力量一直保卫着这座城市和这片土地。在所承诺过的事情上,鲍德温绝未给人带来过麻烦。

21. 在清楚地知晓了 12 位要员及所有市民的坚决态度,还有他们对鲍德温的善意后,尽管不情愿,公爵还是满足了他们的请求,并依照这个地方和民族的习惯,将鲍德温收为了自己的养子。公爵将他紧贴在自己赤裸的胸膛上,并仅此一次地,在自己身着贴身衣物的情况下,为他穿衣。双方立下了誓言,并接受了对方的誓言。在双方以这样的方式确立了父子关系后,一天,公爵向儿子身份下的鲍德温建议,将他全部的军队和雇佣兵集合起来,再带上埃德萨的市民,动身前往毗邻幼发拉底河的萨莫萨塔(Samosata)要塞,征服突厥王公巴杜卡(Balduk),此人非法地夺取了这座本属于埃德萨的要塞,并一直占据着它。这个巴杜卡给市民造成了难以忍受的伤害。他利用威胁逼迫他们交出不少显贵市民的儿子当人质,为的是每年收到拜占庭金币的岁入和贡金。他们习惯将这些交给他,以赎回葡萄和庄稼。鲍德温并未拒绝公爵和显赫市民的初次请求,带上了 200 名同伴和城里全部的骑兵及步兵队伍,攻打萨莫萨塔城堡。仰仗着军势,他向敌人发起了巨大的攻势。但是,在箭雨和喇叭的轰鸣声中,他受到前来应战的巴杜卡及他的人的猛烈抵抗。一大群不计其数的、软弱的亚美尼亚市民——他们战斗的时候粗心大意、迟缓无力——死在了那里。鲍德温手下有多达 6 名优秀而顽强的战士被箭矢射中而死。在他们那依基督教习惯进行的葬礼上,巨大的悲痛和哀伤充满了整座城市。鲍德温意识到这座萨莫萨塔城堡的卫城是坚不可摧的，其中的突厥人作战非常勇猛，不屈不挠，于是，他将自己的人留在了圣约翰附近的一座堡垒里，他们穿戴着锁子甲和头盔，并配有马匹。这座堡垒距离那座卫城不远，这样他们就能经常去阻击突厥人，不停地战斗，施加侵扰。他本人仅带着12名高卢人返回了埃德萨。

22. 在这之后，几天时间过去了，整个元老院及全体市民都认为鲍德温的智慧和坚韧足以对付突厥人的埋伏，在他的手中，这座城市及它的筑垒更有可能获得解救，获得保护。他们聚集在一起，将康斯坦丁（Constantine）——很有权势的一个人——从山里召到全体议事会中。康斯坦丁主张，他们应该杀死自己的公爵，提拔鲍德温为公爵及领主，让他取而代之。这位公爵同他们确实是对立严重。他千方百计地欺压他们，肆意攫取每个人的金银。若有人反抗，他就会激起突厥人的敌意和仇视，不仅让反抗者性命堪忧，其葡萄和庄稼也会被砍掉，牲口会被掠走。在商议完后，一天，城里的所有人，无论尊卑，都奔向武器，武装起来，穿上盔甲。他们去见鲍德温，让他赶紧跟他们一起去消灭他们的公爵。他们称，经过全体商议，决定让鲍德温成为领主和公爵，替换那人的位置。鲍德温断然反对，拒绝参与到这样的罪行中去，因为鲍德温已被指定为他的儿子。并且，他还没有在此人身上发现任何能够使得他同意并加入到对其的毁灭中去的理由和罪恶。他说："让我没有缘由地出手对付这个被我认作父亲，并对其发下誓言的人，在上帝的面前，这是无法估量的罪过。并且，我恳求你们，不要使我因为他的血和死而受辱，不要让我在基督军队的领袖中声名狼籍。此外，我请求你们，让我在那座塔楼的房宅中同他面对面地谈话。他总是在那上面，习惯于住在塔楼之中，被你们的礼物捧得高高在上。"他们很快就同意了。于是，鲍德温爬上了塔楼，这样对他说道："这座城市所有的市民和官吏共谋要害死你，他们群情激愤，持着各样的武器向着这座塔楼赶来，我遗憾而痛苦地带来了这样的消息。但是我不能坐视不管，提前赶来了，这样你还能有救：或是想个办法，或是交出你的财物。"就在公爵刚听完他的话的时候，一群市民拥到了塔楼的周围，要进行包围和攻打，还不断地投石和射出箭矢，震撼着塔楼的墙壁和大门。

23. 意识到自己的性命岌岌可危，公爵向鲍德温显露了自己无可比拟的财富：有紫袍，有金银器皿，还有大量的拜占庭金币。公爵请求他接受这些东西，为了他的性命和安危去同市民交涉，求求他们，让他手不持械、一无所有地从塔楼离开。鲍德温听了他的请求，被打动了，对他的绝望心生怜悯，他劝导市民的统领，坚决地劝说着，坚持着：如果他们能够饶了他们的公爵，不杀死他，那么，他们就可毫无妨碍地分享自己所亲见的那无尽的财宝。元老和所有市民根本不听鲍德温的话和关于财宝的承诺，一起高喊着：不管以什么东西做交换或补偿，他都不能活着、安然无恙地逃走。他们向鲍德温愤怒地控诉着那些他们一直以来所遭受的，由他及他挑唆突厥人对他们进行的侮辱和犯下的罪行。因此，公爵对活着不再抱有希望，看到恳求和珍贵礼物都无法奏效，就将鲍德温从塔楼上送了回去，自己则从窗户出了房宅，顺着绳子下去。那些要杀死他的人将他扔到了街道中间，顷刻间，他被1000支箭射穿了。他们砍下了他的头，将这颗头固定在了矛上，带着它走遍城里所有的街区，供所有人嘲笑。

24. 第二天，他们推举鲍德温作城市的领袖和公爵，尽管他很不情愿，且强烈反对。他们将那座坚不可摧的塔楼，以及在里面找到的那位被杀的公爵的全部财宝赠给了他。他们宣誓臣服于他，向他效忠。在听说了鲍德温这次新近的擢升后，巴杜卡非常恐慌，心烦意乱：若被尚武的高卢军队围攻，他可能会失去萨莫萨塔城堡。于是他向鲍德温派去使团，表示愿意以10000拜占庭金币将卫城卖给他。并且，从今以后，因为这笔约定的金币，他会忠实地为鲍德温效劳。鲍德温根本不理会他的话，因为巴杜卡是非正当地从基督徒那里窃取了那座卫城，在这之前不久，它是属于埃德萨城的。巴杜卡看到公爵鲍德温强硬且坚决，于是说，他要用火烧毁卫城，将他持有的众多市民人质和要员斩首，并不断地对鲍德温设伏，不分昼夜。最终，在过了许久后，鲍德温听从了自己人的建议，给了巴杜卡大笔的金银、紫色印染的珍贵紫衣，以及价值不菲的马匹和骡子。于是，就这样，他将萨莫萨塔城堡从敌人的手中和控制中买了回来。自这天起，巴杜卡臣服于鲍德温，成为了他家庭中的一员，为高卢人所熟识。鲍德温在接收了这座卫城后，用他自己的人所组成的忠实卫队来守护它。鲍德温将在那里发现的人质交还给每位显贵和市民。在这之后，因为异教徒和基督徒并非平等一致，他们相互间总是彼此猜疑，鲍德温向巴杜卡索要妻子和儿子作为人质，为的是确保他的忠诚持久不变。他欣然同意了，但是他日复一日地找着借口，拖延着不交出这些人质。

25. 在鲍德温就这样被提升为公爵，其军功散播开来后，巴拉克（Balak）——他是一名王公，还是索罗吉亚（Sororgia）城的城堡的僭主——向公爵鲍德温派去了使者，希望他能率领联军前往那座城市。它远离这座城堡和山区，叛乱不断。在征服了市民和城市后，鲍德温要将城堡立刻归还到巴拉克的手中。事实上，那些市民是反抗巴拉克的萨拉森人，并且不屑于交纳贡金。鲍德温相信了他的承诺，在相互间达成协议后，带着自己所有的装备着手去围困并攻打那座城市，直到市民被击败，投降纳贡为止。这些市民察觉到，在巴拉克的鼓动下，鲍德温逼近了，且怒气冲冲，他们就用佣金将巴杜卡召了来，还用许多的报酬将其他的突厥战士召集而来，希望在他们的保护下能够坚守并保护住城市的防御墙。巴杜卡是一个战士，也是突厥王公，早就因为贪图拜占庭金币而腐败，便带着他的人前往这座城市。此外，他还期盼着能够控制并主宰这座城市。公爵鲍德温得知了这些，在约定的那天，带着一支强大的军队出发，前去包围索罗吉亚城，还带上了投石机和全部的武器装备。它们能够撕碎并征服这座城市。萨拉森市民听说了这样的军力及不可阻挡的装备后，恐惧不已，向鲍德温送去了消息，希望他能相安无事地前来，他可接收这座城市，不会受到任何反抗，他们也不拒绝将每年的收入交由他来管辖。鲍德温答应了他们的请求，他指定了日子，在那天，一切都会随着确实可信的和约及誓言被解决。巴杜卡看到市民放弃了防御，他们被恐惧惊吓住了，无法抵抗如此卓越的王公，于是带着自己的人出了城，前往埃德萨去见鲍德温,用这些话来假装忠诚:"您千万不要相信或者认为我是为了帮市民对付您才进了那座城市。实际上,我去那儿是为了想尽办法劝告他们,不要作乱,让他们臣服于您,向您纳贡。"鲍德温宽容地接受了这些,在这样的辩解下,从这天起,他将巴杜卡留在了自己的身边。但是,尽管如此,鲍德温并不相信他的忠诚。即刻,城市被交到了他的手中,市民开始纳贡。巴拉克将那座矗立在山中的城堡复归于他的手中,由他的人看守。在获得了这座城市及城堡后,鲍德温将沙特尔的富尔彻(Fulcher)——一个善战且身经百战的人——留了下来,管理和保护城市的筑垒,他本人则在巨大的荣耀下返回了埃德萨。

26. 坦克雷德在马米斯特拉同鲍德温分开后,继续向着海岸进发,连同鲍德温带来的海军一起,他们增强了他的实力。他围困并征服了梅登斯(Maidens)城堡,人们通常称之为德拜艾萨(Debaiesses)。同样地,他征服并摧毁了牧羊人城堡。凭借着猛士组成的军队,他攻陷并摧毁了青年人(Young Men)城堡,这座城堡被称为德拜克勒(Debakelers)。这些城堡都是位于突厥人群山中的要塞。在摧毁了城门和城墙后,他征服并获得了小亚历山大(Alexandria the Lesser)[1]。他将在这些城堡里发现的突厥人杀死于剑下。此外,他或是占领,或是烧毁了迄今为止一直在伤害朝圣者的城堡和要塞,将在其中找到的异教敌人或是杀了,或是抓了做俘虏。这些敌人在征服了基督徒之后,散布于群山之中,非法地夺取了基督徒的城堡和地

---

[1] 译者注:也就是现代的伊斯肯德仑(Iskenderun)。

盘。他们在听说了坦克雷德的军力后,有的逃走了,有的则将马匹、骡子及金银组成的珍贵礼物送了去,与他结下了友谊,为的是能在他们所占有的土地上与他相安无事。坦克雷德并没有拒绝他们所提供的东西,而是谨慎且有远见地收下了所有东西,将它们存放了起来。他记得过去的困境,并且相信,将来还会有更大的困难。

27. 与此同时,大军正带着全部的装备和军力,沿着笔直的路线经罗姆中央急行,行进在山间峭壁和峡谷的陡坡上。戈德弗里公爵、博希蒙德、雷蒙德伯爵、佛兰德斯的罗伯特、勒皮主教阿德马尔、诺曼底(Normandy)的罗伯特,他们掌控着这支军队,共同商议,平等共事。这些人率着强大的军队来到了一座叫马拉什的城市,将帐篷铺展在了城市防御墙前面的绿地上,驻扎了一夜。他们并没有对这儿的基督教市民施以暴力,而是和平地接受了城中出售的生活必需品。突厥人得知众多如此伟大的王公们来了,就从城市的堡垒中逃走了,这么多年来,他们一直以使用暴力和收取不公的贡金压迫着这座城市。鲍德温那极尊贵的妻子——鲍德温将她从她的故土英格兰王国带了来——在马拉什这个地方,因长期以来的疾病身体变得越来越糟糕了,她被托付给了戈德弗里公爵。她断气了以后,被以大公教的葬礼安葬,她的名字是葛德维尔(Godevere)。维桑(Wissant)的留代拉德(Udelard)同样病魔缠身,死在了这里,被光荣地安葬在了坟墓中。他是一位无可厚非的战士,在各种战争的商议和行动中都有所助益,是公爵戈德弗里家族的一员,常常在所有人之前就知晓了他的秘密。

28. 从群山及马拉什出来后,在全军的追随下,前述的这些王公们从一些他们所遇到的叙利亚的基督徒那里得知,阿塔(Artah)城离得并不远,富有生活必需之物,但是被突厥人占据着。得知了这些后,佛兰德斯的罗伯特带上了一些在战斗中最为谨慎的人——罗祖瓦(Rozoy)的罗杰、蒙泰居伯爵科诺的儿子戈泽罗,连同1000名身着护甲的人,离开军队,前往阿塔城。这座城市被城墙、防御墙,以及一座有塔楼的堡垒保护着,在城里,突厥人迫使留下来的亚美尼亚基督徒处于被奴役的枷锁之下。于是,他们逼近了这座城市及它的防御墙,擎着各种颜色非常漂亮的旗帜,戴着金光闪闪的铜制头盔。随着他们到来的消息不胫而走,整个地区都受到了震撼。突厥人为了防御和抵抗,坚守在阿塔的防御墙和城堡上,又非常担心高卢人会突然攻击,便用闩和木条加固城门。亚美尼亚市民同他们住在相同的筑垒内,却被这些突厥人长期奴役,他们记起了自己长期以来所忍受的来自这些突厥人的不公:妻子和女儿被强暴;其他的恶行;勒索不公的贡金。现在,仰赖于基督徒的到来和帮助,他们攻击这些突厥人,用剑将他们杀死,砍下他们的头,从窗户和防御墙扔出去,然后向他们的基督教兄弟打开城门。他们屠杀异教徒,抛掷死尸,从而开辟出了一条安全的通道。他们诚挚地以完全真诚的举动将可信的兄弟们接了进来,友好地将他们的武器和辎重卸下来。他们用各种食物和讨人欢喜的饮品使他们重新振作,用舒适的食宿将他们留下,为他们的马匹和骡子提供充足的草料。

29. 从此城的所在地到安条克估计有10罗马里,在这段路程间，突厥人新近受到屠杀的消息被迅速传开，安条克及其全境内的突厥人闻讯集合，有约20000人，直奔阿塔的筑垒而去。成千上万的突厥人当中，有30个较为狡猾和机敏，骑着风驰电掣的马匹，心藏诡计地走在了最前面，整个大部队留在后面设伏。这些人要用角和骨制成的弓对城堡里的高卢人进行挑衅，将他们引出来。高卢人完全不知道这些诡计和暗藏的埋伏，或步行或骑马，持着武器，穿戴着锁子甲，来到平原的中央，要同敌人交战。但是，这场冲突他们无论如何也是赢不了的。在他们所走路径两侧设伏的突厥人仗着庞大的人数，抢占了道路，这样一来，出来的高卢人既不能返回，也不能到城里避难，被扼制着，顷刻间就要被毁灭。在看到这样突然而出乎意料的进攻后，佛兰德斯的罗伯特、罗杰及军队其他的首领，极力激励同伴们，将他们集合起来，在平坦的平原上纵马疾驰，从突厥人的密集阵列中穿过，用坚固的矛洞穿敌人的阵列。所有同伴也一同冲了进去，展现着男人的勇敢。终于，他们毫发无损地从敌人的手中逃回到了城门和防御墙之内。突厥人射出1000支箭矢，箭雨尾随着这些逃入城内的人。突厥人试图随着这些箭矢进到城门里去。但是，他们被一支小而强的队伍从门口挡了回去，无法跟着高卢人进入城门。尽管如此，遍地的武装者——既有骑兵也有步兵——在突然打击中受到了这些箭矢的重创，骡子和马匹亦是如此。突厥人看到不能取得什么进展，却依然对自己的人数有信心，决定围困这座城市。但是，被围的虔诚者们因为在卫城内发现了充足的食物，加上城墙很可靠、坚固、牢不可破，依旧是安全的，所以保持着冷静。就在这里，在阿塔的城堡里，科诺伯爵的儿子戈泽罗，不堪忍受极端疲倦的折磨，几天后离开了人世。他从基督教兄弟那里获得光荣的大公教葬礼，这是他应得的。

30. 而在不久前，基督教大军已加紧了行程。暗地里隐藏在其中的探子看准了机会，秘密地从军中离开了。他们将听到的，以及得知的，有关大公教军队逼近及计划的事情告知了突厥人。上述的这些告密者获悉了王公戈德弗里、博希蒙德及其他人已从阿塔得到基督徒被围的消息，决定去救援这些人之后，就赶紧返回了突厥人的营地，通报罗马人、法兰克人及德意志人就在附近，正在逼近。探子们告诉突厥人，他们挡不住这样的军力，也逃不走，唯有赶快放弃这座城市，返回到自己的防磐中去。但是，受到警告的突厥人并没有因为这些凶险的消息而感到害怕，他们对于自己那成千上万的人数是过于自信了。他们反而无时无刻不在攻打城市，攻势甚猛。但是，他们的努力都白费了，高卢人在卫城和防御墙上不遗余力地进行着抵抗。

31. 然后，夜晚重归，黑暗降临，在相互间反复商议过后，突厥人决定：天一亮就准备返回到奥龙特斯河（Orontes）上的那座桥上去，安然无忧地进入到筑有塔楼和防御墙的、无法被人力所征服的安条克城中。有这座桥、这条河横在基督徒军队的面前，突厥人就不会有丧命的危险了。就在这些突厥人刚刚溜进安条克后，在第二天的黄昏，大公教的大军就在阿塔的边界内扎营了。在那里，他们在欢乐和愉悦中度过了一晚。在此地，在首领们的命令下，1500名身着盔甲的人被选了出来，派往阿塔，以支援在卫城内的兄弟。就这样，在兵合一处后，他们可共同行进，安然无恙、毫发无损地返回到军队里，不用担心敌人的袭击。在阿塔城已获得基督教卫戍的固守后，他们返回了军队，没发生任何的意外。坦克雷德也从小亚历山大和沿海地区回来了。被派出并分散于各地去征伐土地、城堡和城市的人也全都回来了，除了公爵戈德弗里的兄弟鲍德温，他前往了南部地区，进入了亚美尼亚人的土地，去征服突厥人，使图柏赛腊、拉沃德拉和其他的城堡臣服于他的统治。就是这位鲍德温，日复一日地进行着越来越多的战争，取得了越来越多的胜利。他在城市的12位要员的建议下，在华丽且合法的婚礼中迎娶了亚美尼亚人出身的一位非常尊贵的女子。她是一位王公的女儿，这位王公是康斯坦丁的兄弟，叫塔普努兹（Taphnuz）。他在山中拥有众多城堡和筑垒，并将鲍德温指定为所有这些城堡的继承人。他还承诺给予鲍德温60000拜占庭金币。这笔约定的金钱是偿付给鲍德温的战士的，这样他就能有效掌控这片土地，使其免受突厥人进攻的损害。但是他却未兑现承诺，只给了鲍德温7000拜占庭金币，还日复一日地拖延着剩余的部分。在鲍德温的婚礼被无以复加地隆重庆祝过后，此城此地的显要们建议：塔普努兹应同他的女婿讨论这片土地的形势及这座城市的情势。因为他是一位有着明智见解的老人。并且，这样一来，他们能够互相达成对彼此的尊重。于是就这样做了。

32. 基督徒被集中起来，自那日后，就再未解散。因为无数的突厥人从山里和整个罗姆逃出，赶往安条克城，那座就城防而言坚不可摧的城市。勒皮的阿德马尔主教，立刻对人们做了讲话，以父亲般的口吻对所有人予以警告，并用鼓励的方式训诫他们。艰难的境地、近在咫尺的安条克频繁的消息,迫使他这样做:"兄弟们,最亲爱的孩子们啊,正如我们知晓的,你们要清楚,近在咫尺的、以异常坚固的防磐修筑而成的安条克城,无法被铁器或抛出的石头所摧毁。它的城防是以闻所未闻的方法、不可计数的石料、庞大的砌石结构修筑而成。我们确认无疑的是,所有基督之名的敌人,即从罗姆的群山中、从我们的面前四散奔逃的突厥人、萨拉森人、阿拉伯人,就聚集在这座城防里。因此,我们务必非常小心,在那些事情后,我们之间不要再有分隔,也不要鲁莽地前进。经过最为慎重的商讨决定,明天到达费尔纳河上的桥梁之前的所有时间里,都要行动一致,共同行进。"

33. 所有人都赞同这位受人尊敬的教士的建议,第二天太阳升起后,连同在阿塔被接纳进来的同伴,坦克雷德和布伦的韦尔夫——这两人从沿海地带返回,带着所有高卢同伴,骆驼和驴子及全部运载辎重和必需品的马车——结伴同行,心怀对军力的自信,向着费尔纳河上的桥梁前进,这条河又被称为法尔法河。美不胜收、极其富饶的罗姆那崎岖的高山、峡谷,被抛在了身后。当天,诺曼底伯爵罗伯特被选出,率其数千人走在军队前面,这是每支善战军队的习惯。如果发现某处有敌军藏匿,就会通知给基督教军队的将军和首领们,尽可能快地武装起军队,准备好阵型。在这支数千人的队伍中,巴内维尔的罗格和勒普赛特的埃弗拉德,是因各种军事行动而受到称颂的骑士,在前面擎着军旗,统率着骑兵,直到他们一刻不停地来到上述的桥前列阵。那座桥在样式上采取了带有精湛技术及古代工艺的拱形结构,桥下源于大马士革,通常被称为奥龙特斯河的湍流，冲刷着河床。在桥的两边，铁器无法摧毁的两座塔楼矗立着，非常适于防御。塔楼里常有一队突厥人守卫。2000名步兵同伴，跟随在卓越人物的后面，也在桥前列阵，却根本无法通过。因为，为防御而被部署在塔楼中的约100名突厥士兵凭着弓箭和箭雨有力地阻击着想要过桥的人，还攻击战马，造成了许多创伤。箭矢飞驰而出，穿透了锁子甲，射中了许多骑兵。

34. 遍地间，一场非常激烈的冲突发生了，这边是想要过桥的基督徒，对面，是一直都占上风、猛烈阻击的突厥人。700名被召集起来从安条克城出来的突厥人目睹了自己人的坚毅及桥上的防御，因战争兴奋异常，骑着快马飞奔而来，抢占了浅滩，使任何基督徒都无法通过。基督教的骑兵和步兵们，看到穿着护甲的突厥军队为了防御散开在河岸上，他们自己也广泛地散开在对岸。对阵的双方，在勇气的推动下，将箭矢拧上弦，射了出去，冲突变成了持久战。在两边的岸上，许多被射中倒地、受到致命伤害的人和马匹，渐渐死去。最后，突厥人占据了很大的优势，他们对弓箭的了解和运用在基督徒军队之上。准备好武器和战马的信者的军队，从各个方向急速赶去救援被派到前面的同伴。但是，直到这时，突厥人也没有从岸边撤离，他们宁愿选择死亡也不投降，阻止着想要凭借箭雨的冲击通过的人们。

35. 勒皮主教得知了如此激烈的交战后，来到大军前，看到自己人的勇气被恐惧削弱，并因为战马受伤及他们自己的胸口被刺中而有些沮丧，再次做了讲话，以永生上帝之名，激励他们防御："你们将无畏于敌人的进攻。勇敢地站起来，起来反抗这些令人厌恶的家伙们。现在，就是今天，上帝将为你们而战。"因为德高望重的主教的这些话语和训诫，大家准备好胸部盾牌做掩护，用头盔保护好头部，用锁子甲覆盖胸部，勇敢地冲到了桥上。敌人从桥上收起长矛，转身逃跑。一些人看到整支军队一起过来支援，信心大增，冲到浅滩上，骑着战马游了过去；其他人步行中发现了浅滩，因为对参战的渴望，急切地渡河，不畏射手和弹弓的打击，勇敢突袭，去攻击突厥人，将他们从阵地上赶走，占领对面干燥的河岸。瓦洛，法兰西国王的管家，骑着马，持着长矛，向突厥人发起攻击。博韦的雷纳德，一个非常暴躁的新兵，对射来的箭矢满不在乎，拿着长矛和宝剑，率先冲入到敌人中间，进行着极其残酷的屠戮。在激烈的进攻中，信者和不信者的军队完全混在了一起，随着战斗的进行，人们越发兴奋，杀戮愈加严重。博希蒙德、戈德弗里、雷蒙德、罗伯特和罗格掌控着战线和颜色各异的漂亮战旗，直到突厥人骑着快马逃跑，经由山坡和他们所熟悉的地方，疾驰而去，返回安条克城。基督教的胜利者们从对敌人的大屠杀中返回，不再追击敌人，因为安条克的防御墙似乎是过于近了，所有异教徒军队应该都已集合在了那里。基督徒在河畔过了一夜。他们四处搜集战利品和劫掠之物，将彼得军队中为数众多被突厥人分散在安条克境内各处的人从锁链中解放了出来。亚吉·西扬（Yaghi-Siyan）[1]，是这座城市的王公和首领，获悉了这个

---

[1] 译注：亚吉·西扬（？—1098），原为塞尔柱苏丹马立克沙的奴隶，在后者1085年攻占安条克后，成为了该城的统治者。马立克沙死后，他虽然在名义上是阿勒颇的里德万的臣属，却同大马士革和摩苏尔关系紧密，谋求独立。他在1098年城破出逃的途中，被农民杀死。

不利的消息，还有自己人那与希望相反的结果，表情沮丧，内心被恐惧折磨、被极大的痛苦挤压。仔细考虑着不同的办法，将来应该怎样去做才能不让发生在苏雷曼身上的尼西亚城失陷那样的事情发生在自己身上。他毫不耽搁，紧密关注着极多的商议，不停歇地将食物运进来，将武器和盟军集合起来，始终用一支忠诚而可靠的卫戍部队，护卫着城门和城墙。

36. 第二天破晓，公爵戈德弗里、博希蒙德和军队所有其他的首领们起床，再次穿戴上锁子甲和头盔，拿上武器，督促所有人继续那被打断的、向安条克城的进军。大军带上了所有必需的装备、各种牲畜和装有食物的马车，这些是如此庞大的军队所必需的。这些人集合在一处，为旅程做好准备后，有远见的主教以如此的方式说道："同胞们，最为亲爱的兄弟和孩子们，你们要仔细听、要注意我讲给你们的话。安条克城很近，在我们附近。在我们和这座城市之间，有4罗马里。这座美妙的城市由国王安条克建成，其以极多的石头和塔楼修筑而成，塔楼的数量估计有360座，这样的成就闻所未闻。我们知道，国王亚吉·西扬的儿子桑萨多尼阿斯（Sansadonias）是极为强大的王公，管辖着这座城市。我们还得知，特别显贵和强大的仿佛国王一般的四位埃米尔，依照国王亚吉·西扬的命令被召集了起来。他们和他们的人，惧怕我们的到来，早有警惕，武装起了一支强大的军队。这些人的名字是阿德索尼尤斯（Adorsonius）、库帕绥克辛（Copartix）、罗塞伦（Rosseleon）、卡兹克努兹（Cazcornuz）。据说，国王亚吉·西扬是他们所有人的首领和主人。那四位来自30个地域宽广，附属于安条克，向国王亚吉·西扬纳贡的国家的埃米尔，得亚吉·西扬的赠礼和恩宠，掌控着四个收益较丰的国家，每个国家有 100 座城堡。正因为如此，他们现在被叙利亚和全亚美尼亚之王亚吉·西扬催促，带着众多的军队去保卫这座城市，即全部这些城市和王国的中枢，据悉他们已经到了。现在，对我们来说必须的是，谨慎而有序地行进。在下午，如你们所知，我们进行了战斗。我们疲倦了，战马的气力也耗尽了。戈德弗里公爵、博希蒙德、图尔的雷纳德、阿斯滕诺的彼得、勒普赛特（Le Puiset）的埃弗拉德（Everard）、坦克雷德、格雷兹的沃纳和埃施的亨利在战阵布局排定后，到前面去，加入并统帅先锋。如果这个安排合适的话，佛兰德斯的罗伯特、诺曼底伯爵罗伯特、布洛瓦的斯蒂芬、雷蒙德伯爵、君士坦丁堡皇帝的王室仆人泰提修斯、迈克尔的儿子亚当、巴内维尔的罗格去掌控和保护最后面的骑兵和步兵阵线。"

37. 因此，依照这个计划，在主教和其他精明人把所有人布置好后，他们走大道，径直向令人胆寒的安条克的城墙进发。伴随着金色、绿色、红色的各种样式的盾牌的光辉；还有被擎起的饰以金色，并以各种紫色印染、显露尊贵的战旗；骑着善战的马匹，穿戴着精美绝伦的锁子甲和头盔，他们心意相通，强硬地将帐篷打开，扎在了被称作阿塔伦（Altalon）的地方的旁边。在那里，基督徒将用斧子和手斧砍倒的果树和不同种类的树木连根拔除，搭上了帐篷。扎营后，他们立即去吃饭，用数千支号角发出巨大的喧闹声，四处抢劫，寻找马的草料。他们的喧哗声据说在差不多 1 罗马里外都能听到。这不奇怪，因为如此庞大的一支军队,估算全部人数的话,毫无疑问得有30万的战士,不包括随行的看起来有千千万万的妇女和孩子。在基督徒们即将到来,新的围城就要开始的时候,城市是如此寂静,似乎声音或喧闹都不能从城里听到。人们或许认为城市没有守卫者。正相反的是,在所有的塔楼和要塞中,充满了极多的武器和不信者的军队,就像是要溢出来了一样。

38. 这天是星期三[1],他们进入了安条克的土地,包围了那座城市的城墙。在这天,坦克雷德首先在阿塔伦旁列阵。同盟者,巴内维尔的罗格被部署到了此人的旁边。迈克尔的儿子亚当,连同他的追随者们,被布置在旁边,这样这边的突厥人就没有任何办法能把补给运进去了。在那座守望着波斯人国家的群山的山脊的城门前,博希蒙德带领着一队顽强的士兵布设了阵地,设立了岗哨,驻守在那里。皇帝的王室仆人泰提修斯,离这座城市有些远,在一处叫坎布鲁斯的平原上搭起了帐篷,却总是想逃。在上述的泰提修斯的前面,埃诺伯爵鲍德温和他的部队布设了阵线。然后,诺曼底伯爵罗伯特和佛兰德斯的罗伯特被命令用他们全部的军队去围困城墙。同样地,布洛瓦的斯蒂芬依照次序,建立了阵地,带着他的人去包围城市,紧挨着上述的王公们。"显贵者"休——法兰西国王菲力的兄弟,同样带着他的同伴在这次围城中布阵。这座安条克城据说,长度整整有2罗马里,宽度有1.5罗马里。上述的法尔法河,流过城市,环抱着城墙和塔楼。城墙和塔楼的

---

[1] 译者注:1097年10月21日。

保护及防磐一直延伸到了山脊上，一座更为重要的作为城市和所有塔楼的枢纽而修建的卫城，就矗立在那里。在这座卫城的周围，据说有 4 座为了保护位于中间的卫城而建的、难以攻克的塔楼。上面提及的 4 名埃米尔，一直是国王亚吉·西扬的守卫和保护者，他们是以这些塔楼来命名的。

39. 为了围困这座众所周知异常庞大的安条克城，主教也亲临现场，在一扇门前布阵。这扇城门被现在的人称为瓦法利（Waiferii），是难以征服的。雷蒙德伯爵与他联合，普罗旺斯人和加斯科涅人，以及他们全部的追随者，同他们一起布阵。在更远的地方——那里后来修建了一座由船连接而成的桥——公爵戈德弗里在河岸上围住了城市的一座城门，统领着成千上万极其残忍好斗的洛林人、萨克森人、斯瓦比亚人、巴伐利亚人。同上述公爵一起的，还有图尔的雷纳德和阿斯滕诺的彼得，在马米斯特拉，他们同公爵的兄弟鲍德温分开，回到了大军和公爵这里。同样地，对敌人来说，蒙太古的科诺、埃施的亨利和他的兄弟戈德弗里从来都是最具威胁的战士，也布阵阻止突厥人进出。相当繁重的任务落在了他们身上。

40. 在这条提到过的，从城墙旁流过，经由极长的河道直通大海的河上，一座有着古代工艺的石桥从城市延伸而出，但未用塔楼固防，因为到这里之前军队已所剩无几，它完全未被封锁。于是，经由这座桥，突厥人频繁地进出，在基督徒军队的注视下，带着他们的人突围出去，然后回来，将补给带进去。在知晓了基督徒分散四处后，突厥人利用这座桥，频繁地出来屠杀分散在附近和山上，寻找食物或者马匹草料的基督耶稣的子民。同样地,从主教阿德马尔和雷蒙德看守的那座瓦法利门延伸出的另一座桥,也是危险的。它由古代的天才修建,跨越了一片相当泥泞的、极深的沼泽。城市附近的泉水不停地流到城墙外,它的冲刷和泛滥形成了沼泽。不时地,突厥人或在白天或在黑暗的夜晚,经由这座桥出来,向忽视了埋伏的军队发射箭矢,或在突袭中击杀一些人,然后经由相同的桥,匆忙撤退,逃入城市,获得保护。抱怨着这座桥是个难题的主教和整个领导层开始商议,谋划着毁了它。在约定的一日,基督徒带着铁锤工具、鹤嘴锄和斧子,从营地出发。但是他们的力量完全不奏效,损毁不了这座桥。这是座坚不可摧的建筑,是用古代的石料和工艺建成的。使用铁锤的努力受挫后,首领们决定,以一堆木材为原料,建造一架攻城车。它附以支架技术;它的系材属铁制,可连接各部分;以马、牛和骆驼的皮覆盖,这样就不会被突厥人掷出的含有沥青和硫黄的火点燃。身着护甲的士兵,将这架造好的攻城车径直运到桥中间,对着瓦法利门,伯爵雷蒙德被任命为攻城车的保护人和操控者。

41. 在看到这个装置后,突厥人急速赶到防御墙,用箭矢、投石机对在桥上艰难前行的高卢人进行攻击。于是,用这种方法,突厥人成功地阻止了受到攻击的基督徒接近桥和攻城车。同样地,从对面,基督徒们用箭矢和弩予以反击,勇敢地攻击着防御墙上的敌人,直到箭射中了一个埃米尔的儿子,穿透了他的肝脏。对那个人的死、信者的反击感到愤怒的突厥人,变得越发暴躁。终于,在他们的军队集合在一起后,突厥人突然打开了城门,勇猛地冲了出来。他们猛然跃向攻城车，立刻追击和攻击守卫，勇敢地向攻城车投掷带有沥青的火把和热硫黄，将整个攻城车化为了灰烬。攻城车的守卫因为生命受到威胁而害怕，尽管不情愿，还是被迫离开了。在逃跑中，他们匆忙慌乱，勉强保住了命，逃脱了。此外，朝圣者的士兵和王公们，看到这种方法不奏效，在第二天，对着桥放置了3架投石机。它们要以反复的投射和石头的攻击，砸碎并穿破瓦法利门、城门的塔楼和它的防御墙，并将城墙前的外墙砸个粉碎。法兰克人将这些外墙称为外堡。但是，它们并没能就此碾碎城门。因为没有效果，在某一天，依照共同决议，1000名身着护甲的人凭着力气，努力将大量难以移动的橡木，以及有着惊人重量和体积的巨石滚过了桥，堆到了门前，以阻挡那些想要出来并造成伤害的突厥人。

42. 尽管，因为这两座桥，太多的损害和侵袭困扰着基督徒的军队，但是现在，橡木和极大的巨石填满和堵塞了一座桥和瓦法利门。从那座我们已经说过的，位于城市另一个部分，横跨法尔法河的桥上，毁灭信者的伏击更加频繁地发生着。突厥人的出口就是这座桥，因为城市的规模，这座桥一直没有被封锁。基督徒决定，用绳子将船只连接起来，建造一座桥，经由这座桥，就能有一条通往隐修士圣西蒙的港口的不受妨碍的通道。之前，朝圣者以缓慢的小船，在两岸间，逐次缓慢地横渡，因恐惧而四处张望。现在，出于这个原因，那座船桥被建好了。这样一来，当突厥人经由法尔法河的石桥出来，伏击基督徒的时候，从这座木桥上迅速赶到的高卢人，就能救援从海港带来食物的自己人了，还能立刻击退突厥人。从这条河上的那座前述过的桥，径直到被用绳索和枝条构架固定的船桥，估计有半罗马里。

43. 当这座用集合、连接船只的方法修建的桥完成后，300 名基督徒——既有骑士也有步兵——在这天越过了法尔法河，去寻找马匹的草料和生存所需的补给。获悉此事，在防御墙上观察的突厥人急忙集合起同伴，持着武器和箭袋，骑着战马，经由城市的石头桥，一起出来，出人意料地出现在被派出寻找粮草的基督徒的身后。突厥人留下了极多的躺倒在地的基督徒的无头尸体。突厥人追击其他趁机逃走的人，一直到了新桥那里。幸运的人摆脱了极其凶残的敌人。其他正从突厥人眼前逃走的人们，冲向浅滩，被波涛卷走，窒息而死。因为过桥的人数众多，新桥无法容纳他们。

44. 如此巨大的不幸传到了军队的首领及近 5000 名士兵那里。为数众多的人穿上锁子甲，骑上战马，从营帐冲了出去，去击退鲁莽的敌人。亨利，埃施城堡的弗雷德罗（Fredelo）的儿子，因作战勇敢和战功赫赫而负有盛名，渴望去攻击敌人。亨利骑着马横渡过河，不过因为锁子甲、头盔和盾牌而负担过重。由于长时间的耽搁，他不能等着过船桥了。极深的湍流没过了这个鲁莽地骑着马踏入浅滩的人的脑袋。但是，尽管如此，上帝保佑，他的恩泽将其性命置于了危险的对面。亨利活着，没有受伤，始终骑着马，同其他渡河的人抵达了干燥的河岸。亨利极为坚强地追击突厥人，无所畏惧，激励着同伴。那些骑兵和步兵们一直追击着，来到了城市的桥上。一些突厥人被截住，其他的勉强逃走了，于是用大声呐喊的巨大声势，召唤那些集合在法尔法河桥上和门前的盟军们，前来救援他们。在前来救援的突厥人的疾驰和呐喊声下，他们纵马疾驰，致使到现在为止，一直在追击他们的高卢人转入了严重的溃退，一直逃到了用船建造的桥那里。随着这次极端猛烈的侵袭和突厥人的大量拥来，基督徒急速逃走，在向桥上撤退的过程中，极多的步兵被突厥人用箭矢射中，丧生了。落在后面的许多人预感到了随时会发生的死亡，寄望于借助河水这唯一的途径获得解脱，就被深河的波涛卷了进去。他们中很多被河水淹没，窒息而死的人，在众人的注视下冒险和丧命。其他人，因为逃跑的人的挤压，连同马匹、头盔和锁子甲，从桥上掉了下去，被波涛淹没而丧生，再未被发现。

45. 就这样，突厥人频繁地从城门和这座桥出来，去伤害基督的子民。突厥人还从另一座城门出来，后来城市经由它被出卖，它被设置在山上，作为一个出口，军队的王公们着手讨论，结果，他们决定，由坦克雷德在此处设置岗哨，进行监视，击退胆敢从两个城门中的任何一个突然跑出的突厥人。此外，因这次的监视，每个月，根据协议，坦克雷德将可从军队那里得到40银马克。一天，当他在这座位于山中突厥人祭坛旁的哨岗中，对法尔法河对岸进行监视的时候，在一个距离城市有半罗马里远，河水冲刷着河道的地方，一些突厥人如平常那样要渡过浅滩。于是，坦克雷德前去同他们交战，最终占了上风，杀死了4个突厥人，并将其他人赶了回去。这些突厥人渡河逃走，一直逃到了他们的牧群放牧的草场。当这些人被驱赶着渡河逃走后，坦克雷德将这些牧群，连同一头骆驼，作为战利品带走了。然后,在这样的胜利下,他返回了之前设立的那座新哨岗。

46. 这两座城门,一座面向群山,另一座面对着石桥,由坦克雷德监视、看守,基督教军队平静了下来,不受战事的困扰。一些同伴们因为空闲,有时会去玩掷骰子。直到一天,出了事情。卢森堡(Luxembourg)伯爵康拉德(Conrad)的儿子,名叫阿德尔贝罗(Adelbero),是梅斯(Metz)教堂的教士和执事长,是一位有着高贵血统的年轻人,乃神圣罗马帝国皇帝亨利三世的至亲。这天,阿德尔贝罗恢复了精力,同样用掷骰子的游戏打发时间,同他一起的,是一位有着显要地位和美貌的夫人。他们在一个满是结着果子的果树的果园里,这里还有大量的,就像森林一样浓密的杂草。这个果园,就在公爵戈德弗里和他的德意志同伴设围的地方,以及上述的那座城门的附近。当这两人正想要休息和玩骰子的时候,一心想着伏击、刺杀基督教徒的突厥人秘密地从城门里出来了。他们小心地藏在高耸着的草丛中,以及树林的浓密处,在突然的吼叫声中对执事长和正同他游戏的夫人发起了攻击。这两人一点都没有察觉,惊住了。突厥人以箭矢强攻,创伤、驱散了他们的同伴。这些同伴聚集在那里,是游戏的裁判,这时因为害怕忘记了这场掷骰子的游戏。突厥人犯下罪行后,从城门撤了回去,突然而迅速,随身带着执事长被砍掉的头颅。突厥人用手臂抓住仍活着的、未受损伤的夫人,将她拖进了城。整个晚上,他们都以无限淫欲下的污秽性交折磨着那位夫人,没有向她展现出任何的善心。最后,突厥人将这个被许多人以如此令人发指和极为邪恶的性交所折磨的夫人拖到了防御墙上，将她处死。然后，他们将她的头放到了投石车上，连同执事长的头一起从城墙远远地投射到了草原之中。人们找到了这两颗头颅，带到了公爵戈德弗里那里，给他看。在认出了执事长的头颅后，戈德弗里吩咐，将他那座已埋葬了身躯的墓穴打开，将头恢复原位，不能让如此尊贵之人继续这样暴尸荒野。

47. 随后，一天，突厥人因他们诡计成功而得意，还想对基督教徒再用一次相同的诡计。在沼泽地带的植物浓密处和脆弱的芦草丛中，突厥人秘密靠近，在上述的那个地方，跳出来袭击朝圣者，伴随着惯常的残暴和喊叫声。不过，这些突厥人被从各个方向赶来救援的战士们击退，被迫逃走了。当时，除了蒂尔斯城堡的阿努尔夫，没有人被这些突厥人打到或者伤到。阿努尔夫是一个对战争热情并有远虑的骑士。不过，这次他鲁莽了，因为朝圣者的喊声，他在没有盾牌保护且没有佩剑的情况下，冲进了果园里，被某个突厥人乱射的一支飞箭击中，受了致命伤，丧了命。公爵和他营地的同伴们知晓了突厥人从这个果园对基督教徒进行伏击，显赫之人因诡计而丧命于此，非常愤怒。于是，他们命令，将军队的基督教徒集合起来，用铁器和斧子彻底铲除这个果园，砍除杂草、沼泽植物和芦苇。这样一来，那些狡诈的人就不能在那里藏匿或造成伤害了。一些突厥人，看到耶稣基督的子民在这边和城门前防备着他们的诡计，就再次从法尔法河上的桥上出来，专门去杀戮从船桥过河的朝圣者。这些朝圣者是在收集树枝、寻找马匹的草本植物和草料。突厥人在山上瞭望，只要找到为了必需品而四处徘徊的人，就立刻追击，用剑和箭矢杀死他们。

48. 这些屠杀、伏击还有攻击发生在每天上午、中午、晚上,营地里每天都能听到因人被杀而发出的恸哭声。坦克雷德对敌人的诡计应付不暇。因为突厥人经常在未被察觉的情况下,经那座桥,从城里冲出来。法兰西王国的圣波勒伯爵休受到了触动,对信者每日遭受的屠杀心生怜悯。这些朝圣者为他和其他的贵族服务,还将补给带了来。于是,休向他的儿子林格洛兰德——他是一位能迅捷地使用武器的新兵——提出了父亲的建议,连同一起的,还有其他的家庭成员们。于是,他们被动员了起来,达成了共识,愿意去将那些可怜的人,上帝的兄弟们,从突厥人这般众多的屠杀和袭击中解救出来,为他们报仇,将频繁追杀他们的敌人吓走。在做了这些,并找到了志愿者后,那位年迈的父亲,首先备好武器和马匹,然后骑上了马,在夜晚的黑暗中,穿过了船桥,同最爱的儿子,还有挑选出的那些随同的同伴们躲在了毗邻群山的峡谷中的隐蔽处。在夜色将尽时,休将一个基督教步兵留在了平坦的平原上,让他完全地暴露在突厥人的视野中。生性凶残,想要杀戮基督徒又健忘的突厥人经由那条法尔纳河——也就是法尔法河——上的桥,再次从城里出来,就像惯常的那样,停留在山顶上。在那里,能看到近2罗马里远的光景,从一边的山脉,直到另一边的山脉,中间完全是平坦的平原。在那里,这些突厥人发现了这个正在徘徊着采集东西、孤身一人的朝圣者。为了消灭他,这些突厥人仗着快马,一起飞奔了过去。这个人被突然的喊声惊吓到了。突厥人追击这个逃跑的人,径直追到了山区和灌木丛地带,从隐藏着准备伏击的基督徒旁经过。当这个逃跑的朝圣者已经藏匿于山中后,这四个突厥人沿路返回,走到了基督徒的伏击点的旁边,正要自信地回去。伯爵和他的人立刻从山谷里出来,依靠着战马的疾驰冲向了这些突厥人,顷刻间就杀死了两人,夺走他们的马匹和武器,又将其余两人用藤蔓绑了起来。他们将被绑起来的这两个突厥人带到了军中。朝圣者、尊贵和低微的人,从各个方向跑去看俘获的突厥人,将这个好结果的荣耀归于上帝。然后,他们对伯爵休和他的儿子林格洛兰德大加赞扬。靠着他们的智慧和男子汉的勇气,罪行累累的敌人被抓住并消灭了。

49. 得知了自己人的毁灭后,突厥人的首领及全军因为悲痛,变得愈加愤怒,开始商议,由谁去以牙还牙,向基督教徒还以更凶残的杀戮。于是,一天,他们从数千人中选出了20人——他们更为勇敢,性情更加凶残,前去挑战基督徒。这20人被直接派往船桥,骑着像风一样快的马匹。他们在桥旁的河岸上策马奔驰着,挑衅着,发射箭矢,试图挑唆整支军队来追赶他们。这样的话,突厥人就会如惯常的那样,从城里突然拥出盟军,在人们当中造成混乱,造成惨重的牺牲。但是,基督的信者们已充分并频繁地经历过突厥人的诡计,于是阻止了人们鲁莽的追击。为了不让突厥人诋毁信者是因厌战而被打败了,基督徒就派出了前面提到过的休的那位儿子,林格洛兰德。他带着一些同伴,去对付突厥人。他们也以自己的方式,在奔驰中让马匹回转,试图诱骗狡猾的敌人来相互厮杀。他们毫无耽搁地过了桥,让马匹做出各种奔跑动作。在每次骚扰中,有的人将长矛对准目标,进行突袭,有的人则向对手发射箭矢。终于，在做了多次冲锋后，在上帝的帮助下，胜利的荣耀和赞誉被赋予了林格洛兰德。他击败了一名比其他人冲得更远、更猛烈的突厥人。在他的父亲和所有位于另一边河岸上聚集起来观察此事结果的人的注视下，林格洛兰德将那个突厥人从马上扔了下去，用长矛刺穿了他。同基督教同伴们一起，林格洛兰德猛追被此人的死所震慑而迅即转入逃跑的剩余的突厥人。不过，因为城中频繁的伏击，他并没有跑得离桥多远，就停止了追击。当这位未受损伤的休的儿子和其他的同伴被从那儿迎回来后，年迈的父亲极其欢愉。这位荣耀的年轻人，受到所有人——无论尊贵低微——的喜爱和喝彩，被举到了高处，一同的，还有他的帮手和同伴们。

50. 在连续不断的战事间，随着嬉戏和频繁的侵袭，时间流逝，上帝的子民开始缺少物资和食物。因为城市和此地的物资变得匮竭，其周围如此庞大的军队将它们耗尽了。因此，每日饥荒愈加严重，军队因匮乏在衰竭，特别是卑微的人们悲惨地呻吟、痛苦着，至虔诚的主教和军中全部的王公们都大为震动。他们焦虑不安，商讨着这些困难，人们该如何才能坚持得住。他们没有找到什么好办法。所有人都觉得，似乎有用的办法是：由博希蒙德、坦克雷德和佛兰德斯的罗伯特，率领一群骑兵和步兵，进入未被劫掠过的萨拉森人那极为富饶的土地，去带来劫掠品和补给。这样就能消除饥饿，就能将人们从匮乏中解救出来。在结束了警戒后，坦克雷德这时已经从山里返回到了军中。博希蒙德、罗伯特和上述过的坦克雷德，如伊始就规定好的那般——任何人，不论高低贵贱，都不得反对军队命令的任何事情——集合起被挑选出的持有武装的15000名步兵和2000名骑兵，进入异教徒的领地。他们历时3天，聚集了多到令人难以置信的劫掠之物、牧群及各种各样的牲畜，又用了两天的时间将这些东西带走，没有受到半点阻碍。但是，到了第三天的晚上，他们因为旅程和所负载的劫掠物的重荷疲倦了，所有同伴们决定，在山旁平坦的平原上休息。

51. 同时，周围地方的传言和喧哗立刻传到了异教徒首领的耳中，驱使千千万万的人自各地和山中的居所前来追击博希蒙德、罗伯特及他们的人，夺回被劫走的东西。他们人数之众，无论是看到抑或听到的人，都会感到惊奇。博希蒙德并不知道这些事情，也没有预估到即将到来的危险，还在安稳地睡觉。罗伯特同样如此。天刚亮，上述的这些数以千计的敌人已经到了。首领们看到自己和自己的人就这样被这些人包围了起来，惊愕不已：敌人就像极茂密的森林，向四面八方不断蔓延开来。看到这些后，两位首领惊呆了，对生命感到绝望，立刻，骑兵们在他们的身边集合起来。骑兵们宣称，他们不可能参战，也不可能承受得住这般千千万万的军力。在准备好了盾牌作掩护后，骑士的阵线集中了起来，探察着通道和逃跑的路径。这样一来，这个集群就显得更加单薄和脆弱了。很快，骑兵拔出宝剑，松开了缰绳，一起猛烈冲锋，穿过了对方的战线，只想着逃跑，急速地冲向山区。步兵被抛弃了，所有收集起来的劫掠物和战利品都被留了下来。这些人经陡峭的山坡和偏远的路径逃走了，尽管他们的许多随从被截住并消灭了。异教徒包围了悲惨的、正在逃跑的步兵们，毫无怜悯地用剑和箭矢杀死他们,还俘虏了许多人。异教徒拿着武器进行劫掠,带回了劫掠物和所有从他们和他们的人那里抢走的东西。

52. 博希蒙德受这样悲惨的损失所困,面带泪水,羞辱地返回了军中,回到了兄弟们那里。人们痛哭着,他们是失去了至亲朋友、儿子及亲属的妇女、青年、少年、母亲、兄弟和姐妹。佛兰德斯的罗伯特,是同博希蒙德一同进入萨拉森人之地进行劫掠的。正当博希蒙德及其军队被耗尽气力,转入溃退的时候,罗伯特同他分隔了开来,撤退了,尽管他本人并不情愿。在第二天,在集合起200名骑兵后,罗伯特去攻击那些被分散开来,疏于防范的突厥人和萨拉森人。罗伯特勇敢战斗,迫使突厥人转身逃走,取得了荣耀的胜利。罗伯特带着逃走的突厥人扔下来的大量的劫掠品和补给,返回了在安条克的营地。他带来了极大的宽慰,减轻了因博希蒙德的那场灾难而陷入绝望的人们的苦痛。在这之后不久,很短时间内,罗伯特抢来的东西就被耗尽了。因为博希蒙德的同伴遭到过残酷的屠杀,没有人再敢远离军队去劫掠。饥荒开始变得越发广泛,越发严重,难以计数的卑微平民在死去,军队开始削弱。这并不令人惊奇。之前用卢卡货币的1第纳里就能获得的一小块面包,现在被以2个奥里斯卖给穷人。一头牛被卖到了2个马克,不久之前10个奥里斯就能买得到;一只小羊羔被定价到5个奥里斯。极严重的匮乏压迫着永生上帝的子民,非常多的人四处徘徊,离开营地,到了安条克各地,去寻找食物。他们是300或200人集合起来行动,以抵御突厥人突袭,自我保护。同时,这也是为了能平等分配发现或夺取的所有东西。突厥人得知了基督徒的极端痛苦、受的饥荒之苦，以及博希蒙德最近遭遇的巨大失败，还有军队不断地四处游走后，于是，抄近路，从城市的那座延伸到山里，位于未被包围之地的城门冲了出来。那儿与博希蒙德看守的城门相隔甚远。他们从峭壁上的斜坡下来，追杀散在各处的基督的信者，进行着可怕的屠戮，毁灭着他们。

53. 越发严重的饥荒，逼迫着越来越多出身尊贵或低微的人，因此，一天，一位名叫路易的图勒教堂的执事长，受薪俸不足所迫，被饥饿之剑征服。他，连同其他300名受迫于补给困难的教士和俗人，从军中脱离，去了传言食物充足的地方。此地位于安条克山区附近，有3罗马里远。这些人以为在那里可以安稳地抢劫和停留。一直凭着虚假的兄弟情谊生活在人们中的探子们，察觉到这些人离开了。于是，突厥人——约60名武装士兵——从前述过的地方，自那座城门秘密出来，走熟悉的山间小路，一路到了朝圣者怀着获得食物的希望，决定前往的那个地方。突厥人大喊着，向朝圣者发起猛攻，用箭矢射穿了他们的头部、身体和内脏，将所有人撕成碎片，就像狼撕扯羊一般。突厥人将剩余的人驱散，令他们四散奔逃。一个骑着快马追击的突厥人，用飞驰的箭射穿了那位执事长。他当时正努力往山里逃，却白费力气。这个突厥人拔出剑，切断了此人的肩胛骨，在他脖子的两侧造成了重创。涌出的鲜血流到了地上，执事长就此撒手人寰。当军中首领得知了这个残酷至极的消息后，被悲痛之情击垮。他们感到愤怒，突厥人日复一日地从那座未被封锁的城门出来，进行了这么多的杀戮。现在，他们因这样著名的执事长的死，因每位伙伴对这场毁灭的不断哭号而愈加悲痛。

54. 就在繁多的灾难还未过去的时候，一个邪恶的传言传入了全神圣军队的耳中。在征服并占领尼西亚后，丹麦国王的儿子，名叫斯文（Svend），非常尊贵，外貌甚英俊，受到君士坦丁堡皇帝慷慨款待，并受到了褒奖，被耽搁了数日。在得知基督徒的胜利后，斯文经罗姆中部继续他的旅程，甚有自信。他带着1500名善战的同伴，去援助安条克之围。而被打败的苏雷曼从高卢人手中逃到山里，留在菲洛迈利姆、费尔纳（Ferna）两座罗姆城市间。斯文在十分厚密的芦苇丛中，死于苏雷曼的箭雨。在这场殉难中，斯文的所有同伴亦被邪恶的凶手杀死了。所有被突厥军队打败的人都死了，这并不令人惊奇。这次事件是由于邪恶的基督徒——某些希腊人——的背叛，使他们被发现了，出乎意料地被苏雷曼从山里集合起来的军队所包围。但是，尽管如此，国王的儿子斯文仍然凭着武器抵抗，有力地自卫，用剑击溃了许多的突厥人。他的人也击退了许多突厥人。但是，到最后，他们体力不支，被夺去了武器，无法对抗敌人那无可言状的庞大群体。他们皆被箭矢射中，斩首。当场，有一位名叫弗洛琳娜（Florina）的夫人，她是勃艮第公爵的女儿，曾同菲利皮（Philippi）的一个王公结婚，但现在不幸成了寡妇。她就在这群丹麦人当中，想在信者胜利后，嫁给斯文这位非常显赫的贵族。但是，突厥人的凶残打破了这个希望。突厥人用6支箭射穿了骑在骡子上逃向山里的这位夫人。尽管她被击中了，却没有从骡子上掉下来，还一直想逃脱死亡，直到最后，她被赶上了。她和国王的儿子一样,被置于死地。因此,突厥人,这些苏雷曼的士兵们,因胜果及对基督教徒的大屠杀而欣喜,迅速地奔向菲洛迈利姆旁冒着蒸汽,涌着温泉的一座湖。他们发现了在那儿治疗虚弱的身体、贫穷且在发烧的朝圣者。突厥人用箭矢射穿了他们,整片湖水都染上了血污。突厥人迫使其余的人将头埋在水下,躲避其攻击。这些人迎来了悲惨的终结,溺死在了水里。

55. 突厥人频繁设伏,从那座城门不断出击,基督徒悲惨至极的灾难令军中首领困扰不已,被激发出了越发强烈的怒火。他们决定将那座因群山险峻及岩石崎岖而未封锁的城门封上:他们要在山脚旁的某个矗立的岩石的山脊上安置一座堡垒。它有着极坚固的防御墙,用石头制成。因为那个地方缺少树木。于是,在这座堡垒里,每位首领将在商定的时间值守,从岩石上的监视哨和堡垒里,监视着那些经山区和熟知的山谷小径出城的突厥人。他们就可立刻追击在此地平原上行进的突厥人,阻止他们杀戮基督徒。最后,上述的那座堡垒建好了,伯爵雷蒙德依照他们轮换的顺序,在里面进行监护。一天,在他的士兵秘密设伏妥当后,约200名披盔戴甲武装起来的突厥骑兵在刚破晓的时候,从常走的那座城门出来了。突厥人从山坡上下来,发起突袭,疾驰向堡垒,要袭击其中的守卫,试图摧毁石头墙,因为它妨碍了他们的外出和伏击。最后,就在突厥人于新建的堡垒周围做着无用功的时候,伯爵雷蒙德设伏的队伍骑着快马出现了,驰援驻防的同伴们。基督徒猛烈进攻,击败了正因天亮而害怕,匆忙向高处的城门返回的突厥人。基督徒只抓住了一名出生于高贵家族的年轻人,其余的皆逃走了。这名年轻人被俘虏了,其他人被赶走了,伯爵雷蒙德的军队在愉快和胜利中,返回到营地那儿的军中。突厥人悲伤地返回到自己人那里去,几天没有动静。从那天起,突厥人不敢再鲁莽地攻击在周围游荡的基督徒。

56. 第二天,基督教的王公们知道了此人出身于突厥贵族,还知道,他会给他的人的内心带来极大的悲伤。于是,王公们将这个年轻人展现在其血亲的面前。他的亲属正在国王亚吉·西扬的一座卫塔中驻守。若有可能的话,他们会因怜悯而动摇,为赎回此人,将看管的卫塔交出来,秘密地让基督教徒进去。他的亲属拒绝交出卫塔,但为了赎回此人,为了他的性命,他们愿意提供极多的金钱。然而,基督教徒拒绝除城市和卫城之外的任何东西。基督徒知道,此人有高贵的父母。亲属的心开始变软,他们和基督教徒之间秘密会谈。直到后来,此事被发觉,传到了国王亚吉·西扬的儿子桑萨多尼阿斯的耳中:若是为了赎回被俘的年轻人,他亲属和基督徒之间达成了协议,一旦他们没有防备,这座城市就会因这个协议被出卖,迅速地沦陷。国王亚吉·西扬和他的儿子桑萨多尼阿斯完全知晓了此事。在同头领们做了商议后,国王命令将被俘的年轻人的所有亲属——他的兄弟们,还有他的所有家人——从他们掌控的那座塔楼里驱逐出去。这样一来,城市就不会因此人的赎回,经这座塔楼被出卖给基督徒,将他们引进来了。这些人被驱逐了,他们的计划泄露了出去,基督徒不再有获得塔楼的希望,因为所有的事情都做得太公开化了。这个年轻的突厥人遭受了长达一个月的种种折磨,精疲力竭。基督徒将他拖到了防御墙前，在所有突厥人的面前，这个可怜的，因折磨而仅能颤抖的年轻人被处以斩首之刑。他主要是因希腊信者的控诉而被处死的：据他们说，此人亲手杀死了超过1000名基督徒。

57. 此后，基督徒受到的迫害，因新的堡垒和此人被斩首而有所遏制。基督教的王公们仔细地考虑了自己人、博希蒙德，以及疲惫的同伴所遭受过的困境，深思着饥荒的折磨和大量死人的灾祸，声言，这些源于众多的罪。出于这样的原因，有军中所在的主教和全部的教士们参加的会议召开了，他们宣布，要去除军队中的不义和恶行，即不许在重量和计量上，或者金银的兑换上，或者在借东西的时候，或者交易中欺骗基督教兄弟；不许盗窃；不得因私通或通奸而堕落。若有人忽视这则命令，被抓住后，会被施以极严重的惩罚。这样，上帝的子民就能被清洗掉污秽和不洁。确实，许多人触犯了这项命令，受到了指派之法官的严惩，有些人被戴上了镣铐，有些人被用枝条鞭笞，还有些人被剃掉了毛发，打上了烙印，以纠正和改善整个军队。就在那个地方，一个男人和一个女人因为通奸被抓了起来，在整个军队面前被脱掉了衣服，双手被紧紧地拴在了背后，被行刑者用枝条猛烈地鞭笞，被迫绕着整个军队行走。就这样，人们看到了他们身上极严重的伤口，其他人就被威吓住，不敢犯下如此巨大和邪恶的罪行。

58. 上帝子民中的正义，因首领意志而强化，上帝的愤怒或被平息。公爵戈德弗里从其创伤的病痛中恢复了过来。于是，军队派他进入萨拉森和突厥之地，再去做落败的博希蒙德所放弃的劫掠之事。公爵或许可为那些饥饿、虚弱、不幸的普通人带回欢乐。上帝佑助，此事做成了。但是，公爵并未收集到多少劫掠之物。萨拉森人和异教徒自博希蒙德进入其土地并劫掠时起，就有了先见之明，将牧群，连同所有的物品和金钱，藏到了群山和无法寻觅之地。同样地，雷蒙德和其他王公在军队的命令下，也被派了出去。但是，因为萨拉森人散去了，他们只搜集到了一点战利品。萨拉森人带着物品、牧群，分散在了山区和偏远之地。

59. 当这场漫长围城持续了一段时间，人们因警戒、饥荒和瘟疫的苦难，以及频繁进犯的突厥人，正受着极重惩罚的时候，埃及王国那非凡的国王[1]——在基督教徒远征前很久他就同突厥人严重不和并相互憎恶——从一位担当使者的基督教修道院长那儿知晓了基督教军队的意图。于是，为了实现与和平及他的王国息息相关的相互结盟，国王向永生上帝的军队派去了15名精通不同语言的使者，带去了这样的消息："埃及无与伦比的国王因你们的到来及你们迄今取得的成功而欣喜，向基督教的大小王公致以问候。突厥民族于我们说是外来的，对我们的王国是危险的。他们经常侵袭我们的土地，还占据了耶路撒冷城，此城乃我们疆土之一部分。不过，现在，在你们到来之前，我们凭着己力夺回了此城[2]，我们已将突厥人赶走了。我们要同你们达成协议和同盟。我们将会把这座圣城和大卫塔、

---

[1] 译者注：即埃及法蒂玛王朝，阿尔伯特称之为"巴比伦"。法蒂玛王朝此时的实际统治者是阿夫达尔（al-Afdal）。
[2] 译者注：阿尔伯特在此处的记载是有问题的，此时耶路撒冷城仍在突厥人的掌控之中。

锡安山还给基督教子民。我们将会讨论承认基督教的信仰。如果此信仰令人满意,我们准备皈依此信仰。但是,若我们坚持本教法律和仪式的话,我们之间所达成的协议亦不会被打破。我们恳求并激励你们,不要从安条克这座城市撤走,直到以你们之手,将这座被非法攫取的城市复归希腊皇帝和基督徒为止。"在马米斯特拉,温尔莫与鲍德温和坦克雷德分开了,撤到了海边,再次出海,他带着全部的海军装备,急速前往拉塔基亚(Latakia)。他从海上围困了它,以军队征服、占领了它。在占有了所有这些后,温尔莫未曾向围困安条克的基督教兄弟提供、给予过任何的帮助,想都没想过。正当他占有这座被攻占的拉塔基亚,看似高枕无忧,他的同伴和海盗同伙闲暇无事,本应因此城此地的财富欢欣雀跃的时候,他们遭到了特科波佣兵和希腊国王的士兵的蓄意进犯。他们被打败了,城市的卫城被夺了去,温尔莫被抓住,投入了监牢中,被看管了起来。迄今公爵戈德弗里和其他王公对此事并不知晓。

60. 同时,被围在安条克城中的突厥人,不停地寻求支援,催促着盟友从山区和临近之地,将众多的突厥大军集结起来。不长时间,就有 30000 名突厥人集合在一处。被围的突厥人下定决心,已经布置好:拂晓时分,外面的突厥人对上帝神圣的子民发动袭击,然后,城里的人就以突围相接应,援助并加强攻势,凭着武器、箭雨,不断袭扰基督徒,直到将基督徒的脖子砍断,斩于剑刃之下为止。有关这个邪恶计划、罪恶阴谋的消息传到了罗马大公教徒的营中。因补给匮乏、持续疲倦及各种火祸,伯爵戈德弗里、勒皮主教和其他首领的强壮马匹已不足 1000 匹。现在，针对这些忧虑和困难，主教提出了主张，这样说道："至虔诚的基督教徒们，你们是被选出的高卢之花。现在，关于此事，我已没有其他有益的建议了，唯有怀着耶稣之名的希望，出其不意地进攻。尽管集合起来的异教徒人数众多，成千上万，且如你们所知，似乎已到了，他们也没有自其土地踏上漫长征程，所以不受劳累所迫，并不疲倦，在径直向着哈里姆（Harim）城进发。但是，以上帝之手，将这成千上万的人限制住，用你们少量的军队消灭他们，并不困难。"对于这位主教的话语，公爵戈德弗里——他从不懈怠战争之责——在秘密集合的军队的旁听下，在他们的面前，如此答复道："我们是永生上帝、主耶稣基督的追随者，为了上帝之名，我们服此军役。这些人皆仗着自己的勇气前来：我们是因永生上帝之名而联合起来的。我们相信上帝的恩宠，会毫不犹豫地去攻击邪恶的、不信的敌人。因为，不管我们死或是活，都是主的。因为我们热爱安全和生命，因此，这些话一定不能公之于众，以免敌人想到、预料到我们会靠近和攻击，就不会感到多么惊恐，不害怕同我们战斗。"

61. 当公爵做了这番训诫和鼓励后，挑选出了700名善战的骑兵。此事完全被隐瞒了起来，唯有一些军中首领知晓。事实上，许多人都缺少马匹，正如我们已经说过的，因种种的不幸，很少有马匹是强健的。其中的一些人骑驮畜，一些人迫不得已骑骡子或者驴子。他们在夜深人静的时候动身了，过了船桥。在安条克的堡垒里防御的突厥人没有察觉。博希蒙德、坦克雷德、佛兰德斯的罗伯特、诺曼底的罗伯特，连同公爵戈德弗里，在约定之地集合起来。

巴讷维尔的罗杰亦被召集来，并在场。他反制突厥人的伏击时表现积极，经常进行着杀伐。此人极出众，很有名望，在突厥人间享有声望。以至于罗杰经常受命，在基督教徒和突厥人之间，在双方的每个战俘的协议及各种事情的交涉中，充当中间人。同样地，负责神圣训诫的主教亦陪同前往，以使人们变得坚强。经过一晚，这些人走完了这段路程，迅速赶往突厥人的营地。一个突厥人，叫博希蒙德，在明白基督乃真理之后[1]，获得了洗礼的恩泽。最近，王公博希蒙德从圣泉中扶起了他，就以自己的名字为他命名。他和多梅达特的沃尔特被派到前方。他们小心地前进，在第一缕曙光刚出现的时候，发现了前去救援安条克人的无数异教徒，看到他们在树林和灌木丛中快速行进，四面八方皆是。在从远处看到敌人后，这两人快马加鞭地返回到700名同伴那里去，讲述了看到的事情，并鼓舞士气，打消了所有的恐惧。

62. 受人尊敬的主教听了沃尔特和博希蒙德的话之后，训诫因恐惧和焦虑而有些犹豫的同伴们要毫不犹豫地为了上帝的爱而捐躯。他们带着神圣的十字标志，追随着他的脚步，为了得到他的恩宠，放弃了家园、亲人和所有的东西。肯定地，现在，于此地死去的人，因万军之主上帝，将会拥有天堂。现在，他们被这神圣的训诫所鼓舞，全体决心宁可选择战死，也不会可耻地背向敌人。因为这些话语，伯爵雷蒙德兴奋地挥舞着长矛，用盾牌覆盖住胸膛，公爵戈德弗里怒火中烧，两人怀着期待去战斗。其他的

---

[1] 译者注：《约翰一书》，5：6。

700 名善战之人出乎意料地向敌人中间冲了过去,破坏了突厥人的战线,令众多突厥人陷入了混乱。上帝恩赐,得胜的基督徒得到了棕榈叶,突厥人被击溃,转而逃走。而且,因上帝的帮助和怜悯,突厥人弓箭的弦因雨水变软、变脆弱,无法使用。这对那些突厥人是巨大的阻碍,对信者来说,则增加了胜利的机会。成为胜利者的基督徒看到已然获胜,自己人死得很少,就下马,割掉被杀的突厥人的脑袋,系在了马鞍上,兴高采烈地带回到正在安条克旁众营地中等待事情结果的众多同伴那里。他们还带着从完败的敌人那里得到的 1000 匹强健的马和其他许多的战利品。埃及国王的使者出现在了这场战斗中,他们也在马鞍上带着突厥人被割掉的脑袋,回到军中。少数基督徒组成的这支军队,是在大斋节前夕获得的胜利。[1] 就这样,正当这些信者满载荣誉,回到自己人及留在安条克平原上的帐篷的时候,因被围困正藏匿起来,期待着那群已然被摧毁之人的救援的突厥人,站在其防御墙上,看到信者胜利的旗帜,以为是他们所期盼的异教徒的旗帜。在喊叫的喧闹声和号角声中,突厥人赶紧去武装,大胆地从城门里蜂拥而出,以为里应外合,顷刻间就能将神圣军队完全摧毁。但是,当基督教徒靠近,到了眼前的时候,他们看到了突厥人的脑袋,也认出来其盔甲和驮马。突厥人止住了嘶喊和喇叭的喧哗,不再喜悦,迅速地逃回到防磐里。为了增加突厥人的痛苦,基督徒将突厥人的头颅扔过了防御墙和城墙,将其他的大约 200 个头颅用长矛和杆子固定住,当

---

[1] 译者注:这场湖之战发生在 1098 年 2 月 9 日。

着聚集在城墙上的所有人的面，放到了防御墙前。

63. 第二天，信者的王公们十分仔细地商讨着。他们因新近的胜利而高兴，要将一座攻城塔样式的防磐置于城市那座横跨法尔法河的桥前。因此，当布置好这架攻城塔以后，他们就能去除掉突厥人的出口。突厥人总是自这里进出城，运送食物，并由这座桥出去对基督教设伏。最终，在商议好之后，为了购买食物，他们指派西西里王公博希蒙德、勒普赛特的埃弗拉德、普罗旺斯公爵雷蒙德、格雷兹的沃纳率领众多步兵，前往被称作"隐修士圣西蒙"的海港。他们此去，也是为了召集同伴支援这座防磐的修建，那些人正停留在运送食物的船只附近的海边。在这支队伍里，基督徒还要护送埃及国王的使者回去。这些使者将被授予极好的礼物，被真心诚意用船安全地送回去。然而，显贵之人之间的商讨、贵族的离开，被探子们发觉了，还知道得一清二楚。突厥人闻讯非常喜悦，挑选出来4000名士兵，集合了起来，自那座桥，从城里出来，走他们所熟知的小径，追击基督教军队的首领们。这支庞大的队伍对此并不知情。突厥人在山间的荆棘丛和灌木丛中设伏，等着被派出的王公们从海港返回。当同伴们正骑着马，或步行着返回的时候——此时，因博希蒙德和其他领导者们的催促，集合起的同伴已经有4000人——突厥人突然从埋伏中出来，攻击始料不及、满载着食物的基督教徒。突厥人用箭矢刺穿了他们的胸膛和内脏，用剑屠杀着其余的人。胜利侥幸地归于了这些突厥人，他们不停地杀戮着信众，直到最终，他们在树林和平原上杀死了500人，并将他们全部斩首。无数基督徒受伤、被俘。这时，同其他显贵之人一同殿后的博希蒙德，知晓了这场极为残酷的杀戮，看到山坡上他那半死不活的人躲藏在暗处，快速地四散奔逃。他发现，自己对逃命的人和被打败的基督徒无法施予援手。而且，在众目睽睽之下，他亦即将死去。于是，在勒住了缰绳后，博希蒙德同骑马的同伴一起撤退了，沿着原路返回，前往海边。他们同少数人返回了。有一个人立刻仗着快马，由山坡勉强逃了出去，躲开了杀戮。他带来严峻的消息，令公爵戈德弗里不安。公爵此时走船桥，已从军中出来，站在平原上。他听从主教的建议，正逼迫突厥人及其牧群退回到城里去。此人向公爵讲述，博希蒙德和其他同往的首领受迫于突厥敌人的埋伏，陷入死亡危境，从港口回来的人被以极残忍的方式杀死。

64. 听到这些后，公爵派遣传令官遍及全部帐篷，去报告如此残酷的消息，让人们做好准备，应对所有不利之事。信众全都陷入了忧虑和惊恐中，立即从各个帐篷里出来集合，将铁制的鳞状罩衫穿在肩上，将旗帜固定在矛上，迅速给马套上马勒和马鞍，恢复了战斗的状态。基督徒排好阵线，迅速布阵，前往桥和城门的通道处，希望敌人会由此回来保护城市。这些人立刻穿过了船桥，发现了过了河在平原中的公爵戈德弗里。他悲伤的脸因同伴的死而变形。另一位送信的人到了，他是受博希蒙德、雷蒙德、沃纳和其他人的派遣而来的。信使告知，这些贵族正在山中逃遁。信使劝告平原中的公爵及同他在一起的其他首领：因为有突厥人的伏击和突袭，他们应该退回到帐篷中去，这些突厥人人多势众，比以往更难应对。公爵毫无畏惧，渴望着为被杀的信众报仇，拒绝从此地离开，亦不会因恐惧而逃走。公爵发誓说，今天若不能登上修建堡垒的那座山丘，就同他的人葬身于那里。就在公爵做出这番答复，发下誓言，并布置军队的时候，前面提到的那几位王公——博希蒙德、雷蒙德、沃纳，毫发无损地到了。所有人因为他们的生还感到高兴和欣慰，赶往前述过的，位于城市的那座桥前面的山。基督教军队从众人中选出10名骑兵，派了出去，先行赶到那座山的顶上，去看看是否有突厥人在毗邻山区的另一座山谷中设伏。被派到前面的这10名骑士骑着马，刚刚站到山的陡坡处，就看到了突厥人的全部军队。这些突厥人刚杀戮完基督徒，绕道走山中熟知的小道，秘密地回来了。这10名骑士看到，20名骑兵从突厥人那里出来，冲向他们。这些被派出的突厥人想阻挡10名基督教骑兵上山顶。这10名基督教徒折返回去，因为突厥人的埋伏实在太近了。这20名突厥人占领了山顶。30名基督教兄弟赶来支援，猛烈地攻击那20人，迫使他们从山顶直接逃回了突厥人的军中。当这20名突厥人急速逃往同伴那里后，60名突厥骑兵从埋伏中猛冲出来，他们极强壮，骑术甚熟练，很快就用弓和箭矢将30名基督教骑兵赶跑了，留在了这座山顶上。在看到那些突厥人的大胆和攻袭后，60名基督教骑兵同样前去迎战山上的那60名突厥人。与此同时，基督教全军正在接近，非常接近。这60名骑兵反过来令那些突厥人迅速逃窜。突然间，突厥人从山上溃败向山谷，突厥人的大军，紧邻着群山，就集合在那座山谷里。此时，突厥人的全部武装都从埋伏中出来了，发起猛烈的进攻，逼向已经占据了山顶的60名高卢骑兵，迫使他们经由山顶中央退回到正在接近的基督教军队所占据的山谷中。

65. 一些突厥人，看到自己向前行进得太过了，基督教军队却依旧坚定不移，也未因恐惧而放弃，反而是迅速向自己冲过来，于是逃走，却是徒费心机。尽管如此，高卢人依旧在继续追击着，即刻间，同突厥人混在了一起。在互相间遭遇的时候，双方可谓是近在咫尺。基督徒愤怒地对突厥人施以血腥屠戮，为从圣西蒙港口返回途中被杀死的同伴们报仇。就在突厥人逃跑，基督徒迫近但还没完全击退他们的时候，集合在城门附近，遍布防御墙上掩护外面的突厥人返回的异教大军看到外面突厥人的运势恶化，眼看就要悲惨地被打败时，打开城门，全副武装地向开阔的平原进发，去增援，给他们进城的勇气。信者和不信者的骑兵及步兵，混战成了一片，到处都在厮杀着。公爵戈德弗里，他的双手受过战斗方面极好的训练，据说，尽管突厥人有头盔保护，他还是在那儿砍下了极多的头颅。这些记述来自那些在场的目睹者的口述。当公爵为战斗付出巨大的辛劳，尽心竭力，在敌人中间进行着巨大杀戮的时候，他用锋利无比的宝剑，令人惊异地将一个正用箭射他的突厥人——此人粗暴，且穿戴着甲胄——分成了两半。这个突厥人身体从胸部往上的一半儿，掉到了沙地上，但另一半，仍然靠着双腿紧抱马匹，被带到了城市防御墙前的桥中央，在那儿掉了下来，留在了那里。受胜果鼓舞，佛兰德斯的罗伯特、诺曼底伯爵罗伯特、蒙泰居的科诺及伯爵雷蒙德，以及在场的全部高卢贵族，驭马冲锋，突破敌军，用矛和剑刺穿了许多人，迫使这些将死之人匆忙地冲到桥上。而因桥不能承受这样大的重压，宽度也无法容下这么多逃跑的人，便有许多突厥人从桥上掉了下去，被奥龙特斯河的波涛卷走。博希蒙德，他是走只有野山羊能通过的岩石上的高脊逃脱的，同其他的同伴一起，在上帝的怜悯下，安全地回到了盟友之中。博希蒙德在这场残杀中竭尽全力，敦促着、宽慰着同伴们，屠杀着那些被长矛和剑刺中，从桥上掉下去的敌人。然后，因胜利而兴奋的步兵，用矛攻击那些被击溃、被挤压在桥的边沿和河岸上的突厥人。他们不停地对敌军进行着杀戮，直到后来，整条河都因被杀的突厥人的鲜血改变了颜色。于是，此次战斗就以胜利收尾了，基督徒重新集合起来，继续追击桥上的突厥人，试图随着他们进门。然而，门立刻就被里面的人封上了，那些悲惨地被拒之门外的同伴们则被留在了杀戮者的手中。这些战斗和基督徒新近的复仇，发生于三月的一天。死于战斗、死在波涛中的突厥人，估计有 1500 人。

66. 因上帝耶稣基督之名及力，极凶残的突厥军队被击败了，受到残忍的屠戮而溃逃，被迫进了城门。基督徒带着胜利的伟大荣耀回了营帐。自这天往后，异教徒的心开始变得软弱，之前极频繁的袭击停止了，埋伏没有了，突厥人的力量变得虚弱。恐惧侵袭着许多人，以至于一些人脱离了城市和同伴，在晚上离开了，声言要做基督徒，依附于基督徒的首领。在委身于基督教军队后，这些人诉说着，忍受着自己人怎样的伤痛，全城内，因这次的失败，产生了何等的悲恸。他们还声言，当晚，在那场战斗中，国王亚吉·西扬最强大的 12 个埃米尔全死了。对埃米尔死的悲恸和呜咽，令整个安条克不安。在那之后，第四天的破晓，公爵和上帝军队的全部王公率强大武装出了营帐，给那座防磐修筑了最为牢固的防御墙，之前，他们已决定将它建在桥和城门前的山顶上。这座城堡是用大量的石头和软沥青修筑而成的，由伯爵雷蒙德驻守，此外，还有500名果断勇敢的战士在其中。

第四卷
安条克之战结束

1. 基督教子民的敌人被击溃,覆灭于河水的湍流中,防磐也不受阻止地建好了。一个突厥信使匆忙、快速地穿过塔楼,进了安条克国王在山上的宫殿,向他说明了所蒙受的巨大损失:若他不能勤勉、细致地预先做好准备,厄运就会降临于他,他将会失去安条克及其周围所有的地方。国王亚吉·西扬,是一位老人,在这之前,在整个战争中,不管各样事件有着怎样的结果,他都一直安卧于上位。这次,在得知这座防磐建成了,自己人无可挽回地毁灭了之后,他深深叹息,第一次陷入了不安。国王召他的儿子桑萨多尼阿斯及所有显贵前来同他商议。

2. 被从尼西亚城和罗姆之地驱逐的苏雷曼,立于这位握有权杖的人面前。亚吉·西扬同他讲话,竭力请求他做自己使团中的使者。国王知道苏雷曼是一个有着雄辩口才的人,在所有异教王国中都负有盛名,便这样对他说道:"您乃我族近邻,同我的12位使者和我的儿子,去往我们所出生的土地和王国,去呼罗珊。库帕绥克辛和阿德索尼尤斯是我王公中最忠诚的两位,他们将与您一道出使,去控诉我们受到的伤害。在途中,你们要告诫阿勒颇城

（Aleppo）的里德万（Ridwan）[1]——他乃兄弟和朋友——来支援我们。同样地，去督促拥有大量士兵和武器的普拉吉特（Pulagit）来支援我们，因为他与我们有盟约，永远结盟。此外，要将我们的不幸和损失袒露给呼罗珊苏丹，他是突厥人的首领和君主。还要建议苏丹的朋友科布哈（Karbugha）[2]，为我提供补充的物资和军队。现在，将我的文书和公证人叫到这儿来，好让你们随身带着我的信函和印章，他们就会更加确信我们的困境。这座城市被封锁之前许多天，我的儿子布达基斯（Buldagis）就已先于你们去呼罗珊了。他已然告诉我们的兄弟和王公，基督教的王公到来了，并催促所有人去对付这些基督徒，前来支援我们。"

3. 在听到国王的愿望和命令后，他们收起盖有国王本人印章的信件，从城市和国王的宫殿出发，前往呼罗珊地区。他们来到了一座壮美奢华、荣耀异常的城市——萨马特罕（Samarthan），它属于呼罗珊王国。在那里，他们无上光荣地遇到了伟大的君主——统率着东方所有国王和君主的苏丹本人，还有国王的副手——王公科布哈。由苏雷曼问候苏丹，因为他年长，且富有勤勉和雄辩的声望。但是，在问候过国王之后，在陈述使命之前，就像痛哭不幸和受伤害的突厥人所习惯的那般，在这位伟大、极有权势的国王的眼前，在他的人的面前，他们将帽子从头上扔到

----

[1] 译者注：里德万·伊本·突突什（Ridwan ibn Tutush）是阿勒颇的塞尔柱统治者（1095—1113）。尽管阿尔伯特将其同安条克之战联系了起来，但事实上，他在湖之战后没有救援过安条克。
[2] 译者注：科布哈·毛斯里（Karbugha al-Mawsili）是摩苏尔总督。

了地上，残忍地用指甲撕扯着胡须，用手指拉拽头发，从根拔出，非常悲恸地叹息着。呼罗珊国王看到这些突厥人这般撕扯后，傲慢至极地答道："苏雷曼，我们的朋友和兄弟，解释下，在你们身上发生了什么，陈述你们所受到的伤害。任何胆敢让你们不安的人，都绝无可能在我们的面前存活。"苏雷曼非常高兴，相信了这般强大的国王的答复，信赖此人的力量，说出了深深地留在心中的苦痛，依序陈述了整件事情。话语不能说清的事情，就以信函所书提醒。"我们获得了尼西亚。"苏雷曼说，"您知道，就是那座非常著名的城市。我们还拥有那片名为罗姆的希腊王国之地。因您的赠予和好意，凭着您的帮助和军力，它被赠给了我们。一个民族到来了，他们被称作法兰克王国的基督徒。这些基督徒凭着强力，从我们这里攫取了尼西亚，将这座被攻占的城市，连同我的妻子和两个儿子，交给了君士坦丁堡皇帝。此外，在我被打败，逃往安条克后，他们还在全力以赴地追击我。我是希望留在那座城市里的。在那里，他们用武力，不仅将我和我的人，还将国王亚吉·西扬围了起来。亚吉·西扬是我们当中极高贵的人，他臣属于您，与您交好，因您的馈赠得到了此城此地。这位臣属于您的亚吉·西扬，我们的尊者和亲属，派我们到您这儿来，但愿您屈尊，以您之强力去帮助他。我们比原想的更为急迫地需要这样的帮助。我们的子民和军队被消耗殆尽，我们的土地和地方被摧毁。我们的生命及我们的一切，当下就在您手中。我们唯对您抱有这般大的希望。"

4. 呼罗珊的国王，听完了苏雷曼的话和控诉，只当是笑话和妄想，轻率地听着。他承认，完全不相信世上有什么人，能对突厥人造成这般的伤害。在其与会的人的旁听下，国王觉得，苏雷曼迄今极负盛名的力量及其军队的勇气其实并不怎么样。苏雷曼，作为一个刚刚亲历过基督徒之力的人，并不能轻松自在地接受国王这样的看法。所以，因为无法亲口解释清楚所有的事情，苏雷曼打开了盖有亚吉·西扬印章的信件，与突厥人交战的基督教全部王公的名字和王国的名字，都记在了里面，其中还列有基督军队的规模以及武力。呼罗珊国王及他身边所有的异教权贵在知晓了这些信函和高卢人的资财及力量后，神情惊愕，垂视着地面，不再徒劳地质疑苏雷曼的控诉。这时，国王立即派出特使前往其王国的所有地方，命令他所有的贵族和埃米尔，在指定好的适宜的日子，集合到一处。

5. 到了这天后，突厥人全遵照国王的决定及命令集合起来。国王向他们陈述了苏雷曼的话和控诉，还有基督徒犯下的罪行，说："你们所有这些集合起来的人深思一下，务必仔细思量。基督徒业已到了。若不加阻止，这些基督徒就会如对其他国家、我们的盟友和兄弟所做的那样来对付我们。"科布哈，国王宫廷的朋友和宠臣，在呼罗珊王国里仅次于国王，是一个顽固、傲慢的残暴之人。他轻视基督徒的力量，神情傲慢，大喊出这番话："我对苏雷曼、国王亚吉·西扬的儿子桑萨多尼阿斯和布达基斯，关于基督教徒来犯的话和控诉感到惊讶。因为，在这些基督徒的围攻下，苏雷曼居然丢掉了他的土地和城市。他们本可抵御住这些进犯的，可谓轻松至极。但他们仿佛是被众多令人厌恶、无理性的野兽围攻了一般。我曾击溃了100000名基督徒，在奇维特——那是山区的尽头——砍掉了他们的脑袋。我被召去救援苏雷曼，对付希腊皇帝。皇帝围困尼西亚城的军队已经被我们驱散和击溃了。此后，我派去支援苏雷曼的随从，毁灭了隐修士彼得无可计数的军队，那里的平原永远无法清除他们的尸骨。"

6. 苏雷曼是个非凡之人，也十分勤勉，听出此人的傲慢和言语中的吹嘘后，以平和的神情，给予他这番答复："哦，我们的兄弟和朋友科布哈，您为何如此轻视我们，还加上句我们太胆小，唯在您的帮助下，我们才击败、摧毁了君士坦丁堡皇帝及隐修士彼得那前所未闻的千万之人？皇帝的军队，是柔弱、女人气的希腊人，少经战争磨砺，可轻易被强健之人击败、征服、斩首。事实上，我可以肯定的是，隐修士彼得的军队同样是支微不足道、贫困潦倒的队伍，那些步兵和一大群无用的妇女全因长途跋涉疲倦不堪，只有500名骑兵。对我们而言，一次微小的攻击和屠杀就能毁了他们，这没什么太困难的。但是，你们要知道，那些您透过信函知晓其姓名、力量、作战和天分、难以对付的人，才是最勇敢的人。他们通晓骑艺，在战斗中不会因死亡、武器被吓走。这些人的铁制罩衣及镶嵌着黄金和珠宝、绘有不同颜色花朵的盾牌，在他们头上闪闪发光的头盔，皆闪耀着光辉，超过了太阳的光彩。他们手中梣木制的长矛前端装有最锋利的铁，就像长长的杆子一样。他们的马匹久经沙场，奔驰无休。他们的长矛带有装饰着金色绳结、银色饰穗的旗帜，光芒极致壮丽，令周围群山闪耀着光彩。你们要知道，他们的勇气大到如此程度，若他们有1000名骑兵前去战斗，他们就会毫不犹豫地攻击我们2000人，就像狮子和野猪一般，持着武器发出致命重击,闪电般地猛攻过来。不过,我原以为这些人的力量是极微小的,我原估计着,他们不堪一击。我将自己的军力集结起来,想着,就像刚摧毁隐修士彼得的军队那样,去碾碎那些人的军队。并且,我还曾寄望凭着我的人的力量,将他们从尼西亚城吓跑,解救我那城墙之下的妻子、儿子、士兵和王公。我再次同基督徒交手了,但是,我的努力徒劳无功,毁于一旦,我勉强从山脊上那些人的手中逃走,我手下不少人被杀,他们都被我丢弃了。那些人,在将我的人消灭之后,淡然地接受了自己人所受的屠杀,返回了尼西亚,再次进行了比之前更为坚决和稳固的围城。在受降后,他们抓住了我被打败的人,以及我的妻子和儿子们,连同城门的钥匙一起,交给了君士坦丁堡皇帝。此外,他们将原服从于我之裁决的,又被他们征服、压制的罗姆的城镇和城堡,都还给了皇帝。他们侵袭了我们众多要塞。我所拥有的全部土地、城镇、防磐,没有一处留了下来,除了法罗卡(Foloroca),那是一座位于海边和俄罗斯王国边境附近的卫城。然后,这些您认为弱小的基督教战士,征服、占领了塔尔苏斯、阿达纳和马米斯特拉,它们都是有着重重筑垒的罗姆城市。在铁器和强力的逼迫下,基督徒令亚美尼亚、丹多努切(Dandronuch)、哈鲁尼(Haruni)、图柏赛腊的城镇和城堡、亚美尼亚王公康斯坦丁的群山、隶属帕科阿德的地方、公爵科嘉·瓦西尔的土地俯首称臣。他们占领了因防御墙和城墙而固若金汤、因丰饶而闻名于世的埃德萨城。并且,一个叫鲍德温的王公,乃基督教众的首脑和领袖,娶了这片土地的王公之女做妻子。为顶替被杀的王公,受市民驱策,他将全部土地和附属地方占为己有。这些基督徒，持续侵袭，直到遍及梅利泰内（Melitene）的所有地方和王国。在将从左至右的地方都征服后，他们现在正围攻安条克。这些人，勤勉得惊人，久经战阵，不会有所耽搁或休息来照料身体。他们日复一日地寻找敌手和反对自己的人。他们将所发现、所征服的人送入了地狱。"

7. 傲慢的科布哈，在听完苏雷曼的这些陈述后，再次得意而自吹自擂地开口，如此说道："如果我安然无恙，在6个月内，我会去接受这些基督徒的考验，不管他们是否如你所说的这般强大。我以我的神发誓，将以他们所有后代都会为之悲痛的方式消灭掉他们。"

8. 就在科布哈和苏雷曼互相争执时，呼罗珊国王召来了其众神的魔法师、预言家和占卜师，询问未来的战果。他们承诺，国王会心想事成，凭一场轻松的战斗就可击败基督徒，取得胜利。预言家这番答复，令国王的内心和决心更坚定了。于是，庞大的使团散布到了整个呼罗珊王国。科布哈凭国王的至尊命令，召唤所有上层和尊贵的人，让他们为此赶紧带着武器、箭矢，载着补给马车远征。他指派全境内的工匠打造脚镣和锁链，这是让被击败和俘虏的朝圣者带着流放到蛮荒之地。国王的使团召唤志同道合、住在幼发拉底河畔的甚为强大的突厥人普拉吉特，以及有着大量护卫、壮丽恢宏的阿勒颇城的里德万，为突厥人报仇，为基督徒对苏雷曼、安条克国王亚吉·西扬、突厥人的朋友和亲属所造成的伤害复仇。使团正式告知了此种紧急之需。这些消息和使者亦震动并催促着大马士革的王公[1]。他已征服了叙利亚相当大一部分的土地,凭借肥沃土壤和骑兵之力而强大。此外,使团还去找了阿马萨(Amasa),他在尼兹(Niz)地区,位于呼罗珊一侧。此人勇敢无畏的名声广为流传,不管多么危险,他总是充当战列前面的旗手。这位阿马萨的矛和箭矢同所有突厥人相比,都是无可匹敌的。他在阵前搭弓射箭,引导着所有人。在每次远征中,他都有着不少于 100 匹的快马。这样一来,若一匹被箭击中,或因灾祸意外死去,其他的足以保证他参加战斗。在战场上,阿马萨总是疾驰在前,总是带给敌人混乱。博埃萨斯(Boesas),也是这群突厥人中的一员,有着一样的装备和武器,亦被召来。来自广袤丰饶之地库里基(Curzh)并拥有众多弓手的另一位阿马萨,同样遵照国王之令,被召来。阿马查(Amacha)城堡和索罗吉亚城的巴拉斯(Balas),还有萨莫塞特(Samosart)的巴杜卡——两个狡诈的突厥人,因武器和战争而著名的战士,以及筑有坚固城墙及防御墙的卡兰城(Karan)的卡拉格迪(Karageth)被催促在远征之日到达。这些人,有的在呼罗珊,是遵守国王的训令的人,有的是散布于他地,掌控其他国家的人,为这场远征都被召集在一起。从安条克被围始,自国王亚吉·西扬的使团经苏雷曼成行那天起,他们就将精力集中于呼罗珊必需的补给,武装起士兵,带着全部战争装备,即刻间急切拥来。

---

[1] 译者注:杜卡克·伊本·突突什(Duqaq ibn Tutush)是大马士革的突厥统治者(1095—1104)。

9. 在安条克附近围城的处境艰难的基督教军队及所有的王公,对这场远征全然不知。然而,日复一日,他们不仅是因食物,还因马匹和武器的匮乏而受着压迫,这些东西的短缺最令基督徒忧虑。严重的匮乏引发了所有人的焦虑。当长期的匮缺变得越发严重,许多人因补给的减少而绝望时,鲍德温——他令埃德萨,即罗哈斯城臣服于己,被擢升为公爵——通过他尤其喜爱的杰拉德,给他的兄弟,即公爵戈德弗里、佛兰德斯的罗伯特、诺曼底公爵罗伯特、雷蒙德及其他显贵异常的人,带来了许多塔兰特金银,以填补他所知的,卓越且极尊贵的王公所受的这般匮乏。鲍德温还为这些兄弟和其他的王公送来了享有健跑之誉、体格卓越的马匹,它们都配着显露尊贵的马鞍、马勒的装饰。鲍德温还送来了极高贵、有着美妙装饰的武器。几天后,图柏赛腊地方的亚美尼亚王公尼库苏斯,给公爵戈德弗里送来一顶工艺精美、装饰精妙的帐篷,想获得他的支持和友谊。但是,帕科阿德设下了埋伏。帐篷被从尼库苏斯的仆人那儿偷走了,成了帕科阿德的礼物,被交给了博希蒙德。戈德弗里公爵和佛兰德斯的罗伯特——两人彼此是最敬爱的朋友,是结盟的伙伴——从尼库苏斯仆人的口中,得知这顶帐篷被交给了博希蒙德。于是,他们言语平和地建议博希蒙德,将非正当取得的这样东西还回来。他断然拒绝了他们的建议和请求。这两位王公愤怒了,在显贵们的建议下,再次索要被偷走的帐篷。博希蒙德声言绝不归还。这个令人不悦的答复引起了那两位王公对他的厌恶。两人被激怒了,声明要集合军队,将博希蒙德从其营地中召来,除非他立刻把不正当拿走的帐篷还回来。最后,博希蒙德遵照军中追随他的贵族的建议，为了避免纷争，将帐篷还给了公爵。和睦达成了，他们彼此又成为了朋友。这之后，饥饿加剧，安条克周围的食物供给殆尽。鲍德温将图柏赛腊的全部收入转给了公爵，也就是他血统上的兄弟戈德弗里，有谷物、大麦、葡萄酒、油，收益单以黄金来算，每年共计50000拜占庭金币。

10. 这时，呼罗珊国王业已宣布并准备了很久的征伐，已迎来所约定的日期。在此地，其王国的所有民族及分散于亚美尼亚、叙利亚、罗姆地方的那些提到过的王公们，带着武器和大量的装备，在苏恰（Sooch）集合。有20万善战骑兵，不包括穷苦大众和女性，也不包括骡子、骆驼及其他的牲畜，数不胜数。众王公和军队的首领科布哈也在，他承载补给的马车、他的军力和士兵的装备、他的帐篷和众多装备，比所有人都要充裕。所有集合起来的王公和民族，就像崇拜神一样崇拜着科布哈，像对待大师和导师一般，万事皆听从于他。在此地，他的军队被集合在一起，因为货车的重荷、驮畜和骆驼的辎重，科布哈耽搁了许多日的行程。直到后来，他进入了埃德萨之地，在那里又耽搁了一些天。他经过此地，因人和驮畜巨大的负荷，减少了每日的行程，来自不同地方的许多人前来迎接，报告了很多关于安条克的军队围城的事情。在他面前，在所述的各样事情中，鲍德温都受到了控诉，因为鲍德温杀了突厥人，将他们赶走，不仅将埃德萨，还将周围所有城堡都纳入了自己的掌控之中。

11. 听到此事后，科布哈和他军中的显贵相互商议，结果是：要围攻并占领埃德萨城，俘虏并惩罚鲍德温及同他一起的基督徒,恢复突厥人在这个国家和地方的统治。但是,恐吓及恐怖都无法动摇鲍德温。在得知科布哈来了,而且他有与自己和埃德萨国为敌的意图后,鲍德温的全部士兵骑着健壮的马匹,集合并武装了起来。鲍德温冲出去,迎击被预先派出来围攻埃德萨的科布哈的士兵。鲍德温勇敢地突袭他们,用亚美尼亚人的弓和高卢人的矛同他们战斗着。直到后来,科布哈被击退,逃回营地。鲍德温带着战利品——它们是被派到前面,载有补给的骆驼和骡子——进入了埃德萨城。科布哈亲自在场,对鲍德温会主动来攻击他非常惊讶,更不用说若他不在场了。科布哈恼怒于自己的鲁莽,以自己的神发誓,永远不会放弃对埃德萨的围攻,要在将军队召集起来后,立刻进攻,将鲍德温抓为俘虏。

12. 科布哈——这位王公,即将感到恐惧的一个人——刚刚召集起同伴,所有人就冲了出去,在喇叭和号角的巨响和喧闹中,围攻埃德萨城。突厥人用了三天时间,在城市的防御墙和城门附近排出重兵,猛烈进攻。但是,突厥人看到,己方被城市的守卫者和卫戍部队猛烈击退,顷刻间,或者说,短时间内,无法取得什么进展。这座城市因其城墙和塔楼,是坚不可摧的。于是,他们向科布哈建议,当下应将营地从围攻中撤出,应抓紧当初定下的前往安条克的征程。在征服安条克后,他可返回来,继续在埃德萨周围围城。到那时,他就可屠杀鲍德温和他的人,就像杀死圈中的绵羊那样。科布哈听从了建言者的话,继续前往安条克的旅程。因为山区难行,他将那支令人难以置信的千千万万的军队分成了若干部分。这还是因为,如此多的人，要很长时间才能用船渡过幼发拉底河。鲍德温及其在城中的人，在面对如此这般庞大敌众之困境时，面不更色。然而，在科布哈撤走，不再围城后，他们却骑上马，去追击落在后面的突厥队伍。若是可能，有群人耽搁下来的话，基督徒就可上前攻打。但是，因为突厥人有所预见和防范，他们没能成功，便返回了埃德萨。鲍德温和他的人恳求天国的上帝，怜悯公爵戈德弗里、罗伯特、博希蒙德、雷蒙德和所有的基督教徒，保护他们免受仗着强大军势，逐渐逼近的敌人的伤害，以恩泽护佑他们。立刻，归功于叙利亚和亚美尼亚的密探，科布哈和他千万大军逼近的传言，开始传到基督教军队的耳中。但是，一些人拒绝相信，其他相信的人则去烦扰公爵，要他为此事做好准备。

13. 在各种传言甚嚣尘上时，出于某种未知的原因，布洛瓦的斯蒂芬郑重声明，自己很是虚弱，不能再留下来围城了。他称赞了兄弟们，然后以生病为借口离开了他们，向着海岸出发，前往小亚历山大。他就此离开，有4000名武士跟随着他，他们都是他的同伴。公爵戈德弗里、博希蒙德、罗伯特、雷蒙德和军中首领，日益受到异教徒逼近传言的困扰，于是，一致决定，从军中选出勤勉之人，查清事情真相。他们被派到山区和难以接近之地，那些地方可安全地观察。被派出去的有内勒的德罗戈、旺德伊的克莱姆鲍德、法兰西王国的伊沃（Ivo）、图勒的雷纳德，都是非常卓越和谨慎的人。若有蛛丝马迹能证明异教徒到来之事属实，或传入他们耳中，或引起注意，他们都会立刻向军队报告。如此一来，王公们预先得到消息，就不会太过惧怕那不断侵扰的投射之物。派遣出的骑士，也就是此事的探察者们分散开来，一些人前往阿塔，一些人前往罗萨（Rossa），一些人前往罗姆大道，去查清事情的真相。他们发现，突厥大军如海里的沙子般，从山区、各条道路，四面八方地涌来。这些骑士惊叹突厥人那无穷无尽的、千千万万根本无法算清的人数。

14. 在看到这样多的成千上万的人、科布哈无与伦比的武器，以及他的装备之壮景后，这些骑士全速撤回安条克，比科布哈及其队伍到达安条克地界及平原要早7天。然后，在回来后，骑士们将所目睹的秘密地告诉了公爵和其他的王公：科布哈在逼近，他所有的装备，还有他带来的每个士兵。这样做，是免得人们受到惊吓，他们受到长期围困和严重匮乏的折磨，会绝望、放弃抵抗、趁着渐渐降临的黑夜准备着逃走。公爵戈德弗里、罗伯特和诺曼底的罗伯特、雷蒙德、博希蒙德、尤斯塔斯、坦克雷德，以及整个领导层，在派出探察科布哈军队的骑士返回后的第二天，受到召唤，集合在了一起，讨论应如何是好，要制订怎样理智的计划，以免基督徒出其不意间，被敌人猛冲而来的千万人卷入战争，被剑和弓箭杀死。公爵戈德弗里、罗伯特，以及其余众人坚定地说，他们要穿戴上锁子甲、头盔，拿上盾牌，带着挺拔的战旗，排着井然有序的队形，奋起反抗，去迎战带领着千万之人正在逼近的科布哈。他们将全部的希望都寄托于上帝耶稣，以上帝之名，同突厥人交战，在此殉教，结束自己的性命。一些人则建议，这期间，一部分人应继续围城，以免突厥人从城里冲出来支援科布哈，主力一部，则像公爵和佛兰德斯的罗伯特建议的那样，向敌人进军，两部间隔不要远于2罗马里。

15. 在这次商议中，每人都提出了自己的建议。随后，博希蒙德——非常明智和精明的人——单独将戈德弗里、佛兰德斯的罗伯特、雷蒙德从同伴的会议中带了出来，在一处秘密之所，将藏在心里的所有事情告诉了他们。他这样说道："诸位领主，我最为亲爱的兄弟们，我有一个秘密，现在要托付给你们。有上帝的恩准和支持，全军及我们的王公皆能获解救。因此秘密，安条克城被允诺给了我，只待移交到我手上。现在，7个月过去了，我和一个发过誓言的叛徒达成的这番约定，决不会取消或改变。无论何时，只要我下令，叛徒所住的那座塔楼就会被移交给我，我们就可进城了。实际上，我已为此事费了很大力气。我看这座城市是无法被人力征服的。我已答应给此人无以计数的金钱。在诚实的誓言下，我已承诺，提拔此人，令他富裕，在我的人之中，不差于我姊妹的儿子坦克雷德。与我同名的博希蒙德，一个有突厥血统的人，从皈依基督教伊始，就成为了此次密约和出卖的发起者。现在，此计划在进行着，叛徒决不会食言。此事上，他将获得我准备好的、要给予他的大量报酬，如我所承诺的那般。由此，我必须给此人一大笔钱，同时还承受着此事的全部重压。我将此事秘密地透露给你们，因为你们是军队的支柱和领袖。明确说来，不管你们及其他人是否愿意，若城市被占领，就将它移交到我的手中。我要将这个约定和计划收尾，我准备好了，可立刻从我之财物中，将我答应的提供给那个叛徒。"听到了这些后，王公们非常高兴，出于完全的善意，他们答应将城市给予博希蒙德。他们将其余的贵族也

第四卷 安条克之战结束

拉了进来，皆自愿成为博希蒙德这份馈赠及赠予的一份子。

16. 全体首领，皆伸出右手，彼此间相互告诫，至诚信地成为了自愿加入的一份子，宣告：此番话不可公开，要隐瞒下来，保持缄默，不得让任何人知道。此外，也有人说过，在往复战斗间，于攻伐冲突中，那个突厥人的儿子被俘获了，意外地落到了博希蒙德的手中。为了赎回儿子，这位年轻人的父亲成了博希蒙德的臣属。最终，他选择了儿子的性命，而非全体居民的安全。为了救回儿子，他选择背叛国王亚吉·西扬，同博希蒙德达成约定，允许基督那虔诚的军队进城。若城市被占领了，它就被让给博希蒙德。当夜晚笼罩大地时，按照博希蒙德的提议，决定：由公爵戈德弗里、佛兰德斯的罗伯特从军中选出 700 名卓越的骑士。突厥人散布于防御墙上，正专注于内忧。趁着夜幕，他们要朝着山区行进，仿若是去伏击科布哈军中先遣到此城的人一般。这 700 人，在夜晚的黑暗中，向群山进发，走几乎无法通过的难行之地，穿越狭窄的隘路。靠着新近成了基督徒的博希蒙德的引导，戈德弗里公爵坚定地向所有人命令道："献身于上帝的人们、兄弟们、朝圣者们，我们已然决定，前去迎战于附近扎营的突厥人及敌之一支，同他们战斗，看是否能取得胜果。队伍之中，禁止吵闹和喧哗，违者处死。"但是，戈德弗里另有心事，并非其对众人说的这样。他在仅知道此目的的同伴们的陪同下，向着山里赶去。他们要前往的区域，正是亚吉·西扬的城市及要塞之最高山峰的所在。戈德弗里经过了山谷和陡峭的山坡，秘密地停在了远离城市的隐蔽处，躲藏在山谷里。他和佛兰德斯的罗伯特一起，审慎地准备着将要开始的出卖城市的所有事宜。

17. 一切都依照谨慎的计划准备好了。随即，他们向叛徒坚守的塔楼派去了一名翻译。此人乃伦巴第出身，是博希蒙德的家仆。他代表博希蒙德，去向叛徒提醒那个让基督徒进入的约定，听其有关此事的答复，以向王公们汇报。翻译来到城墙前，用希腊语呼唤那个叛徒。这个突厥人在约定好的这个晚上，始终警惕地待在塔楼的窗前，等待着高卢人。翻译询问，这个叛徒是不是独自一人在场，如此的话，他就能有把握地同其交谈博希蒙德的消息。这个突厥人听出了他的话，并认出确实是博希蒙德的信物。信物是一枚戒指，是博希蒙德从这个突厥人那里收到的。现在，作为信物，它被交还给此人。于是，从这时起，他就信了翻译讲的话，小心地询问，博希蒙德或他的人是否就在附近。翻译觉得叛徒所讲的话不是在蒙骗自己，就承认博希蒙德的军队离得并不远，并依照他的建议，将该做的事情都准备好了。叛徒让他们不要犹豫，不要害怕，靠过来，可安全地爬上城墙，不要再耽搁，因为夜晚短暂，已近拂晓。这个突厥人之所以急切地催促他们，还出于这样的缘由：当值的城墙守卫会轮流手持着火把，检查防御墙、城墙和塔楼，进行巡守。那时，一旦有人被发现在攀爬城墙，惊醒了敌人，基督徒就性命堪忧了。

18. 在听了叛徒的这番建议后，翻译飞快地跑回了留在山里的王公那儿，报告了听到的一切，强烈恳求他们，选出他们所认为的较勇敢的人，立即去爬上城墙，进城。攀爬城墙的人立刻就选出来了。然而，他们的心因恐惧和巨大的疑虑而动摇，每个人都犹豫不决，强烈抵触，不愿第一个过去爬城墙。戈德弗里和罗伯特看到这些人如此担心忧虑,亦无法找出谁该第一个上。他们不相信突厥人的承诺,认为这是诡诈之策。于是,两位王公异常激烈地怒吼,用这番话宽慰他们并恢复了他们的信心:"记住,你们是在谁的名下离开了家乡和亲人,你们是如何宣布放弃尘世生命的。为了基督,你们不惧怕面对任何死亡的危险。你们不应该以为这是去死,而应认为是要幸福地与基督同在。因此,因他的恩泽和爱,在旅途中无论发生什么,你们都可以平静而欣然地去接受。看啊!基督最为虔诚的战士们,你们不是为了尘世的报酬而冒这样的危险,而是在期待着他的奖赏。在当下的死之后,他会赐予永恒的生命。我们皆会死去,唯有方式不同。当下,确实地,拂晓的日光在暴露着我们的计划,若市民和突厥人察觉到我们,我们中没有一个人能活着逃走。上吧,去攀爬,将性命交给上帝。要知道,为同伴牺牲生命是上帝的仁慈。"

19. 在这般高尚的王公们的话语和安慰下,许多人打消了心中的疑虑。梯子拿来了,是牛皮制成的,非常适于此次任务。他们同翻译一起,逐渐靠近城墙。叛徒就在防御墙上,等待着正接近的人们。当派到前面的人——有些来自公爵的家族,有些则是罗伯特的同伴,有些来自博希蒙德的家族——到了后,翻译告诉在防御墙上等候的那个突厥人,让他从防御墙上扔下绳索,这样,系上梯子,就能将其提到防御墙上,战士们从这架梯子爬上去,就能进去了。突厥人如承诺过的那样,用绳子将梯子拉了上去,牢牢地拴在了防御墙旁边,低声催促着,让他们毫无疑虑地爬上来。这些勇敢的人们穿戴着锁子甲和头盔,系着宝剑，斜靠着梯子，用一只手拽着矛，立刻去爬梯子，其他人则跟随在他们后面。这些人都豁出了命去。约25个人爬了进去。这些人被送上去后，一片寂静，没了动静。兄弟们贴着城墙站着，等待着事情的结果。他们听不到动静，以为被送进去的人被割了喉，被出卖了，被意外地勒死了，于是停止了攀爬和跟随。

20. 上去的战士意识到，后面的基督教同伴因为恐惧，向后退缩，离开了梯子。于是，他们趴在了防御墙上，从城墙上低声鼓励同伴攀爬，说一切都很安全。听到仍旧活着的兄弟们的声音后，下面的人热切、奋力地攀爬着梯子，进了城。直到后来，因攀爬的人过大的压力和重量，那古老而又破旧的防御墙被撕裂、损毁，石头，连同碎石一起，破碎开来。梯子脱离了绳索，连同还站在上面的人一起，径直地掉向了地面。而且，长矛的杆竖立在城墙附近，掉下来的人戳了上去。其他人，被掉下城墙的石头压伤，一些半死不活，一些死了。上帝的子民对此感到非常惊骇，认为所有这些都是在突厥人的诡计下发生的，现在，进去的所有人，毫无疑问，尽数都被屠戮了。尽管因有人掉落和被刺穿，应该会发出极大的声响，不过，在城里和防御墙中，人们没听到任何的声音和喧闹。因为，在当晚，上帝引发了一场强烈鸣响的风。突厥人遵守着向博希蒙德承诺的出卖城市的诺言，再次放下了绳子，把梯子拉上去。还在那里，他将绳索缠绕在了更为坚固的防御墙上，通过翻译，叫那些离开了的极度恐慌的人回来，诚挚地鼓励所有人再次攀爬。人们不再犹豫，因翻译的话而变得坚强。他们得知兄弟们安然无恙，就再次爬上梯子，上了防御墙。

最后，约 60 人从城墙上进去，抢占了位置。

21. 与此同时，正单手持着火把绕城巡视防御墙的一个守卫，遇到了被放进来的人，要去喊塔楼的警卫，警告他们。但是，即刻间，一剑之下，那个人的头就被砍了下来。基督徒跨过他的尸体，进入了临近的塔楼。之后，基督徒将在塔楼里发现的仍旧在沉睡的人，皆砍杀于剑下。此外，在这场进攻中，他们还冲进了其他塔楼，大肆杀戮。直到最后，他们将在城中这个部分的正酣睡着的约 10 名塔楼守卫杀死，其间没有发出任何的喊叫声。在这些人被剑击倒后，出其不意间，他们将攀爬之地附近山中的某座后门的门闩破坏掉。700 人中的一大部分都被放了进去。然后，基督徒用号角发出雷鸣般的响声，召唤戈德弗里、罗伯特和其他的贵族，尽可能快地突破城市，赶快来支援被放进去的人。在听到号角声后，因为私下里知道所有的秘密，所以王公明白是安排好的信号。王公带着强大的队伍，向着在山里向高处延伸的城门疾驰而去，想要冲进去。在距这座城门极近的亚吉·西扬最重要的卫城中，突厥人听到了喧闹声，从床上跳了下来投掷石头，将高卢人击退了。这些突厥人完全不让进城的基督教同伴接近城门，不让他们去打开城门。于是，这些用梯子进城的战士退回到上面提到过的后门，用应对突厥诡计的极锋利的武器，破坏了城墙，将这座城门的内侧扩得更大。于是，王公和他们的同伴们，或骑马或步行，阔步从豁口进去了。

22. 突厥人被这突然的喊声、喇叭的喧闹声、号角尖锐的声响惊醒，急忙奔向武器，抓住了弓和箭，去保卫塔楼。双方间，彼此间，从上到下，进行着激烈的战斗。在这场来回往复，充斥着喊杀声的争斗中，在高耸的卫城上，亚吉·西扬的战士们在山顶上，用号角发出了巨大的响声。这样，拂晓时分，仍在城里和塔楼的防磐里打盹的突厥人就会醒来，就能前去支援同伴们，进行抵抗。仍旧在宽广城市另外一边的城墙外布阵的大军听到了这些，以为山上和卫城上的这些突厥人正为科布哈的到来和侵袭大喊，用号角发出巨响，在一起欢呼雀跃。这些基督徒完全不知道，这是因为城市被出卖到了高卢人的手中，它已经被占领了。知晓全部事情的博希蒙德、雷蒙德、坦克雷德和仍旧在围城的每个人，穿上锁子甲，装备上了武器，举着旗帜，急速奔驰，自外部攻打城池。王公们极力鼓舞着对所发生的事情一无所知的人们，向他们解释了有关攻城的全部事情。

23. 同时，当突厥人就这样，正因内外的战斗而交困时，希腊人、叙利亚人、亚美尼亚人，以及拥有基督教信仰的市民和人们，喜悦地蜂拥而来，破坏门闩，打开城门。经由这些城门，博希蒙德和整个军队被放了进去。拂晓时分，博希蒙德血红色的战旗，在位于山区中，被出卖城市所在的那块地方的城墙上，闪烁着淡红色的光辉。它令所有人知道了，在上帝的恩泽和帮助下，这座无法被人征服的城市，已被出卖到了博希蒙德和基督所有信者的手中。它已经被占领了。于是，门闩被拿开了，所有方向的城门都被打开了。所有人都感到惊奇，并喜悦不已，因为这个计划并没有让全部人知晓。被唤起的人们立刻拿起武器，一个催促着另一个。所有武装起来的人们疾驰着，冲进城市和城门。在全部要冲进去的基督教大众面前，有1罗马里的距离要穿越。马上，突厥人被成千上万冲进来的人的突击和喧闹、喇叭那骇人的巨大响声、遍地挺立的旗帜、斗士巨大的喊杀声和马匹的嘶鸣声惊得目瞪口呆。有些突厥人仍旧睡在自己床上，醒来了，未曾预料，更没有武装。他们中的一部分人怀着防御的希望联合了起来，拿起了弓和武器。一些突厥人坚定不移地停留在塔楼和防磐里，用箭矢杀死了极多不小心、行动迟缓的基督教平民大众，有男有女。冲锋、各样的战斗在他们中间进行着，被起伏不定的战争运势左右着。基督徒的力量及其军队数量庞大，越来越强，经由城市的房屋、街道、住所，还用剑杀死被驱散、四处乱跑的突厥人。他们没有宽恕异教任何年龄和性别的人，直到地面被死人的血和尸体覆盖。许多基督徒——高卢人及希腊人、叙利亚人、亚美尼亚人——亦被杀死，其尸体混在了其中。这并不奇怪，当时光线很弱，黑暗依旧笼罩着大地，他们难以辨识，完全不知道该宽恕谁，或该杀死谁。因为，极多的突厥人和萨拉森人，出于对死亡的恐惧，凭着基督教信仰的言语和象征，大声高喊，欺骗朝圣者。因此，在一场普遍的大屠杀中，基督徒亦有人丢掉了性命。约10000人被高卢人的剑劈砍、斩杀，被杀之人的尸体遍布住宅和街道。

24. 许多突厥人看到所发生的严酷至极的屠杀，看到整座城市都充满了高卢人的武器和军队，对生命感到绝望。他们从城市的塔楼、各个区域、防磐逃走，凭着对蜿蜒曲折道路的熟悉，冲向山上。在那里，他们进入了中枢卫城的防磐，躲过了追击而至的高卢人的武器。因为，这座卫城和宫殿无法被计谋和力量所征服，没人能反对或伤害待在那里面的突厥人。其他的约1000人——他们是被从遥远的地方召集来救援的，被放进了城——被喇叭和号角的尖锐鸣响声惊吓，因自己人受到极大屠杀而绝望。这些人完全不知道路，也不知道该从何处逃走。同样地，他们匆忙赶往山区及其高耸的防磐，以摆脱基督教军队。这些人慌不择路，迷失了方向，走到了一条狭窄而不熟悉的小路上，无法通往位于高处的山顶，且无法折返。所有人，连同马和骡子，都从斜坡和极为狭窄、无法通行的峭壁上掉了下去，脖子、腿、手臂、肢体都摔断了。在这场令人难以置信又惊异的坠落中，他们都被摧毁了。

25. 与此同时，永生上帝的子民，从对逃入要塞和山区的异教徒的屠杀和追击中返回，太阳已在高空照耀，白昼达到了顶点。基督徒寻找着补给，但只找到了一点。他们找到了许多不同种类和颜色的紫衣，还有胡椒和极多的调料，异教徒的衣服和帐篷、骰子，以及不多的钱。这并不令人惊奇，连续9个月受围，其间，聚集于此的成千上万的众多异教徒已将所有东西都消耗光了。这个星期四是极其美妙的一天。在这天，即6月3日，到日出后的第九个小时，安条克城被出卖到基督徒的手中，被基督徒占领，突厥人被摧毁，被赶走。

26. 安条克国王亚吉·西扬知道他的人逃跑了，也知道整座要塞和卫城内充斥着逃亡者。他害怕城市被占领后，高卢人的军队会围困和猛攻卫城，于是，乘上了骡子，出去了，想藏匿在山中偏远之地，想等等看，确认事情的结果如何，面对高卢人，卫城能否被他的人保下来。于是，当这个逃跑的人独自在山中偏僻之地徘徊时，一些信仰基督的叙利亚人，为了必需品正穿行于山间，从远处看到并认出了这位王公，对他为何要从被围城市的要塞中离开并走这样偏远的地方感到非常惊讶。于是，这些叙利亚人相互说道："看，我们的领主和国王亚吉·西扬不会没有缘由地从山上的这些荒凉之地出行。估计城市已被占领了，他的人被杀死了，他毫无疑问是想要逃走。要知道，此人不能从我们手中逃走。就是因为他，我们才遭受了伤害、不公和诬陷。"就这样，这三个叙利亚人商量着如何置他于死地，又能将一切都隐藏起来。他们低垂着头，向国王展示虚假的尊敬，诡诈地问候他，接近他。终于，国王的剑被抓住并拽走，他们将他从骡子上扔了下来。这几个叙利亚人砍掉了他的头，放到了自己的袋子里。他们立刻将它带进了安条克城，带到了所有基督徒和王公们的面前。这颗头很宽，耳朵宽且多毛，头发花白，胡子从他的下巴飘垂到肚脐。

27. 之后，因为人们已知道，科布哈和他的人近在咫尺，而且在安条克城内，只找到了少量的食物，于是，所有人急忙前往"隐修士圣西蒙"港口，尽其所能地用钱交换被船运来的食物。在晚上和第二天的早晨，他们将这些食物运往安条克。于是，这些事情就做完了。一部分突厥人被杀了，其他的被赶到了要塞里，高卢人遍布于塔楼中、房屋里、宫殿中和防御墙上。之后，在第二天，即星期五，300名突厥骑兵——他们是科布哈的人——武装着弓、箭袋、箭矢，带着紫色印染的战旗，走在了整个异教徒军队的前面，要给在城墙外发现的没有防备的信者带来突然的毁灭。在这300人中，最有战斗技巧、在马上最为敏捷的30人，向城市的城墙和城门疾驰而来，在其身后，他们的同伴留在了一座山谷中，意欲埋伏并袭击信者。如果，意外地，有信者追击这30个派出来的人，一直到了山谷中，冲向了隐藏着的突厥人的话，突厥人就得逞了。于是，这30人逼近了城市的城墙，用弓箭强烈挑衅着布置在防御墙上的基督的信者们。巴讷维尔的罗杰骑上了马，穿戴上了武器和锁子甲，同15名非常优秀的同伴一起，急忙从城市中出来，去交锋，要创下一番功绩。但是，即刻间，这30名被派到前面来的突厥人转马逃走，向着设伏地点疾驰，引诱急速追击他们的罗杰直奔设伏之地。顷刻间，伏击者从山谷中蜂拥而出。罗杰看到他们后，勒住了缰绳，和同伴们一起，急速折回通往城市的道路。突厥人全力以赴，纵马疾驰，对逃跑的罗杰穷追不舍。直到后来，罗杰和他的人接近了城市的城墙，几乎要穿过法尔法河的浅滩逃走了。但是，他没有这么好运，就在所有立于防御墙上的人的眼前，这名极为高贵的斗士，被仗着快马赶上的一个突厥战士击败了。罗杰的背被突厥人的箭刺中，他的肝脏和肺被刺穿了。于是，这个将死之人从马上掉了下来，断了气。一位如此显赫的人就这么死了，所有人的救援都无济于事。残忍至极的突厥屠夫从马上下来，将他的脑袋从脖子上砍了下来，钉在矛头上，带回到科布哈及他的军队处，展示刚取得的巨大胜利。异教军队因这样的胜果得意扬扬，因此事大受鼓舞。因为突厥人在城墙附近如此行事，大胆妄行，也没看到朝圣者中有人从城里出来，去帮助被杀死、砍头的罗杰，也没有其他任何的举动。

28. 这对谁来说，都没什么好惊奇的。没人相信，高卢人会因头脑迟钝，或因对这庞大人群到来的恐惧，动摇了，软弱了，不去救助被击倒和斩首的兄弟，为他报仇。因为，普天之下，没有哪个地方能孕育出比高卢人更为勇敢、更渴望战争的人了。事实上，可确认无疑的是，他们是被马匹匮乏所阻。他们因瘟疫和长久的饥荒持续不断地损失着马匹，还时常因突厥人狡诈的箭矢损失马匹。最终，高卢人只剩下了不到150匹马。这些马因草料匮乏而虚弱，突厥人的马则是膘肥体壮，精神抖擞。由此，突厥人可疾驰着逃走，高卢人则根本无法追击他们。在安条克城中，基督徒差不多发现并抓到了400匹马，突厥人还没有为了骑乘，依照其习惯去驯服这些马匹。在追击敌人时，这些马不懂得转向，也不会因马刺而被驱策着奔跑。然后，在突厥人离开后，悲伤痛苦的朝圣者将被杀的罗杰的身躯带回了城中，悲恸非常，极度痛苦地哭喊着，因为众人中一位强者陨落了。罗杰总是警惕于异教徒的伏击和屠杀，他卓越的成就难以用笔来描述。他的名声甚至传到了所有突厥人那里，在突厥人同基督徒所做的任何交易中，在双方间俘虏的归还中，当每次安排互相之间的休战时，突厥人惯常愿意看到他，听他说话。这位著名的骑士被基督教王公们、勒皮主教大人、所有在场的大公教教士，安葬在了安条克使徒圣彼得大教堂的门前。于祈祷中对上帝的供奉和赞美诗的欢歌间，罗杰的灵魂被称颂。因为上帝的爱和荣耀，他成了流放者，死而无憾。

29. 这位著名骑士的葬仪刚刚结束，就在星期六的这个早晨，城市被占领后的第三天[1]，所有野蛮的异教民族

---

[1] 译者注：1098年6月5日。

和军队携带着大量装备出现了。这些人是科布哈从所有东方地域的王国、土地和地方集合起来的。在将帐篷设在了原野和平原中之后，他在宽敞的城墙和防御墙的周围围城。在围困基督的信者后的第 3 天，因为营帐距离城墙太远，科布哈着手制订计划，要驻扎在城墙的附近。他拔营，仗着数量庞大的军队，在中枢卫城周围的山区里、那个曾令城市被攻占的部分、悬崖的顶端占据了位置。这样一来，亚吉·西扬的儿子们——桑萨多尼阿斯和布达基斯——以及其他留在要塞中的人，就能备感宽慰了。并且，他还能看到城市被出卖、基督徒被放进去的那个地点。同样地，其他走山坡的科布哈的人，强行将帐篷安置在了这座山上，就在这座要塞的右侧。公爵戈德弗里正在那里的下方看守着塔楼，还有在城市被占领前，博希蒙德曾包围过的那座城门。对基督徒而言，任一处地方皆没有离开的自由和机会。

30. 这时，看到突厥对手的力量和决心陡增，公爵戈德弗里就立即率领他的人组成一支庞大的军队，从城门出去御敌，猛烈进攻，想要侵入并摧毁布置在门外、城墙外的营帐，以将突厥人驱离。但是，突厥人蜂拥而出，同公爵交锋，保卫营帐。在那里，双方进行了长时间的战斗，伤亡惨重。直到最后，公爵和他的人耗尽了力气，因战斗精疲力竭，转身从他们出来的那座城门逃走，勉强逃脱。其他人，许多的人，约有 200，没能从狭窄的城门进去，或被杀，或受伤，或被俘，被毁灭了。公爵就这样被击溃并退败了，其众多部下在门口被毁灭。这时，因为已经战胜了公爵，突厥人就从卫城和卫城的门里猛冲出来，走熟悉的小径和隐秘的峡谷，步步逼近，来到了市中心。随着突然发出的巨大喊叫声，突厥人向四处徘徊的基督徒发起了进攻，冲了过去，以箭矢造成伤害。顷刻间，他们又返回了卫城和山上。于是，早上、中午、晚上，突厥人都从山里和山谷出来，去攻击基督徒。博希蒙德和雷蒙德被激怒了，立即在山地和城市间靠近下方的位置建起了一座被称作壕堑的庞大防御墙，在上面筑了一座有围墙的筑垒。他们决心凭此来保卫自己人。这样一来，突然从山里蜂拥而出的敌人，就不能仗着武器和箭矢攻击、残害城区内漫不经心走动着的朝圣者战士。在山里仍旧占据着那座要塞的突厥人频繁地拥向博希蒙德这座新的堡垒进行攻击，发射箭雨，使用武器，大肆侵扰、伤害着这座新建成的堡垒的守卫。基督的骑士们——沃尔布里希（Walbric）、伊沃、拉丰塔内莱（La Fontanelle）的拉尔夫（Ralph）、勒普赛特的埃弗拉德、莱曼博尔德的克罗托（Croton）、吉斯拉（Gisla）的儿子彼得——这座新要塞的保卫者和掌控者带着他们的人，用矛和各样武器，成功阻止突厥人通过防御墙。与此同时，不时地，这些基督徒因严重的杀戮和创伤丧命。

31. 就在突厥人连续不断地进攻这座新筑的要塞，又被高卢人猛烈击退的时候，科布哈组织好一支步兵阵列，从山地和偏僻之地下来，让他们通过了卫城的那座不可征服的城门。这些突厥人确信博希蒙德就在新筑成的要塞里，便勇猛地向他攻去。在那里，爆发了激战，许多人被残杀。就在博希蒙德几乎要被打败的时候，自己人，除了从全城蜂拥而至的基督徒，还有佛兰德斯伯爵罗伯特、公爵戈德弗里——尽管曾被初次进攻击败、诺曼王公罗伯特及其他杰出的贵族们带来了援军,他们的人穿着护甲,将突厥人从城市和新筑的要塞前击退了。然后,被击退的突厥人和科布哈决定,在城门和城墙外的山里待两天,仍旧想要伤害基督徒。但是,突厥人在山里没有找到足够马匹吃的草料,于是拔营,穿过了法尔法河的浅滩,在距城外半罗马里远扎营。一天,科布哈在他的人的建议下,将他成千上万的庞大军队分布到城市周围,将所有城门封锁起来。这样一来,朝圣者被从各个方位围困了起来,左右都无法进入,也不能出去。

32. 于是,各个方位的封锁都布置好了。几天过去了,在一个非常晴朗的清晨,一些突厥士兵从营地出发,骑马向安条克的防御墙疾驰而来。他们用箭和角质弓挑衅高卢人,希望能够取得先前所夸耀的与斩首罗杰同样的功绩,凭着显赫的名望在科布哈的营地中占先。为此,这些突厥人再一次更猛烈地、全力以赴地攻击城墙。突厥人从马上下来,想更加自如地站在城墙下进行攻击,也不会令马匹受伤。这样一来他们成为了步兵,可更加轻松地向朝圣者投射。但是,坦克雷德是极热切的一位骑士,从未满足于突厥人之鲜血,一直渴望着屠戮他们。在知晓了这些突厥人的疯狂、咆哮、大胆妄为后,坦克雷德给久披铁甲的肢体穿上了锁子甲,带上 10 名富有骑马和使矛经验的同伴,从当初围城时博希蒙德看守的那座城门,由城墙和外防御墙——人们通常称之为"外堡"——之间秘密出来,突然向着那些求战的突厥人大喊,并勇敢地攻了过去,刺穿并毁灭了这些鲁莽的人。突厥人尽管看到了死亡的威胁,却没有机会跑回到马那儿。6 个突厥人被击中,作为对他们砍下罗杰头颅的报复,他们在城墙前被用剑斩首。坦克雷德在巨大的荣耀和喜悦中返回了城市,前往兄弟们那里,随身带着突厥人的头颅,作为胜利的证明。

33. 然后,一天,在科布哈和他集聚之人将营地安置好,将四面八方的出入路径封锁好之后,在异教徒的共同建议下,他决定选出约2000名突厥士兵,去猛攻和征服那座由公爵戈德弗里和其他首领凭一己之力成功修筑的城堡。如你们已知晓的,当时就在那座从城市延伸而出、横跨河水的桥下,突厥人被打败,被费尔纳河的波涛淹没。在那里,在这座城堡筑成后,雷蒙德坚守着,一直到这座城市被基督徒占领[1]。现在,确实,它已然被忽视了,空无一人。在获悉异教徒逼近后,佛兰德斯伯爵罗伯特召集起500名善战之人去保护这座防磐的入口,以免突厥军队出其不意地占领了它,对过桥和渡河的朝圣者造成巨大妨碍。前述的这2000名想要毁灭防磐的突厥人仗着强大的军势,伴着武器发出的喧闹声集合起来,从四面八方冲向防磐所在之地投射,并以弓箭进攻。最后,突厥人成了步兵,竭力冲向防御墙,用号角发出巨大、刺耳的鸣响声,如惯常那样大喊着、咆哮着,从早晨一直到日落,重重围攻防磐的守卫们。但是,罗伯特和他的同伴,看到敌人步步紧逼,清楚地知道,一旦被打败、被擒拿,就会受到残酷刑罚。为了性命,他们持着长矛勇敢地抵抗着敌人,用弩炮勇敢地御敌,仗着武力,不让敌人接近防御墙。这天,据说,

---

[1] 译者注:即第三卷55节里所提到的那个防磐,用来封锁桥上的出口,打败了一次突厥人的进攻。

突厥人死伤遍地。突厥人看到没什么进展，努力都被无益地浪费了，于是放弃了这些几乎已无法防御的人，返回到众人的王公科布哈那里，请求增加人手。他们补充说，这样的话，第二天就能摧毁防磐和它的保卫者。同时，罗伯特和那些同他一起的人看到突厥人撤走了，想到突厥人是为获得同伴更多的增援才离开的。于是，他们定下了主意，趁着夜黑，放弃了城堡的筑垒。因为它看来已无法抵御千千万万之人的力量。基督徒将整座防磐付之一炬。他们还拆毁了防磐的防御墙，在兄弟们的接应下进了安条克城。

34. 第二天，太阳升起后，2000名异教徒遵照科布哈的命令，加入到先前的那2000人当中。仗着强大军势，突厥人向这座防磐逼近，带着喇叭和号角，期望着突袭、征服那座防磐，赶快毁灭了它，消灭昨天被围在其中、因防御而精疲力竭的基督徒。但是，突厥人发现，防御墙被拆毁了，防磐的筑垒也被烧毁了，感到自己受了欺骗，神情沮丧，返回了自己的帐篷。就这样，城市被从四面八方封锁了起来，异教徒的军力逐日地增加，禁绝了所有方位的出口。基督徒中的饥荒变得极其严重，面包被耗尽了，他们不得不吃骆驼、驴子、马和骡子，甚至咀嚼在屋里找到的，过了3年乃至6年之久，已变得坚硬和腐败的皮革，他们将其用热水浸泡和软化后食用。他们还吃那些刚从牛身上剥下的皮，将胡椒粉、孜然及各种的调料加了进去。基督徒被如此严重的饥荒折磨着。我知道，这般压迫着上帝被围子民的难以置信的饥荒之罪恶及折磨，会令闻者战栗。事实是，母鸡的一个鸡蛋——如果找得到的话——要支付6个卢卡第纳里。10个豆子是1第纳里。为了一头驴、马、牛或者骆驼的头,要支付 1 个拜占庭金币。足或耳朵则是 6 第纳里。若要交换这些牲畜当中任何一个的内脏,就收取 10 个苏勒德斯。于是,弱小的平民大众,因饥荒之困,被迫吞食自己皮质的鞋子。许多人用大荨麻或林地里被火烹煮、软化的植物根茎填满悲惨的肚子。因此,他们生了病,人数每天都因死亡而减损。公爵戈德弗里,如在场人所言,为一只非常低劣的骆驼的肉支付了 15 银马克。千真万确,他的管家为了一只雌山羊,付给贩售的人 3 个银马克。

35. 几天后,因科布哈在安条克周围围城,封锁了全部出入口,想着各样的办法攻击、侵袭上帝的子民,食物自四周都无法被运进来,基督徒受灾祸、长期禁食、战斗折磨,筋疲力尽,不再那么警惕地保护城市和城墙。以至于,一座面山的塔楼一直都没人把守。也就是说,在此地,城防就修筑在不牢固的淤泥上,当初,没人阻止敌人自山上从未被封锁的城门里出来,追杀分散开来的朝圣者。并且,在那里,那个年轻的突厥人被普罗旺斯人俘虏,为了赎他,基督徒索要一座塔楼,但此人的亲属和朋友拒绝了,他被处以了极刑。[1] 因此,突厥人中一些最为大胆的战士,察觉到了上述的这座塔楼里没人,就将梯子和攻城塔秘密靠在了城墙上,期望着,趁着夜深人静,由这座塔楼将其他突厥人送进去,以此重新夺回沦陷的城市。某个因为必需的事情在城里四处走动的人,抬头仰望,看到了在

---

[1] 译者注:即第三卷 56 节的事情(那个城门没有被封锁,应该是回忆的十字军围城时的事情)。

上述的塔楼顶上漫不经心走动的突厥人。立刻,他高声喊叫,发出巨大的响动,惊醒了旁边塔楼中的同伴。他声言,突厥人已侵入了城市。于是,人们当中发出了巨大的喧闹声。这时,埃施城堡的亨利——在其土地上一直享有盛誉的骑士,是公爵戈德弗里的参事弗雷德罗的儿子——在听到喊叫和喧闹声后,拿起了盾牌和宝剑,迅速地向塔楼顶上赶去。两位优秀的年轻骑士同他一起,要去击退从塔楼进来的敌人。他们是佛朗哥(Franco)和西格玛(Sigemar),血缘上是亲戚,住在位于默兹河(Meuse)畔名叫梅赫伦(Mechelen)的城市。他们以为,自己和城市被某些收受了金银贿赂的兄弟出卖了。突厥人意识到自己被发现了,无计可施,无法从朝圣者手中逃走。仅存着自卫的一线希望,突厥人冲到了塔楼的入口,挥剑重击,猛烈抵抗着。这些人猛烈攻击,击中了佛朗哥的颅骨,造成了严重且难以治愈的创伤。他们用剑刺穿了想救援亲戚的西格玛的肚子,只留剑柄在他的身体外。突厥人的抵抗惊人,让人难以置信,令基督的信者无法接近入口。最终,信者从四面八方拥来增援,力量增强了。突厥人因过度用力而疲倦了,耗尽了精力,防御变弱了,松开了武器和双臂。他们中的4人死在了剑下,其他人被从高处推了下去,摔断了脖子、腿和胳膊,死了。

36. 在这之后,正如你们已知的,因受到全面的封锁,朝圣者找不到将食物带进来或者获得食物的途径。他们受严重饥荒之困境及其他许多事情所迫,卑微大众中的一些人冒着生命危险,全无把握,心中恐惧,在黑夜的掩护下,从城里出来,前往圣西蒙——他是过去在此地山中的一位隐修士——的港口。他们付了钱，从海员和商人那里获取给养，经荆棘丛和灌木丛，在晨曦前的黑暗中，按惯常那样回来。这些人带来了谷物，以 3 马克出售一列日配克的八分之一部分，一块佛兰德奶酪是 5 个苏，一点葡萄酒、油或者任何维持生命的食物，不管是多么微不足道，都要以巨大的、令人难以置信的金银比价兑换。此类人中的一些有一天耽搁得比平常多了些，短暂的夜晚过去后，在迅速到来的拂晓的光照中被突厥人看到了，据说，他们受到突厥人的屠杀和劫掠。甚少的人凭着荆棘丛和灌木丛躲了起来，勉强逃脱，回了城。在抓住了此事的契机后，约 2000 名突厥人集合了起来，前往上述的港口，发动突袭，进犯在那儿发现的所有水手，用箭射穿他们。突厥人掷出火焰，烧毁了船只，夺取了食物及所有被船只运来的东西，并将其带走。如此，从那以后，突厥人将贩卖和购买的人从港口吓跑了，在那里，基督徒再找不到食物供给。因此，当这样一个极残酷的消息传入受困于闻所未闻的饥荒重压的基督徒的耳朵中之后，对他们来说，突厥人的种种侵扰成了重负。许多人有了他想，想着从这样的围困危境中逃离出来。于是，许多人尽一切的努力和机会，寻找出路，在晚上从军中离开。

37. 因每日苦难的重负、这样的恐惧和对生存的绝望陡增，逃跑的想法在许多人心中滋生。这时，某些军中首领，即"木匠"威廉，以及曾与君士坦丁堡皇帝相交甚密、为其所熟知的另一位威廉[1]——他娶了西西里王公博

---

[1] 译者注：即格朗梅尼勒（Grandmesnil）的威廉，1095 年他娶了罗伯特·圭斯卡德（Robert Guiscard）的女儿梅布尔（Mabel）。因为在阿普利亚的一场失败的叛乱，他在拜占庭的宫廷中受庇护。

希蒙德的姊妹为妻子——被巨大恐惧动摇。以至于，趁着晚上寂静，这两人达成一致，依照计划秘密地从同伴那里离开，前往山地，从防御墙和城墙放下绳索，离开了。离开后，因突厥人的埋伏，他们没有休息，径直赶往山里的偏远地方，直到动身前往小亚历山大为止。以生病的理由离开，不再围困安条克的斯蒂芬就待在那儿，正关注着城里事情的结果，以及同伴们的下场。于是，在此地，斯蒂芬从这两人那里得知兄弟们受的危险与日俱增：饥荒让人无法忍受，突厥人耀武扬威，攻伐不断，人和马都在毁灭。斯蒂芬对性命不抱希望了，觉得在这儿也不安全了，不敢在陆地上出行，准备同两位王公一起由海上返回、逃走。然后，安条克城里传开了：因害怕侵袭的突厥人，这般著名的贵族们从城里逃走了。众多的人同样想着逃走，坚强之人的内心因恐惧而变得软弱，不再同平常那样在防御上用心，懒散地守卫着城中修筑的那座面对着山中卫城的新要塞，他们感到绝望，打算逃走。

38. 这时，一位至为虔诚的兄弟，从出身来看是伦巴第人，职业和阶层是教士，留在了前述的那座新要塞的旁边，给在那儿所有孤独的基督战士、教士、贵族、低贱的人带来了极大的安慰，振奋了所有人疑惑着、被恐惧动摇的内心。他说道："所有的兄弟们啊，你们受饥荒和瘟疫所迫，你们被大群突厥人及异教徒所困，期盼着俗世间死亡的降临。你们不要以为是在徒然地承受着这些痛苦，要清楚，要想到，上帝耶稣还报给所有为了他的爱和恩泽，死在这次旅途上的人奖赏。事实上，在这次旅程伊始，一位教士，他有着良好的声誉，在意大利地方过着杰出的僧侣生活,从少年时就为我熟知。一天,依照平常的习惯,他独自一人穿行于某块田野中的空旷之地,要去他所负责的教区主持弥撒。一位朝圣者,谦恭有礼地走近了他,诚挚地询问关于此旅程的事。朝圣者向这位教士发问,既然有如此众多的王国、如此众多的王公、各样的基督徒持着同样的目的和愿望,拥向主耶稣基督的墓和神圣的耶路撒冷城,那么关于此行,你听到过什么?在你看来,关于此事,什么才是最重要的呢?教士答道:'说起此行,不同人有不同的看法。有人言,正是因为上帝和主耶稣基督,这样的愿望才在所有朝圣者中被激发出来。有人称,法兰克首领和众多平民大众是出于头脑的轻浮,才开启了这次的旅程。因为这样的缘由,在匈牙利王国和其他的王国内,才有如此多的朝圣者遇到了阻碍。因此,他们的意愿是不能实现的。于是,我的想法仍旧是犹豫不定的,尽管很久以来,我都受成行之愿所影响,完全放不下这样的意愿。'这位朝圣者立刻对他说:'你不要觉得此行之始是不重要或无意义的。它是无所不能之上帝所安排的。你该知道,千真万确的是,任何在此行中死去,因耶稣之名成了流放者,因上帝的爱而保留着纯洁、无罪之心,戒除贪婪、偷盗、通奸、私通的人,都会被计入、写入、幸福地加冕到天国庭院里基督的殉教者之中。'教士惊讶于朝圣者的话语和承诺,询问他是何人,来自何方,从哪儿得知的这个事实:在这次远征中,献出生命的人,会被冠以与圣徒同列的天国殊荣。他立刻向问询的教士揭示了全部真相,如此说道:'我是安布罗斯（Ambrose）[1]，乃米兰主教，基督的仆人，这对你和所有踏上此次旅程的人来说，是个神迹。我未在你从我口里听到的所有事上犯过错。从今日起，3年之后，你会知晓，在千辛万苦后，幸存的基督徒会取得圣城耶路撒冷，会取得对所有野蛮民族的胜利。'说完这些后，他立刻就消失了。在这之后，他再也没被看到过。"这位卓越的教士完全诚实地陈述了从上帝神圣的主教那儿看到和听到的事情。现在，自显圣和所作承诺那时起，已过了两年。所有人都该确信无疑的是，还有一年的时间。在这以后，正如米兰主教，神圣的安布罗斯所预言的，在第三年，基督的战士、朝圣者及他们的王公占领了耶路撒冷，净化了那里的圣所。萨拉森人被击溃，被摧毁。

39. 在从这位兄弟诚实的叙述中听到这样的显圣和承诺后，迄今所有因惧怕失去当下生命而犹豫不决、因逃亡王公的离去而焦虑不安的人被天国生活的希望和愿望所激励，自此变得坚定不移，不再因惧怕死亡而抛弃兄弟，从城市撤走，而要同生共死，为了基督忍受一切。同样地，公爵戈德弗里和佛兰德斯的罗伯特在低微的平民大众不知情的情况下，极大地宽慰了几乎所有被这般巨大的恐惧动摇、业已密谋逃跑的王公，将他们争取了回来，令他们可坚强地面对所有危险。两位王公这样说道："在发生过的如此多的困难面前，你们为什么要绝望，不相信上帝的帮助？为何你们的信仰在消失，准备遗弃兄弟们，那些地位卑微

---

[1] 译者注：圣安布罗斯（339—397），是基督教拉丁教父、圣徒。这段陈述明显是阿尔伯特在记载的过程中虚构的。

的步兵大众,并要逃走?坚强起来吧,为了基督之名,以男子汉的气魄承受所有逆势,在这般苦难中,你们绝不可遗弃你们的兄弟。不要招来上帝的愤怒,对那些信着他的人来说,上帝的恩泽和怜悯是不会缺失的。"当他们将这些说给绝望的、流着泪、深深哀叹的贵族同伴后,所有人的精神都恢复了。从此以后,在所有的困境中,他们一直坚定不移。自此,没人想着逃走。威廉和另一位威廉、斯蒂芬,以及他们极度恐慌、逃亡中的同伴们,准备船只、桨和帆,然后前往外海,计划着返回君士坦丁堡。他们将受困的兄弟遗弃了,以为这些人再也不能从科布哈的手中被解救出来了。

40. 最后,当他们航行了一段时间,在希腊王国的岛屿上,或留宿过夜,或因大海翻腾而滞留时,他们获悉,希腊基督教皇帝已到菲洛迈利姆城,带着庞大的军队和大量的装备,前去救援朝圣者,正如基督徒以誓约和达成的协议与他结盟时,他所忠实承诺的那样。皇帝集合起了约400000名擅长弓箭的特科波佣兵、佩彻涅格人、库曼人、保加利亚人和希腊人,精通战斧战斗的丹麦人,被流放的高卢人,还有一支来自荒漠地带和山地、海滨和内陆,也就是说,来自皇帝整个幅员辽阔王国的不同民族所组成的雇佣军。前述的这些王公,找到了皇帝:他带着武器、人员和马匹,还有食物、帐篷、骡子和骆驼等补给。同时,亦遇到了同皇帝一起的一支新近组成的约40000人的高卢军队;他们是经过漫长的冬季才被集合起来的。还遇到了剐鼻的泰提修斯:此人同样是陷入了恐慌,凭着虚假的诺言,从盟友那里撤回到皇帝那里去。他口口声声要去求援,当上了使者,却压根没完成这个使命,再没回安条克。皇帝认出了向自己走来的王公们,甚是惊讶,不知他们为何要与同伴分开,来到这里。皇帝询问他们虔诚信仰基督的战友们的情况,问到了戈德弗里公爵、雷蒙德伯爵、勒皮主教的健康,问他们的事情是否顺利。王公们答复,他们非常不顺利,也不安全,就此被呼罗珊的王公科布哈和异教民族围了起来。这样广阔的一座城市,甚至没有一个可出入的地方,以至于,除非隐秘潜逃,否则任何人都绝不可能从异教徒手中逃走。他们还说,基督徒被巨大的饥荒所压迫,突厥人因为仇恨,毁灭了商人和船只。他们声称,现在,所有人,每个人,都不会从这片人海中幸存下来。他们是凭着机敏勉强逃出来的。他们向皇帝建言返程,不要徒劳无功地令其军队受苦。

41. 听到基督徒的这些危险,获悉了异教的军力后,皇帝同其贵族们商议。皇帝颤抖着,被惊呆了,立刻命令所有军队返回。此外,皇帝还烧火劫掠,毁灭了曾被苏雷曼非法偷走,但现在凭朝圣者之力恢复给他的罗姆之地,还摧毁了所有的城市和防磐,以免有朝一日它们被苏雷曼重新占领,对他的奴役有所助益。因此,皇帝返回、他的军队被驱散的惊人消息,迅速穿越了安条克的防御墙,在朝圣者的内心造成了巨大的伤痛。基督徒的精神被削弱了,勇气消散了许多。于是,基督军队的王公们频繁地商讨着一个主意:是否有什么行之有效的方法,可秘密地从城市撤离,还能将在其中的低贱的平民大众留在危境中。戈德弗里公爵、佛兰德斯的罗伯特、勒皮主教,得知了这个计划,再次鼓励他们,对所有人如此讲道:"你们不要焦虑不安。皇帝离开了，这是众所周知的，你们的心不要因此而感到恐惧。上帝大能，足可将我们从敌人手中解放出来。对基督的爱要坚定至极，永远不要对你们的兄弟行这般欺骗，就为了秘密地从他们身边溜走、逃跑。事实上，毫无疑问，若你们因畏敌而逃走，只要消息一传入突厥人耳中，你们就会被科布哈和他所有的部众追击，不可能从他们手中逃脱。我们要坚定不移，正如我们旅途的目的那般：我们要以主之名而死。"在这些话语下，所有人变得坚定，决定与兄弟们同生共死。

42. 在得知皇帝撤走后，科布哈及全异教军队大大加强了攻势，成群结队地从营地出发，去设伏。若有人从城里出来的话，突厥人就像平常那样，将这些人斩首。一天，基督徒从城市的防御墙上观察到，一些突厥人，由40名骑兵组成，怀着这样的目的，从营帐驻地出来了。尽管感到沮丧，惧怕坏事，一些武士还是立即穿越了费尔纳河的浅滩，前去同他们交战。不过，他们立刻被这些突厥人击退了，逃过浅滩，待在了另外一边的河岸上。他们看到自己的马匹忍饥挨饿，速度无法与之抗衡。最后，在一阵庞大的箭雨后，一位勇敢的骑士，依旧相信自己的马的力气，并且以为同伴就跟随在身后，纵马去追远离河水向回走的突厥人。但是，没有同伴敢跟着去支援他。那伙突厥人中有两个极残忍的骑兵转马返回，策马疾驰，朝着朝圣者赶去，凭着马匹极快的速度，追赶着那位已转入逃跑的骑士。他经由相同的路线，穿越田野，向同伴那里奔去。这位骑士正在猛冲，马腿却出了意外，整匹马摔倒在地。因此，他基本已经是注定要死到临头了。就这样，当刽子手已到近前，就要杀死这个摔倒了的无助的人的时候，突厥人的马站住不动了。它们忘记了马刺的存在，仿佛脸上受到击打，被迫后退着。直到最后，这位朝圣者骑士骑上了那匹马腿复原的马，靠着上帝、主耶稣基督的恩宠，再次逃向了同伴们所在的地方。站在河岸边及城墙上观看的所有人喜极而泣。就这样，这位未受伤的兄弟被接了进去。基督徒清楚地感到，是上帝出手搭救了他。

43. 你们已听过这场饥荒的折磨，还有围城之惧，外面的突厥人不停地设伏攻袭，令人惶惶不安。正当上帝的子民受到羞辱，几近绝望的时候，一位来自普罗旺斯之地的教士[1]声言，他遇到了显圣，知晓了那把刺入主耶稣侧腹的矛的下落。这位教士将可找到这样的珍宝之矛的地方告知了勒皮主教阿德马尔大人和雷蒙德伯爵：在使徒之首，圣彼得大教堂内。他竭尽所能，一五一十地陈述着，以证明其显圣乃真实的。他们相信了此人的话，一致决定，前往此教士所声言的地方。他们在那里挖掘，正如从教士那儿得知的那样，找到了这把矛。同时，他们在所有集于那所礼拜堂中的基督教王公面前，展示了找到的这把矛。他们将这把矛的消息散布了出去，用珍贵的紫色布料包裹它。然后，因为这把矛的发现及公之于众，基督教民众中产生了巨大的希望和欢乐。基督徒举行盛大的欢庆仪式，捐赠无以计数的金银，以推崇这把矛。

44. 然后，若干天过去了，基督军队的所有权贵及首

---

[1] 译者注：他是彼得·巴塞洛缪（Peter Bartholomew），根据其他文献显示，他应是一名普罗旺斯的农民，是贵族威廉·彼得的仆从。他向雷蒙德伯爵报告，自己三次看到了圣安德鲁的显圣，收到了圣矛的启示。

领因如此多的苦难、饥荒的蔓延,仍旧犹豫不决,对生命感到绝望,害怕与如此多的民族交战。因为,他们的人没有力气,马也虚弱,战力都被消耗殆尽了。贵族们做了商议,决定向科布哈——既是突厥军队,亦是围城的主宰者和首领——派遣特使。然而,他们找不到敢与这般残忍、傲慢之人讲话的人。最终,有先见之明的彼得——他是这次旅途的发起者——毫不犹豫地提出要前往,向那个显贵之人陈述口信。立刻,公爵戈德弗里、博希蒙德和其他王公委任他为特使。这位彼得,尽管身材矮小,却作用巨大。他起程前往位于异教徒之中的科布哈的营帐,上帝护佑,他只身一人到达了。通过翻译,彼得向他呈递了消息:"科布哈,您王国中最著名和荣耀的王公,我是公爵戈德弗里、博希蒙德、全体基督教大众的王公的使者。您要听我所传达的他们的决议和主意,不要不屑一顾。基督军队的首领们决定,若您愿意信仰主基督——真正的上帝和上帝之子——并宣布放弃异教迷信的话,他们将成为您的战士,并将安条克城归还到您的手中,准备让您做宗主及领袖。"科布哈不屑于听这些,更不用说做了。他将自己渎圣的仪式和异教的教义告诉了隐修士彼得,并声称,自己永远不会放弃它们。

45. 当彼得听到科布哈以嘲笑的态度来对待自己所言及信仰基督教的建议后,就向他说了另外的消息:"还有一个办法,"彼得说道,"基督教王公还有主意。因您拒绝如此卓越的人们臣服于您,拒绝成为一名基督徒,因此,您可从您的人当中选出 20 位年轻人,基督徒同样如此。双方交换人质,立誓——您是以您的神,他们则是以他们的上帝——这两拨人要以单打独斗的方式,在中间决斗。若基督徒没能取胜,他们就和平返回自己的土地,将安条克交还于你,且基督徒们要不受损害。若您的人未能取胜,您和您的人应和平地撤走,不再围城,将此城此地留给我们。您勿要让这般庞大的军队在相互的厮杀中被毁掉。再者,若您鄙视基督徒们的这个决议,可千真万确的是:明日清晨,基督徒会举全力与您一战。"听到这些后,科布哈非常傲慢地答复彼得:"彼得,我知道的是,基督徒唯有一种选择:他们应将所有没胡须的年轻人送到我们这儿来,成为我和我的主人呼罗珊国王的奴隶,我们将赠予他们大量的恩宠和礼物。仍是处女的女孩同样可到我们这儿来,她们会被恩准活着。任何有胡须的、有白头发的人,连同已婚妇女,皆要被斩首。否则的话,多大岁数的人我都不会饶过,我将会用剑摧毁所有人。并且,我将用铁锁链和脚镣将他们捆起来,带走。"说完这些后,他向彼得展示了各种各样、无以计数又令人难以置信的锁链和镣铐。

46. 这之后,在获得科布哈准许离开后,彼得进了安条克城,讲述了从科布哈那儿听到的这番自吹自擂。在那儿,所有的王公,连同其他基督的战士,都聚集在彼得周围,想听听科布哈作何答复,还想知道,彼得是带来了战争,还是实现和平的协约。彼得向聚集在自己周围,拥在一起的信者们宣布,科布哈想要战争。彼得声言,除了傲慢和对自己的自信,科布哈什么都没说。当彼得开始讲他所听到的其余威胁的话的时候,公爵戈德弗里不让他继续说下去了,还将彼得单独拽了出来,告诫他,不要对任何人透漏其听到过的任何事情,以免大众因恐惧和逆境变得软弱，从战争中溜走。现在，自基督子民被围，遭受补给紧缺、面包匮乏之痛起，3个星期又3天的时间已过去了。此时，基督徒再无力承受这些，显要和低微的人共同商议，并宣布，即使死在战争中，也要比被这般残酷的饥荒毁灭，逐日被削弱、死去要强。

47. 在群情激愤中，人们宣布将在明日清晨开战，所有人受命通宵祈祷。他们做忏悔，洗涤了自己的罪恶，被主血肉之圣餐强固，天刚亮就武装起来。到了早晨后，基督的战士——所有携带武器、穿戴着锁子甲和头盔的人——在使徒彼得和保罗日前夕集合了起来[1]。在仍停留于城中的时候，基督徒排好了战斗的阵列。基督徒任命法兰西国王的兄弟"显贵者"休为第一阵列的首领及骑兵和步兵的掌旗手。佛兰德斯伯爵罗伯特、诺曼王公罗伯特被给予了两个阵列，这两人由此联合了起来，紧靠着布阵于一侧。勒皮主教面对着山地，亲自掌控着其阵列。基督徒将找到的那支矛交到了一位教士的手中，他于主教的队伍中立着。阿斯滕诺的彼得、他的兄弟图勒的雷纳德、格雷兹的沃纳、埃施的亨利、哈默斯巴赫（Hamersbach）的莱因哈德（Reinhard），以及多梅达特的沃尔特被委派去统率他们的一支队伍，朝向山地通往前述过的隐修士西蒙港的道路。奥朗日伯爵莱曼博尔德、穆松的路易、蒙泰居的科诺的儿子兰伯特被安排去掌控一个阵列。公爵戈德弗里，同德意志人、斯瓦比亚人、巴伐利亚人、撒克逊人和洛林的2000名骑兵和步兵，组成了自己的阵列；通常说来，对

---

[1] 译者注：1098年6月28日。

敌人的脖子来说,他们的手和剑是最凶残的。坦克雷德单独部署其由骑兵和步兵组成的阵列。圣波勒的休、他的儿子林格洛兰德、费雷城堡的托马斯、伯克的鲍德温、杰拉德的儿子罗伯特、皮莱的雷蒙德、博韦的雷纳德、肖蒙的瓦洛、勒普赛特的埃弗拉德、穆奇(Mouchy)的德罗戈、戈德弗里的儿子罗特哈特、布列塔尼的科南、同样来自布列塔尼的鲁道夫,所有这些人被选了出来去掌控两个阵列。贝济耶的加斯顿、鲁西荣城的杰拉德、蒙彼利埃的威廉则被分到了一个阵列里。西西里的博希蒙德被任命为外围一阵列的首领,此阵拥有最多数量的骑兵和步兵。因此,他可以保护其他的阵列,并且可能的话,去帮助需要帮助的人。

48. 在将所有这些人这样安排、部署好之后,因为还有同亚吉·西扬的儿子桑萨多尼阿斯一起的在高耸的卫城之中的突厥人,基督徒留下了轻微患病的伯爵雷蒙德保护城市,连同一起的,还有一支甚强大的基督教军队。在此事这样完成后,如安排好的那样,王公们一致决定,分别率领各自阵列,从延伸而出跨越费尔纳河的石桥上那座被打开的城门,朝着野蛮人的军队进发。他们带着1000面各式各样带有装饰的旗帜,穿戴着锁子甲和头盔。同时,科布哈和苏雷曼将众多阵列布置在右翼和左翼、前方和后方,士兵拿着骨和角制的弓,准备战斗。突厥人急速从营地里冲出来,对基督徒发起攻击,要发射箭雨,以首先发难。他们凭着喇叭、号角和令人难以忍受的喊叫声,发出了巨响。突厥人已提前做好了准备,不仅是因为彼得的出使——他向他们预言了即将在第二天来临的战争,还因为,突厥人每日猜疑、焦虑，唯恐基督徒会出乎意料间同他们交战。因此，突厥人不断向桑萨多尼阿斯的卫城派遣信使：若他察觉到基督徒武装起来，或者被催促着去战斗的话，就要向他们递送消息。因为，桑萨多尼阿斯从位于山脊上的卫城，可看到城里任何地方发生的任何事情。这样一来，突厥人就能做好准备，就能集合起来，就能够抵抗。对于提前做好准备的突厥人，高卢人的伤害就只能算有限了。桑萨多尼阿斯拒绝递送信息，不过他承诺，届时会将一块非常宽大、有着极黑的骇人颜色的布固定在矛的顶端，竖立在其卫城的最高处，然后猛烈地用喇叭发出骇人的轰鸣声，以此将基督徒已准备好的消息回报给异教徒。因此，就在天刚亮，基督徒开始准备安排阵列的同时，桑萨多尼阿斯将这块作为交战信号的黑布竖立起来，固定在了卫城上方的山顶上。看到这个信号，异教徒也可为了抵抗，提前准备好武器，布好阵势。立刻，突厥人预先收到这块布的信号及发出骇人巨响的喇叭的喧闹声警告，聚集起来，前去迎战基督的军队，约2000人从马上下来，去封锁桥及其在河上的通道。

49. 但是，被安排集合于这座城门的基督教王公们怀疑并预见到，出来时，突厥人会用弓箭攻击他们。于是，王公们将步兵大众中的所有弓箭手从城门先派了出去，穿越桥和法尔法河。上帝恩宠，他们抢先占据了桥。然后，弓手们用箭矢对那些凭着箭而凶险的突厥人进行攻击。突厥人用盾牌挡住胸口，抵抗着，从所在的地方撤走。直到后来，因基督徒飞驰而出的箭矢，这些突厥人被逼到自己的马所在的位置。于是，这些从马上下来步行着跑到桥前的突厥人,看到自己无法抵挡,也不能将基督徒从桥上赶走,而且自己的马会受到箭伤而死掉,就转身逃跑,尽可能快地向着马匹跑去。突厥人上了马,尽管不情愿,还是给基督徒让出一条没有阻碍的出路。这之后,同"显贵者"休一起,被部署在第一个阵列中的里布蒙的安塞尔姆,为这般顺利的结果及信者初战告捷欣喜,挥舞着矛,冲入到突厥人中间,将一些人拖下马,刺穿了一些人,摧毁了一些人,大肆屠戮。"显贵者"休看到安塞尔姆对死亡无所畏惧,阻击敌人,就立刻冲上前去,同样以屠戮来惩罚敌人。佛兰德斯的罗伯特、诺曼的罗伯特、埃诺的王公鲍德温,还有尤斯塔斯,勇敢无畏地同敌军战斗,大肆杀戮,摧毁了他们。突厥人的公爵苏雷曼,最为凶猛的战士,以及此人的同伴罗塞伦——国王亚吉·西扬治下的4个首领之一,率领着自己的军队——约15000人——从其他的同伴中分离出来,急速赶往这些山地及通往圣西蒙港口的道路。如此一来,若有基督徒被击败,碰巧想跑向那儿的话,他们就可在海岸上拦截住他们,迅速地摧毁这些没有防备的人。他们急切不已,因这个计划而亢奋,比平常更迅速地赶路,偶然间,冲向了伯爵莱因哈德、阿斯滕诺的彼得、多梅达特的沃尔特、埃施的亨利、哈默斯巴赫的莱因哈德——最为杰出的一位骑士——及格雷兹的沃尔特的队伍。为阻碍基督徒,突厥人用罐子将火掷到地上,那里是他们往基督徒同伴那里去的通道。因此,当火接触到地面后,干草和荆棘丛里干燥的枝条被点着了,火立刻就燃成了一片。就这样,烟雾被风激起,黑色的烟尘变厚了,唯独遮挡了信者的眼睛,妨碍了视线。

50. 突厥人狡猾地在烟雾后面追击基督徒——他们因为在昏暗中迷途而被分开。突厥人屠戮了一些人，用箭矢射中了一些人。骑在马上的人凭着马的速度逃走了，但是，并非完全没受到箭矢伤害。有 300 名步兵被残杀，还有一部分人被束缚在了镣铐之下。此外，卡拉格迪——他是一个来自卡兰国的突厥人——看到苏雷曼摧毁莱因哈德、沃纳、彼得和其他人阵列的胜果后，更有信心了，就环绕着，加速行进，连同大马士革的王公一起，从山上冲了下来。突厥城市阿勒颇的里德万同样在逼近，包围了博希蒙德的阵列。[1] 它位于最外围，聚集了最多的步兵和法兰克人。突厥人攻击这个阵列，试图仗着箭矢和军力，闯入并驱散他们。因受这般大的力量及极狡猾敌人的诡计压制，博希蒙德的队伍被包围，受迫无奈，悲惨而焦虑，就像要被狼毁灭的绵羊一般。他们无法再做抵抗，正处死亡边缘，被从四面八方而来的异教军队包围了起来。不过，一位信使急速穿过了一段道路，声泪俱下地请求、恳求、催促戈德弗里——他正同普拉吉特，同阿马萨、博埃萨斯和巴杜卡激烈战斗，并因永生上帝之子耶稣之名取得完胜——回头看看，认识到博希蒙德和他的同伴已到了极危险的境地。信使宣称，如果他不迅速去救援他们，很快所有人就会被突厥人摧毁。

51. 因此，公爵戈德弗里从博希蒙德迅捷的信使那儿得知了这场攻击，知道其军队几乎被包围了。公爵举目四

---

[1] 译者注：他并没有参加到此役之中。里德万的缺席，可能是源于他同大马士革王公之间的矛盾。

望,看到博希蒙德及其军队不堪战斗重荷,被消耗得精疲力竭,几乎不能承受敌人之力了。于是,公爵率他军中的斯瓦比亚人、巴伐利亚人、撒克逊人、洛林人、德意志人和罗马人迅速地冲向敌手。他们带着不同的有装饰的紫色印染的旗帜,公爵要去赶走异教徒的军力,救援处于困境中的军队。"显贵者"休靠着先遣出的基督教弓箭手,率第一支阵列自那座从城市延伸而出、横跨法尔法河的桥梁突击出来,击溃并摧毁了突厥人,成功地占领了平原的一块区域。休看到公爵戈德弗里的阵列和旗帜自通往法尔法河的道路折回,也亲率自己的军队,经由相同的道路返回,向公爵的阵列行去,增援军力和武器。休知道,在那里,战斗形势正变得极为凶险。两个王公都放慢了自己骑兵的速度,这样一来,步兵能追赶上来。在看到两位王公为了救援基督教同伴,全力以赴地冲向自己后,突厥人开始逐渐从攻击和侵袭中溜走,转身返回通往自己营帐的道路。公爵率领着年轻的基督教骑士,猛烈地追击和劈砍。

52. 最后,在跨越了一条浅而小的从山里流出的溪流后,在山谷中,基督教步兵多少受到了些妨碍。这时,留在一座山顶上防御的突厥人勒住了缰绳,力图用箭矢吓走追击的高卢人。面对这样的情况,德意志朝圣者心无畏惧,高声恳求上帝怜悯,毫不犹豫地冲向了正在抵抗的突厥人。于是,自此往后,德意志人让这些突厥人陷入了连续不停的溃逃之中。没有一个突厥人再敢在这场战斗中抵御或烦扰基督徒。显要的王公博希蒙德,以及迈克尔的儿子亚当(Adam)看到戈德弗里正率军御敌,宽慰众人,还看到戈德弗里及其部众,正率领着以其为最高统帅的整个阵列及全部军力,在敌人中大肆屠戮,于是不再耽搁,在冲锋和呐喊声中,冲入了突厥人的阵列中。突厥人遭遇了惨重的屠戮,平原被那些受到屠戮的人的尸体覆盖,就像冰雹一般。军队惨烈混战成一片。不过,上帝保佑,对异教徒而言,战局越发严峻,全部战争的压力都被反转到突厥人的身上。此外,傲慢的科布哈——他拥有更多的人和力量——占据着基督徒左侧的位置,根本无法冲过去帮助他那些被击败、逃跑的同伴,因为勒皮主教率全部普罗旺斯军队,勇敢地迎面抵抗着他。勒皮主教始终将主的矛置于自己身前。因此,人们推断,因上帝和主耶稣发威,科布哈感到惊恐,力气虚弱了,内心动摇了。因显圣及天国武器的阻碍,科布哈一直静止不动,似乎已然忘记了整个战争和自己那无数的部众。

53. 因此,如上帝所愿,科布哈精神恍惚,呆滞了。一个人,带着不利的消息来到了他身边,说道:"科布哈,最杰出的王公啊,您为何面对着这个基督教阵列,耽搁了这么久?您不会是没看到,您带来的军队全被击败了,全被摧毁了,都在四散奔逃?看!高卢人满布于您和您的人的营地里,攫取战利品,将所有的东西聚拢起来。看!他们马上就要到您这儿来了。"科布哈受这个悲伤而又残酷的消息震动,举目仰望,看到自己的阵列已然在奔逃中消失不见了。他本人,连同自己全部的同伴,立刻转身逃走,奋力冲向道路:他曾走那条道路前往呼罗珊王国和幼发拉底河。神圣的主教率领着其整个阵列追击他,不过没追出多远,因为马匹匮乏、步兵疲倦便停下了。事实上,基督徒从高卢带来的马已因种种不幸所剩无几。亲历者如实声言，在与如此多异教民族交战的当天，基督徒只存留下来200匹能战斗的马。

54. 事实上，众多显赫且极尊贵的骑士——其数量不为人所知——因马匹死亡或饥荒而将马食用，被算到了步兵的行列里，开始学习步行作战。他们从孩童时代起就习惯了和马匹在一起，习惯了骑马作战。在这些显赫之人中，有些人能得到骡子、驴或不值钱的驮畜，或者驯马，用其中之一来替代马匹。在这些人当中，有在其土地上极强大和富有的王公，亦骑着驴子参战。毫不令人惊奇的是，他们的资金很久之前就已耗尽，为补给而乞讨，因缺钱而卖掉自己的武器，被迫在战争中使用突厥人的武器，既不熟悉，也不协调。伯爵哈特曼——他是斯瓦比亚土地上富有且极尊贵的人，非常有权势——被归入到这些人的行列，骑着驴子，在当天，只能持着突厥人的圆盾和剑战斗。这并不令人惊奇，他的全部资财都被耗尽了，锁子甲、头盔、武器都被卖掉了，很久以前就开始乞讨。对他来说，差不多到了即便靠乞讨都无法活下去的程度。埃施的亨利——他是一位尊贵的骑士，配得上战士的荣耀——同样到了这样的程度。于是，荣耀的公爵戈德弗里可怜他们，从自己的资金中分出一份面包和一份肉或鱼给哈特曼。因为亨利作为骑士和公爵的人，为公爵服役了许多年，出生入死。戈德弗里将亨利指定为宾客和自己餐桌上的伙伴。

55. 唯有那些没听过此类事，没看到过在如此长久的背井离乡中，发生在如此卓越之人身上恶行的人，才会惊讶于高贵首领的这番痛苦和贫困。不过，声言自己看到公爵戈德弗里本人及佛兰德斯王公罗伯特在最后时刻缺少供给和马匹的人,对此并不惊讶。甚至,公爵戈德弗里都是贫困的。在伯爵雷蒙德的馈赠下,公爵得到了在大战那天所骑乘的马匹。公爵的资产被众多的乞讨者索要光了。富饶的佛兰德斯最富有、最强大的王公罗伯特亦是贫困的。当场亲眼得见的人说,他经常在军中行乞。透过许多人的叙述,我们得知,他是靠着乞讨,才得到了大战当天所骑乘的马匹。之后,在这一天,骑着这些历经磨难才得到的马,这般显赫的王公同不信者的阵列交战。他们知晓科布哈率着其全部同伴转身逃走后,就在他身后纵马疾驰,持续追击这些失败逃走的、四散奔逃的突厥人,追了有3罗马里远。坦克雷德同样统率着一支基督徒的阵列,在察觉到敌人逃跑后,也率领着骑兵部队,迅速地过来屠杀他们,追击了这些逃跑的人6罗马里远。科布哈看到自己的人逃跑了,自己的军队被打散了,就全力逃跑,一刻不停。直到最后,他抵达了广阔的幼发拉底河,率他的人坐船逃走了。

56. 上述的这些基督教王公们急切并全力以赴地屠杀和追击敌人。同时,来自人称普罗旺斯之地的伯爵雷蒙德和主教阿德马尔的随从觊觎着战利品,渴望劫掠突厥人的财富,便没有追击,停留在了前述的那片取得胜利的土地上,抢夺着金子、拜占庭金币、谷物、葡萄酒、衣服和帐篷等大量战利品。其他一心想着战斗的人看到那些人手中满是战利品,因相同的贪婪而堕落,同样去抢占大量无法计数的劫掠物和战利品。他们在赞誉中,在欢乐下,于欢呼雀跃间,返回了安条克。那些在这之前还贫困、饥饿至极的人,现在因这全部的好东西满足了。他们在异教徒的营地里，找到了无数的书卷，萨拉森人、突厥人、各种民族渎圣的仪式都被记录在了其中，其中还有预言家和占卜者那邪恶的魔咒，还有那些可憎的文字。在那儿的帐篷里，人们找到了各种各样由绳索、铁、牛或马的皮制成的锁链、镣铐和套索，都是用来捆绑基督徒的。他们将所有这些多到难以计数的财物运到了安条克。其中，除了有极多的物品和帐篷，还有科布哈本人的帐篷。这顶帐篷有各种不同的颜色，由昂贵的丝绸制成，其样式就是一座带有塔楼和防御墙的城市。这座令人惊奇的帐篷内部有街道，这些街道，据说可供2000人宽敞地生活。妇女、年幼的男孩及众多仍在哺乳的婴儿们在营地里被发现了，为数众多。一些被屠杀，其他的则被马蹄践踏，成了悲惨、残破的尸体，充满了平原，未得到从战争中转身逃走的异教同伴的任何帮助。在基督徒及异教徒间，这场战斗中的其他事情，以及围困安条克间所发生的令人惊叹和难以置信的事情，私以为，怎样的笔墨或记忆都无法记录下来。在那里，据言，发生的事情是如此之多，如此繁复。

第五卷
从安条克到耶路撒冷

1. 在伟大、尊贵的叙利亚城市安条克的平原上，基督徒收获了这场胜利。之后，勒皮主教和其他王公于科布哈的军队逃跑后，结束了屠戮，回到了这座城市的防御墙内。他们清洁了突厥人曾以其渎圣的仪式亵渎过的圣徒彼得的大教堂，去除了所有污秽，极尽庄重地重建了被毁坏的神圣之圣坛。在至高崇敬下，他们恢复了主耶稣基督的像和圣徒的画像。突厥人以对待活人的方式弄瞎了它们的眼，以泥沙覆盖，将其遮盖了起来。他们令大公教神父复归其位，于此处执行神圣的奥秘。这些人来自所有教士之中，既有希腊人，也有拉丁人。然后，他们命令，以最纯净的紫色布料和贵重的丝绸，以及所发现的，留在安条克中的饰品，制作十字裙、法衣、大圆衣及各种装饰，以供永生上帝的教会使用。神父和助祭用它们在圣彼得的圣殿中主持礼拜。抑或，当他们在礼拜日的游行或著名的节日中时，会穿戴着它们，吟唱着赞美诗和圣歌，前往主耶稣基督的母亲，圣玛利亚的礼拜堂。这座距离圣彼得不远的礼拜堂，迄今为止，一直没有受到这些突厥人的侵害，完整无损。在突厥人征服了这座城市后，这座礼拜堂被当作礼物和一种特许，留给了那些只能留下来的基督徒。这座城市的宗主教是一位至虔诚的人[1]，在突厥人被基督徒封锁、围困住后，经常在众目睽睽之下就被突厥人用绳子捆绑起来，活生生地悬挂在防御墙上。突厥人这样做，就是为了增加基督子民的痛苦。他们还经常使用镣铐使他的双脚受伤。基督徒体面地使他复归于自己的教座，在完全的顺服和虔敬下，使他成为了安条克教会的牧首。

2. 于是，在优先考虑并安排好这些神圣之事后，他们委任博希蒙德为城市的领主和护佑者，因为他为了与这座城市有关的事情付出了很多，并且，他也在塔楼和防御墙上，为抵御突厥人的入侵付出了极大的辛劳。获得了城市的权力和统治权后，博希蒙德住在了位于山中高处的要塞中，将他的人派驻在那里卫戍。在那里，他们再未遇到突厥人的抵抗。因为，在获悉自己人的溃逃和毁灭后，桑萨多尼阿斯和卫城里的人一起从山中逃走了，留下了一座没有防备的空城堡。事实上，普罗旺斯之地的伯爵雷蒙德，占有之欲沟壑难平，无休无止。雷蒙德强占那座在奥龙特斯河上桥旁的塔楼——它朝着圣西蒙港的方向——并将自己的卫戍驻守于此。他还迫使此部分的城市服从于其统治。然而，其余的王公——公爵戈德弗里、佛兰德斯的罗伯特、诺曼底王公罗伯特及其他为这座城市付出过不少辛劳的人们，完全没有试图去控制这座城市，抑或分享它的岁入或贡金。他们并不想违反同君士坦丁堡皇帝所达成的协议和庄严的誓言。确实，他们向皇帝发过誓，如果安条克被占

---

[1] 译者注：安条克宗主教约翰四世，是一位希腊人，1091年被任命为安条克的东正教宗主教。他的复位显现出教皇及西方教会同东正教会复合的一种愿望。

领的话——因为它就像尼西亚一样，属于他的王国——他们应将它，连同所有附属于他王国的城堡和城市，都归还给他，他们还要恢复他的至高君权。从此以后，博希蒙德开始妒忌伯爵雷蒙德，不过，仍旧是在背地里。

3. 这些王公关切协议和誓言的信守，在上帝赐予的这场胜利不久后，委派埃诺伯爵鲍德温，连同"显贵者"休——他是法兰西国王的兄弟，带着信函前往希腊皇帝处，去问明，为何皇帝会如此恶毒地对待上帝子民，为何在如此的困境中，他未施以所承诺过的援手。迄今，皇帝都不可能发现基督徒对他有过欺骗或诡诈。此外，这两人被赋予了使命，去向这位皇帝指出，军队的王公已经从所有的承诺和庄严的誓言中解放出来了。因为，出于胆怯和逃跑之人的怂恿，皇帝言而无信，没有兑现任何承诺过的帮助。上述的这两位王公接受了他们兄弟的信函，经罗姆中部赶往皇帝那里。在罗姆，在尼西亚附近，他们偶然间落到了特科波佣兵的伏击中，左右两侧都无法逃走。特科波人是邪恶的种族，名义上被称作基督徒，但事实上并不是，他们是由突厥人父亲和希腊人母亲所生。特科波佣兵看到落入他们手中的这些人后，突然间冲向了他们。据说，他们用箭矢射中了位于休前面一点的鲍德温。一些人声称，他还活着，但被俘虏，被他们带走了。但是，在这天，如此显贵和虔诚的一位王公是如何死去的，人们不得而知。走在鲍德温后面一点的"显贵者"休目睹了鲍德温灵魂所遭受的折磨，就从路上折回，向着毗邻山区的一片树林疾驰而去。他躲避在这片树林中，逃离了毒手。[1]

  4. 这之后，满载着食物的船只自四面八方频繁造访圣西蒙港，朝圣者因上帝的胜利，从野蛮人的围困中解放了出来，正享受着令人喜悦的丰富食物和各种必需补给。这时，安条克城内发生了一场极其致命的瘟疫，基督的军队中，数不尽的人——既有尊贵的首领，也有贫贱的大众——被它夺去了性命。在这场致命的灾祸中，受人尊敬的勒皮主教首先于8月的朔日被击倒，丢掉了性命。贵族和出身低微的人为他哭泣，悲恸异常，将他带到圣彼得大教堂安葬，就在主的矛被发现的那个地方。在如此尊贵的教士被安葬后，这场非常严重的瘟疫流行更广，愈演愈烈。基督徒的军队开始被死亡所削弱，以至于在6个月的时间里，差不多每天刚到拂晓的时候，就会有至少30名或50名或100名贵族和贫民撒手人寰。在这场严酷的灾难中，埃施的亨利——他是位出身高贵的骑士——病倒了，死于图柏赛腊城堡，被以大公教的方式安葬于此。哈默斯巴赫的莱因哈德，一位事迹和出身都非常显赫的骑士同样丧了命，被葬于使徒之首，圣彼得大教堂的前庭。此外，许多人——既有骑兵也有步兵，既有贵族也有贫民，既有修士也有教士，既有渺小之人也有伟大人物，甚至还有超过100000名女性，未受武器屠戮，却被毁灭了。

  5. 同时，许多人因和平和胜利而欢喜，避开了这场致命的灾祸。但是，就在他们为了必需品而频繁造访埃德萨，

---

[1] 译者注：法兰西国王的兄弟休经君士坦丁堡返回了法兰西，与斯蒂芬同样在征程中半途而废。

希望从鲍德温手中获得些什么的时候,受到居于阿扎泽(Azaz)城堡的突厥人众多的埋伏和攻击,总有人被俘虏、带走。一天,一位叫福尔贝特(Folbert)的人——他是出身于布永城堡的一位显赫骑士——正带着自己美丽而优雅的妻子,连同其他的兄弟一起,前往埃德萨时,在路上意外地落到了埋伏的突厥人的手中。就在此地,他和其他的人,在经过了并不激烈的抵抗后,被击败并被斩首。他的妻子因美貌而在突厥人眼中讨得甚大的欢喜,被俘虏去了阿扎泽城堡。城堡的王公,即领主,吩咐体面地对待她,他想用她来换取大笔的赎金。不久,一个前往阿扎泽城堡的领主那里当佣兵的著名突厥骑士,垂涎于福尔贝特被俘的妻子的美貌,因无限的爱慕激动不已。为了她,他强烈地恳求城堡的领主,将她作为礼物赠予他,结成婚姻,以替代佣金。于是,此事就这样做了。

6. 这个突厥骑士因这场婚姻而喜悦,对阿扎泽领主的敌人施加了比他惯常多得多的伏击和战事。他还频繁地劫掠阿勒颇城。这是一座伟大的城市,属于某个名叫里德万的突厥王公。他经常将那些企图劫掠财物的逐利者抓为俘虏,或者在击败他们后,将其斩首。事实上,在阿勒颇的里德万和阿扎泽王公间充满仇恨,彼此敌对。几天后,里德万因为上述的这个骑士和阿扎泽的军队总是与他作对而恼怒,将听命于他的突厥人从阿勒颇城内的各个地方召集起来,意欲在商定的日子,以一支强大的军队围困、征服阿扎泽。得知此事后,阿扎泽的王公焦急地盘算,如何才能召集一支能够用来对抗里德万征召的成千上万之人的辅助军力。

7. 这时，就在各种商议期间，那个娶了基督教妻子的突厥骑士，在这位妻子的鼓动下，催促阿扎泽王公，这样说道："您是否看到，里德万正从四面八方将突厥军力集合起来，意欲以数以万计的大军围困、征服您和您所占据的这座城堡？现在，如果您愿意相信我的建议的话，那就不要犹豫，赶快伸出右手，同基督军队的公爵戈德弗里缔结友谊，在击败了科布哈之后，他正牢牢地占据着安条克。这样的话，您可确信，在至关紧要的时候，您将会获得基督徒同盟的全部帮助。您已然知道，在武功和勇猛上，基督教民族要优于所有民族，他们的忠诚和荣耀，无人能与之相提并论。所以，您不要忽视这个建议，您要毫不迟疑地欣然接受他的友谊。这样的话，在您同他结盟之后，您会发现，所有基督徒都将自愿提供给您全部帮助。"这位王公意识到这个建议是明智的，这样一来，他就能够抵挡里德万和他那数以万计的军队。他派遣一个信仰基督的信使——他是叙利亚人，有着绝好的口才——前往安条克，去见戈德弗里公爵，这样讲道：

8. "阿扎泽王公向伟大的王公，公爵戈德弗里致意，祝万事顺意。在我们的人的建议下，我们准备与您达成彼此间的和平及友谊，建立起忠诚和友爱，并共享我们战争所必需的全部武器。我们发现，您是一个力量强大的王公，并且，您能够为与您结盟的人提供支援，您也不会因为轻率而解除诚信的盟约。因此，先于所有人，我们选择了您，与您会谈，寻求您的帮助。我们达成协议，凭借如此的承诺：您将永享我们不变的信任。阿勒颇的里德万成为了我们的敌人，他从各处集合起了突厥援军，很快就要带着强大的军力、为数众多的军队来到我们的阿扎泽城堡。我已然决定,不靠着其他突厥王公来迎击、抵抗他,而是向您求援,如果您不拒绝信任、帮助我的话。"在听完这名使者的讲话后,公爵戈德弗里采纳了自己人的建议,质询所提和议的诚意。他犹豫不决,唯恐突厥人背信弃义,会以邪恶的诡计对他和他的人造成伤害,在某个邪恶的借口下破坏协议。

9. 阿扎泽的王公从他的使者的陈述中获悉,公爵和他的人对此协议心怀顾虑,不是十分相信突厥人的承诺。他将自己非常疼爱的儿子,名叫马胡麦特(Mahumeth),当作人质送到了公爵那里。这样的话,从此以后,他就能在彼此间所建立的和约及协议上获得更多的信任。在将他的儿子收为人质后,公爵同他达成了信任和友谊,以不变的誓言承诺,帮助他对付所有的敌人,永不食言。因此,在做出了这些承诺后,他决定,将于某天集合基督教的军队,前去救援,对付里德万,在主上帝耶稣基督的帮助下,击溃围困阿扎泽的突厥军团。当公爵诚心诚意地承诺了这些后,阿扎泽王公的使者们非常高兴,欢喜不已。他们立刻将随身带着的两只鸽子——可爱温驯的鸟——从衣服中拿了出来。他们将公爵的答复和可靠的承诺记在了纸上,再将纸用线系在这些鸟的尾巴上。他们将鸽子从手中放了出去,以将这些好消息带走。公爵和所有陪同他的人,都对放走这些鸟感到吃惊。不过,使者立刻解释了用鸟来传递消息的原因:"尊敬的公爵阁下及您的拥趸,不要对我们释放鸽子感到惊奇。我们并非孩子气地、漫无目的地将它们送出去。放它们出去是有原因的。它们不停歇地快速飞翔,能迅速将您对我们王公守信的消息送走。这样一来，不管我们在路上是得了运气还是受到妨碍，它们都能确保您的帮助万无一失。此外，这些鸟带着信件被先行放走还有另外的原因：如果将信件放在我们的衣服中，被我们的突厥兄弟发现的话，我们的死期就到了。"这些鸟已经带着托付于它们的信件飞走了，忠诚地返回了阿扎泽王公的御座和餐桌。阿扎泽王公如他平时习惯的那样，亲切地收回了这些家养的鸟。他将信件从它们的尾巴上解了下来，打开阅读公爵戈德弗里所提秘事，知晓了他支援阿扎泽的日期，以及将要救援他的基督军队那成千上万的庞大数量。

10. 在通读、知晓了信的内容后，他确信了戈德弗里的友谊和诚信。他以大量的军事武装固守阿扎泽城堡，并从各地召集了众多的突厥人前来支援。这时，里德万率着一支有着40000突厥人的强大军队，进入了阿扎泽平原，在城墙周围扎下了帐篷。他日复一日地猛烈攻击着防御墙和塔楼。就在他停留于此5天后，戈德弗里到来了。他率强大的军队从安条克出发。他们带着漂亮至极的旗帜，穿戴着锁子甲和头盔，有骑马和步行的弓手，用3天时间走完了路程。公爵的兄弟鲍德温被他的信使召唤，率3000名战士从埃德萨出发，微风下，旌旗飘扬。在经过了一天的行程后，鲍德温与他会合。但是，博希蒙德和雷蒙德很是嫉妒，愤愤不平，因为阿扎泽的王公首先向戈德弗里派去了使者，达成了同盟，并为了相互间的诚信，将自己的儿子送与他做人质。因此，他们拒绝动身，不愿参与到公爵的这次征伐中去。

11. 在行进了一天的路程之后，公爵看到这些王公因为嫉妒留了下来，哄劝、告诫、谦卑的请求都无法说服他们过来，便再次向他们派去了使者，这样说道："你们是军队的支柱和领袖，不向我们——你们的基督教兄弟——施以援手，用虚假的借口与我们背道而驰，这么做是不合适的。因为，迄今为止，不管是在怎样的险境或不测中，我们从未让你们失望过，相反，在这次的旅程中，我们甚至总是准备为你们而死。请你们完全相信，如果你们今天仍不行动，不为此项事业向我们提供帮助的话，我们将成为你们的敌人，我们将不再有义务插手与你们有关的任何事情。"博希蒙德和雷蒙德看到，整个基督教军队都响应公爵戈德弗里的号召，坚持要前往阿扎泽，公爵和其他的兄弟们向他们表达了愤怒，他们意识到对自己的兄弟行事不公，感到了懊悔。他们召集起了大约4000名同伴——骑兵和步兵一样多，沿着大路，随戈德弗里而行，在阿扎泽地区同他会合。集合在一起的王公和他们的军队，共计有30000名战士。里德万和跟他一起围困阿扎泽的人，得知基督徒的队伍已经到达了附近的平原，从营地的远处看到黑暗中发光的火焰及腾起的烟雾。商议后，他们达成一致，将营地从封锁中移走。他们知道，自己根本无法对付如此众多的人。他们中的约10000人绕了一个大圈，沿着所知的小径，在山中行进，用箭矢从基督教军队尾部攻击军中在最后面跟随着的朝圣者们。突然间，600人受到了袭击，恐慌不已，死于剑下。公爵和他的人对此并不知情，他们走在前面很远，相隔2罗马里。

12. 当公爵和他的人得知了这个残忍的消息后，纵马疾驰，加紧赶路，在阿扎泽地区的一座山谷中遭遇了这些突厥人——他们正从这场屠杀中返回。基督徒用矛和剑对他们造成了不小的杀戮。这些人被摧毁,从山上浓密的灌木丛中逃走,之后,公爵和其他的首领前往阿扎泽城堡。阿扎泽的王公带着300名穿戴着闪闪发光的头盔和锁子甲的战士前来迎接他们,为公爵所做的帮助他们成功打败敌军的所有事情,向他多次致谢。在此地,于在场所有人的眼前,协议更新了,在永恒的友谊下,他同公爵联合了起来。他坚定不移地承诺,永远不会疏远同公爵的伙伴关系,也不会疏离基督徒的友谊和亲善。公爵在自己人的建议下,同他立约,将镶嵌着绝妙的金银的头盔、非常漂亮的锁子甲赠予了他。布永的赫布兰德,尊贵的骑士,战功赫赫,以前总是穿戴着它们作战。就在里德万逃走,不再包围阿扎泽的时候,这座城堡的王公受到公爵和所有同行首领的亲切褒奖。恢复了安宁后,军队返回了安条克,所有的王公都住在了那里,生活在胜利、伟大的和平之中。

13. 在这之后,前述过的那场疫情越发扩大、愈演愈烈。许多的王公,同普通人一道,即将死去。公爵戈德弗里想起以前同国王亨利四世——罗马人的第三任皇帝——征伐罗马期间,曾遭受过非常相似的灾难的折磨,在8月的那次瘟疫中,500名最为强壮的战士,以及许多的贵族丧了命,许多人同皇帝从罗马城撤离。现在,他因相同的瘟疫而恐慌,从安条克撤走,退往帕科阿德和科嘉·瓦西尔的山区,住在了拉沃德拉城和图柏赛腊城。在围困安条克之前,这两座城市被他的兄弟鲍德温所征服,在他迁往埃德萨之后,它们被留给了他的公爵兄弟。

14. 事实上,在这两座城堡中,有些亚美尼亚兄弟以修士的习惯献身于上帝，遭受了帕科阿德的战士的许多侮辱，这些战士就居住在与前述过的拉沃德拉和图柏赛腊地区毗邻的城堡中。他们看到这位公爵是个喜好和平、富有正义感的人，就来见他，控诉他们所遭受的不公，控诉帕科阿德的卫城，控诉那些城堡以及它们为患的居民。至虔诚的公爵被基督的穷人们的控诉打动，并且，他没有忘记这个帕科阿德在基督徒仍旧围困安条克城墙时对他做过的不义之事。他被激怒了，计划为所有这些事情报仇。这个帕科阿德曾经抢劫过鲍德温——公爵的兄弟——的使者许多奢华的礼物、金钱和其他的东西，当时他们正从帕科阿德的土地和家乡经过。他有恃无恐地将所有这些东西送给了博希蒙德，以同他缔结友谊。因此，公爵现在被这些不义及穷人的控诉激怒了，从自己的随从中选出50名战士，穿锁子甲，带盾牌，持矛，带着弩炮和亚美尼亚弓手出发，前往附近的卫城，帕科阿德的犯罪的强盗就住在那里。他带着全部力量到了那里，发动了突然袭击，用火焰摧毁了它，将之夷为平地。在他的命令下，在那儿发现的20名战士被弄瞎，以作为对帕科阿德胆敢施加于他和基督的穷人的傲慢和不义的惩罚和报复。同样地，因为科嘉·瓦西尔对基督徒造成的各种侮辱和不公，他的卫城和城堡受到了控诉，在公爵军力的进攻下，那些地方被征服，并被夷为平地。

15．公爵戈德弗里从阿扎泽返回安条克，将他的人质马胡麦特留给安条克的信者看管，起程赴图柏赛腊和拉沃德拉，鲍德温也带着他的人返回了埃德萨，此后，军中许多人去了埃德萨城，他们中既有尊贵之人，也有出身低微的人：内勒的德罗戈、图勒的雷纳德、贝济耶的加斯顿、沙特尔的富尔彻及其他的首领和随从。他们或百人为一组，或50人为一组，有的骑马，有的步行。他们想要服军役，从成了这座城市和这个地区的公爵及王公的鲍德温那里挣得报酬，打算在他那里待上一段时间。事实上，他们承受着非常大的困难，他们的必需物资被长期的征战消耗殆尽。他们拥向那里，人数和力量与日俱增，最终，差不多整座城市都被高卢人围了起来，为他们提供食宿款待。日复一日地，鲍德温赠予每个人大量的礼物，有拜占庭金币、银塔兰特和器皿。鲍德温凭着战争及冲突，征服了许多地方，击败了所有反对他的人，还征服了周边的突厥人及所有的民族，直到这片土地上的贵族及强权者都与他缔结了协议为止。

16. 罗哈斯——即埃德萨城——的12位王公及本地人意识到，这些法兰克人正以如此的方式从安条克及所有的地方蜂拥而来，在各种行动和技艺上都卓尔不群，其建议被置于自己的之前考虑，鲍德温跟法兰克人在处理这片土地上的各种事务和工作时，比平时更加地忽略他们和他们的决定，他们激愤不已，对他和他的人非常恼火。他们以为自己会被这些人完全驱逐出去，因此，他们对于让鲍德温成为这座城市的公爵和领主感到非常不满。于是，他们秘密谋划，向突厥人派去了使者，密谋背叛鲍德温，或是杀了他，或是将他同他的人一起从城里赶走。就在他们秘密地频繁开会，准备此事时，他们中的一个叫作恩珠（Enzhu）的人一心一意地对鲍德温保持着忠诚，将诡计的发起者和谋划者详细地透露给他。出于这样的原因，鲍德温必须要夜以继日地保护好自己和自己的人，以及城市的入口，不因被出卖而受到伤害，以免突厥军队发现他们缺乏准备，疏于防范，有机可乘。鲍德温透过这番诚实的叙述，以及他们变得不友善的表情，明白了：他们正在谋划一场巨大的叛变。他将一队效忠于他的高卢人组成的家族武装派了去，命令将所有共谋作乱的人抓起来，关押到监牢中，将他们全部的财富及众多的金钱运到他的宫殿中，为了军役，他毫不吝惜地将它们偿付给了自己的随从。

17. 此后，许多天过去了，这些人为了性命无虞和肢体健全，极力祈求，向他做了许多的辩解，通过求情的人，为了赎回自己主动交出了不少的礼物。在自己人的建议下，鲍德温一直在力争有更大的收获。他从探子口中得知，这些人在附近的城堡和筑垒中藏匿了大量的财宝，这些贵重之物避开了基督军队的耳目。最终，因为雇佣士兵，以及他赠予了他人数量庞大的礼物——不仅给予了高卢的贵族，还给了低微之人——鲍德温的财富被消耗殆尽，于是，他同意接受谢罪礼充作囚犯的赎金。他仅仅拒绝了两个人的谢罪礼，他命令将这两个罪大恶极、犯有叛逆罪的人弄瞎；将民众中若干共谋犯罪者的鼻子、胳膊或脚砍掉，赶出城去。从每个人那里收来的，不少于20000拜占庭金币——或30000拜占庭金币，或60000拜占庭金币——的赎金被放到了公爵鲍德温的金库中。此外，还有驴子和马匹、银质器皿和许多贵重的装饰品。自此以后，公爵鲍德温在埃德萨城中变得受人敬畏，他的名声一直散布到了这片土地的边界。

18. 鲍德温的岳父——他叫塔普努兹——看到鲍德温

如此报复那些叛变的人，还没收他们的财物、折磨他们的肢体，非常害怕，找到机会便逃往他在山中的城堡，不再返回，唯恐因自己所拥有的金钱而遭受死刑。索罗吉亚城的巴拉克盼望着从鲍德温手中夺回这座城市，或者夺取些利益。他因为高卢人进入后，鲍德温的心思完全倾向于他们而感到沮丧，开始暗自于心中谋划诡计，要用诡诈的建议将鲍德温引向毁灭。最终，他找到了一个邪恶的诡诈之法，以为可以欺骗、毁灭了他。一天，他去见鲍德温，仿佛极尽忠诚，这样说道："我知道您是一位有着强大力量、非常勤勉的人，不吝惜于奖赏自愿为您服军役的人。因此，我暗地里发誓，不仅将我、我的儿子和妻子托付于您的手中，而且还要将我的阿马查城堡移交给您。有了它，您就能征服非常大的一片土地。您可以选个最合适的日子去接收它。"鲍德温完全相信了极其恳切、忠诚地同他讲话的这个人，因能接管这座城堡感到欣喜不已。他定了一个日子，在那天，按照巴拉克的话，这座城堡会被毫无妨碍地移交给他。

19. 随着日期临近，心怀诡计的巴拉克将 100 名有武器和锁子甲保护的突厥人带入了阿马查城堡，在城堡各处的房屋中设伏，想要在鲍德温和他的人进城后活捉他，使其臣服。鲍德温没有察觉他的诡计，于这天动身，径直前往阿马查城堡，随行的还有 200 名战士，这些人身体强健，可以应对所有军事战斗。他们认为巴拉克准备移交这座城堡，就像他所承诺的那样。巴拉克再三请求，以甜言蜜语哄骗、奉承他，想让他带上从同伴中选出的一些人，进入并接管城堡，并将他想留下的忠实的随从交给自己看管。

鲍德温差不多听信了这个阿谀奉承的人，已然准备带上自己的一些同伴上山进城，吩咐其余的人留在外面。但是，一些明智的高卢人根本不相信巴拉克的话和承诺，单独将鲍德温带到一边，强烈责怪他这么快就相信了这个突厥异教徒的话，还在巴拉克没有给予任何担保或人质的情况下，就同意带着一小队人进入城堡。

20. 最终，经历许久的犹豫不定和众多商议，加之基督徒不让鲍德温本人进入城堡，双方做出决定：鲍德温和同伴们在山谷中等待，先派他所信任的12名同伴去接管卫城，由他们去接收钥匙和门闩，切实地将卫城置于鲍德温的统辖之下，并将巴拉克的人排除在外。立刻，12名去接管卫城的人被选了出来，带上武器，穿上锁子甲，进入了阿马查城堡和塔楼。他们即刻发现自己陷于埋伏之中。100名突厥人从房屋里猛冲出来，持着武器和箭矢包围并抓住了这些人；他们根本无力抵抗如此众多的突厥人。这12个人中，只有两人在经过一场勇猛、激烈的战斗后，从敌人手中逃脱。他们突然逃入了一间有窗户、能够俯视到山谷的上层房间，拔出宝剑，英勇地抵御追来的敌人，同时，从窗户伸出头去，竭力警告正同自己人站在山脚下的鲍德温当心诡计。他们喊道，10个人已经因虚假的诺言被俘虏了，而他们自己显然正处于死亡的险境。

21. 鲍德温从他们焦急的呼喊声中得知，事情的发展截然相反，巴拉克的诡计暴露无遗。鲍德温因自己人被俘悲痛异常，备感折磨。但是，他手足无措，不知道该怎么做，也不知道怎样才能将他们解救出来。这座城堡坐落于峭壁的顶上，是人的计谋或力量都无法征服的。最终，因为这些如此杰出的人的不幸而痛苦万分的鲍德温，猛烈地指斥巴拉克不义的诡计，提醒他想起自己发过的誓言。鲍德温告诉他，如果他能归还俘虏，他就能获得大量的黄金和拜占庭金币，以作他们的赎金。但是，巴拉克拒绝了所有东西，只要索罗吉亚城。鲍德温以主上帝起誓，绝不会将这座城市交给他，即使当着面把所有俘虏碎尸万段也没用。巴拉克完全不听鲍德温的要求和警告，除了索罗吉亚城，不管提出什么东西，都不接受。鲍德温返回了埃德萨，因自己被俘的人感到悲痛不已，非常哀伤。从这天起，鲍德温开始极端地痛恨突厥人和他们的主意、帮助及萦绕不散。

22. 在这之后，没过多少天，萨莫萨塔的巴杜卡——他本应将妻子和儿子交给鲍德温做人质，但他施以诡计，拖延了许多天——进鲍德温的王宫阿谀奉承。鲍德温下令，让高卢人将他抓了起来，砍掉了脑袋。鲍德温将沙特尔的福尔贝特，连同100名可靠善战的战士，派驻在索罗吉亚城。这样的话，他们就能长期进犯侵扰阿马查，竭力地去还以颜色，让他受到应得的惩罚，为被俘的兄弟报仇。于是，一天，福尔贝特率着他的人出发，去阿马查的土地上劫掠强夺。他们预先派出了一些同伴，引诱突厥人从卫城前往福尔贝特设伏的地方，然后，双方交战，6名突厥人——他们是巴拉克的战士——被俘虏并被带走。巴拉克为了赎回被俘带走的人，归还了鲍德温的6名同伴，但是他仍然监禁着6个人，直到鲍德温动身前往耶路撒冷。这之后，由于疏忽，还因为巴拉克的看守长期的倦怠，4个人逃走了。他命令，将杰拉德——他是鲍德温的心腹和亲信，连同皮赛洛（Pisellus）——他是维桑的显赫尊贵的骑士留代拉德姊妹的儿子，一同斩首。

23. 当戈德弗里因为遍及安条克各处的致命灾祸广泛传播，正待在拉沃德拉和图柏赛腊的时候，就在这场瘟疫横行的时候，从多瑙河畔的雷根斯堡（Regensburg）城和莱茵河畔的其他城市召集、集合起来的，出身德意志的1500人经海路坐船，抵达了安条克城，进入了圣西蒙港。他们是来扩充这支前往耶路撒冷战斗、支援的基督教大军的。然而，就在这支队伍于8月同新近胜利的朝圣者混合起来后，他们同样被这场致命的灾祸所吞噬、毁灭，以至于似乎这1500人中没有一人幸免。

24. 同时，在基督徒胜利后，安条克国王亚吉·西扬的儿子桑萨多尼阿斯以3000拜占庭金币的代价从威廉[1]那儿赎回了他的妻子和两个儿子。威廉是一位贵族，是普罗旺斯伯爵雷蒙德的同伴和同胞，他在第一波进攻进入安条克的时候俘虏了他们，当时天刚亮，他们还在熟睡中。还是在这个时候，在拉塔基亚被希腊国王的特科波佣兵俘虏的布伦之地的吉内梅（Guynemer），在长久的束缚和长期的囚禁之后，应公爵戈德弗里的要求释放，返回了安条克。但是他已经遭受了严重的刑罚。此外，阿扎泽王公的儿子——被送到戈德弗里那里做人质的男孩马胡麦特——既受到他的12名仆人殷勤的守护，也处在戈德弗里臣属精心的照料之下。他留在安条克，所需物资由公爵家族供应，时刻无缺。事实上，在看到公爵和其他的权势者因为迫在

---

[1] 译者注：即蒙彼利埃的威廉。

眉睫的灾祸而从安条克迁往他处后，有人声称，这样大量的死亡来自这个地方的疾患，有人则称是来自8月的瘟疫。于是，在9月初，非常多的人动身前往前述过的圣西蒙港，以作逗留。在突厥人被杀戮，科布哈逃走之后，海员们再次乘船来到这里，带来了生活必需的物资，将物资卖给贫困的人们，应有尽有，十分充足。

25. 在这个月中旬之后的一个寂静的夜晚，万物都如惯常的那样从睡眠的松弛中恢复的时候，一次惊人的显圣在天穹展现于所有夜间值守的人的面前。星星仿佛从天空的各个区域集中到了一起，紧密地聚集在一个有1个阿提乌姆（atrium）[1]宽、3个犹格（juger）[2]大小的空间里，散发出炽烈的光亮，就像被堆积在一起，于锻炉中熊熊燃烧的煤炭。在长时间骇人的闪耀迸发之后，它们逐渐黯淡，在筑墙城市的环形下，以王冠的样式环绕天际。它们很长时间内就一直如此保持着环形。最终，它们分裂开来，在环形的一边呈现出一条通道和路径。基督徒的守夜人被这番有所象征的景象吓坏了，大声地喊醒所有沉睡的人，起来看并议论这个征兆的含义。所有人都惊讶不已，并对这预示着什么提出了各种各样的看法。有些人声称，这意味着，耶路撒冷城里挤满了大量的异教徒，它因为他们的力量和聚集逐渐消散、衰弱。因此，最终，它显现出了一个供基督之子们进入的通道。有的人则称，这是仍旧将军力聚集在一起的基督的军队，因神圣的虔诚热情而炽

---

[1] 译者注：atrium，一种耕地测量单位。
[2] 译者注：1英亩，更确切地说，是1个犹格（juger）的土地，犹格是罗马计量土地的单位，计28800平方英尺，也就是240英尺长乘120英尺宽。

烈发光。最终，它被分散到了被异教徒不公正地占有的土地和城市中，将强有力地压制、统治耶路撒冷和安条克的周边。有些人则说，这象征着现在大规模的死亡和众多的朝圣者像云一样聚集在一起，日益伤亡损耗，变得越来越少。因此，他们各有各的看法，互相争论。但是，因上帝的意愿，如他们所说的，这次显圣的意义转向了好的方向。在10月，当8月的炙热缓和后，戈德弗里公爵及所有的基督教同伴受到召唤，从各地返回了安条克。雷蒙德伯爵、佛兰德斯的罗伯特、诺曼底王公罗伯特、博希蒙德和其他的王公聚集一处，始终留在安条克。他们达成了统一的意愿，并采取行动。他们分散开来，动身前往位于安条克周围的土地和城市，对抵抗和反叛者施加封锁包围，迫使其屈服于他们的管辖。

26. 因此，他们率武装阵列，首先前往资财非常丰富的阿博拉（Albara）城。他们没有费太大的力气就征服并占领了这座城市，将其中发现的突厥人、萨拉森人斩杀于剑下。然后，紧随着这场胜利，雷蒙德伯爵、诺曼底王公罗伯特、公爵戈德弗里的兄弟尤斯塔斯、佛兰德斯的罗伯特、成为了安条克王公的博希蒙德转向马亚拉（Ma'arra）。这是一座突厥人的城市，充满了武器和军队。戈德弗里、博希蒙德和佛兰德斯的罗伯特仅仅在那里待了15天，然后，这三人返回了安条克。他们离开了在马亚拉城周围的伯爵雷蒙德和诺曼底王公罗伯特、尤斯塔斯和坦克雷德，以及他们数以千计的随从。然后，在数日之后，公爵戈德弗里集合起40名全副武装并骑马的同伴，动身前往埃德萨城，这座城市距离安条克有7天的路程。在那里，他的兄弟，率领自己全部附庸占据这座城市的鲍德温，与他在广阔的幼发拉底河对面的半途中会面，彼此间做了会谈。于是，博希蒙德——他的心中充满了对雷蒙德伯爵极大的嫉妒和愤怒——因公爵戈德弗里离开、雷蒙德外出而看到了机会，令号手发出信号，将自己的同伴召集起来，以强大的军力猛攻那座毗邻着费尔纳桥的塔楼，用战斗和弓箭手将伯爵雷蒙德留在塔楼中的战士打败了，将他们从卫城和城里驱逐了出去。因此，他独自掌控了安条克。

27. 在这之后，公爵戈德弗里同他的兄弟会谈完毕，道了别，率领着上述的那40位同伴，即刻赶路，返回在安条克的兄弟、王公们那里去。他在图柏赛腊、拉沃德拉及其他地方受到了和平慷慨的招待。然后，他很快就进入了一个人称"主教之地"（Episcopate）的地区。在此地，他坐在一处泉水旁，临着草地，青草艾艾，跟同伴们吃着早餐，将装满葡萄酒的皮囊，以及其他随身用骡子、马匹装载着的生活必需品拿了下来。正当他在这儿同自己人安全地吃早餐的时候，他从派出去侦察突厥人伏击的男孩们那里得知，100名突厥人正躲藏在一座鱼类丰富的大湖旁长满水草的沼泽地中，就在一座山旁，距离安条克城有5罗马里远。他们隐蔽在那里，等待着这位公爵回来。当突厥人的伏击暴露了之后，公爵即刻推迟了野餐，立刻跟年轻的同伴们上马，拿上武器，穿上锁子甲，赶去迎敌。同时，突厥人也未迟疑，掉转马头迎着他们，大胆地用箭和弓同他们交战。然而，胜利的命运被赐予了人数虽少，但为性命而战的公爵和他的人。最终，公爵和他的人获胜了，用长矛刺穿了逃跑的突厥人，并将一些人斩首，将他们的人头悬挂在马鞍上，连同战利品和他们的马匹，运往安条克城。这位公爵发现博希蒙德成为了整座城市的王公后，向他和其他的首领及兄弟们讲述了在路上，上帝为他所做的全部事情，以及如此众多的突厥人是怎么被这样一支小队伍打败、毁灭的。

28. 在公爵戈德弗里胜利返回后，过了一段时间，基督的子民都在私下抱怨，他们只是被耽搁在安条克城，根本不继续前往耶路撒冷的旅程。正是因为对耶路撒冷的向往，他们离开了故土的海岸，经受了如此众多的困苦。在人们中间，出现了巨大的纷争，许多人不再追随公爵戈德弗里、佛兰德斯的罗伯特、博希蒙德，不相信他们给出的不久之后就会前往耶路撒冷的答复和话语。最终，上述的王公意识到，人们已经不耐烦了，并逐渐地不辞而别，于是，他们开始禁止任何人从海路返乡，在诸港口的各处布置看守。他们决定，在圣烛节[1]召开会议，讨论人们的这些不满。因此，在安条克，在被召集到一起并做了讨论后，所有人——不分贵贱——决定，于3月的朔日一同前往拉塔基亚——它在基督教的掌控之下，然后，在那里将周围的军力聚集起来。这样，他们就不必忌惮任何性命之忧，不必再拖延前往耶路撒冷的旅程。

29. 同时，伯爵雷蒙德受困在马亚拉城周围，长达5个星期的围困。他待在那儿的队伍中的所有人也是如此。他们在这座城市周围扎营了很久，受到了突厥人的猛烈阻

---

[1] 译者注："purificatione sancte Marie"，又称"圣母行洁净礼日"或"献主节"等。这天为1099年2月2日。

击，遭受了一场大饥荒的折磨。这没什么好惊奇的，因为经过了长时间对安条克及现在这些城市的围困，周围大部分地区的食物都被耗尽了，多数居民带着他们的财产、牧群，逃到了山里。在雷蒙德的军中，以及以雷蒙德为首的联军中，有10000人离开。这讲来惊奇，听来可怕。这些城市周围饥荒的苦难愈演愈烈，以至于——这事说来都邪恶，更不必说做了——因为你们所听说过的匮乏，基督徒不仅不畏惧于吃杀死的突厥人或萨拉森人，还将抢来的狗用火烹煮着吃。但是，这又有什么好惊奇的呢？什么宝剑都没有在长期饥饿时那般锋利。

30. 因此，伯爵雷蒙德看到因饥饿越发衰弱的人们的痛苦和悲伤后，集合起骑兵力量，动身进入山区，不时地将大量的劫掠品、食物带回来，上帝的子民总是能靠着它们重新振作。就在此地，于黎巴嫩的群山和沙漠中，许多基督徒受迫于这样的匮乏，外出寻找食物，被突厥人发现、屠杀。经常有出自大马士革的伏击，那是突厥人的一个特殊的据点。他们骑马冲向那些远离军队、围城，分散开来四处徘徊的人，屠杀一些人，用致命的箭矢射穿其他人。于是，伯爵雷蒙德得知了他留在城市周围的人因突厥人的伏击而遭受的灾祸，怒不可遏，想尽办法去终结这样的罪恶。因此，他去进攻位于山中的塔拉姆里亚（Talamria）城堡。他用一队勇敢的人征服、毁灭了这座城堡，连同其中发现的突厥人。他带走了这座城堡的木材，用它们修建了一座攻城塔，用来征服上述的那座筑有城墙和防御墙的马亚拉城。在造好这座攻城塔，放置好其他装置后，不长时间，这座城市就被攻克了。它被伯爵和其他的王公——罗伯特、坦克雷德、尤斯塔斯——征服、摧毁。持着盾牌，身穿锁子甲的基督教战士占据了城市的中心，勇猛地击退了突厥人，保护住了自己，并将他们击杀于剑下。他们追击一些逃到卫城的突厥人，将他们烧死，然后，在那里平静地待了3个星期。在那里，除了大量的油之外，他们只找到了很少的食物。伯爵休的儿子林格洛兰德，一个非常勇敢的年轻人，因疾病被留在了这座城市，丢掉了性命。他的尸体被安葬在了使徒圣安德鲁的大教堂中。

31. 在前述的马亚拉城被征服、摧毁后，前述的王公们的军队来到了一座名为"欢乐"的峡谷。在那里，他们找到了大量的必需物资，在8天的时间里，将因为饥饿而疲惫、虚弱不堪的身体恢复了过来。就在此地，他们攻占了山中两座有突厥人和萨拉森人居住的城堡。之后，他们没费多大力气就征服、占领了一座名叫托尔托萨（Tortosa）的城市，并将它置于伯爵雷蒙德的掌控之中，由他来看守。随后，他们继续自己的旅程，进入了一座名为"骆驼谷"的峡谷。在那里，他们获得了战利品和大量的食物，然后动身前往一座不可被机械和人力所征服的，名为亚卡（Arqa）的城堡。他们在那里扎营，宣布要停留一段时间，直到他们征服守卫，攻占了这座卫城为止。最终，于此处，他们布置了投石的机械和装置，还有大量的石头，用来攻打塔楼和古代城墙，意欲恐吓、吓跑被围在这座城堡内的战士。但是，他们发现，那些防御者不屈不挠、不可征服。里面的异教徒也用投石机投射石头，轰击、抵抗着。他们还用箭矢和石头对基督徒造成伤害。里布蒙的安塞尔姆是一个非常尊贵、好战的人，正当他猛烈进攻卫城的守卫时，从这座卫城内飞出的石头击中了他，使他头骨破裂。王公们，因为兄弟、战友安塞尔姆——最显赫的人——的死，以及被围突厥人的抵抗而悲痛、烦恼。他们计划着用自己的技艺，挖空城堡围墙地基下的山石，这样一来，在地基连同防御墙、城墙一起倒塌后，在防御墙、城墙、卫城上的异教徒同时会被垮塌的石头、建筑掩埋、死亡。然而，这次的努力徒劳无功。因为，里面的人从相对的一侧挖掘、打洞，用他们的器具阻碍基督徒的工具，使得其工作无法奏效。

32. 在这里，在这场围城中，发生了一场关于圣矛的争论和质疑：主的侧肋是不是被这把矛洞开的，许多人心存怀疑，他们之间产生了分歧。由于这样的理由，最初的发现者，那位透露此事的人，从火中穿过。如人所说，他走了出来，没有受伤。普罗旺斯伯爵雷蒙德本人及雷蒙德·皮莱，将他从那些嫉恨之人的手里及逼迫中解救出来。自这天起，他们和他们的全部军队都崇敬着这支矛。在这之后，有些人讲述，这位教士被这次试炼的火焰折磨得很厉害，他很快就死了，被埋葬了。因此，这把矛开始变得不再那么受信者的崇敬，他们相信，它的发现更多地归于雷蒙德的贪婪和有意为之，而非任何神圣的真实。就在马亚拉、托尔托萨、亚卡周围的围城正在进行的时候，男孩马胡麦特——他被父亲、阿扎泽的王公作为人质送到了安条克，被托付给公爵戈德弗里监护——害病而死。戈德弗里依照异教徒的习惯，给他包裹上了贵重的紫衣，送还给了他的父亲。他诚心诚意地告知这并非他的罪过，因为男孩并非因为他的疏忽而死。他申明，自己为这个孩子的死感到非常悲痛，就像他的兄弟鲍德温死了一般。王公友善地接受了公爵的歉意，并且，他从自己家族的人——他们被他派去，做男孩的守卫——那里搞清了真相。他完全没有改变所承诺的忠诚，他依旧坚持着同公爵本人，以及他的兄弟鲍德温所达成的全部协议及和约。

33. 于是，就在这年3月的朔日跟着到来后，公爵戈德弗里、佛兰德斯的罗伯特、博希蒙德及所有仍旧留在安条克的王公，如他们所宣布的那样，将自己的军队集合于拉塔基亚，约有20000名的骑兵和步兵。随后，他们在杰拜拉（Jabala）城附近扎营。它位于海岸，富庶丰饶。基督徒在其周围施加封锁，要进攻、赶走驻守于其中的萨拉森人及所有异教徒。然而，博希蒙德带着他的人返回了拉塔基亚，然后折回了安条克。他总是焦虑、多疑，生怕因诡计或恶行而丢掉了那座无法为人力征服的安条克城。迅即，在听说了阿博拉和马亚拉的毁灭，以及突厥居民所遭受的杀戮，还有当下亚卡正遭受的长期围城和攻击后，萨拉森的战士和市民做了商议，提出给公爵戈德弗里和佛兰德斯的罗伯特无数金钱，以换取杰拜拉城及其市民、葡萄园、所有的农产品不受损害，且基督徒的军队前往他处。这个提议被上述的王公们断然拒绝了，唯有这座城市，连同钥匙，都被交给基督徒掌控方可。因此，市民和城市的行政官意识到，上述的王公们不会被金钱或任何贵重的礼物所贿赂，将营帐移走。于是，他们秘密地向在亚卡的伯爵雷蒙德派去了信使，他武功卓著，强大有力，在异教首领当中威名赫赫。他们想要他接受这些被公爵和其他人拒绝的金钱，以求他能够请求或用其他的手段，说服基督教王公们从围城中撤走。伯爵雷蒙德对金银总是贪得无厌,仔细考虑着诡计和花招,想着如何才能将这些王公从围困杰拜拉中叫回来,为了收到的金钱,将市民及他们的葡萄园、农产品解救出来。从一开始,他就觉得,他们一定不会拒绝他的请求。于是,他捏造了一个理由:大马士革数量庞大的突厥人,同萨拉森人、阿拉伯人及所有的异教徒做了商议,决定立即同正在亚卡的雷蒙德交战,所有带着众多精良装备的人,已然进犯到了他的界限之内。在这番捏造后,他派使者去见上述过的那些已然在杰拜拉周围待了一个星期的王公,请求他们赶快到亚卡来支援他。否则,他和那些同他在一起的兄弟,将无法于异教徒手中逃脱死亡的险境。然后,同样的殉教落在他们身上,亦是可以预见的了。

34. 在听了伯爵雷蒙德使者的话,以及据此人所言的,众多异教徒到来的危险和恐怖后,公爵和其他的同伴赶忙一致决定,所有人的心和言语,都因这样的想法提振了起来:"基督徒的大军唯有在安条克完整、不分开的情况下,才能自保,免受异教徒无数民族和武器的伤害。然而现在,大军一部分留在了安条克,一部分在这儿围困杰拜拉,一部分离开了,为了征服敌人的城堡和城市,去了亚卡。因此,我们的力量被削弱了,现在无法对抗那数以万计的异教徒,正如伯爵雷蒙德的使者告知我们的那样。如果命运多舛的话,我们在亚卡的军力会被毁灭,毫无疑问,我们也会迎来相同的厄运。我们不可能如此迅速地攻打并征服杰拜拉,因此,此刻我们不得不留下这座完整无损的城市,带着营帐和军队去帮助在亚卡的自己人,与我们的同伴一起迎战异教徒。如天国所愿，就如此做。"因为所有人都认为这个决定是好的、有益的，便都拥护支持，于是他们将营地搬走，不再围困杰拜拉，公爵戈德弗里、佛兰德斯的罗伯特及其他所有人都动身上路，带着武器和所有的战争装备，约 3 天后，他们到达了亚卡，去增强基督教同伴们的军力和资源。他们从坦克雷德和其他许多人那里得知了真相：根本没有异教徒的大军和威胁，伯爵雷蒙德谎称敌人集结，并现在将他们召来支援，别无他图，就是为了能获得金钱。这些钱是杰拜拉的居民为了自救而承诺给他的，以确保基督徒能撤走对城墙的封锁。

35. 这些王公意识到自己被这个诡计和虚假的消息蒙骗了，怒不可遏。因为此事，他们断绝了同雷蒙德的交往和联系，与他隔开 2 罗马里扎营。他们不帮他攻打亚卡，也不与他做任何友善的交流。此外，于此地，就在亚卡，因为一笔钱，拜占庭金币的佣金，在伯爵雷蒙德和坦克雷德之间出现了严重的不和。这位伯爵因为军事役，本应付给他这笔钱，但是，他并没有偿付给坦克雷德与其经营、领导下的战士所付出的辛劳、物力相配的报酬。就在公爵戈德弗里和其他首领到达此处的当天，一直提醒伯爵这笔佣金，但未得到任何有希望的答复的坦克雷德，同公爵站到了一起，忠实地依附于他，在军事上完全服从。他宣布与伯爵完全决裂，由此开始，他要对伯爵给他带来的伤害进行报复，他将不遗余力地以计谋、各种手段去伤害这位伯爵的同伴和朋友。结果，伯爵雷蒙德看到，公爵、佛兰德斯的罗伯特及所有跟他们一起的人都对自己不满，因为，他因贪婪而堕落，以虚假的消息误导了他们。他开始用自己的阿谀奉承、狡诈来缓和公爵的愤怒。他精于此道,自孩童时就已受了这样的教导。由此,他最终抚平了坦克雷德之外所有人的愤怒。然后,伯爵给公爵送去了一匹价格高昂、体格漂亮的马,想用这样的方式完全地安抚公爵的情绪。这样一来,他就能用这些礼物唤回公爵,同自己一同进攻亚卡。他知道,公爵是一个非常克制、友善的人,如果能与他和解,安抚妥当的话,其他人也会重新变得友善、和睦。刚刚达成和解的王公们,除了坦克雷德,自此时起,也投入力量攻打、围困亚卡城堡。自公爵到达那里之后,他们已布阵4个星期了。

36. 最终,因为难以忍受的辛劳、城内坚定到难以想象的防守,以及生活补给的短缺,所有攻城的人都疲倦不堪,不再挖掘山石。公爵和佛兰德斯的罗伯特的人私下有了抱怨,所有人都说他们无法再在这儿继续围城了,这座城堡难以于一年内被机械及武力所征服,纵然之后它能被饥饿之剑攻克。因此,所有人——不分贵贱——坚决地催促公爵,将营地从围城中移走,并如他们所宣誓的那样,继续前往耶路撒冷的旅程。正是因为对耶路撒冷的渴望,为了拜访主耶稣基督的圣墓,他们才从故乡的海岸跋涉而来。另一方面,伯爵雷蒙德用所有的方法和承诺予以抵制,想让他们再跟他逗留一段时间,直到这座卫城及被围在其中的异教徒被力量或计谋俘获为止。他详述道,里布蒙的安塞尔姆陨落于此地,他的众多同伴也因这些萨拉森人而被毁灭,有些是被杀死的,有些则死于非常严重的创伤。但是,任凭各种花言巧语或承诺,他根本不能阻挡他们的夙愿和心意。雷蒙德宣称,他和他的人要留在这个地方,直到敌人的卫城垮塌、被摧毁，为他那些被杀的人报了仇为止。

37. 结果，伯爵坚持着这样的意图，用各种手段拖延兄弟们离开。一天，公爵戈德弗里、佛兰德斯的罗伯特、坦克雷德，以及他们所有的追随者，用火烧了自己的营地，动身出发，不再围困亚卡。雷蒙德军中的许多人也跟着他们走了。他们也因为长时间的消沉乏味而疲倦不堪，不愿停留在亚卡，这尤其是出于他们一直以来对前往耶路撒冷的渴望。事实上，从开始算起，他们同这位伯爵一起，已经在亚卡城堡周围待了两个半月了。伯爵看到，所有人都跟着公爵走了，自己的军队不复存在，没多少人留下来帮助他，不管是否愿意，他都得随着公爵和其他人前行了。他和其他人带着自己的辎重，进入了的黎波里（Tripoli），也就是的波拉（Tripla）城的地界，这座城市位于海岸附近。在此地，所有人都远离城市扎营，如此庞大的一支大军，并没有损害土地上的作物，以及城市居民的葡萄园。事实上，这座城市的调停人和信使，之前曾频繁地前往亚卡，去见上述的王公们，带去了许多礼物，并且承诺，如果他们能够饶过这座城市、放弃它的财产，并且不会在这儿做他们曾经于阿博拉、马亚拉及其他城市做过的事情的话，还会给予更多的礼物。因为这个缘故，军队和整个领导层都远离城市驻扎，要看看，突厥人要以怎样的协议、和约，或者礼物来安抚他们，使彼此间达成友谊。此地有一种小的甜芦苇可吸吮，人们发现，它遍布于平原之上，非常丰富，名为"祖克雷"（zucra）。[1] 基督徒喜欢这种芦苇有益于健康的汁液，因为其中富含的甜味，他们几乎吃不腻。农民辛勤劳作，每年都会种植这样的草。在收获的时节，当地人用小臼将成熟的作物捣碎，再将滤过的汁液置入自己的容器中，直至凝结，硬化，有了雪或白色的盐的样子。他们将这些结块刮下来，或同面包相调配，或溶于水中，当作调味料。对那些尝过味道的人来说，它似乎比蜂巢还要甜，更有益健康。有人说，它是一种蜜，是国王扫罗的儿子约拿单于地表之上发现的，他不听话，大胆地去品尝。[2] 在围困阿博拉、马亚拉和亚卡期间，受困于可怕饥饿的人们靠着这些甜味的小芦苇极大地恢复了体力。

38. 壮丽富有的的黎波里城的统治者意识到信者的大军已然在城墙、城门前驻扎了许久，派人前往军队的首领公爵戈德弗里、伯爵雷蒙德、佛兰德斯的罗伯特、诺曼底王公罗伯特那里去，请求他们接受自己的礼物，让自己和平地占有自己的土地，不受他们的侵害。还有朱拜勒（Jubayl）城、亚卡城堡，亦是如此。最后，在达成协议后，这位统治者怀着伟大的友谊，前往王公们的营帐。他用礼物及和睦的言语满足了他们，还答应让一位老人做引路人，因为靠近海岸的山区中的路径错综复杂，不为人知。这个引路人由一条蜿蜒的路径，诱使他们从沿海走入艰险的山路，这条小径非常狭窄，以至于只能一个人跟着一个

---

[1] 译者注：这种作物为甘蔗，此前，很多欧洲人并不知道甘蔗的存在。这个时期，甘蔗已经被种植在欧洲的南部，并被作为商品，由威尼斯输入到了欧洲。
[2] 译者注：《撒母耳记上》，14：26、27、43。

人，一头牲畜跟着一头牲畜行进。这座山从山脉中一直向大海绵延而出，有很长的一段距离。在这座山的顶上，有一座塔楼，由一座门的上方突出，它被横着建在了道路上。塔楼的居所中可容纳6个人，在他们的防守下，所有活在天空之下的人都不可能通得过。不过，面对这支军队，以及的黎波里统治者的向导，这时没有人对要通过的人们横加拦阻。在靠着他们的萨拉森向导和同行旅者征服了这些极为艰难的狭窄山路后，他们回到了通往海岸的道路上，到达了朱拜勒城，的黎波里城市的统治者曾为这座城市说过情。军队离开了朱拜勒，依照承诺，并未损害它。军队离这座城市仅1罗马里远，在一条淡水河畔过了一夜。次日他们依旧停留在此处，等待那些因行走在陡峭乱石间而筋疲力尽的虚弱大众。

39. 此后，于第三天，他们拔营，再次沿着海岸继续前行，被带回到了某座山中令人惊异和难以置信的狭窄路径上。据说，因为突然而至、倾泻而下的暴雨形成的洪灾，这条山路被侵蚀出了洞，人们要通过，就必须从那儿穿越过去。离得极近又极为频繁的海浪拍打着这座山，以至于人们不能向左或向右转身，以免有人可能脚下出错，径直跌入大海的深渊。他们走完了这段隘路，并由群山中再次穿过了一座塔楼，跟上述过的那座塔楼一样坚不可摧；这两座塔楼都是空的，没有卫戍，因为那些萨拉森守卫心生对上帝，而非人类的恐惧。到了晚上，他们到巴里姆（Baurim），即贝鲁特（Beirut）城附近留宿，那位萨拉森同伴——也是同行者——总是走在前面，引导着他们。贝鲁特的居民们在得知基督徒到来，军队已然驻扎在城市的平原上之后，向上述的王公们送去了令人满意的礼物，还有和平的话语，如是说道："我们恳求你们，不要损毁我们的树木、葡萄园和庄稼，而是和平地通过。如果你们有好运，实现了占领耶路撒冷的意愿，我们会倾尽全部财物侍奉你们。"王公们对贝鲁特居民的这些恳求、承诺和礼物感到满意，他们率基督教全军拔营，再次沿着海岸继续前行，经过了同样的隘路、乱石丛生的崎岖之地。此地一直受到海洋风暴的猛烈拍击。

40. 在从这些隘路走出后，他们来到了一片平原上，那里有座城市，叫萨吉塔（Sagitta），即西顿（Sidon）。在那里，他们留宿于一条淡水河的岸边。在那里，他们发现了大量的石头。在他们之中，无数虚弱、贫穷的人疲倦不堪，躺下休息睡觉，一些人被叫作"塔伦塔"（tarenta）的蛇[1]咬到，丢了性命：由于难以忍受的干渴，他们的四肢开始难以想象地膨胀破裂开来。此外，这里还有萨拉森人，仗着己方的力量，从城市出来，大胆地挑衅这支军队，杀戮在这座城市的区域内寻找补给、必需物资的朝圣者。但是，萨拉森人受到了基督教骑兵的猛烈阻击，一些人被武器杀死，一些人将幸免于利器的希望寄托于波涛中，被湍流淹没，溺水而亡。因此，毫无疑问，为了给基督徒报仇，大军封锁了这座城市，想要摧毁它，但是，因为渴望向耶路撒冷进发，他们掉转了方向。在西顿这个地方，正当许多人受到上述毒蛇的危害，因即将死去而发出巨大的悲鸣、哀号时，当地人教会了他们这样一个疗法：被蛇咬到的人

---

[1] 译者注：这种蛇可能是蝰蛇，剧毒，在今日的黎巴嫩可以找到。

都要去找军中相当高贵、有权势的人，让他的右手碰触、抚摸过被咬的伤口，之后，扩散到肢体中的毒就不再有危害。同样地，他们还学会了另外一种疗法：被咬到的男人应该立刻同女人交媾，被咬的是女人的话，也要同男人如此交媾。这样，他们就可从毒的各种肿胀、高热中被解救出来。基督的子民还从当地人那里学会了制造噪声，他们动手敲砸石头，使得它们彼此间不断发生撞击，或者反复打击盾牌，这样一来，蛇就会被这样的噪声、喧闹所威慑，同伴们就能安然入眠，免受蛇害了。翌日破晓，一位基督教兄弟——他是一位门第高贵的骑士，名为沃尔特，来自威尔瓦（Verva）城堡——从队伍中召集起自己的一些同伴，动身前往山里，抢夺了大量的劫掠品。他将它们收集起来，派扈从和一些同伴将它们送往军中。他急于在一处四周都被群山环绕的地方做更广泛的搜寻，在通过了一条狭窄、难行的通道后，他看到了萨拉森人非常之多的牧群和财物。在那里，他被萨拉森人包围了。直到今日，人们都不知道他是怎么丧命的。

41. 然而，上述的王公们，以及他们的整个队伍不知道这位显赫的骑士为何会逗留在边界之外。在第三天，他们仍旧停留在西顿城地区，看看这位可敬的骑士能否从山中回来，抑或能否发现关于他下落的线索。但是，在一连两天都杳无音信之后，他们决定继续前进，不再驻扎于城前。由此，他们始终行进在平原上。随着向导，他们径直来到了提尔（Tyre），这时，他们称这座城市为苏尔（Sur）。他们扎营于此，在遍布于旷野的平原间驻扎了下来。在此地，有一眼泉水涌出，泉水被一座筑有墙的拱形建筑提升到了高处。因此,在其源头水流的推动力、充沛的水量下,流过来的水如此之多,全军都消耗不尽。[1]第二天,他们离开了提尔,到达了一座名为普托梅达(Ptolomaida)的城市,此时的人们称其为阿克(Acre),因为这座城市是上帝的以革伦(Accaron)。他们离开了海岸右侧的阿克,在从此地流入大海的一条淡水河畔待了两天。在这里,分出了两条路径:一条路自左侧,经由大马士革、约旦河,通往耶路撒冷;另一条则一直由右侧沿着上述的海岸前进,进入耶路撒冷。他们发现,在 50000 人中,只有 20000 人适于战斗,于是决定:决不能通过大马士革。这既是因为居住于大马士革的突厥人的数量,也是因为那里的开阔平原——在那儿,离着很远他们就会被四面八方的敌人看到,受到围攻。出于这样的原因,他们决定走位于大海、群山之间的沿海道路。在这条路上,他们受到右侧的大海及左侧高不可攀的群山的保护,可安心通行,他们经过了海法(Haifa)城,这座城市因盖法(Caiphas)得名,从前,他是犹太人的大祭司。在这天,他们安营驻扎于恺撒里亚(Caesarea)界内。它原本是斯特拉托(Strato)城,后来希律(Herod)重建了它,为了纪念恺撒,他称其为恺撒里亚。在这里,泉水由山脚下涌出,经开阔的平原流入到这座城里,公爵戈德弗里和佛兰德斯的罗伯特将帐篷安置于这片平原上,驻扎于此。伯爵雷蒙德和诺曼王公罗伯特也在这条河畔安营,但因这座泉水所形成的非常大的一片沼泽的阻隔,他们在后面,距离很远。他们在这里

---

[1] 译者注:显然是罗马帝国的高架水渠。

停留了4天，极为虔诚地庆祝五旬节的礼拜日——同时，也是圣灵降临之日[1]。

42. 于是，在经过了前述的这些未受损害的城市后，在星期一、星期二、星期三，他们在前面提到过的，恺撒里亚科纳利的界内及广阔平原内，在巴勒斯坦人的地方继续着自己的旅程。星期四，他们扎营于拉姆拉（Ramla）——也就是拉姆内斯（Ramnes）——城的河畔。他们决定在这条河道的岸边安置帐篷，度过一夜。佛兰德斯的罗伯特，以及来自贝济耶的武人加斯顿，从同伴中集合起500名年轻的骑士，并派了出去侦察城门和城墙。城门洞开，没有上锁，他们进了去，发现城里没有人。因为，在听说了围困、占领安条克时异教徒所遭受的痛苦、不幸后，所有市民，带着他们的孩子、妻子、牧群、财宝，从基督徒面前逃到了群山和荒漠之中。于是，这样一来，在发现拉姆拉城既没有市民，也没有武器之后，他们立刻派信使返回到扎营于河岸上的大公教子民那里，召唤所有人进入、占领这座城市，休养遭受巨大而长期辛劳折磨的肢体。朝圣者听到了这样的消息后，立刻动身前往城市，在其中休息了三天，靠着发现的葡萄酒、大量的谷物、油重振了精神。他们安排一名叫罗伯特的人在那里做主教，将基督教居民留在城中，他们要耕种土地，主持司法审判，恢复田地、葡萄园中的硕果。

43. 此后，在第四天到来后，朝圣者们继续沿着左侧的道路一同进发，离开了拉姆拉城。他们决定径直前往群

---

[1] 译者注：1099年5月29日。

山耸立之地,并在那里驻扎,这些山从四周环绕着坐落于其中的耶路撒冷城。但是,他们发现,此地极度缺水。一大队的扈从被派往 2 罗马里外的以马忤斯(Emmaus)城堡,在那里,据随行的萨拉森旅者,也就是那位向导所述,有装满水的蓄水池和泉眼。他们带来的不仅有大量的水,还有许多马匹的草料。就在这里,第 15 次月食发生于这个晚上,以至于月亮完全失去了自己的光亮,变成了纯血色,一直到午夜。若不是那些懂得星象知识的人做了安慰,这场月食会给所有亲历者带来不小的恐慌。[1] 他们说,这个预兆绝非基督徒的凶兆,反之,月食和月亮被血色覆盖,毫无疑问揭示了萨拉森人的覆灭。

44. 然后,基督徒,连同整个军队,驻扎于上述过的紧邻着耶路撒冷群山的地方,伯利恒(Bethlehem)城居民的大公教使者于夜色降临后,前来见公爵戈德弗里。他们大多是在基督徒到来后,因被怀疑会背叛而被萨拉森人从耶路撒冷城驱逐出来的,他们的性命依旧面临着威胁。使者请求公爵,以耶稣基督之名,不要有任何迟疑,立刻上路,前去救援他们。异教徒在得知朝圣者到来后,从埃及各处拥向耶路撒冷,要保卫这座城市,杀死基督徒。公爵在听了使者的恳求后,得知了基督徒的危险,于当晚从营地和自己的队伍里选出了约 100 名穿锁子甲的骑兵,预先将他们派出,去营救那些被遗弃的、聚集于伯利恒城的基督的信者。他们依照最为正直、虔诚的公爵的命令,乘马疾驰,连夜赶了 6 罗马里路,在天刚亮的时候到达了伯利

---

[1] 译者注:1099 年 6 月 5 日。

恒。基督教市民得知他们到来后，唱着赞美歌，做着赞颂，洒着圣水，列队而出，兴高采烈地去迎接这些基督教骑兵，亲吻他们的眼和手，并向他们诉说了这些事情："感谢上帝，现在，在我们的有生之年，我们看到了一直渴望着的事儿：你们这些基督教兄弟，前来解除奴役我们的枷锁，恢复耶路撒冷的圣所，将异教徒的仪式和他们的污秽从圣所中去除。"

45. 就在这些骑兵刚被派遣出去，从营地出发后，伯利恒的使者被派到公爵那里去的消息就传到了众首领和全军的耳中。因此，就在午夜时分，所有人，不分贵贱，立刻拔营，经艰难的道路、狭窄的山路继续上路。自这里起，所有骑兵都急于走在前面，急匆匆地赶路，以免因为庞大的步兵队伍拥堵于狭窄的隘路上，对骑兵形成巨大的阻碍。事实上，高贵和低贱之人都有着相同的心愿，他们向着耶路撒冷赶去。被先派了出去，正从伯利恒返回的那100名骑兵在路上同他们会合，这时，青草上的露珠，就如惯常的那样，首先被朝阳的炙热蒸发了。贝济耶城的加斯顿有先见之明，在得知耶路撒冷的市民、战士还不清楚逼近的朝圣者的力量后，秘密地率30名精于战斗、伏击的人从军队离开。他纵马疾驰，率着自己的人进入到了这座城市的界内，到处强占、夺取劫掠品。但是，萨拉森市民和武士知道了他的胆大妄为，夺走了他的劫掠品。他们追击加斯顿和他的同伴，一直到了一座山崖的斜坡上。然而，就在这座山崖上，加斯顿遇到了迎面而来的坦克雷德——他为了寻找补给，走在了军队的前面。加斯顿陈述，突厥人从城里出来了，并抢走了他的劫掠物，猛地激起了坦克雷德追击这些敌人的念头。于是，他们两人与同伴们的军力会合，勇猛地纵马疾驰，追击敌人，使得异教徒一路溃逃到了耶路撒冷城的门前。他们重新夺回了劫掠物，带给随后而至的军队。在看到这一大堆劫掠物，以及这些兄弟返回之后，每个人都问，他们是从哪儿带来的这些劫掠物资。他们宣称，自己是从耶路撒冷的平原上抢夺了这些东西并带回来的。在听到他们说到耶路撒冷后，所有人喜极而泣，泪如泉涌，因为，他们离着心驰神往的城市的圣所近在咫尺。为了它，他们遭受了如此多的辛劳、如此多的危险、如此多的死亡和饥荒。即刻，出于对所听到的这座城市的向往和对目睹圣城的渴望，他们忘记了自己的辛劳和疲倦，比平常更为急切地赶路。不长时间，大约60000名男女站立在耶路撒冷的城墙前，赞美上帝，高唱赞美诗，因喜悦而哭泣。

46. 在至虔诚的基督教军队带着各种旗帜、武器聚集于这些地方后，城市的城门被埃及国王的武士关闭了，大卫塔[1]由武装卫戍保卫着，所有市民都分散于防御墙上，阻止、抵抗大公教的子民。实际上，埃及国王违反了他派往安条克的使者同基督教王公达成的协议，他没有理由去反对他们，唯独一条：伯爵雷蒙德占领了托尔托萨城，并围困了亚卡城堡许多天。这时，基督徒看到了国王的军力、城市的筑垒，还有异教徒的抵抗，于是展开封锁，在周围将城墙包围了起来。因为公爵戈德弗里在议事、军力上都有权势，他们将他和最为勇猛善战的德意志人安排在了大

---

[1] 译者注：耶路撒冷城的卫城。

卫塔一侧，相当强的防御力量充斥于此，坦克雷德同他在一起。他们决定让伯爵雷蒙德同两位意大利的主教，以及他自己的队伍，驻扎于这座塔楼的门前。然后，佛兰德斯的罗伯特、来自圣波勒的年迈的休同自己的随从们受安排，驻扎在了平原的一处有斜坡的地方，以监守城市的城墙。诺曼王公罗伯特和布列塔尼人科南，按照同伴们的顺序，扎营于城墙前，在那里，有一座首位殉道者圣司提反的礼拜堂。奥朗日城伯爵莱曼博尔德、穆松的路易、蒙泰居的科诺和他的儿子兰伯特、贝济耶的加斯顿、鲁西荣的杰拉德、伯克的鲍德温、拉费雷城堡的托马斯在城市周围各处驻扎下来。伯爵雷蒙德看到还能有其他更好的选择，就将自己的营地移走，不再围困大卫塔的城门，留下了一些同伴看守这些城门。他动身扎营于锡安山上，围困城市。于是，高卢的首领们在周围布设好了这样的围城，对各处做了勘察，这样，就不会有地方被留空，也能避免受到伏击。然后，他们前往橄榄山。在那里，他们同样安排了威猛之人做卫戍，这样一来，就不会有意料之外的袭击发生，粗心的基督徒就不会中了来到山脊间的异教徒的埋伏而落入圈套。然而，约沙法（Jehosaphat）峡谷——城市和它的建筑耸立于其上——因为地势的困难，以及峡谷的深度，未被封锁。尽管如此，在这里，无论白天黑夜，一直都有基督教的守夜人和看守。

第六卷
创建耶路撒冷王国

1. 在圣城被这样从四面八方围上之后的第五天[1]，依照上述的王公们的命令和建议，基督徒穿戴上了锁子甲和头盔，用盾牌来遮蔽，去攻打城墙和防御墙。他们掷出的石头、投射的箭矢飞过城墙，他们勇敢地挑衅萨拉森人一战，战斗持续了整整一个白天之久。许多信者被打伤，被石头砸中，被杀害。有些人被箭矢射中，失去了眼睛。然而，拜上帝恩泽，这天并没有贵族被击倒。确实，基督徒受困于自己人受到的损失，更加努力，加大了攻势，猛烈地攻击城市的外墙——它们被称为外堡，并用铁制的锤子、鹤嘴锄在局部进行破坏。但是，尽管如此，他们这天并未取得多大的进展。

2. 最后，在这场战斗的旋涡平静后，公爵和军队的首领们看到，这座城市无法被武器和攻伐征服，于是停止进攻，返回了营地。他们共同得出了结论：除了用攻城机械和投石车能夺取这座城市，再无可能有其他任何武器之力能征服它。对所有人而言，这都是一个有益的策略；建造攻城塔、投石车、攻城槌是必要的。但是，他们缺少木材，

---

[1] 译者注：1099 年 6 月 11 日，星期六。

在那些地区，木材是非常短缺的。就在这个时候，一个出身于叙利亚的基督教兄弟告诉朝圣者，在一个地方能够找到可建造攻城塔的树木，这个地方位于某座山脉中，接近阿拉伯地区。在获知了木材的地点后，佛兰德斯的罗伯特、诺曼领主罗伯特，还有奎亚兹的杰拉德带上了一队骑兵和步兵，动身出发，走了4罗马里远。在那里，他们将找到的木材放到骆驼的背上，毫发无损地返回了同伴们的所在之地。

3. 翌日天刚亮，所有大师、工匠都着手制造攻城塔、投石车，还有攻城槌，一些人用斧子，一些人用手钻，直到最后，于4个星期内，于大卫塔前，在所有待在这座城堡中的人面前，制造机械、攻城槌、投石车的工作彻底完成了。然后，年轻人、老人、男孩、女孩，还有妇女被告知前往伯利恒峡谷集合，用骡子、驴子或者自己的肩膀将所有的枝条运回来，将它们编织成束枝结构，并覆盖在机械上，这样能减轻萨拉森人投射武器所带来的伤害。然后，事情就这样做了。大量的细枝、柳条被带来了，被编成了束枝结构，覆盖上马、牛、骆驼的皮，这样的话，这台攻城塔就不会被敌人的火焰轻易地烧毁。

4. 同时，在这场漫长、延绵不绝的围城中，在冗长、艰辛的制造攻城塔的过程中，必需物资的短缺迫使一些人离开了军队，去寻找补给。但是，当他们偶然进入上面提到过的相邻的拉姆拉城的沿海地带收集起劫掠物，将畜群驱赶到一起的时候，他们被从埃及国王的阿什克伦（Ascalon）城赶来的萨拉森人以伏击毁灭了，劫掠物也被拦截了下来。于此地，特拉韦斯的吉尔伯特和蒙梅勒的阿沙尔,这两位勇敢的基督教首领,尊贵的人,在一场大战之后,重伤而死。他们其余的同伴被打得溃败而逃,经山路向耶路撒冷奔驰而去。在这时,同拉费雷城堡的托马斯一起,担负着相同的搜集食物使命的伯克的鲍德温在集合起骑兵部队后,正向前行进,迎面遇上了这些逃跑、溃败的兄弟。他知晓了这些人的情况和惨祸,安慰所有人,让他们跟自己回去,为其所遭受的灾祸报仇。在勇敢之人的安慰下,朝圣的兄弟们立即振作了精神,全体一致,精神振奋,转身去追击敌人,同他们激战了许久,死伤惨重,伤亡遍野。伯克的鲍德温被对手的矛枪伤了胸口。

5. 最后,基督徒占据了上风,萨拉森人败退了。基督徒抓住了他们的一个骑士,此人是个极为尊贵之人,地位显赫、前额光秃、年迈、肥胖。他们将他带回了耶路撒冷,用镣铐绑了起来,带入了上述的鲍德温的帐篷里。但是,他郑重地坐在了鲍德温包裹着极贵重的紫色布料的长椅上。基督教王公们看到这个萨拉森人是一个明智、尊贵、精力充沛的人,频繁地询问、探讨他的生活和习惯,试图使他皈依基督教信仰。然而,他用各种方式蔑视这种信仰,于是,他被带到了大卫塔前,为了威吓卫城的守卫,在众目睽睽之下,被鲍德温的一个扈从斩首。人们在巨大的悲痛中,将上述的那两位王公——惨死于异教徒的埋伏的吉尔伯特和阿沙尔,带回了围城的地方。基督教教士为他们做了大公教的葬礼,将他们的尸骨安葬在了城外基督教兄弟的墓地里。

6. 圣城,我们的母亲耶路撒冷——她的私生子曾攻击过它,并拒绝了她的嫡子——在 7 月的第二个星期的星期二[1]被包围。这个月,太阳的炙热、光亮为人所不堪承受,特别是在东方的这些地方,不仅溪流缺水,甚至连微小的泉水都要在 3 罗马里开外才能找得到。在这次的围城中,基督教的子民被燃烧般的太阳的炙热、无法忍受的缺水、无法估量的干旱残酷折磨着。他们的兄弟被派了出去,分散于各处,去寻觅泉水,从中取水。有时候人们毫发无损地将泉水取了回来,有时候则要遭受因异教徒的伏击被砍头的危险。他们带回来的水盛在山羊皮袋子中,在舀水的众人的争抢中,摇荡着,浑浊泥泞,里面还有油滑的水蛭蠕虫。每个人能从这个皮囊狭窄的开口中,得到差不多一口水。尽管它陈旧、腐败,取自肮脏的沼泽或古老的蓄水池,还是被卖到了 2 个第纳里。许多不能战斗的大众饱受令人无法忍受的干渴的折磨,有了饮水的机会,便将含有水分的油滑的水蛭吞了下去。于是,他们因咽喉、腹部肿胀而死。有且仅有一条非常细小的溪流从锡安山上流出,它的地下水道像飞驰的箭矢般从所罗门宫殿绵延而走,一直到了一处地方,在那里,有一座有围墙的正方形建筑,就像一座修道院,溪流彻夜汇聚于其间。白天,市民引领牧群前来喝水。

7. 军队时常靠着持续不断的汲水恢复元气,尽管这片地域未被封锁,市民经常会向取水的人们投射投掷物,竭力威吓基督徒,阻止他们取水。首领和那些付得起钱的人总是有充足的葡萄和大量的葡萄酒。而那些赤贫的人,还

---

[1] 译者注:这天应是 1099 年 7 月 7 日,星期二。

有身无分文的人,正如你们已然听到过的那样,甚至连水都非常缺乏。因为干渴的问题愈演愈烈,并且大公教的子民在围城中长时间地受着苦,他们中的权贵,依照在场的主教和教士的建议,认为应该去找一位圣人——他是一名隐修士,在橄榄山的一座古老的高塔里——商议:他们想问问他,他们应该做什么,首先要解决的是何事。他们告诉他,基督徒们已然激动不已,非常渴望着进入耶路撒冷,去看看主的圣墓,在旅途中,为了这样的信仰和誓言,他们已然遭遇了重重的危险。这位圣人在听了他们的心愿和渴望之后,给出了建议:首先,他们应该虔诚地忍受斋戒的折磨,持续不断地祈祷,在此之后,在上帝的帮助下,他们可更有把握地对城墙和萨拉森人发起攻势。

8. 现在,按照圣人的建议,主教和教士宣布斋戒三天,在周五[1],全体基督徒围绕着城市列队游行,然后前往橄榄山,主耶稣在这里升天。由此,他们继续行进到了另一个地方——他在那里教诲自己的门徒向"圣父"做祈祷。他们停留于此,满心的虔诚、谦卑。在这座山的此地此处,隐修士彼得,以及佛兰德斯的绍克(Chocques)城堡的阿努尔夫——他是一位有着伟大学识、雄辩才能的教士——向人们布道,平息了朝圣者中间因种种缘由而滋生出的众多纷争。因为这次精神训诫,伯爵雷蒙德和坦克雷德两位王公都感到懊悔,因和睦的爱,抚平了彼此间长久以来因伯爵不义地拒绝支付商议好的金钱而愈演愈烈的不和。这两个人重归于好,并同其他许多基督教兄弟重建了

---

[1] 译者注:1099 年 7 月 8 日。

友谊。整个基督徒游行队伍从橄榄山的上述这个地方下来，前往紧邻的锡安山，在天主圣母教堂集合。在那里，穿着白麻布圣职衣崇敬地捧着圣徒遗骸的教士，还有许多可尊敬的俗人，被在防御墙上监视着行进队伍的萨拉森人的箭矢击中。城市紧邻着锡安山上的这座教堂，仅有一箭之遥。除此之外，在这个地方，为了激起基督徒的愤怒，他们钉了十字架，以作嘲笑、羞辱。他们或是向十字架吐痰，或是肆无忌惮地于众人眼前在十字架上面撒尿。

9. 然后，在斋戒，连同神圣的游行、连祷、布道结束后，夜幕已然笼罩天际。在夜深人静的时候，那架攻城塔，还有投石机所用的全部、大堆的石头，被运了出来，经由各个区域，来到了首位殉道者圣司提反的礼拜堂所在的城市，此地对着约沙法峡谷，在星期六的时候，帐篷已从这里移走，集中到了这架攻城塔周围。在这里，这架攻城塔所有的投石机和攻城槌装备，都已建造完毕。事实上，按照大多数人的决定，基督徒将三台投石装置布置好，竖立了起来，要用它们发起第一波进攻和冲击，将保护城墙和防御墙的萨拉森市民吓跑，然后，他们就能凭着突然的轰击、石头的攻击攻破城墙。最终，萨拉森人意识到城墙正因受到如此的轰击和重重的撞击而受损，就取来了成袋的麦秸和谷壳，还有大船的绳索，将它们紧紧地捆了起来，固定在城墙和防御墙上。这样一来，他们就能轻易地缓和投石车的进攻和轰击，完全伤害不到城墙和防御墙。因此，公爵看到，麻袋、绳子构成的这样的障碍，不利于自己的攻城机械，就立即用火将箭矢点燃，装到弩上，拉开弩，附着火的箭矢被射向了干燥的材料。在微风下，一场小火被点燃了，聚合而起的这股火势，烧毁了麻袋和绳索。攻势再次损毁着城墙和防御墙。

10. 就在这个时候，为了加快城墙的倒塌、崩溃，上述的那架攻城槌被运了过来。它重量惊人，工艺精湛，覆盖着编好的枝条。它依靠人力，要由极多的人驱动。在猛烈的冲击下，片刻中，它破坏、摧毁了外堡——也就是正对着的城墙的外墙。城市的防御墙被驱动这架攻城槌的人夷平了。它为攻城塔通往内侧的古代城墙准备了一条通道。它破坏了城市的城墙，洞开了一个巨大、骇人的缺口，这个缺口通向城市。防御者看到这个洞穿城墙的裂口后，无法再容忍这样的危险，用硫黄、沥青、蜡点着火，点燃了极为接近城墙的攻城槌。这样一来，之后就不能用它铁制的头冲撞城墙了，也就不能扩大缺口了。这时，上帝的子民被突然的呼喊声激起，自四面八方，从帐篷、棚屋中拥出来去找水、取水。终于，攻城槌的火被这些水扑灭了。

11. 正当攻城槌的火被扑灭的时候，投石机的轰击、攻击，正持续不断地破坏着城墙。卫戍和防御者阻止它们靠近防御墙。就在这期间，攻城塔，连同其所有的配件，立刻被竖立了起来。它的墙体、上层，还有隔挡架构，被用牛、马、骆驼的皮遮盖了起来。其中，部署了战士，他们在攻打城市时，可以更加轻易地压制住那些抵抗的人。从星期六起，他们就为这架攻城塔的修建、制造挥汗如雨，直到星期四，这件冗长的工作才完成。[1] 然后，他们委派公爵戈德弗里，还有他的兄弟尤斯塔斯，连同出身于图尔

---

[1] 译者注：1099 年 7 月 2 日—7 日。

奈（Tournai）城的利特霍尔德（Lithold）和恩吉尔伯特（Engilbert）两位兄弟，保护这架攻城塔，并挑衅城中的人一战。他们决定，公爵戈德弗里和他的人在上层，利特霍尔德和他的兄弟，以及他们余下的随从待在中间那层，在底层的人则要推这架机械，将它运送到城前。在这些人被部署在攻城塔的固垒和它的楼层内之后，基督徒主动地用火烧毁了那架在毁了的外堡、夷平的防御墙之后的攻城槌。因为，将它移开是一个太困难、太过令人疲倦的负担。它是如此庞大，如此坚固，烧掉了，就不会变成被运来的这架攻城器的阻碍。

12. 然后，在星期五的早晨，萨拉森战士和城市的市民看到这架攻城塔被竖立了起来，身着锁子甲的人占据其中，惊得目瞪口呆、不寒而栗：这架攻城塔中的战士出现得如此之早，业已准备好了战斗，并且他们所有人都进入了城市，用弓箭射击，且不停战斗着，他们从凌驾于城墙之上的攻城塔上，投掷枪矛和石头，压制所有于城内看得到的人。于是，城内的异教徒同心一致，不遗余力地以飞驰而出的箭矢伤害、阻挡公爵。那些散布于防御墙上的人们也在攻击朝圣者。朝圣者勇敢地从正面反击着。事实上，就在这场彼此间的搏斗中，在这架比城市和防御墙高出一支桲木矛距离的攻城塔上，那些男人，那些战士们，投掷出了大量的石块，以破坏城墙，吓跑在防御墙上防守的市民，用箭矢和石头打击所有在城市内游荡的人。在城市另外一边的锡安山上，伯爵雷蒙德的战士从一架攻城塔上，投掷石头和矛枪，破坏城墙，打击站在防御墙上的人，以及那些徒劳地试图破坏伯爵的这架攻城塔的人。这架攻城塔是与公爵的那架在同一个晚上竖立起来，并布置到城墙前面的。

13. 正当对圣城的围困变得令人日益疲惫不堪，基督徒正热切地竭力以全部方式和手段去占领这座城市，并获悉非常多的有关埃及国王的威胁和军力的消息时，在这座城市被攻占前曾将主圣殿的金钱和装饰物的事情告诉坦克雷德兄弟的那些告密者，将这个消息传到了军队王公们的耳中：经由橄榄山和约沙法峡谷的那座未被封锁的城门，所有发生过的事情从城市持续不断地传到埃及国王那里去；国王的消息和建议又频繁、秘密地从这座城门被送到城市的守卫者那里。这无疑会对基督徒造成巨大的妨碍。出于这样的缘由，在仔细地做了商议后，基督教的王公们于夜深人静的时候，秘密地在峡谷和这座山的出口布设了埋伏，在前前后后的山路上安排了警戒的看守。这样一来，如果有人从阿什克伦或埃及，或者王国的其他任何地方赶来，或者像惯常的那样，从那座未被封锁的城门里出来送消息，就会出其预料地落入埋伏，被俘虏，他无法从警戒的人手中逃脱、跑掉。

14. 最终，道路的守卫就这样布置妥当，并被安排在了橄榄山前述地方。两个萨拉森人从阿什克伦急匆匆地赶来，要将埃及国王的消息带到城市的守卫者那里去。就在夜深人静时，他们走到了守卫们当中，以为能不受阻碍地进城。但是，突然间，他们就被那座未封锁的城门前的战士和看守们抓获、控制了起来。他们中的一人被一个过于激动的年轻战士用矛刺穿了，很快就咽了气。另一个则活了下来，没有受到伤害，被带到了基督教王公的面前。他们或施以威胁,或承诺活路,想从他那里获得其所传递消息之内容。这样一来,他们就能预见到对手之投射,就能少受伤害。确实,此人为自己的性命感到非常担心、焦虑,透露了大量有关埃及国王建议的事情。国王已通过他们,向效忠于他的战士和市民做了训诫:不要因任何恐惧、压迫而感到疲倦;要互相安慰,坚定不移,坚持防守;他告诉他们,他已经决定,在15天后率大军前往耶路撒冷支援他们,消灭高卢人,将他们解放出来。在说了这些和其他事情后,他被交给了战士们。他的手和脚被绑了起来,他被放到了投掷兜中。在首次及第二次冲锋之后,他就要这样被抛过城墙去。然而,投石机的兽皮因他身体的重量而负荷过重,并没能把这个不幸的人投掷多远。他立刻就撞到了城墙附近的锐石上,脖颈、肌腱、骨头都摔断了。据说,他即刻间就死了。

15. 然而,市民和埃及国王的战士看到,国王的使者被这样毁灭,基督徒在更加勇敢地进攻城市,并且,对着城市遍布攻城塔两侧,异常凶险,他们也决定竖立起14架投石机械装置。靠着它们的力量和推动力,就能将石头连续不断地投向攻城塔,在雷鸣般的反复的轰击下,攻城塔会被砸碎,布置在其中的人们也会因它的毁灭而陷入危境。14架投石机中的9台,连同无数的市民队伍、军力,都对准了伯爵雷蒙德的攻城塔。在频繁、令人无法承受的轰击下,这架攻城塔严重动摇、破损,结构也松动了。在其中的所有尚武之人受到了极大的挤压,被吓呆了,勉强死里逃生。这样一来,因为攻城塔无法承受如此密集的石头轰击,并且缺乏保护,这架攻城器被收了回来,远离了防御墙，也没人愿意再爬上去进攻、挑衅那些市民。剩余的5架投石车则对着公爵的攻城塔竖立了起来，为的是以同等的打击、轰击来侵袭、损毁它。但是，拜上帝保佑，虽然遭到了反复轰击，反复震动，有崩塌的危险，但它仍旧完整，未被征服。它还受到编织的枝条的保护，轻松化解、承受住了石头的惊人打击。

16. 在这座攻城塔的顶上，有一座十字架，上有主耶稣的雕像，闪着耀眼夺目的金光。那些突厥人持续不断地用投石机轰击，竭力要毁了它，但是，他们没有办法击中、毁掉它。他们努力着，频繁地向那座十字架投掷石头，一枚飞出的石头恰好重重地击中了站在公爵身边的一名战士。他的头骨被砸碎，脖颈断了，顷刻间就送了命。公爵勉强躲过了如此突然的一击，用弩猛烈反击市民和为投石机绞索的人。在这样的攻势下，枝条时常同攻城塔分离开来，他修复它们，并用绳子将它们固定好。

17. 萨拉森战士看到，投石机的攻击无法穿透那些枝条编成的结构，便不时地将喷着火舌的罐子掷向保护着攻城塔的架构，这样的话，燃烧的煤炭或火星会附着在木制材料上，在微风下被引燃，愈演愈烈，烧毁攻城塔。但是，高卢人是勤勉的，以妙计胜过了诡计。攻城塔和枝条结构都盖上了光滑的皮革，根本留不住火焰或燃烧的煤炭，顷刻间，火焰就从皮革上滑落下去，落到地上，灭掉了。最后，在这5架投石车连续不断的轰击下，公爵和他的人被压制，陷入了困境。靠着基督徒的力量，他们将攻城塔前置，紧靠着防御墙和城墙。如此一来，攻城塔能更安全地抵挡这些投石机。因为房屋、塔楼这些建筑，投石车能移动的范围有限，发射减少了，不怎么能打到攻城塔。攻城塔被前移，已然紧邻着城墙了，那5架投石机没有后撤的空间，无法维持同它之间的距离。装载石头后，强行投掷出去，石头有时飞越了离得过近的攻城塔，有时飞得太短，落到了城墙近旁，砸死了萨拉森人。最后，萨拉森人意识到，攻城塔内的人英勇无畏，并且不会受到投石机的伤害。于是，他们开始防御一座与攻城塔相邻的塔楼。为了抵御基督徒的投石机，这座塔楼四周各处都被包上了装满麦秆、干草或谷壳的麻袋，以及枝编的结构，还有大量的船用绳索。异教徒将武士部署在这座塔楼里，这些人用弩炮和小型投石机持续不断地向攻城塔投掷大量的石头，并以武器所带来的种种恐惧压制那些站立于攻城塔之中的人。但是，公爵戈德弗里的攻城塔并没有后撤，它的守卫们也没有受攻击所迫后退，而是越发坚强，气势如虹。于是，萨拉森的工匠大师们准备了另外一种装置，用来摧毁攻城塔和占据其中的人们，让他们回天乏术。

18. 他们带来了一根甚庞大又极重的树干，在它的各处都固定上了铁钉子、铁钩。并且，他们在钉子上缠满了浸泡、灌注了沥青、蜡、油的亚麻，以及所有可点火的东西。此外，他们还在树干的中央固定了一个沉重的铁链。这样的话，在将上述的这根木头从城墙和防御墙上扔出去，烧毁攻城塔的时候，它就不会轻易地被朝圣者弯曲的铁钩夺取、移除。在将这根树干做成的装置完成并准备好之后的一天，所有市民和埃及国王的战士于市内集合起来，聚集在这桩辛劳的成果周围。他们用火点燃了这根巨大的木头，水根本无法熄灭它。他们用自己的梯子、矛及各种装备，在巨大的力量下，片刻间就将它运到了城墙上，扔到了城墙和攻城塔之间。这样下去，支撑整个攻城塔的柱子会被它极其猛烈的火势点燃、烧毁，待在里面的人也会因此而遭受毁灭。什么水都扑灭不了如此猛烈的火焰，直到整个攻城塔同上述的木头一起烧成灰烬、崩塌为止。然而，基督徒们曾经从当地的基督教伙伴那里得知，这样的火不能被水扑灭，唯有醋能熄灭它。基督徒因有了先见之明，便将醋装入葡萄酒袋，置于攻城塔内，然后扔向了那根树干，醋流了出来，于是大火熄灭了，再也无法损伤这座攻城塔。确实，为了扑灭这根木头的火，朝圣者们一阵大忙碌。他们抓住了锁链，开始用尽全力地去争夺，外面的人拉，里面的人抓着不放。不过，因上帝的恩泽，基督徒的力量占据了上风，他们将锁链从萨拉森人手里夺走，掌控在自己手中。

19. 就在内外争夺这条锁链，并且 5 架投石机从内部掷射又无法奏效的时候，在上层的顶端占据一层的公爵，和他的人一起向聚集在一起的人群投掷出了各种投射物和石头，使得那些站在城墙上的人片刻都无法接近防御墙。同时，基督徒的 3 架投石车不停歇地连续投射，石头飞越了防御墙，将各处的守卫赶得退出防御墙很远。就在这时，上面提到过的利特霍尔德和恩吉尔伯特兄弟看到萨拉森人因闲暇而变得乏弱，不去着手于防御，还因为外面投石车的进攻，从两边的防御墙上撤出很远。于是，由于距离城墙很近，这两人立刻将梁木从自己所在的二层拽出来，搭上了防御墙。他们下来了，仗着武器的威力，首先进了城，击退了城墙上所有的守卫。公爵和他的兄弟尤斯塔斯意识到这些人已经进了城,立刻从上面一层下来,即刻站在了防御墙上,去支援那两个人。所有人看到这些,看到王公们已然占据了这座城市后,发出了令人难以置信的怒吼声,如雷鸣一般。他们自四面八方拥来将梯子靠在城墙上,急着向上爬,进入城中去。

20. 市民和城市的防御者看到防御墙和城墙被攻占,基督教的人已经占据了城市的中心,整座城市都被高卢人的武器所淹没。他们被吓住了,手足无措,迅速逃跑。为数甚众的一群人怀着受到保护的希望,逃往所罗门国王的宫殿[1],它极为宽广、坚固。高卢人勇敢地持着矛和剑追击他们,跟着这些逃跑的人一起进了宫殿的门,杀死了大量的异教徒。大约400名埃及国王派来的骑兵不断地奔驰于全城各处,督促防守,并鼓励市民们。在看到这样的困境,以及自己人的溃逃后,他们纵马疾驰,直奔大卫塔要塞而去。但是,因为高卢人在他们身后紧追不放,他们一起下了马,将马匹留在门口,仅是勉强进了塔楼的大门。基督徒俘获了这些马匹,连同马勒和马鞍,一起带走了。

21. 同时,一些朝圣者为了获得支援,冲向城门,将螺栓和铁门闩拿了下来,将全部人马都放了进来。但是据说,那些从这扇门进来的人的压力、焦虑是如此之大,以至于他们的马匹都因极度的压力狂躁不安,张嘴去咬极多的人,尽管它们的骑手并不愿意这样做。它们还令人难以置信地拼命奔驰,汗流浃背。事实上,大约16个人被马、骡子的蹄子和人的脚所践踏,他们被碾压、窒息,撒手人

---

[1] 译者注:即圣殿山,位于耶路撒冷城的东南角。

寰。此外，成千上万的男人、女人从那个用攻城锤包铁的头所破坏出的城墙缺口处进了去。所有这些人集合了起来，在巨大的呐喊声和喧闹声中，冲向上面提到的那座宫殿，为预先到达的兄弟们带来了支援。他们在这座广阔的建筑中，残酷地将萨拉森人置于死地。他们流出的血如此之多，以至于不断流淌到了国王宫廷的地面上，血河不断增高，一直漫到了踝骨处。萨拉森人恢复了精神、力气，振作起来防守。尽管是徒劳，不过，他们还是刺死了许多粗心大意的信众，为遭到的屠杀报仇。

22. 此外，许多的萨拉森人逃入了国王的蓄水池中。这座蓄水池在这座宫殿的入口前面，内有一个空洞，面积和容量有一座湖的大小，上面有一座拱形结构的穹顶，四周有大理石柱支撑。人经由台阶下去汲水。一些人被溺死在水中，其他人则被追赶的基督徒杀死在这些向下的台阶上。在顶盖上，有一些作为水井而存在的洞口，许多基督徒和萨拉森人在仓促逃跑和盲目奔跑中，从那里掉了下去。他们不仅落入淹死的厄境，还死于脖颈、四肢骨折，以及内脏的破裂。在整个围城期间，国王这座蓄水池中的水常被配给贫困的市民和战士，用来饮马、羊及其他所有的牧群，满足所有必需的用途。每逢下雨，水都自这座宫殿的屋顶、排水沟、主的圣殿的穹顶，以及许多建筑的屋顶流过来，这座蓄水池也就满了。在一年的四季循环中，它为居住在这座城市里的所有人提供大量冰凉、健康的饮水。

23. 在这样一场对萨拉森人巨大、残酷的屠杀后——在这儿，他们死了10000人——基督教胜利者从宫殿返回。他们将非常多因为对死亡的恐惧而在城市的街道上四散奔逃的异教徒击杀于剑下。他们用剑的尖端刺穿逃入了带有塔楼的宫殿和住所的妇女。他们抓住仍在哺乳期的婴儿的脚掌,将他们从母亲的裙兜或摇篮中拽了出来,猛掷向墙壁或门楣,导致其脖颈断折。他们用武器屠杀了一些人,或是用石头将其砸死。他们完全没有饶恕任何年龄或出身的异教徒。无论是谁,只要首先侵入了一座房屋或宫殿,他就若无其事地占有了它,连同所有的家具、谷物、大麦、葡萄酒、油、金钱和衣物,以及其中的任何东西。就这样,基督徒成了整座城市的拥有者。于是,基督徒进了城,在这座宫殿和城市里长时间地屠杀,发泄着怒火。他们目瞪口呆地凝视着战利品和萨拉森人的财富。坦克雷德在首波侵入城市的时候,就一马当先地疾驰到了主的圣殿,在将螺栓拆了下来后,进去了。他借助自己卫队的力量和帮助,将无可比拟的金银财宝从四周的墙壁、圆柱、支柱上刮了下来——它们是被镀在上面的。他用了两天的时间,竭尽全力地夺取这些被突厥人收集起来装饰这座礼拜堂的财宝。据说,两个突厥人在围城期间从城里出来,将这件事情泄露给了坦克雷德,为的是在他的眼前讨好他,挽救自己的性命。在上述的两天过去后,他打开了圣殿的门,带着财宝出来了。他忠实地与公爵戈德弗里共享这些财宝,他是公爵的骑士。如知晓总量的人们所说,要用6头骆驼或骡子才勉强能载得动它们。

24. 事实上,这座被称为主之圣殿的殿堂,不能被认为是所罗门国王的那座古代的绝妙建筑。因为,在主道成肉身很久之前,整座耶路撒冷城就被国王尼布甲尼撒

（Nebuchadnezzar）摧毁了[1]，然后，又被国王安条克（Antiochus）摧毁[2]。所罗门圣殿被夷为平地，装饰物和神圣的器皿都被洗劫。在主道成肉身之后，再次地，因为主耶稣的预言，这座城市，连同它的居民，被罗马人的王提图斯和维斯帕西安完全摧毁，就像主宣告的，没有一块石头留在石头上。[3] 事实上，许多人证实，这座圣殿是后来，由当世的人及基督教崇拜者重建的，也就是说，正位于热爱和平的所罗门所安置的那座用雪松、帕罗斯大理石建造的，曾经的上帝神堂之地，那里曾有至圣之所。[4] 此外，在现在的这座神堂的中央，竖立着一座天然的岩石山，面积差不多是 1 罗马亩的三分之一，高度则有 2 库比特[5]。在它的一侧，设有台阶，向下延伸，通往洞穴状的场所。而在另外一侧，曾对之做过观察的人真实地记述，有一座石头门，不过，总是被封着。在这个地方，在某些人的印象里，仍旧保有某些至为神圣的场所。在现在的这座圣殿的穹顶中央——这座穹顶有着精妙的木料工艺，围成圆形，位于周围的立墙之上——他们说固定了一根锁链，上面总是惯于悬挂一座金制器皿，光艳、做工精美，重约 200 马克。有些人声称它为一座金壶，有些人说里面藏着

---

[1] 译者注：《列王记下》，20、25。
[2] 译者注：《马加比书》，1：20—40。
[3] 译者注：《马太福音》，24：2；《马可福音》，13：2；《路加福音》，21：6。
[4] 译者注：耶路撒冷圣殿的内室，与外室用纱帐分开，留作上帝驾临之用，只有祭司长才能在赎罪日进入。
[5] 译者注："库比特"是一种古代长度单位，大约为前臂的长度，一般为 18 英寸或 44 厘米，长肘尺为 21 英寸或 52 厘米。

主的血，有些人则说里面盛的是吗哪[1]。于是，受不同想法的激发，他们的观点各不相同。[2]

25. 因此，这个器皿和我们前述过的，矗立于神殿中央的那座小的岩岬，并没有被坦克雷德碰触过。事实上，突厥人至为虔诚地崇敬着它，始终未亵渎它。突厥人将这座神堂视为珍宝，极尽荣耀和装饰。唯有在举行自己的典礼仪式时，他们才将这座神堂腾空，将其他所有的异教徒赶出去。这样，他们为了举行自己那谬误的宗教仪式，以至高的崇敬、照管来尊崇着这座圣殿。此外，仅是为了贡金，突厥人才放过了主圣墓的圣殿，以及它的基督教崇拜者。这些贡金由信者提供，并定期地偿付给他们。拉丁人的圣玛利亚小教堂也是如此，也要进贡。在这座神圣城市的其余礼拜堂中，突厥人，还有萨拉森人用屠杀来施展自己极端的暴虐。他们将大公教的崇拜者从这些地方彻底地赶了出去。然后，就像前述的，在坦克雷德因为对被泄露给他的财宝的贪婪，转而前往主的圣殿后，就在其他人迅速地追击逃亡者到大卫塔城堡的时候，就在所有的王公目瞪口呆地凝视着财物和带有塔楼的建筑的时候，就在所有的平民大众冲向所罗门宫殿，非常残酷地对萨拉森人进行屠杀的时候，公爵戈德弗里很快就停止了所有的杀戮，只有巴尔德里克、阿德罗夫（Adelof）和斯塔贝罗三位自己人随行。他脱去了锁子甲和亚麻的衣服，赤脚走出了城墙，谦卑地围绕着城市列队行进。然后，他进了临着橄榄山的

---

[1] 译者注："吗哪"是《圣经》中所说的古以色列人经过荒野时所得上帝赐的食物。
[2] 译者注：阿尔伯特所描述的其实是岩顶穹顶寺。

城门，来到了永生上帝之子——主耶稣基督——的圣墓，不断地哭泣着、祷告着，做着神圣的赞美，感谢上帝。因为，他得以完成了一直以来他至为渴望的事情。

26. 就在公爵如此虔诚的愿望实现后，梦中的显圣被完全证实了。在他出发伊始，这位公爵总是深深地叹息。先于所有事情，他心中所愿的，是去拜访耶路撒冷圣城，是去目睹主耶稣的圣墓。他总是于私下里将自己心中的这个想法透露给随从。一次显圣这样显露给了他的仆人斯塔贝罗。他看到一架非常长的梯子从天际一直延伸到了地面上，公爵本人激动不已，在强烈的愿望下，试图同他的一位名叫罗特哈特的管家一起爬上去，管家手中拿着一盏灯。但是，当这个管家站到这架梯子半途时，他持在自己手中的那盏灯熄灭了，他向天际的天国御座攀登的那架梯子中途的梯级也严重地损坏、磨损了。这样一来，这个管家就向下折返回去，并且，因为恐惧，他再未能陪着公爵一起到达，并叩开天国之门。这时，斯塔贝罗——这场显圣就是他的梦——重新点燃了那盏熄灭的灯，自信地爬上了那架管家不配攀登的梯子。他持着那盏灯——它再未熄灭，同那位公爵一起穿过了天庭。在那里，一张桌子为他们准备妥当，上面摆满了甜香的美味佳肴。于是，公爵和被选中的人，还有那些配得上它的人倚靠在桌子旁，享受着那里的所有香甜之物。

27. 若不是公爵全心全意地踏上向着耶路撒冷城，即通往天国故土之门的旅程的话，那这架通往天庭的梯子能象征着什么呢？这架梯子是至纯的金子打造的，因为踏上这样的旅程，前往天国之门，必须要有纯洁的心和纯然的意志。此外，到了梯子半途，管家的灯灭了，坏掉的梯级阻止了他，使得他无法再爬上去。因为，如你们所听过的，他和许多人一样，在这项任务的半程，放弃了他宣誓要在美好、纯然的意愿下，同公爵一起踏上的神圣旅途的事业和重负。因为缺乏信仰，以及紧迫的艰难，他离开了公爵和安条克，于是，他成为了背教者，回去耕耘不幸。他再也配不上同公爵一起由这架梯子进入天国之门，在圣徒的桌上用餐。然而，斯塔贝罗，公爵的内侍，从他手中接过了这盏灯，重新点燃了。因为他保持了对这场他最初踏上的旅程的美好意愿，并且，就在思虑的种种动摇之中，重新点燃了这盏善意之灯，他的誓言被重新燃起，他坚定地坚持了它。于是，他陪着公爵，征服了有着不可毁灭的梯级的梯子。于所有的苦难中，他都是公爵坚定的战友、忠诚的侍从。他跟着公爵，一直到了耶路撒冷，他配得上进入主的圣墓，在那里祷告。主的圣墓就是那张桌子，是圣徒所有香甜的渴望。

28. 之后，公爵做完了祷告，从主圣墓的圣所返回，发自内心地愉悦、欢欣。他为了休息，拒绝了款待，因为整个军队都从对异教徒的杀戮中平静了下来，并且，这个夜晚，辛劳已然使得所有人都睁不开眼了。就在当晚，在星期五，在分遣使徒的庄严之日[1]，永生上帝的耶路撒冷城，我们的母亲，在伟大的胜利中回到了子嗣那里。伯爵雷蒙德因贪婪而堕落，在接受了一大笔钱之后，让那些逃到大卫塔中、受他围困的萨拉森人毫发无伤地离开了。此

---

[1] 译者注：1099 年 7 月 15 日。

外，他将他们所有的武器、食物、财物，连同这座城堡，都扣留了下来。翌日，也就是星期六，天亮后，一些萨拉森人——大约有300人——从利刃之下逃脱了出来，怀着保住性命的希望，逃到了非常高的所罗门圣殿的屋顶的顶端。他们为了自己的性命哀求着，做了许多的祷告，他们正身处死亡的危境之中，不管他人如何说，或是做怎样的许诺，都不敢下来，直到最后，他们接受了一面坦克雷德的旗子，以作保护和活命的象征。然而，它对于这些不幸的人完全没有任何助益。因为，极多的人为此感到愤怒，基督徒勃然大怒，于是，他们没有一人幸免。

29. 坦克雷德，光荣的骑士，因这次对他的侮辱，燃起了熊熊怒火，若非杰出、明智之人的建议和意见，他的愤怒绝不会在没有发生纷争及强烈报复的情况下被平息。他们以这样的话语抚平了他的心绪："如你们所有人知道的，至高上帝的耶路撒冷城被收复了，历经极大的困难，我们的人也绝非未受损害。今日，她复归于自己的子嗣，被从埃及国王的手中、突厥人的枷锁下解救了出来。然而，我们一定要当心，以免我们因对敌人产生的贪婪、懒惰或怜悯，宽恕了囚犯和仍旧留在城中的异教徒，而丢了这座城市。一旦埃及国王大举进攻，我们就会顷刻间于城内外被征服。如是的话，我们会陷入无尽的放逐。因此，对我们而言，最重要又靠得住的建议似乎是：将所有抓住的萨拉森人和异教徒——不管是要用来换取赎金抑或已用金钱赎回的——立即杀死。这样的话，我们就不会因为他们的欺诈、诡计而遭遇什么不利的事情了。"

30. 在听了这个建议后，在胜利之后的第三天，首领们宣布了裁决。所有人拿起了武器，蜂拥而出，所有仍旧留下来的异教民众都要遭遇悲惨的屠杀。他们将一些人从镣铐中放了出来，将其斩首；他们将其他在街道、城区中发现的人屠戮掉，他们先前或是因金钱，或是因怜悯之情，饶恕了这些人；他们将女孩、平民妇女、贵妇人及孕妇，连同年幼的男童斩首，或是用石头砸死，不顾及年纪的大小。相比之下，女孩、妇女、贵妇人，受到对即将到来的死亡的恐惧之折磨，被极端残酷的杀戮吓住了，战栗不已。她们为了活命，簇拥到咆哮着、愤怒着，正在割断男女喉咙的基督徒中间。一些人缠绕在基督徒的脚下，哀号着，哭得非常凄惨，为了自己的性命和安全，哀求着他们。那些5岁或6岁的孩子，看到母亲和父亲遭受残酷的屠戮，都哭得更厉害，哀号得更加可怜。然而，他们如此释放出这些可怜的信号都是徒劳无益。因为，基督徒已经决意进行这场杀戮。于是，尚需哺乳的男孩、女孩，甚至一岁的婴儿，都不得幸免于屠夫之手。据说整座耶路撒冷城的街道到处散落着、覆盖着被杀死的男人和女人的尸体，还有婴儿残破的肢体。最终，不仅在街道上，而且在房屋和宫殿中，甚至在沙漠的荒僻之处，都能找到大量被杀戮的尸体。

31. 此外，自这座圣城被围困、受萨拉森人保护、防守起，一直到这座城市被攻克、复归其所有者这一天，在其中就未发现过突厥人。突厥人不久前侵入了这座城市，占据了它很长时间，他们从萨拉森人、基督的朝圣者及当地的信众那里榨取沉重的贡金。这里曾有300名突厥人，他们占领了圣城，在这儿统治了许久，使得周围叙利亚、巴勒斯坦地区的许多城市向他们纳贡。之前，埃及国王惯常都是强有力地控制着这些城市的，包括耶路撒冷在内，它们都臣服、附庸于他的王国。现在，正如你们听过的，在基督教军队攻占了尼西亚后，部署围困安条克的时候，这位埃及国王听说了基督教王公的荣耀、力量和胜利，还有突厥人受到的羞辱。他用装备和大军将这300突厥人围困在了自己曾失去过的耶路撒冷城中。他压垮了这些饱受猛烈攻击和投石机轰击的突厥人。尽管他们强烈抵抗、反击，但是损失惨重。

32. 此外，这些突厥人的王公和首领索克曼（Sokman）[1]，是位极勇敢的战士，总是与埃及国王及他的王国作对。最终，突厥人，连同他们的王公，看到自己不多的军队不可能承受战争的重荷及成千上万人的攻伐，于是，伸出右手，交换了事关其性命和安全的誓言，获得了准许，可交还城市，然后平静地离开，他们获得了国王给予的前往大马士革的安全通行权。据说，是一位显赫的王公——他乃索克曼的兄弟——在统治着大马士革[2]。他，连同前述的这些突厥人，被赶出了耶路撒冷城。就在这些人被赶走，获得了国王所授的前往大马士革的安全通行权后，国王进了耶路撒冷。为了异教徒的仪式，他怀着至高的尊敬和谦卑走进了主的圣殿，然后，他进入了主圣墓的圣殿，完全奉行着异教徒的宗教。他平静地端详着所有东西，没有妨碍任何基督徒的信仰和他们宗教仪式的进行。

---

[1] 译者注：苏克曼·伊本·阿图克（Suqman Ibn Artuq），死于1104年。
[2] 译者注：此时大马士革的统治者是杜卡克（1095—1104），他并不是苏克曼的兄弟。

在返回后，他将这座城市委派给了自己忠诚的卫戍，用自己的护卫驻守大卫塔，将所罗门圣殿及其他王家的建筑和筑垒都揽入自己的司法裁判中。因此，在将突厥人赶走之后，这座城市被置于了他的君权之下，他欣喜异常。但是，他仍旧担心大马士革的突厥人会对他不利，于是，派遣使者去驻扎于安条克城周围的基督教王公们那里，告知他们，他已经将突厥人从耶路撒冷和他的王国上赶走了，他愿意在一切事情上满足他们关于圣城的意愿，并愿意就他们关于基督的信仰、基督教的建议妥协。但是，他说的全是谎话，都是骗人的。因为，他极尽所能，用所有武器来防卫，仗着所有武士的力量，拒绝朝圣者进城。直到最后，如你们已经听到过的，在天国之王的帮助下，萨拉森人被残忍地杀死了，这时，基督徒才进了城。

33. 在萨拉森人遭受的这场可悲屠杀结束后的第二天，也就是礼拜日[1]，基督教的信者和王公做了商议，决定将城市交予伯爵雷蒙德统治，将圣墓也交予他来守护。他拒绝了，其他所有为这项责任选出的人也都推脱了。最终，尽管不情愿，戈德弗里公爵被擢升，获得了这座城市的领导权。被拔擢后，在所有基督徒的建议和好意下，他向雷蒙德索要国王大卫的塔楼，在放跑了突厥人后，雷蒙德占据着那里。但是，他拒绝归还。直到最后，在公爵和基督徒的威胁下，他被迫归还了它。人们相信，这位公爵的当选和拔擢，完全不是人类意志的结果，全部都是上帝的安排、恩泽所致。因为，千真万确地，我们从一位优秀、诚

---

[1] 译者注：1099年7月17日。

实的骑士所受的显圣中得知，在这场旅程的10年前，公爵就被上帝选出、任命为基督教军队的首领、王公和指挥者。并且，他优于所有的贵族，在行动、胜利、商榷上更受上帝护佑，其信仰和诚实更是完美无瑕。

34. 于是，在一个晚上，前述的那位名叫海策勒（Hecelo）的骑士——出身于肯泽比利亚雷（Kenzvillare），那是在利普里安（Ripuarian）地域内的一块地产——同公爵到一处名为科特纳（Ketena）的森林中。他因狩猎疲倦不堪，很快就睡着了，他的灵魂在睡梦中被送到了西奈山。在那里，上帝的仆人摩西在完成了40天的斋戒后，才有资格一睹上帝荣耀的辉煌，从至高上帝手中接过律法。在这座山的顶上，他看到公爵轻易间被提升了，既令人敬畏，又温和可亲。并且，两个着白色衣服、佩主教标识的人迎面向着他赶去。在他们赶到他那里后，他们以这样的话语给予了他这样的祝福："上帝赐予了他的仆人、忠实的追随者摩西以祝福和恩泽。愿你能满怀永生上帝的赐福，愿你能从他的眼中寻到恩泽。至为真诚、诚恳地愿你能被任命为他的基督教子民的领袖和指挥者。"这些话说完后，这位骑士就醒了，显圣消失了。

35. 在这场显圣中，除了凭着摩西的精神及和善，公爵崛起为以色列的精神领袖，被上帝预定、任命为子民的王公之外，还有其他可察知的吗？事实上，我们确实知道，这次的显圣和赐福毫无疑问地都在他身上实现了。因为，实际上，就在非常多的王公、权贵、主教、伯爵及诸国王的儿子们，于他之前或之后踏上这场旅途，并成为基督教军队的首领时，上帝并未造就他们的胜利之路，他们的渴望也未能如愿以偿。相反，许多的艰难被诸国王和野蛮的民族强加于他们及他们的全部军队，因为他们不是拯救以色列的人。事实上，就在公爵于所有走到前面的人之后上了路，成为了这支绝望的军队的首领、王公之后，全部的不利都变得有利了。除了在罪犯、不法者中发现邪恶时，既无一物阻碍旅程，也无灾祸伤害他们。在发现邪恶之后，依照上帝至理，报复就尾随而来，这支军队也因它而被净化。这样一来，子嗣们受到了惩罚——有时是饥饿，有时是杀戮。最终，他们有福了，被涤清了污秽，同他们的这位领导者和王公一起，实现了神圣的愿望，配得上进入耶路撒冷城，到主的圣墓礼拜。因上帝的保佑和意愿，他们夺下了防御墙，使得公爵成为了这座城市的统治者及子民的指挥者。

36. 此外，一位大公教兄弟——亚琛（Aachen）圣玛利亚大教堂的教士，名叫吉塞尔伯特——在公爵离开、朝圣的第七个月，得到了圣启：公爵会是所有人的首领，是耶路撒冷的王公，由上帝预定、任命。事实上，就在这位兄弟入睡后，他看到，上述的那位公爵威严地坐在太阳里，天空之下所有种类的鸟儿，无穷无尽，蜂拥到了他的周围。飞鸟中的一部分，渐渐飞离，开始减少，但是，更大的那个部分仍在左右，坚定不移、静止不动。这之后，太阳绝大部分的光辉被遮蔽，公爵的席位短时间内就完全毁灭了，留下来的全部鸟群差不多都飞走了。

37. 公爵坐在太阳中，正如他被提升到了耶路撒冷王国的御座上，无论是名声还是神圣性，它都凌驾于世上所有的城市之上，就像太阳凭其光辉凌驾于所有天空中的星辰之上那样。永生上帝——真正的正义之日——的儿子，即基督耶稣，用自己的神性照亮、提升了耶路撒冷：他于耶路撒冷，被钉在十字架上、受难、死去、埋葬，第三天复活，活着来到他的朋友面前。天空的飞鸟聚集在端坐的公爵周围，正如所有基督教王国的人——不分伟大渺小、高贵低微——都与他联合，服从于他。鸟儿飞离，正如在公爵的同意、准许下，大群的朝圣者返回了他们的出生之地。然而，许多飞鸟依旧留了下来，坚定不移、不为所动，正如许多人因尽忠的爱而依附着他，他们因他的亲切，因他那令人欣慰的言辞而欣喜，发誓继续留在他的身边。这之后，短时间内，太阳被遮蔽，公爵的座椅毁了，正如不多时，随着如此卓越之王公的死，耶路撒冷失去了依靠，它的名声、荣耀都极大地黯淡了，因他的陨落，它少了许多能征善战之士。

38. 在这些梦的预示下，依照上帝的旨意及基督子民的善意，于耶路撒冷王国的御座上，戈德弗里被擢升为他的兄弟们的王公和统治者。然后，这座城市的一位至虔诚的博学基督律法的本地基督徒告诉公爵，他有一座十字架，半库比特高，包金，主受难的十字架的一小块被镶嵌在其间，但没有工匠的雕琢，未加修饰。他将它藏在废弃的房屋中的一处简陋、布满灰尘的地方，因为他害怕萨拉森人在围城的混乱中，找到这座十字架，剥去金子，使主受难的十字架受到可耻的对待。所有在场的信众都因主受难的十字架的神圣显现而欣喜不已。在完全、纯洁的禁食和教诲下，在星期五——主受难之日，教士和人民列着神圣的游行队伍，集合起来，前往可敬的主受难十字架被隐藏的地方。他们心怀敬畏,崇敬地将它持了起来。他们决定,伴随着各种的祈祷、赞美诗,将它运送、安置到主圣墓的圣殿之中。

39. 就在所有异教徒渎圣的仪式被从圣城驱逐,戈德弗里作为基督徒的王公被擢升到耶路撒冷的御座之上,保护这座城市和它的居民后,有件令整个信者队伍高兴,并在上帝的眼前看来是有益、满意的事情:恢复牧首和宗主教,掌控这群信众和神圣的教会。教会失去了它的牧首宗主教——一位非常神圣的人,在耶路撒冷被围困期间,他死在了塞浦路斯岛上。这位宗主教离开了耶路撒冷和主的圣墓,在获悉了基督徒的到来并扎营于安条克防御墙周围后,他因突厥人的威胁和萨拉森人的傲慢无礼,动身前往塞浦路斯岛。实际上,他是一位老人,是基督忠实的仆人。在耶路撒冷围城伊始,他自上述的那座岛,给公爵戈德弗里和其他的王公送去了非常多的爱的礼物:有时,是被称为石榴的树的果实,有时是黎巴嫩的雪松的珍贵果实,间或是膘肥的熏猪肉,或是令人称赞的葡萄酒,以及他力所能及所能找到的任何好的、贵重的东西。他希望,在这些王公们的统治下,在神圣的教会被平静地、妥善地恢复之后,他能够侍奉、看管永生上帝之子,主耶稣基督的圣墓。但是,就在耶路撒冷城被信者重新夺回,它的神圣教会重获新生后,这位至虔诚的宗主教逝去了。于是,神圣教会失去了它的牧首。因此,基督教的王公们做了商议,反复地争论着:如前所述过的,由谁继任如此伟大之人。他们没有发现任何人配得上如此伟大的荣耀和神圣的权势。于是,这件事情被推迟了,直到找到能配得上这个主教职位的人为止。然而，他们仅是任命绍克的阿努尔夫——一位有着绝妙智慧和口才的教士——为神圣教会的教长，圣骸的代管者，对信者施舍的看管人。

40. 阿努尔夫被擢升到了神圣、新生的教会的这个职位上，直到令上帝、人民满意的宗主教被选出为止。此后，令耶路撒冷的至高王公、公爵戈德弗里，以及其他所有人满意的是：在主圣墓的圣殿，20名基督教兄弟应受委派去举行圣礼。每小时，他们都要向永生的主上帝做祷告，唱赞美诗，虔诚地献上耶稣基督肉体、血的圣餐。然后，他们靠着信众的捐助，承担着每日所安排的维护。大公教的公爵和基督教的王公们就这样得体地恢复了神圣的仪式，他们命令以铜和其他金属造钟，不久，在听到它们所发出的信号和响声后，兄弟们就能赶往教堂，唱颂赞美诗，主持弥撒的祷告，虔诚的子民会一起赶过去，聆听这些。事实上，在耶路撒冷，这样的响声、信号，在这些天之前，既听不到，也看不到。

41. 然后，在过了5个星期之后，公爵戈德弗里听到了关于一支异教徒军队的传言，他派一支忠诚的卫戍驻守城市和大卫塔。然后，他带上了其他的同伴，还有佛兰德斯的罗伯特和坦克雷德，动身前往阿什克伦平原，去探听、查究异教徒的事宜和计划。在那里，偶然间，一名信使遇到了他，告知他，仅次于埃及国王的梅拉尤斯（Meraius）及大量的异教徒——就像大海中的沙子一样数之不尽——依照国王的命令，已然坐船向阿什克伦挺进，带着武器、食物，还有无尽的牧群及大量的战争装备，并且，他们决定去围困耶路撒冷城和背井离乡的基督徒。保罗派一族，以及来自埃塞俄比亚通常被称为埃佐帕提（Azoparth）的皮肤极黑的一族[1]，还有埃及王国的所有野蛮民族决定，从那里到阿什克伦城集合。当公爵戈德弗里还有那些和他在一起的人——佛兰德斯的罗伯特、坦克雷德及公爵的兄弟尤斯塔斯——获悉了逼近的异教徒的庞大数量和武装的消息后，驻扎在通往耶路撒冷的群山旁，他们派使者前往耶路撒冷，去见伯爵雷蒙德和诺曼王公罗伯特，吩咐将所有事情透露给他们：非常庞大的一群异教徒占据了阿什克伦；他们占据了要塞，掌握了通往耶路撒冷的道路。因此，他们召唤这些王公，连同全部的骑兵和步兵队伍，前去抵御这些不信者。他们命令隐修士彼得，以及被委任为教长和主的圣墓的看管者的阿努尔夫带着主的十字架前往阿什克伦，迎战不信者的军队，不得有任何延误。他们命令，留下少量的，但极为忠诚的人保护、防守城市。

42. 于是，安排好这些之后，散布于城内的军队收到了公爵及同行首领所派使者的警告，他们找回了曾短暂地被置于一边的马匹和武器，整装待发。他们带着喇叭、号角、风笛、弦乐器，所有人都喜悦、欢乐地歌唱着，于群山中穿行，同停留在阿什克伦边界，驻扎于草地、平原上的公爵戈德弗里会合。唯有伯爵雷蒙德，受嫉妒的驱策，因为失去了大卫塔，仍旧对公爵戈德弗里愤愤不平。他受到召唤，但拒绝率领由其随从组成的全部军队前往。其间，他再次受到了来自公爵和所有王公的威胁，被逼迫着、催促着。最终，在他的人的建议下，在忠诚之人的催促下，

---

[1] 译者注：即埃塞俄比亚人。

他行动了起来，率领着一支庞大的军队，走王室大道，穿越山区，同公爵和上述的王公们在阿什克伦的平原上会合。牧群、骆驼、公牛、野牛及各种家畜作为诡计，被萨拉森人放了出来，散布于这些平原之上，数量众多。这样的话，基督教子民会贪求、夺占、驱赶它们，会专注于劫掠物，就会受抢掠的拖累，更加轻易地被敌人打败。然而，一位非常尊贵的萨拉森人——他曾经是拉姆拉城的总督，在耶路撒冷被征服后同公爵达成了和约及协议——在这个时候前来帮助这位公爵。尽管他是一名异教徒，但有着诚信的心意。他详述了埃及人的诡计。他说，萨拉森人、阿拉伯人及其他异教徒将牧群放出来，并无他由，就是要妨碍朝圣者：他们会更加竭力地去抢劫，而非防守。在这位异教徒王公的警告下，公爵和全体基督教军队的支配者提防了此事，在全体大公教军团中颁布了一条敕令：朝圣者若在战前碰触这些劫掠之物，无论是谁，皆要受割去耳朵和鼻子的惩罚。依照这些警语和敕令，全军都未做被禁止的事情。另外，在这个晚上，他们仅是搜集了足够的给养。

43. 翌日，破晓后，永生上帝的所有子民为战斗武装了起来。在弦乐器和风笛的伴奏下，在欢悦的歌声中，在各种甜美的音调中，他们喜悦不已，就仿佛满心欢喜地去赴宴一般。他们得到了阿努尔夫、彼得及其他教士的神圣十字架标志的加护、预示，因忏悔的洁净而变得强大。在教士们革除教籍的威胁下，抢劫及任何劫掠再次被禁止了。此外，拉姆拉城的总督看到人们在长笛、弦乐器、风笛的声响和喜悦的歌声中欣喜不已，唱着赞美诗，就仿佛他们在各样的愉悦下受邀去赴宴一样，非常惊讶，向公爵询问此事，说道："我不明白，而且惊讶不已，为何这儿的人如此兴高采烈，欢唱着，得意自豪，就像去参加盛宴一样。今天，死亡对他们而言，可谓是近在眼前，即刻的牺牲正候着所有人，战争的结果难料。并且，一支庞大的、难以抵御的敌军现在已经集结了起来，就扎营于离此不远的地方。"这时，满怀基督信仰、博学于属灵应答的公爵对这位疑惑的人做出了回复，他明智地阐述了这些事情：今天，为何基督教的子民会怀着对今日的死亡、迫在眉睫的战斗的希望，在异常的欢乐中，在甜美的曲调中欣喜不已。他说道："您要知道，您所看到并听到的这些在欢乐的歌声中，向着敌人赶去，并以他们的上帝，主耶稣基督之名去交战的人确信，如果自己能在这场战斗中为上帝的名和恩泽而赚得死亡的话，他们今日就能获得天朝王国的桂冠，将转入一种更好的生活。在这样的生活中，他们将头一次开始活得更加快乐。因此，我们的心激昂不已、喜悦、欢腾：万一我们落入敌人之手，我们的上帝主耶稣有权将我们的灵魂置于他的荣耀天国中。因此，我们不惧怕死亡抑或敌人的冲锋，因为我们对在尘世间的死亡之后的上帝永恒的奖赏确信无疑。这个圣十字架的标志——我们被它保护着，因它而神圣不可侵——无疑是属灵的盾牌，能抵御敌人一切的掷射。在将希望置于这个标志上之后，我们敢于更为坚定地去面对所有的危险。无疑，靠着这段圣十字架之木，我们已被从死亡、地狱的手中赎了回来，因天使的力量，我们免于堕落，靠着永生上帝之子，我们的主耶稣的血,我们已经洗掉了先前过失的一切污秽[1],我们自信能获得永恒的生命。"

44. 在听了公爵的答复及永恒生命的教诲后,上述的那位异教徒恳求,他也要为了至虔诚的基督教公爵和大公教的子民,同自己的同族及兄弟们战斗。这样,他就会受到这座神圣十字架标志的保护,神圣不可侵犯。从而,靠着对这座神圣的十字架,即耶稣受难十字架的信仰和希望,他可免受敌人武器、伏击的伤害,安然无恙。然而,我们不能肯定,他是立刻,还是在战后接受了洗礼。不过,有人声称,在看到了基督徒的力量和胜利后,他获得了洗礼的恩泽。借着阿努尔夫手中的这座神圣十字架标志,基督教全军,连同那位异教徒王公,都被神圣化了,去拿起武器,穿戴上锁子甲,安排阵列,用长矛擎起旗帜。这是所有人的任务和心愿。没有对牧群、受禁的畜群的贪欲和抢夺。然而,这些被放出来蒙骗基督信者的畜群和牧群,因武器、头盔、盾牌的灿烂光辉而受到惊吓。并且,畜群因军队巨大的喧嚣声、喊叫声而惊慌失措。于是,它们目瞪口呆,竖起耳朵,静止不动了许久。最终,它们加入到了骑兵和步兵之中,混入到了武装队列之中,待其前进的时候,它们前进,待其静止不动时,它们站立不动。它们扬起了众多沙尘,于远处,其庞大的数量给对此毫不知情的萨拉森人带来了恐慌。

45. 然后,基督徒从群山中出来了,在峡谷和平原上占据了位置,萨拉森人、阿拉伯人、摩尔人、保罗派的营

---

[1] 译者注:《哥林多后书》,7:1。

帐就扎于此地，他们的阵列在这里排定妥当。无人能数得清的畜群及所有的牧群主动地分离出来，在没有引导和管控的情况下，前往一处相当近的牧场。它们仿佛在神的指示下，受到了警告，被命令着自觉地为大公教的阵列让路，以免偶然间给他们造成妨碍。而且，它们一直停留在那片牧场上，在胜利后还可被基督徒找到。在牧群离开后，看到了不信者的队伍的高卢人部署好了队列：一些人在前卫战斗，一些人在右侧和左侧战斗，其余的人在后卫战斗。他们立刻参战。所有人都依照队伍的次序集结在各自的战旗、旌旗周围。戈德弗里——他是公爵，也是次于上帝的耶路撒冷最高统治者——率领着2000名骑兵和3000名步兵，全副武装着锁子甲、头盔、盾牌、矛及箭矢，封锁了阿什克伦的城门。这样一来，居民的武装队伍就无法从城市这边突围而出，也就不能出人意料地从后方去袭击高卢人。伯爵雷蒙德率领着由他的人组成的庞大队伍，指挥着自己的阵列向右侧进发，前往城墙外极其茂密的广阔果园。这样一来，当战况变得激烈后，他可用自己的军力、资源去增援同伴们，可以提振他们在当前的险境中因恐惧而畏缩的心。诺曼王公罗伯特和佛兰德斯的罗伯特、瑞塞的奥利弗、奎亚兹的杰拉德及图勒的雷纳德在平原上组织起了密集的前线阵列，从左侧去同摩尔人及各种异教徒交战。所有基督教骑兵和步兵聚集了起来，同样依照战旗、旌旗布阵于此，以作抵抗。

46. 残酷的战争令双方面面相对的人们战栗着。惯于屈膝交战的埃塞俄比亚人被派到了战斗的前线，以箭雨猛烈攻击高卢人，用喇叭和鼓发出雷鸣般的响声，为的是用如此骇人的噪声将受到惊吓的马匹和人从战斗中、平原上吓跑。这些埃塞俄比亚人——凶残而丑陋的人——拥有镶着铁的凶残的鞭子，在严酷的攻击下，用鞭子穿透锁子甲和盾牌，击打马匹的脸部，造成了遍及信者全军的恐怖喧哗声。成千上万阿拉伯、萨拉森、保罗派的部群此刻持着箭矢和矛，带着投石机，还有所有种类的武器战斗着，向基督教阵列逼近，使战火变得更加猛烈，吞噬了这天大部分的时间。另一方面，与这些数以千万、不计其数的人相比，基督教军队显得微不足道，被包围在了战斗之中，不断地交战，削弱、摧毁着敌人的阵列。最后，当战斗加剧，上帝施以援手粉碎敌人的战线后，埃及国王的全部军队逃走了，他们溃散于旷野平原之上，于杀戮、追击的基督徒面前，向着海岸竭力逃去。

47. 公爵戈德弗里、伯爵雷蒙德、尤斯塔斯、坦克雷德、蒙泰居的科诺，还有他的儿子兰伯特看到异教徒的军队和力量衰败了，在撤退，随即骑马冲锋，在猛烈的突袭中，在步兵大众的战吼声中，突入到敌人中间，造成了巨大的屠杀，给兄弟们带来了极大的帮助。阿拉伯和其他民族的人看到已无法再坚持战斗，本方的人被驱散、摧毁于平原、狭窄的小径之中，于是逃跑。但是，于四面八方，这些人就像不幸的绵羊一样，被追击的、胜利的战士们杀戮着。异教徒这无穷尽的大军中的一部分人在被击败、撤退，被基督徒的追击所淹没后，怀着获救的希望，为了逃跑，竭力向着船只和海岸跑去。在那里，伯爵雷蒙德偶然间遭遇了他们，残酷地屠戮、追击着他们。他持续不断地以武器打击着，迫使大约3000人逃入大海的深处，被溺死。于是，萨拉森人的军队被血腥的屠杀吓坏了，一些人只想着逃向大海，一些人则逃向了果园，许多人则试图进入阿什克伦的大门。此时，全体基督教胜利者分散于异教徒的帐篷和营地中，一些人抢夺珍贵的紫衣，一些人抢夺衣物和银器皿，以及成堆的各种贵金属，一些人则在抢夺骡子、骆驼、马匹、单峰驼，连同非常强壮的驴子及各种战利品；仿佛他们饥饿难耐，因长期的禁食而疲惫不堪。现在，他们完全忘记了战争。他们动手抢夺着。

48. 就在这个时候，在海岸上、平原中，仍旧有数量多到无法应对的异教徒。他们看到所有高卢人都贪求劫掠和抢夺，并停止了追击，随即靠着喇叭和号角的信号将自己的军力和同伴重新完全聚集了起来。他们凶猛地向那些专注于劫掠、忘记了战斗的人冲了过去，以严酷的屠杀摧毁了没有戒备的基督徒。若非公爵戈德弗里，他们本可实现对基督徒的血腥完胜。公爵戈德弗里——耶路撒冷的至高王公，他指挥着最远端的阵线前往山区——意识到了基督徒的险境，意识到他们被贪婪所蒙蔽，面对着敌人猛冲了过去，禁止劫掠，以痛斥催促所有人防御。他如此说道："哎呀！你们这些桀骜不驯、屡教不改的人，是谁让你们着了魔，就在上帝施以援手，我们的敌人本要死于剑下之时，令你们的手伸向了被禁止的非法劫掠？哎呀！停止抢劫吧，去御敌，不要向那些现在正在崛起，渴望对你们进行严酷报复的人让步。"听到公爵如此说，他们从阵线中突破而出。公爵的随从们将宝剑拔出握在手中。随后，他使得敌人遭受了沉重、彻底的毁灭。这时，他激励着所有被从抢劫中召唤回来，同他在一起的人们重新战斗。直到最后，异教徒再次被击败，转身而逃，不再是持着武器不断进攻，而是急着逃往阿什克伦城。

49. 公爵及和他一起追击逃跑的异教徒的人——骑兵和步兵一样多——离着对手的尾部并不远，持续进行着至为严酷的杀戮，一直追击他们到阿什克伦的城门前。那些被接进城，或是能够进去了的人是幸运的。据说，萨拉森人受到的压迫如此巨大，逃跑进入这些城门的空间是如此的狭窄，以至于2000多人死在了门径或城门前：他们被入城人的脚和马匹、骡子的蹄子践踏，窒息而死。落在最后、逃得较慢的人们看到无论在哪里他们都是命悬一线，想要进入城门困难重重，并且，因为武器造就的这般恐怖，城门关上了，他们被关在了城市之外，于是匆忙地爬上了棕榈树，一些人则爬上了橄榄树或无花果树的树枝。这样的话，至少他们能够靠着树枝、树叶的茂密隐藏起来，幸免于难。然而，基督教步兵离得实在是太近了，看到了这些在树上的可怜人，出其不意地用箭矢射穿了这些被发现的人。就像被飞驰的弩箭击中的鸟儿一样，这些濒死之人从那些树枝上掉到了地上。众多的尸体积聚着，覆盖了地面。

50. 这场战斗发生于8月的一个星期五，当日乃殉教者厄普柳斯（Euplius）的生日[1]，由20000名基督徒对300000名异教徒——他们是萨拉森人、阿拉伯人、保罗派和来自埃塞俄比亚的摩尔人。那些亲历了这场较量的人们告诉我们有30000名异教徒死在了广阔的原野上，此外，2000人在城市的门径处窒息而死，这还不算那些想要躲避

---

〔1〕 译者注：1099年8月12日。

武器的威胁，沉入大海深渊的波涛中不计其数的死人。如诚实的兄弟们所确实无疑地证实的，除了少量的步兵大众，没有著名的基督徒殒命于此。在这场异教徒的溃逃和毁灭之中，在这场基督徒的胜利之中，有一支非常长的完全由银包裹着的长矛被称为"旗杆（standard）"，它被作为埃及国王的标志，持在其军队之前，一支特别的军力聚集在它的周围。被击败四散奔逃的人都向着它重新集结。它被诺曼王公罗伯特俘获，并被送往了主圣墓之圣殿，直到今日它都被供奉着，以纪念基督徒的胜利。现在，在战争的风暴被平息、在一切决议和商榷中仅次于国王的梅拉尤斯的所有人都被击败之后，基督徒被准许劫掠：有帐篷，还有同样多的牧群、骆驼、野牛、驴子、绵羊、山羊、公牛，以及所有的财物。许多人满载着这些东西，精神振作，彻夜行进，发自内心地高兴着，唱着喜悦的歌，返回了耶路撒冷，为了所有令他们终获欢欣、耀武扬威的事情，将对上帝的赞美、感谢带回到圣墓前。

51. 在重新集合起约 2000 名骑兵、步兵同伴后，公爵戈德弗里自四面八方将阿什克伦的城门围了起来。这样，因新近的屠杀、不久前的胜利而目瞪口呆、颤抖战栗的市民和战士或许会将城市交出来。此外，他们还会对埃及国王的救援感到绝望，因为，他这时所聚集起来的整个王国的军力已然被严重地削弱、打散了。事实上，就在这个夜晚的大部分时间都过去后，就在他们做了极多的关于交出阿什克伦城、保全性命的商议后，伯爵雷蒙德因为他所失去的大卫塔，嫉恨公爵戈德弗里的所有荣耀，向萨拉森市民派去了秘密的使者，传达了这番信息："你们要做最勇敢的人。你们不要因为戈德弗里的威胁而害怕地将城市交到他的手中。因为，我们所有的王公已经决定，在战争结束后返回他们出生的土地上。你们要相信，在今天晚上，在城市的周围，只有一小队战士留在他的身边。"市民和战士们因伯爵的这位使者和这些宽慰重振了精神，他们拒绝投降，拒绝缔结誓约。太阳升起后，他们布阵于防御墙上，以作防御。他们用箭矢、投石机及各种武器抵御公爵和他的人围城。公爵看到了他们的勇猛和抵抗。并且，因为留在他身边的人当中，骑兵不到700人，还因为，在这位伯爵的教唆和说服下，所有王公都离开了，继续向着海岸赶路，他移走了营地，放弃了围城，跟随着之前走掉的贵族同伴们走王室大道，沿着海岸线径直前往阿苏尔（Assur）城，即阿苏夫（Arsuf）。在那里，雷蒙德已经于阿苏夫城周围围了一天一夜的时间，他以为市民们会因为新近的那场胜利而动摇，将城市交到他的手上。他给市民们造成了众多的威胁和恐慌，他还承诺，如果他们投降的话，从他那里可获得性命、安全及各种的恩惠。但是，在获悉公爵戈德弗里即将到来后，他想起了自己因嫉妒而对公爵耍的诡计。于是，他带着自己的全部队伍从对阿苏夫人的围困中撤走了。雷蒙德还鼓励市民们，不要惧怕戈德弗里，不要因他所提出的任何威胁及军事进攻而向他打开城门。雷蒙德措辞激烈地辩称，提前走掉的王公中，没有人会回来帮公爵。

52. 在如此督促市民们阻碍公爵后，雷蒙德加紧赶路，在一处位于恺撒里亚和海法城之间，毗邻一条淡水河的地方，他同佛兰德斯的罗伯特及与其同名的诺曼伯爵罗伯特，还有其他同行的贵族们会合。戈德弗里来到了阿苏夫，围了这座城市一天：如果碰巧的话，或者在恐惧击垮了阿苏夫人的情况下，它或许能被移交到他的手中。但是，他发现，在雷蒙德的屡次教唆和证言下，就像阿什克伦人一样，他们拒不接受，并反抗着。他心怀悲伤，从这座城市离开了。然后，他催促同伴们立刻冲到营地去找雷蒙德，将所有雷蒙德对他所犯下的罪过都返还到他的头上。在催促过同伴之后，他立刻穿上锁子甲，擎起了旗帜，心怀愤怒，安排着要冲进伯爵的营地。因为有所预见，雷蒙德为了防御同样武装了起来，决定前去迎战。佛兰德斯的罗伯特和其他杰出的人出面介入，严厉地责骂了这些人。在付出了诸多努力后，他们终于令双方重归于好，恢复了和睦。

53. 这时，在上帝和主耶稣基督的赞许下，这两人恢复了和睦，之后，佛兰德斯的罗伯特、诺曼王公罗伯特，亦有普罗旺斯的雷蒙德，以及全体王公们向公爵显露了他们返乡的心愿。在做了谦恭、温和的会谈后，公爵在所有事情上都满足了兄弟们的心愿，并且，他决定留在耶路撒冷，因为他被赋予了保护、守卫这座城市的权力。他长时间地拥抱着兄弟们的脖颈，亲切地亲吻他们。他流着泪，竭力恳求，友善地委托他们，要留意，要警醒他们的基督教兄弟，毫不犹豫地前来主的圣墓，日复一日地拥来，支援他和其他仍旧背井离乡的同伴们，去对抗数不胜数的野蛮民族。在听说公爵留下来，并同雷蒙德及其他人恢复了和睦后，阿苏夫的人和市民同公爵达成了事关这座城市安全和平的协议。他们向他送去了担保贡金和这座城市的人质，同样地，为了诚信及和平的稳固，他们从公爵那里收到了一位人质——杰拉德,他是公爵的一位忠诚的骑士,出身于阿韦讷(Avesnes)城堡。

54. 于是,在公爵和所有同伴们的共同指挥下,如此众多的战斗都取得了胜利,如此多的世人们,从未曾听闻过的辛劳中取得了胜利,实现了美好的结局。然后,杰出和卑微的人,首领和随从都准备从这场长久的背井离乡中返回自己出生的土地。他们将胜利的棕榈叶持在自己手中,随身携带。他们为因为极度的虔敬而依旧离乡不归的兄弟们涌出了泪水。他们以爱的吻同他们告别,折回到了经过相同的城镇、山间艰险,毗邻着巴勒斯坦的大海的道路上,正是靠着这条道路,他们来到了耶路撒冷。在那里,他们被授予了从上述的所有城市买卖生活必需品的特许:有阿克、提尔和西顿、的黎波里和贝鲁特及其余的城市。然后,在他们的面前,异教徒停下了一切的袭击和伏击,他们的城市因埃及国王的毁灭,以及永生上帝赐予这些信者的胜利而恐惧、战栗。于是,他们就这样和平、安稳地穿越了各个地方。他们持着很少的武器,将象征胜利的棕榈叶拿在手中,来到了富有水果,尤其是葡萄的朱拜勒城。在那里,因为开阔的平原间存在着具有溪流和牧场的适宜之所,他们远离城市的防御墙,将营帐延展开来。两天之间,他们享受着那片土地上极充足的财富。

55. 于是,当他们正停留在这些地方的时候,他们得到报告,博希蒙德——他对侵略、攫取的贪欲未得到满足——在长时间的围城之后,靠着比萨和热那亚人的帮助和海上进攻,或许已经夺取了拉塔基亚城,那里居住的是希腊的基督徒。他业已夺取,并进入了位于海岸上的两座城市的塔楼，以及向海员们索取贡税的城市的堡垒。他屠杀了一些大公教守卫，将其他人弄瞎，从这些塔楼的顶上扔了出去。然而，比萨和热那亚人没有因这些不义而被过分苛责，因为他们是从博希蒙德的口中得知了一些与事实相差甚远的事情。于是，在他虚假的鼓动下，200艘船包围了上述的那些塔楼。借助船的桅杆——非常长，与云朵相接，有固定在顶端的枝条编成的吊篮，他们猛烈地压制着要塞中的守卫。从高耸的桅杆上，他们持续不断地用石头、箭矢轰击、攻伐塔楼和人。实际上，在听说比萨和热那亚人到来后，博希蒙德——狡猾的王公、贪婪的兄弟——在拉塔基亚附近遇到了他们，离安条克有6罗马里。他诉说了拉塔基亚市民的种种劣迹和罪大恶极，说他们是反基督教的罪人。靠着这样的煽动，他相当容易地激起了所有人的情绪，去仇恨市民，围困城市。于是，他们就这样做了。结果，相信了他的话的人们首先攻击塔楼，迫使守卫投降。在塔楼被他们的计谋或力量征服后，他们包围了城市。他们用长久的猛烈进攻困住市民，成功地布设了两座桥，跨越了城墙的壕堑。通过它们，他们不费力气就能径直逼近到防御墙下，这样一来，饱受折磨的城市短时间内就要对博希蒙德投降。确实，接下来的事情就是：城市会被运来的攻城塔攻占，市民会受到惩罚，所有东西都会不正当地归于博希蒙德。这确实是不义的，因为，在围困安条克期间，在海上的封锁、攻击下，这座城市，连同上述的塔楼，被海盗，以及某些基督徒的头领——布伦的温尔莫——征服、夺占。这些人将从不同王国和土地上拖拽而来的船只集合起来：它们来自安特卫普、蒂尔

(Tiel)、弗里西亚和佛兰德斯。然后,他们经海路,在圣吉勒同伯爵雷蒙德统率的普罗旺斯人会合。他们坐船环绕世界前往拉塔基亚这座城市。他们占领、征服了它,将所发现的突厥人和萨拉森人——非法的统治者——击杀于剑下。他们夺取了这座城市和它的城墙,在围困安条克之后,他们将它连同那些塔楼,转交给了伯爵——王公雷蒙德。在这些之后,海盗的首领和领导者温尔莫被希腊国王的特科波佣兵和战士俘虏,投入了监狱。但是,在公爵戈德弗里的干预下,他被从监牢和枷锁中放了出来。在攻占安条克之后,伯爵雷蒙德决定同其他人前往耶路撒冷,将曾被突厥人和异教徒夺走的拉塔基亚城归还给了君士坦丁堡的皇帝。他如此做,为的是不破坏同皇帝的誓约。因为雷蒙德同公爵戈德弗里及其他王公一起向皇帝发过誓,同他达成了协议:于所有事情上,他们不会占据任何属于他的王国的城市、土地和城堡,也不会欺骗他。出于这样的缘由,从耶路撒冷返回,并在朱拜勒城境内驻扎的王公发觉博希蒙德已不正当地封锁了拉塔基亚,对皇帝和伯爵雷蒙德不公。在从耶路撒冷胜利返回的基督教兄弟们的嘱咐和请求下,他们委派了使者,友好、平和地对博希蒙德讲话:他应撤除对城市的围困,不要再对基督徒强加不义之举。

56. 同时,就在为此目的将信使挑选出来的时候,名叫戴贝尔(Daibert)的比萨主教获悉朝圣者从耶路撒冷返回来。在之前许久的时间里,这儿都没有他们的消息或只言片语。随即,在集合起自己队伍中的一些知名的人之后,他急忙听取兄弟们所言,去见他们。于上述之地,在找到他们之后,他不禁喜极而泣,扑到了所有人——不分高低贵贱——的脖颈上，开始亲吻，还流着泪。他说道："我确实地、毫无含糊地承认你们是永生上帝的儿子和挚爱之人。你们不仅放弃了自己的财产、城市、城堡、地产、妻子、儿子、女儿，你们甚至还不吝惜自己的性命，你们毫不犹豫地踏上了上帝和主耶稣基督的这场征程，进入了这些如此遥远、野蛮的国度。而且，如我们所知的，为了我们救世主的恩泽，你们经受了如此众多的苦难。正如我们现在所听到的你们的荣耀和胜利这般，自基督诞生以来，未曾听闻过有哪支基督教的军队能够穿越如此多的王国和险境，靠着权势和力量征服、夺取耶路撒冷，征服、驱逐了她的私生子和居民，净化了圣所，并在那里，于胜利后，擢升基督教王公，卓越的戈德弗里守卫筑垒。我们因此而喜悦，决定来到这里，渴望见到你们，问候你们，同你们交谈。"

57. 为此，虔诚的朝圣者们如是答复这位可敬的主教："您如此欢欣、满意于基督徒的好运和得救，为何您要不义地对基督教市民，也就是拉塔基亚的市民们强加武力？为何您要强占他们的塔楼，屠杀他们的守卫？为何您仍旧围困着这座城市？"听到这些后，主教礼貌、耐心地为自己开脱，他声称，在所有事情上，自己和自己的人因无知而犯了错，说道："我们在这场屠杀中是清白无辜的。我们乘船来到这些港口，对你们的所有事情一无所知，有些鲁莽。博希蒙德从安条克来见我们，说拉塔基亚城的市民是假的基督徒，他们一直在跟基督教兄弟作对。他还说，他们绝对是朝圣者的叛徒，跟突厥人和萨拉森人是一伙的。他恳求我们的帮助和力量，以报复此事。我们确实相信了他的话，以为这些市民是罪大恶极的。我们将部队、武力交予他，去围困城市和它的居民。我们以为，杀死他们是为上帝效劳。但是现在，我们从你们的口中得知了真相：博希蒙德攻伐这些人是因嫉恨和贪婪，而非上帝的恩泽。他卑劣地欺骗我们去围困、杀害基督徒。因此，我们立刻就回我的人那里，揭发此事。这样，我们将阻止他们染指城市，并停止一切攻伐。"

58. 说完这些后，耶路撒冷朝圣者军队的信使同比萨主教动身出发了。然而，他们发现博希蒙德依旧是极度贪婪，毫无改变。他们礼貌地将兄弟及共事首领的嘱咐告知他：他应将自己的武器、军队从拉塔基亚城移走，这样他们就不会辜负对希腊人的皇帝所承诺的誓约，在皇帝的王国内，他们返回的时候就不会受到严重的妨碍。在听了信使们的话之后，博希蒙德全然蔑视信者的请求和建议，声言直到这座城市及市民被交予他掌控之前，他永远不会从拉塔基亚的城墙和防御墙前撤走。信使们将博希蒙德的所有答复和刺耳的话语，以及他对大军的不耐烦带了回去，告知首领们。所有人都因博希蒙德的回答勃然大怒，情绪激动。所有人——不分显赫卑微——都受到告诫，去拿起武器，准备战斗。就在这个时候，主教来到了他的人的营地和船队中。在得知了博希蒙德的意图和答复后，他将原委及基督军队的忠告全都告知他队伍中的每个人。于是，他将所有的比萨和热那亚人——他们因主上帝而痛悔——撤了回来，不再围城，不再支援博希蒙德。除非是施以援助，他们再不会向市民出手了。因此，博希蒙德看到自己缺少帮助，军力被大幅削弱，并且，基督的信者和王公们正谋划凭着战斗与武器之力将他赶走，黑夜业已遮蔽天空和大地，于是，他带着他的所有军队从对城墙的围困中远远地撤走了。他遵循了兄弟们的意愿，我不清楚这是因为爱还是恐惧，是不是真的心甘情愿。

59. 翌日，在整个世界破晓后，全体朝圣者带上了武器，穿上了锁子甲，继续上路。在白天的大部分时间过去后，他们到达了拉塔基亚，带着紫色的旗帜，号角喧哗。然而，他们发现，没有敌对和抵抗者。在各种殷切的接待中，他们和平地进了城门，这些城门是市民自愿向他们打开的。他们被告知，实际上，博希蒙德已经撤得远远的了，驻扎在距此地约半罗马里远的地方。于是，伯爵雷蒙德率领他的同伴中的500名兄弟进了城市的筑垒，将他负有盛名的旗帜立在了最高的一座塔楼的顶上。他的人组成了卫戍，部署在所有的塔楼中。其他的兄弟和同行的王公们，为了住宿，分散于内外各处的房屋建筑之中。当他们从耶路撒冷返回，进入拉塔基亚境内时，耶路撒冷朝圣者的人数大约是20000人，商人给他们提供了大量的生活必需的各种物资。他们到达拉塔基亚的时候，正值秋季9月，在那里，他们享受着特别丰富的谷物、葡萄、新酿的葡萄酒、油。他们欢快地度过了15天的时间。城市的市民和朝圣者，比萨人和热那亚人，彼此间显现着一切亲密而礼貌的好意。

60. 就在这番各方间相互友爱的欢乐中，他们想起了自己的基督教之名，共同经历过的苦难、受的罪，还有以前的友爱。他们委派了调解人去同博希蒙德和谈，斥责他的不义。这样一来，他若能悔悟，不拒绝同兄弟们重归于好，兄弟们会慷慨地宽恕他、接纳他，达成团结和友爱。

在听了这些消息后,博希蒙德为所有事情感到悔恨,迅速地重归于团结和友爱。在一个约定好的日子,他们,尤其是伯爵雷蒙德和博希蒙德之间,在拉塔基亚的平原上进行了会谈。然后,余下人之间建立起了和平与友爱,排除了所有旧的仇恨。于是,博希蒙德同他们在一起待了三天,庆祝友爱,询问在耶路撒冷的胜利。之后,他带着自己的人返回了安条克。几天之后,佛兰德斯的罗伯特,连同诺曼王公罗伯特、贝济耶的加斯顿、蒙泰居的科诺,以及其他同行的贵族安排着从海路径直返回他们出生的土地。但是,伯爵雷蒙德担心因博希蒙德的贪婪、反复无常而失去拉塔基亚、托尔托萨及那些他辛苦征服的城市,便带着自己的随从组成的庞大队伍留了下来。

第七卷
戈德弗里病逝及鲍德温一世加冕

1. 在耶路撒冷的朝圣者返回后,阿苏尔——通常被称为阿苏夫——的市民,在嫉恨之人的建议下,彻底否认了这座城市的附庸关系,以及在公爵于阿什克伦附近所取得的胜利造成的恐惧的威慑下答应的每年给予公爵戈德弗里的收益。他们不义地扣留了公爵为友好协议交付的人质,因自己的人被接回来而欢喜;这些不守信用的人从公爵的看管下逃脱了。因此,公爵被激怒了,其他留在他身边的尊贵和低卑之人也是如此。蒙彼利埃的威廉、格雷兹的沃纳、格尔德马·卡尔佩内(Geldemar Carpenel)、斯瓦比亚人维歇尔(Wicher)及所有的基督教骑兵和步兵以3000人包围了这座城市,将他们的帐篷散布于周围。于是,在四面八方将营帐扎下之后,他们用了6个星期的时间来建造攻城塔楼和投石机。

2. 终于,这些机械被置于城墙附近,基督徒开始猛烈地进攻市民。这些市民行动并不迟缓,为了保住性命,他们在筑有塔楼的要塞及防御墙上进行着抵抗。但是,最终,在看到自己的竭力防御纯属徒劳之后,他们用绳子和锁链系住一支非常高的桅杆,将它高高地竖立起来,它就位于城市中央。他们将公爵的一位人质,上述的那位杰拉德——他出身于埃诺,来自阿韦讷城堡,是一位杰出的骑士——绑在上面,就像受难十字架,用绳子将他的手和脚伸展开来。基督徒们觉得,他已然遭受了这些刽子手长时间的折磨,就要死了。这个被升了起来、绑在桅杆顶上的人以悲惨的声调,流着泪,向戈德弗里大声喊着,对他说道:"啊,公爵,最杰出的人啊,您当下要记得,在您的命令下,我作为人质和流放者,被送到了这里,来到了野蛮的民族和邪恶的人中间。因此,我恳求您,您要能可怜我,有几分仁慈,心有所动的话,不要让我因如此残酷、痛苦的殉难而毁灭。"公爵对他说道:"最为勇猛的骑士杰拉德啊,我绝不可能因同情你而将如此众多的人撤走,不对这座城市给予的侮辱进行报复。就算你是我的同宗兄弟,就像尤斯塔斯,只要这座城市仍旧未受损害,你也不可能被解救出来。你确实要死了。你个人的死,总要好过我们的人的决议和誓约被打破。此外,这座城市对朝圣者而言,总是一个威胁。如果你今天逝去,你会同基督活在天国。"因此,杰拉德知晓,悲痛的祈求已经没什么用了。他竭力恳求公爵,将他的马和武器呈列于圣墓,在那里,将它们赠予侍奉上帝之人,以拯救他的灵魂。就在这时,公爵和全体基督教大众猛烈攻城,完全忘记了对兄弟杰拉德的感情和怜悯。他们自各个方向用箭矢、弩炮、投石机进攻着城市的壁垒。这时,众多箭矢毫无顾虑地发射出去,这位杰拉德的身体被10支箭射中、刺伤。

3. 异教徒看到,这个顽强的人未受理会,并受了伤,他的人对他全无怜悯之情。异教徒大放亵渎言辞,嘲讽公爵和所有的基督教子民,如此说道:"邪恶而残忍的民族啊，根本不想着去宽待你们的兄弟和基督教同伴，而是看着他，看着他毁灭，更猛烈地攻击城市和市民！"说了这些后，他们自城内勇猛地抵御着投石机、弩和箭矢，奋力抵御在攻城塔楼上攻打城市的战士。借助机械持续不断的投射，他们将尖锐的铁桩从防御墙投射出去。这些铁桩上缠裹着油、亚麻、沥青的混合物，一旦用火点燃，完全无法被水熄灭。它们穿过了为抖掉投射来的火焰而被覆盖在枝编和带状构架上的牛皮。然而，最终，逐渐地，火焰被点燃了，火势在干燥的木材上到处蔓延开来，整个攻城塔被烧着了，崩塌了，倒在了地上。塔楼有3层，里面有超过50名由公爵及其他首领安排的战士。这时，里面到处都是火，他们同这座塔楼一起被毁灭。一些人折断了脊部、背部和脖颈，有些人的腿、臀、胳膊被截断了一半，一些人因难以承受木材的重压而内脏爆裂，什么力量都救不了他们。他们同木头一起化成了余烬。他们之中，有毗邻默兹河的梅赫伦地产上的佛朗哥，他是一名无畏的战士，被困在一根炽烈燃烧的梁木下，所有人看着他被这场无法扑灭的大火烧死。

4. 罗特霍德（Rothold）是一位非常凶猛的骑士，看到了萨拉森人的诡计，察觉到火焰愈演愈烈，攻城塔，连同里面的人，都崩塌到了地上，就同杰出的骑士——伦巴第人彼得——一起，毫无迟疑地迅速从防御墙上跳了下去。在着火前，他从攻城塔下到了防御墙上。他知道，他们得不到任何的帮助。他们穿着锁子甲，持着武器，站在了临着城墙的堑壕中，没有受伤。萨拉森人看到他们临着城墙掉了下去，奋力将包铁的木桩和一大堆不可计数的石头砸向他们。但是,上帝保佑,坚固至极的头盔承受住了连续不断的轰击。他们依然活着,而且毫发无损地返回了基督教同伴那里。于是,公爵戈德弗里目睹着,他最勇敢的骑士们受毁灭、崩溃的痛苦折磨,有些人被杀死、烧死了,其他人则是衰弱无力,攻城塔全部的部件都在迅疾的破坏、毁灭的火焰中被毁灭殆尽,许多基督教同伴都失去了勇气,并想着逃走。他悲伤、痛心。他随即将所有绝望的人叫了回来,去进攻城市,消灭敌人,加强封锁。他说道:"哎!不幸而无用的人们啊,你们若不是为了耶稣之名,为了重获神圣教会,为了解救你们的兄弟,去献出自己的性命,直至死亡的话,那你们是为了什么离开你们的故土和亲人的呢?看,这座城市及耶路撒冷城周围的所有城市都心怀敌意,密谋危害你们的安全。你们所包围的这座城市,仅是它们中的一座。你们看,你们的目标并未落空,你们还未可鄙到柔弱地逃离这座尚未征服的城市。因此,为你们在这次神圣旅途中罪恶地做出的极可耻的放荡忏悔吧,为你们所有冒犯了上帝恩泽的不公之事忏悔吧。因忏悔、宽恕你们的罪,你们被净化,你们就能抚慰天国的上帝,有他就不会有不公。[1]你们要聆听他的话。因为没有他,你们将一事无成。"

5. 在公爵的这番话语和斥责后,所有一心想逃跑,因恐惧而战栗的人们都被这番安慰所鼓舞。他们加强了对阿苏尔,也就是阿苏夫的围困,比之前更进一步,更为坚定,另一座攻城塔再次被建好,紧靠着城墙设置。经由它,这

---

[1] 译者注:《罗马书》,9:14。

座城市可被降服，可被易手。最终，在这样的意图下，万事俱备了。在第二天的第一缕曙光出现后，著名的教士——献身于上帝的主圣墓的教长阿努尔夫，开始为他们对被绑在桅杆上，在阿苏夫人那里做人质的自己的兄弟们——杰拉德和兰伯特——所犯下的过错，即背信弃义、铁石心肠，斥责公爵和所有高贵或卑贱的人。因此，他慈父般地督促所有人，为这种背信弃义和所有罪的丑恶而忏悔、改正。于是，就在教长这样督促着他们去接受良心的谴责，求得对所有过错的宽恕后，他们被鼓舞、感化，流下了眼泪，唯有一个心愿：围困这座城市。然后，他们再次建造攻城塔和投石车，在城墙周围耗费了很长的时间。依照先前的攻城塔的样子和大小，这第二架攻城塔被制造、组装好了。靠着穿锁子甲的战士的力量，以及大量的男人和妇女，它被拖过了壕堑，置于城市的城墙旁。它的各层中都部署了非常强壮、勇猛的人，以同市民作战。这架攻城塔被这样拖过了壕堑，高出了城市的城墙许多。人们从攻城塔上用弓、投枪和矛攻击防御墙，站在防御墙上的市民也猛烈地进攻着。同时，萨拉森人施加了相似的投射进攻，用的是点燃的桩子，就像他们对上个攻城塔所做的一样。最终，一道微弱的金色火焰被点燃了，愈演愈烈，侵袭并烧毁了编织的枝条、门柱、梁木。很快，男人和女人从全军和各个营帐跑了出来，去给攻城塔灭火，每个人都拿着各自的容器去运水。但是，尽管他们倾倒了许多水，却效果甚微。因为这种火是水不能熄灭的，火焰实在太大，难以压制。火无法被扑灭，这架攻城塔便被完全烧着了，巨大的崩塌发生了，压倒了站在周围的众多男女，造成了不同程度的创伤。一些人当场死了；一些人肢体受伤，躺卧着，衰弱无力；一些人因内脏受损半死不活，喷出了暗红色的血；一些人则因吸入烟雾窒息。没人能搭救他们，他们陷入了悲惨的危境。

6. 这些攻城塔对公爵没有了任何的用处。这是因为，由于冰和雪，在至为严酷的冬季来临的这个时间，阿苏夫城是不可能被征服的，公爵接受了自己人的建议。于是，在12月中旬，他返回了耶路撒冷。然而，他安排了100名骑兵，连同来自拉姆内斯，即拉姆拉的200名步兵，持续不断地进攻阿苏夫的市民，挑衅他们一战。市民做了提防，以免这些人的袭击、伏击突然给他们造成伤害。他们根本就不远离城墙。于是，公爵的战士们每天都在毁坏他们的庄稼和葡萄园。最终，这些基督教的战士们，看到伏击和突袭都没有什么成效，也返回了耶路撒冷。两个月的时间里，他们未进行任何的进攻和突袭。这样一来，阿苏夫的人变得安全了，以为再没有对手。为了自己的生计，他们渐渐地不加提防地从城市里出来了，去种植葡萄，耕作田地。博希蒙德在安条克城附近，从佛兰德斯的罗伯特、诺曼王公罗伯特及其他回去的人的话语和陈述中，听说了基督教的胜利，获悉了公爵戈德弗里在耶路撒冷的荣耀和擢升。他决定派使者去建议公爵戈德弗里的弟弟鲍德温，前往耶路撒冷，去拜访主的圣墓之所。比萨主教戴贝尔同他的整个队伍在拉塔基亚停留了三个月的漫长时间。这时，他们同路前往。在彼此赠送了礼物之后，他们建立了友谊。日复一日，在每次徒有其表的宗教交谈及活动中，戴贝尔极力迎合着他们二人。在主的生日业已临近之时，上述的王公们在巨大的荣耀下,率着基督教的队伍进入了耶路撒冷。公爵戈德弗里庄重地与他们会面,因为欢欣,还因为特别渴望着他们,他亲切地亲吻着他们。

7. 过了一些天后,比萨主教——他曾不遗余力地要博希蒙德和鲍德温做他的支持者——开始令公爵感到非常地满意、愉快,以至于戴贝尔得以被提升到了宗主教的位置上,不过,是靠着金钱的捐赠,而非新生教会的选择。事实上,这位戴贝尔,在两年前还是比萨主教,那时,他被罗马教宗乌尔班派到了西班牙,传道基督崇拜和信仰,受到名叫阿方索(Alfonso)[1]的国王的崇高接待,他王国所有的主教、大主教都遵从、爱戴着他。确实,他因这位国王及国王所有的珍贵、华丽的礼物而变得富有,获得了荣耀:有金,还有银和紫衣。甚至,众所周知地,这位卓越的国王将一座令人惊异、做工精美的金质攻城槌作为友爱的礼物和象征,经这个戴贝尔的手送给教皇阁下。戴贝尔贪欲大发,将它连同其他从各处搜集而来的金钱,秘密地保留了下来。并且,如知晓事情真相的人们所言,在教皇乌尔班死后,他将这一大笔钱及金质的攻城锤运到了耶路撒冷。他用这些礼物贿赂博希蒙德和鲍德温,将那架攻城槌和其他的礼物赠予了公爵戈德弗里。就这样,他被提升到了宗主教的职位上。

8. 戴贝尔已然被任命坐上耶路撒冷教区宗主教的御座,由拉姆拉城——它通常被称为拉姆内斯——主教罗伯特授予圣职。在完全的喜悦和欢乐中,大公教徒和王公们

---

[1] 译注:即阿方索六世(1040—1109)。

庆祝了圣诞节。然后，博希蒙德、鲍德温及宗主教本人从公爵那里获得准许，如此规划了一次旅程：在主显节的前夕[1]，他们要在约旦河集会。在那里，主耶稣屈尊受约翰施洗。公爵满足了他们的意愿和请求，带着全部的装备及骑兵和步兵力量，同他们前往约旦河。在那里，出于喜悦，他们在河中沐浴，非常高兴。在这之后，在完全的愉悦中，在彼此的友谊中，鲍德温、博希蒙德同公爵一同快乐着。在约旦的这个地方，在流着泪亲吻后，他们彼此分别。然后，戈德弗里同宗主教返回了耶路撒冷，博希蒙德和鲍德温返回了安条克及罗哈斯，也就是埃德萨。

9. 在2月的中旬，正当阿苏夫的市民天天忙于各种营生，平静地出来耕种葡萄园和田地的时候，一个萨拉森人——他是阿苏夫的市民——为了在公爵心目中获得好感，将所有事情都告诉了他：市民们安然无忧，没人感到害怕，他们为了各种必需之物从城里出来。此外，在听说了这个萨拉森人后，公爵于所有事情上都亲切地向他请教，并照顾他。公爵这样做，为的是更好地哄骗此人。于是，这个叛徒定好了一天：在那天，趁异教徒出来去葡萄园和田地劳作之际，公爵可杀死、抓获一些人。因此，在这天破晓的时候，公爵戈德弗里将40名武装骑兵部署在拉姆拉附近设伏。出其不意地，骑兵向大约1000名出城的萨拉森人发起冲锋，给他们造成残忍的创伤，并消灭了他们。在砍掉他们的鼻子、手或脚之后，他们将这濒死的500多人留在了平原上。这些胜利者带着俘虏——市民的妻子和男

---

[1] 译者注：1100年1月5日。

孩——返回了耶路撒冷。在知晓了这场极其严酷的屠杀后，整个阿苏夫城都被悲痛和恸哭所摇撼，所有居住于此的人同样如此。他们立刻派使者将如此残酷行径及受到损失的消息带给埃及国王。

10. 在听到了如此残酷的消息后，梅拉尤斯勃然大怒。他仅次于国王发号施令，埃及王国的全部城市、所有市民皆服从于他的言语。他向他们承诺，派100名阿拉伯骑兵和200名埃塞俄比亚人前去帮助市民，保护城市。他不许将这般严重的文告传到国王埃米尔的耳中，以免他过于忧虑，对自己人动怒。于是，在获悉了梅拉尤斯承诺的援军后，阿苏夫的市民大喜过望。从这天起，他们打开了城门，他们及他们所有的牧群都安稳地前往田野，但仍然是不远离城市。一周之后，埃及国王的援助和军队赶到了他们那里：100名阿拉伯骑兵和200名埃塞俄比亚人。在他们的指挥和鼓动下，市民敢于从城市和城门出来，走得比习惯的更远。在耶路撒冷，在听说这些人到来后，10名基督教骑士在公爵不知情的情况下，行动了起来，驻扎于拉姆拉境内，去勘察此事的真相：埃及的军队是否真的前来支援阿苏夫城。他们迅速派出5名扈从，到城市的防御墙前挑衅，去将传闻中的那些人引诱出来。他们这10个人则是前往阿苏夫平原。这几个扈从依照那10名骑士的命令，骑马在防御墙前来回奔驰，这时，30名武装着的阿拉伯骑兵突然从城里冲了出来，猛烈地追击他们，将埋伏抛在了脑后。同时，这些扈从尽可能地纵马疾驰，向着10名基督教骑士那里逃去。他们的10位领主立刻骑着马，带着武器前来支援他们，使得那30个阿拉伯人陷入溃逃中，被一直追击到阿苏夫城的城门和防御墙前。顷刻间，他们就杀死了这些阿拉伯人中的3个人，扈从将他们的脑袋砍了下来，连同他们的马匹和战利品一起带走。他们高兴地返回了耶路撒冷。

11. 在获悉了这10位骑士的这场胜利，以及他们如此值得称赞的巨大勇气后，公爵和他所有的人都是喜出望外。因此，他召集起140名骑兵，安排他们前往拉姆拉设伏，由格雷兹的沃纳和阿普利亚的优秀骑士罗伯特率领。他们要用计策去向阿拉伯战士挑衅，引诱他们从城里出来，再包围他们，建立功勋。他们在拉姆拉附近设伏两天，直到第三天，阿苏夫的市民，出于对自己战士的信赖，带着自己的畜群，出来到了田野中。他们完全没有意识到敌人的存在，开始安然无忧地到处闲逛。然后，就在这些未注意到危险的人闲逛之际，20名战士立即从伏击中、从基督教同伴中出来了，四处抢劫，靠着武力攫取。但是，抢来的东西很快就被阿苏夫的战士夺回去了。就在这时，整个基督徒的军队从埋伏中冲了出来，勇猛地进攻阿拉伯和埃塞俄比亚的战士，以及他们所有的步兵。双方之间激烈交战。但是最后，基督徒占据了上风，杀死了绝大部分敌人，保住了战利品，还有众多的马匹。他们带着在这儿俘获的战士，光荣欢乐地返回了耶路撒冷。此外，剩余的少数勉强逃脱的萨拉森人，带着哀痛的消息返回了埃及。无可置疑，这加深了国王的愤怒及埃及人的恐惧。公爵戈德弗里则因自己人的胜果感到非同一般的喜悦。

12. 因此，阿苏夫城终于筋疲力尽，看到即使在它的国王的援助下，也是抵挡不住基督徒的武力。他们讲和了，将城门和塔楼的钥匙交给了公爵，依照约定好的雇佣金，再次纳贡。阿苏夫的贡金被公爵赐予了罗伯特——那位来自阿普利亚的著名骑士。在这之后，公爵仍想着压制、征服，要摧毁、击败阿什克伦城和埃及王国的其余城市。他决定重建约普（Joppe），并加固它的城墙。这座城市通常被称为雅法（Jaffa），古代时被摧毁，夷为平地。在那儿有一座船港，由此，它会成为抵抗、危害其他异教徒城市的中心。在雅法，也就是约普城被加固、重建好之后，基督教商人载着生活必需物资，从各个王国和岛屿赶到它的港口。从各地赶来的朝圣者，同样来到这里，安稳地住宿、休息，调理自己的身体。

13. 同时，萨拉森人变得悲哀、痛苦。因为，周围所有的异教徒城市，都因这座修复、重建的城市被扼制、征服、损毁，而基督教的军队正从海上到达，天天在壮大。在进行了各种商议后，异教徒没想出其他更好的对策应对此事，唯有让阿什克伦、恺撒里亚、普托梅达——也就是阿克——的使团赶快上路，代表上述城市的埃米尔去向公爵致敬。没有耽搁，文告传到公爵及他在耶路撒冷的所有贵族的耳中："阿什克伦的埃米尔、恺撒里亚的埃米尔，还有阿克的埃米尔向公爵戈德弗里致以敬意。我们恳求您，最为荣耀、尊贵的公爵：以您的恩泽和特许，令我们的市民安稳、平静地去从事他们的营生。我们将送给您10匹健壮的马，还有3头体格优美的骡子。每个月我们还将偿付给您5000拜占庭金币，以作贡金。"这些都商定好后，毫无疑问地，和平达成了，且得到了巩固。确定的是，自此以后，日复一日，友谊开始逐渐建立起来，尤其是在公爵和阿什克伦城的埃米尔之间。公爵所获礼物的数量增加了：有谷物、葡萄酒、油，多到说不清、记不明。同样地，在支付了金银之后，恺撒里亚和阿克也获得了和平与安全。事实上，对于这位至虔诚的基督教公爵的恐惧，已然浸入到了异教徒所有的土地。

14. 此外，在得知了公爵如此荣耀的名声后，阿拉伯半岛的王公们同样与他达成了和平及友谊，其条件是，他们携带各种补给的商人可在耶路撒冷及雅法和平地同基督徒贸易，不受阻碍。这随即被允许了，所有东西都被大量地带到了雅法和耶路撒冷：有牲口，如公牛、绵羊、马匹，还有衣物及谷物。他们以完全公平的价格同基督徒交易。因此，人们显露出巨大的喜悦。但是，公爵禁止所有异教徒进行海上贸易，也禁止他们从海上离开。海上有卫戍，还散布着埋伏，以免异教徒用船将任何东西运到他们的城市。不这样做的话，补给充足、自信满满的诸城市就会变得难以驾驭、傲慢，无视同公爵所达成的协约，起来造反，同他作对。因此，如果有人坐船从亚历山大、达米埃达（Damietta）——即阿非利加洲（Africa）——来，就会连同其物资一起被公爵的战士俘获，然后被斩首。同样地，萨拉森人在海上依旧不对基督徒保持和平。他们双方仅是在陆地上达成了和平及协约。诚然，公爵和阿什克伦的埃米尔之间的和平开始发展到了这样的程度，以至于埃米尔的市民可带着贩售的东西进了耶路撒冷，基督教徒可同样不受阻碍地动身前往耶路撒冷。

15. 因为这种友谊发展得如此广泛，并且他们因友谊而日益联合起来，所以一天，阿什克伦的统治者，即埃米尔，将阿韦讷城堡的杰拉德作为礼物送还给了耶路撒冷至虔诚的公爵。他的伤都治愈了，他穿戴体面，骑着一匹极好的马。公爵和所有基督徒都以为他许多天前已然死在了阿苏夫。他们不知道，他被从桅杆上放下来之后，被从阿苏夫送到了这位埃米尔那里。在看到并接见了这位受人喜爱的骑士、出色的年轻人杰拉德后，公爵大喜过望。作为他所受到的巨大痛苦的补偿，公爵立刻当着所有在场的信众的面，将非常多的封邑——100 马克的土地，连同被称为"圣亚伯拉罕之地"[1]的城堡赠予了他。自这天起，和平在这片土地上、在各处日益蔓延开来，直到令高卢的战士们厌倦。

16. 在这之后不久，坦克雷德从太巴列（Tiberias）城堡出发去见在耶路撒冷的公爵。在基督降临节，公爵在一座山的峭壁上，用防御墙和难以攻克的筑垒重建了太巴列城堡。作为公爵赠予的礼物，坦克雷德这时已然接收了它，担负起对它的防守。坦克雷德激烈地抱怨着，并寻求帮助，因为，土地和城市毗邻着埃及王国的"肥农"反抗他，拒绝向他交纳税收。公爵听到后，恼怒地接受了这件事情。一周后，他满足了坦克雷德的请求，召集起 200 名骑兵和 1000 名步兵，进入"肥农"的土地和地区，到处劫掠，所获无以计数。他命令杀死一些异教徒，并将另一些人抓了起来。他将其余所有的东西付之一炬。于是，公爵在这个地方待了一个星期，杀戮着，焚烧着。此地的王公"肥农"向大马士革派去了使者，以求突厥人的援助。这样的

---

[1] 译者注：阿拉伯语叫哈利勒（Al-Khalil）；希伯来语是希布伦（Hebron）。

话，靠着他们的力量，一旦遭遇了公爵，还能够抵抗。这位王公被高卢人称为"肥农"，是因为他那庞大、臃肿的身体，还有卑劣的品质；他看上去完全就是个农民。在获悉他的文告后，突厥人的王公，即大马士革的国王，立刻向他派出了500名突厥人，以作支援。但是，在这样长时间的大规模杀戮之后，基督教战士已经离开了这位"肥农"的土地。公爵一直行进在前面，带着劫掠来的畜群、衣物及其他的东西。坦克雷德则远远地拖在后面，率100名骑兵监守。过了不一会儿，人们就看到突厥骑兵正疾驰而来。坦克雷德立即向他们迎了上去，同他们交战。在这个白天，双方都是竭尽全力地战斗。一些人死了，一些人则受了重伤，坦克雷德仅是勉强逃脱。到了晚上，公爵及其全军将武器放到了一边，在平原上过夜，并不知道坦克雷德已经与突厥人交了战。直到午夜，坦克雷德安然无恙地回来了，他的同伴们中有些人负着箭。公爵得知突厥人从大马士革前来追击坦克雷德，并用箭矢同他交战，于是命令，在翌日清晨组成阵列，前去迎战追击他们的突厥人。但是，在这个地区，他们没有找到一个突厥人。因为，突厥人非常清楚，这位如此显赫的公爵离得实在太近了，于是停了下来，不再追击坦克雷德，连夜返回了自己的土地。在这之后，公爵返回了耶路撒冷。坦克雷德同样带着他的人返回了太巴列。他待在那里，只有60名战士同他在一起。他每天都去进攻大马士革和突厥人的城市，从他们的土地和地方攫取劫掠品。这时，太巴列的卫城位于一座他们称为"太巴列之海"的湖旁，有2罗马里长，2罗马里宽。作为封邑，连同重建的筑垒一起，坦克雷德获得了这座被至为虔诚的基督教公爵所征服的卫城。这既是因为他靠着军役在公爵的心目中获得了好感，还因为在抵御基督教的敌人时，他似乎是从不犯错的。

17. 突厥人看到坦克雷德变得日益强大，并且有公爵戈德弗里的军队一直在支持着，决定同他暂时讲和，条件如下：在这段和平结束后，他们将共同商议，或是愿意去臣服于他，或是完全拒绝同他达成协约。在同公爵商议了此事后，坦克雷德答应了突厥人的请求，从他们和"肥农"那里收到了非常多的礼物：有拜占庭金币、金子、银子、紫衣。在这之后，他没有用战争惊扰过这片土地。在过了一些天之后，坦克雷德向大马士革的突厥王公派去了6名雄辩且经验丰富的战士，告诉他：如果他仍想要靠着他的礼物和协议居住或生活在坦克雷德的土地内的话，他就要携这座城市向他投降，并接受基督教信仰，否则，他不可能靠着金银及其他礼物保持同坦克雷德的友谊。结果，在听了这些后，大马士革的王公勃然大怒，命令将其中5人抓起来斩首。第六个人因为接纳了突厥人的异教，被吩咐留下性命。在这些杰出的使者所受的残酷无比的屠杀传到公爵的耳中后，他，连同坦克雷德和整个教会，都愤怒异常。公爵立即从各处召集骑兵和步兵，进入大马士革的土地，蹂躏了这片土地和地区两个星期，无人可挡。结果，这个地区的王公"肥农"看到，对他和突厥人来说，在基督徒的面前，没什么可以幸免。于是，不管他是否愿意，他同公爵和坦克雷德达成了协约。他舍弃了突厥人，在这位最虔诚的基督教公爵的面前，他根本不能借助他们的帮助进行抵抗。

18. 在估算了贡金后，这份同上述王公们的协议获得了认可。公爵着手经阿克、恺撒里亚和海法返回。恺撒里亚的埃米尔前来与他会面，亲切地为他提供了餐宴。但是他非常礼貌地，以各种感谢之词回绝了食物，只尝了些橙子。过了不久，他就患了重病。他转道去了雅法，偶遇威尼斯的主教和公爵，他们装备充足，武器众多。最终，在知晓他们是基督教同伴而非一群敌人后，他带着很少的人，秘密地住进了一家客栈，这家客栈是为他新建的。他因身体越发严重的不适而深受折磨。他的 4 名同伴陪着他：几个人将他的脚放到自己的大腿上，几个人支撑着他的头，让他的上半身能仰靠着。一些人为他流泪，非常地痛苦、哀伤，因为他们非常害怕在这般漫长的背井离乡中被如此伟大的王公遗弃。

19. 于是，基督教朝圣者听说如此伟大的王公病了，因沉重的悲痛、哀伤而躁动不安，频繁地怀着善意前去拜访他。其中，威尼斯的公爵和主教及他们的贵族被带了进去，去向公爵致敬，看望他，同他谈话。在获准进入后，出于友爱，以及一直以来怀有的亲见公爵的渴望，他们赠送给了公爵绝妙而不寻常的礼物：有金银器皿、紫衣及贵重的衣物。公爵戈德弗里至为欢喜地接受了他们所赠予的这些礼物，亲切地同他们交谈，将他们送回了船上的住处。他声称，虽然自己疾病缠身，但如果明天能稍微见好的话，就会出现在所有想要见他、认识他的人的面前，届时他将欣然地享受他们全体的亲善之意。此后，在这个晚上，他身体的疼痛和虚弱加剧了。因为这支海上军队的过度喧扰，他吩咐人将自己带回耶路撒冷。因为，他知道，在这个时候，他无法如自己所承诺的那样，同威尼斯的朝圣者恳切地交谈了。

20. 在得知公爵患了这样严重的疾病后，威尼斯公爵和王公们前去接洽格雷兹的沃纳和坦克雷德，显然，他们是要同公爵交谈，询问该如何行动：他们是应该在前往耶路撒冷前，先围困、征服某座沿海的城市，还是应该等待，直到上帝施恩，让公爵恢复健康。此时，坦克雷德已经匆忙地从太巴列赶到了雅法。然后，这两位王公为了从威尼斯人那里听到的这些事情，去同公爵会面，同他做了商谈。尽管他正患病，但在其他王公的支持下，他决定由威尼斯的朝圣者在海上封锁、包围一座人称海法的城市。坦克雷德代替公爵，同沃纳在陆上进行封锁。也就是说，要从大海、陆地两个方面封锁、征服、占领这座城市。准备好用来在海上、陆上征服海法的攻城器械后，令人悲痛的消息传到了雅法：耶路撒冷的至高王公，公爵戈德弗里已经死了。因此，所有人——既有威尼斯人，也有高卢人——都陷入了混乱，放弃了所有围城的装备，急忙前往耶路撒冷。他们了解到，公爵被疾病侵袭，病情恶化，以至于差不多没力气答复一句话。然而，尽管如此，他还是稍微安慰了这些最先到来的人，称自己正在从疾病中恢复。在受了公爵这般安慰后，威尼斯人去圣墓做礼拜，拜访了圣所。坦克雷德、沃纳，连同宗主教戴贝尔阁下一起，返回了雅法，他们不做休整，继续修建他们的装置，直至完成。在两个星期之后，他们带着所有的攻城器和弩炮机件出发了，从海上和陆上围住了海法。沃纳留在了雅法，因为他突然患了病，被马车送到了耶路撒冷。

21. 在沃纳被运到耶路撒冷的 4 天后，公爵的病更重了。他真心悔悟，流着泪，做了忏悔，领受了圣餐——主的肉体和血，因而受到了属灵之盾的强固和保护。他被夺去了生命之光。于是，在这样一位极其卓越的公爵，也是一位至为尊贵的基督之斗士于 6 月 17 日死后，在 5 天的时间里，那儿的所有人都悲痛至极，痛哭着：有基督徒——高卢人、意大利人、叙利亚人、亚美尼亚人、希腊人，还有非常多的异教徒——萨拉森人、阿拉伯人、突厥人。在这之后，在第五天，他被安葬在了骷髅山的各各他峡谷中，位于主圣墓的门廊处。在如此尊贵、虔诚至极的基督教公爵被安葬后，他的亲戚和骑士沃纳同样也死了。在圣城耶路撒冷最尊贵的公爵及王公死后的第八天，依照基督教的仪式，沃纳被光荣地安葬在了约沙法峡谷童贞圣玛利亚和耶稣基督之母教堂的门廊处。

22. 就在至为荣耀的公爵在这 5 个星期的时间里在耶路撒冷受疾病折磨的时候，如他死前已经定好的那样，宗主教、坦克雷德及威尼斯人所有的装备，连同他们的公爵和主教一起，从雅法出发，经海路和陆路前往被称为海法的城市。他们从海上和陆上围困了这座城市，用一架绝妙且高耸的攻城塔，还有 7 架他们称之为投石机（mangonel）的石弩，猛攻城市的筑垒及它的居民。于是，这些石弩和那座庞大的攻城塔被置于城墙附近，高卢人从四面八方对它发起了猛烈的攻击。犹太族的市民——作为贡金的回报，在埃及国王的恩泽和准许下，他们居住在这座城里——拿着武器站在防御墙上，顽强地抵抗着，进行防守。直到最后，两个星期以来被各种不幸所困扰着的基督徒完全绝望了，不再进攻。坦克雷德如他惯常的那样，并没有英勇地率领他的人提供忠诚的支持。这并不令人惊讶，因为嫉恨在折磨着坦克雷德的心胸；因为，公爵戈德弗里在他仍旧在世、抱病在床的时候就答应，如果这座城市被攻占，他要将它授予格尔德马·卡尔佩内，那位卓越而尊贵的骑士。

23. 宗主教清楚他的嫉妒和酸楚，用己所能及的各种鼓励、说服来影响坦克雷德。他开始安抚坦克雷德，平息他的愤怒。这样一来，在坦克雷德的阵地上，这座被犹太人坚定防卫着的城市就不会依旧如此大胆，就不会令基督徒感到惊慌失措。基督徒当中，很大的一部分人已经被摧毁了。宗主教还提出了这样的条件：如果在上帝的应允下，这座城市被攻占了，它会被移交给信者们所认可的、在毁灭它当中出力最大的那个人。他说道："最亲爱的兄弟坦克雷德啊，你看，威尼斯公爵被打败了，精疲力竭，带着他的全部队伍从战斗中撤走了，且不再受征召。同时，他的人被吓坏了，已然将舰队撤到了大海中，远离了这座城市。"坦克雷德在听了宗主教的这番话以及他诚挚的鼓励后，将心中的酸楚放到了一边，以上帝之名答复：尽管在这座城市还未被围困占领的时候，另一个人已经将它作为赠礼收下了，尽管格尔德马·卡尔佩内的勇气和军力都无法与他相提并论，但他将不再以任何理由拒绝攻击、侵袭这座城市，而是竭尽全力地去猛攻它。说完这些后，坦克雷德立即令号角鸣响。他发出这样的信号，是告诫战士们，要去恢复在城市周围被中断的攻势，去征服那些坚强地防守着城市的犹太人。

24. 在听到了坦克雷德的信号后，在场的全军战士们——既有公爵的也有坦克雷德的战士——赶忙跑向武器、武装，会聚了起来，毫不迟疑地爬上了攻城塔。公爵的侍酒者维里奇（Wiric）——他是一位卓越的骑士——爬了上去；还有斯瓦比亚人维歇尔，他因宝剑之重击及手刃一名穿着护甲的突厥人而为人称道；此外，还有克莱蒙的迈洛。他们都是公爵的战士。但是，他们发现，在攻城塔上只有一名威尼斯的战士——任何死亡的危险都不能将他从其守备的位置上吓跑。这位年轻的威尼斯战士看到人们冲过来支援他，喜出望外，从迫近的危境中获得了喘息，喊出了这番话："所有我的人都离我而去了，所有人当中，唯有我留了下来。但是，上帝恩准，我将不再同你们分开，直到我看到我们进攻的结局，以及此事的结果：不是这座城市，就是我们陷于毁灭。因此，当下我们要坚持住，以上帝之名团结起来，虽然我们人少，但上帝的力量是伟大的，因他的恩泽，我们已然准备好去面对、承受一切的危险。"因这位威尼斯人的提议，这4人立刻以基督之名集合、团结起来，去全面进攻这座城市。不一会儿，坦克雷德的20名战士就加入到他们之中。他们众志成城：要么是从这座塔楼进入正对着的城市的塔楼中；要么——他们无疑是这么打算的——死于塔楼前的这片地方。突然间，他们持着战斧、斧头和鹤嘴锄，猛烈地挖凿、破坏对面的塔楼。犹太市民与萨拉森军队混合在一起，立刻勇猛地抵抗着他们。他们在塔楼上，用油、沸腾的沥青、火焰、亚麻，也就是一场大火来对付基督徒。因这场大火，基督教的战士会被攻城塔内的烟和炙热杀死，他们的城市、塔楼，连同居民，就不会被征服。最终，为了基督，基督教的战士们不怕死亡，无所畏惧，屹立不动，从白天到晚上，承受着各种各样的折磨。直到最后，他们的盾牌被火烧毁、被石弩砸碎、被铁矛刺穿。盾牌破损严重，以至于都能透过去看东西了。

25. 然后，在翌日拂晓，因主耶稣怜悯他的子民，犹太人和萨拉森人看到基督徒不可征服，火焰抑或武器都不能将基督徒从塔楼逼退，也不能阻止他们进攻，所以很快就离开了这座塔楼。他们无力再控制它了，他们逃走了。之后，整个城市同样陷入了溃逃中。这时，基督教战士在城市中追击这些与之为敌的市民，残忍地杀戮着他们。基督徒胜利了，打开了城门，基督教全军进入城中。他们杀死了在城中发现的所有人。之后，他们在那里抢到了无数的钱财，有金银、衣物、马匹和骡子、油和谷物。此外，仍旧在大海中抛锚的威尼斯人现在得知了高卢人的胜利，以及城市已被侵入，便起锚，匆忙地赶来。他们杀死了一些异教徒，但是没能占到钱财。

26. 因为格尔德马·卡尔佩内曾被承诺，若海法城被攻占，就可将其作为公爵赠予的礼物收下。如今海法城被攻占，但他尚不知道公爵已经死了。于是，他召集骑兵和步兵前去控制、驻守这座城市。但是，坦克雷德的人更多、更强大，占据着这座城市的防御墙及其塔楼，将卡尔佩内和他的人从城里赶了出去。卡尔佩内觉得，这个时候最好还是带着他所有的人从这座城市离开为妙，去转向那座被称为"圣亚伯拉罕之地"的朝向索多玛（Sodom）和蛾摩拉（Gomorra）城，且坚固富有的城堡而去。事实上，公爵在进攻不长时间后，异教徒就逃走了，公爵征服了这座城市，它距离耶路撒冷6罗马里远。据说，最早的宗主教亚伯拉罕修筑了它，之后居住于此，并被安葬于此。突厥人及其他的犹太人和异教徒以极大的虔诚尊重、崇敬着这座城市。它也受到大公教崇拜者的尊崇，名望不减。

27. 宗主教戴贝尔和坦克雷德在那里获悉了公爵的死，他们达成一致：不会把海法城的任何东西交给格尔德马·卡尔佩内，而是按自己的想法去处置它；至于耶路撒冷、公爵戈德弗里的权力，同样地，他们到时也要照自己想的，自由地去商议、处置。因此，他们在海法城进行商议，决定派使者去安条克，去见坦克雷德的舅父博希蒙德，让他带着全部装备动身进入耶路撒冷的土地，在公爵戈德弗里的继承人抢先得到他的权力宝座前，夺取这个王国。然后，宗主教和坦克雷德的文告安排好了。事实上，这封文告的送信人名叫莫雷鲁斯（Morellus），是宗主教的文书。因为，他是因诡计被派出的，此事违背了这位宗主教及坦克雷德对公爵所发的誓言：如果他死了，除了他的兄弟或某个血亲，不能将耶路撒冷的权位交予任何人。于是，他因上帝的愤怒而受阻，在拉塔基亚落入了伯爵雷蒙德的手中，全部信函文告都作废了，所有人都知晓了这次的背信弃义。于是，就在这个时候，因神的惩罚，在8月，博希蒙德集合起300名骑兵，前往梅利泰内城。因这座城市的亚美尼亚王公，即领主盖布里埃尔（Gabriel）的信函和委托，他受邀前去支援基督徒，因为达尼什曼德（Danishmend）[1]——他是一位突厥王公——用一支强大的军队围困了这座陷于困

---

[1] 译者注：此人为马立克·加齐（Malik Ghazi），为当时达尼什曼德的统治者（1097—1105）。

境中的城市。于是，在这种情况下，在听说博希蒙德和他的军队到来了，并且离这座被围的城市不远后，达尼什曼德从自己的军队中选出 500 名骑兵，在这个地区的平原上迎击他。他凭着无法抵挡的箭雨同博希蒙德交战，直到博希蒙德的军队精疲力竭为止，整个队伍都战败了：被杀、逃跑、溃散。在这群人当中，有的被即刻斩首，其余活下来的人，连同他们的王公博希蒙德一起，被俘虏、羁押起来。他们被带走，被流放于尼克山大（Nixandria），它是这个突厥人的城市。他们被铁镣铐束缚起来。

28. 博希蒙德、他的亲戚理查德及他家族里其他权贵者被俘后，达尼什曼德带着他的战利品及被斩首者的首级，非常荣耀地返回了梅利泰内城。他向盖布里埃尔派去了使者，要求整个城市向他投降，否则，他不可能让盖布里埃尔幸存于突厥人的面前。盖布里埃尔得知达尼什曼德已经俘虏、羁押了博希蒙德，并且摧毁了他全部的骑兵——他们是这些基督徒全部希望的依赖，被寄予了最大的信任。他听了达尼什曼德的夸耀后，声言只要他知道埃德萨——即罗哈斯——城王公鲍德温的性命依旧安全，没有事关他的不幸传来，他就绝不因这些威胁而向他打开城市，也绝不服从他的任何命令。在听到这些后，这位显贵的突厥王公达尼什曼德非常傲慢地对他讲话，做出了这番答复："你现在别对他寄予太大的希望或信心。我想，过不了多少时间，我就能抓住这位鲍德温，就像抓住博希蒙德那样。"

29. 在这些消息往来之间，博希蒙德对自己的安全和性命完全绝望了，秘密地将自己头上的一缕头发通过一个叙利亚人送给了鲍德温，作为他被俘、受苦的象征。所有突厥人都不知道此事。他为的是，在他到达突厥人那未知的野蛮土地之前，鲍德温能立刻来救他，将他从突厥人的手中解救出来。就在博希蒙德被俘后的第三天，鲍德温集合起140名穿戴锁子甲的骑兵，赶往梅利泰内城的原野，去搭救基督教兄弟博希蒙德。只要上帝在他一边，他就能在有利地势下，竭尽全力地同突厥人战斗。但是，在听说了逼近的鲍德温之勇气，以及他极强的军事力量后，达尼什曼德立刻移走了营地，不再围城，带着他所有的骑兵，转而逃向了"俄罗斯海"[1]，进入了自己的土地。他因抓住了博希蒙德——极著名的王公，基督徒的首领——而欣喜不已；他又惶恐不安，唯恐因基督徒的力量和计谋而失去了他。鲍德温得知他逃跑了，追击了他三天。最终，由于虚情假意的基督徒的诡计，或者敌人的伏击，还因为他没有太多的军队，有所顾虑，不愿再继续追击下去，便返回了梅利泰内。于是，这座城市的王公盖布里埃尔亲切而真诚地接待了他，将城市交到了他的手上，由他来保护。盖布里埃尔将这座城市全部的财宝，连同大量珍贵的衣物交予鲍德温，恳求他接受这些东西，以作报答。但是，鲍德温没有接受、保留任何赠给他的东西。正因如此，鲍德温知道了他的好意和始终不渝的忠诚，于是，留下了50名战士同他在城里，以坚守、防护城市的防御墙。他本人率其他人返回了埃德萨。在这之后，达尼什曼德得知这位如此可怕的王公和战士已经撤走了，便重新集合了军力，再次围困了梅利泰内城很多天。但是，这座城市被鲍德温部

---

[1] 译者注：即黑海。

署于此的那50名新征募的骑兵英勇地守卫着,没有被敌人损毁,也没有被征服。直到最后,达尼什曼德因战争疲惫不堪,厌倦了长时间的围城,也因鲍德温的支援而恐惧,离开了这座城市。自此以后,他的围城停歇了下来。

30. 同时,就在鲍德温从梅利泰内返回埃德萨后,他收到了残酷的消息:他的同宗兄弟,杰出的王公戈德弗里死在了耶路撒冷;因基督教子民中如此虔诚的一位统治者的死,戈德弗里土地上的整个权势都荒芜了。在听到了这封令人悲伤的信函后,鲍德温泪如泉涌,悲恸迸发。尽管如此,作为一个有着惊人自制力的人,因挚爱兄弟的死,他很长时间内装得若无其事,心中却非如此。拉姆内斯——即拉姆拉——城主教罗伯特、骑士罗伯特,还有冈特(Gunter),是这封信函的传达者。他们是由格尔德马·卡尔佩内和杰拉德的儿子罗伯特,以及穆松的拉尔夫、公爵的内侍约弗雷(Joffrey)、佛兰德斯的维里奇及其管家马太(Matthew)、斯瓦比亚的维歇尔、主圣殿的显贵阿努尔夫派出的。他们转达了这番消息:"迄今于最虔诚基督教公爵手下侍奉的耶路撒冷王国的骑士和王公们,以永生上帝之子——耶稣基督——之名向您问候。因他们的敕令和决议,我们被派到这儿来,告知您:您的兄弟戈德弗里——耶路撒冷的公爵和王公——已离世。因此,他们一致邀请您赶紧前往,并代替您的兄弟接管王国,坐在他的御座上。他们达成一致,只接受他的兄弟或血亲,这既是因为他那无法估量的善良、极度的慷慨,还因为他们所发下的绝不让外人称王、安坐于耶路撒冷御座上的誓言。"鲍德温亲切地倾听了这封信函和他们的话语,他承诺,过不了多久,在将自己的事情安排妥当后,他会前往耶路撒冷。在上帝的恩宠下,按照他们的建议,他会去获得、掌管这座王国。

31. 然后,在完全的友爱的亲善下,使者们受到了褒奖,返回了耶路撒冷。之后不久,埃德萨的统治者鲍德温将对自己忠诚的人全部召集了起来,逐个询问他们:谁愿意去耶路撒冷,谁愿意留在埃德萨地区。同样地,他给伯克的鲍德温——他家族中的一位尊贵的人,是勒泰勒(Rethel)城堡伯爵休的儿子——送去了信,让他离开安条克,放弃佣金协议,来罗哈斯——即埃德萨——的土地和城市,接受这片土地为封邑,代替自己进行统治,并征服敌人。鲍德温将所有事情告知与他:关于他的兄弟,即最杰出的王公戈德弗里的死;他受到耶路撒冷权贵的邀请,前去掌控这个王国;不久之后,他就要前往那里。这位伯克的鲍德温,曾带着其余人从耶路撒冷和阿什克伦离开,直到当下,他都在安条克,待在博希蒙德的身边,既是服军役,也是为了雇佣金。于是,这些事情就这样安排了。伯克的鲍德温在约定的时间被从安条克迎了来。他一立到了御座上,掌管埃德萨城,鲍德温——公爵杰出的、最重要的弟弟——就集合起400名优秀的骑兵,连同1000名步兵,动身出发,走王室道路,首先去了安条克。这座城市的所有战士和守卫跑出来问候他。他们主动提出,如果他愿意成为这座城市的王公和领主的话,他们就把这座城市交给他。他至少在这里休息了三天,享受荣耀、欢欣。他亲切地倾听所有市民、守卫讲述的一切事情,并明智地作答,极大地安慰了这些因失去了博希蒙德而绝望的人们。但是,他断然反对代替博希蒙德接管这座城市。

32. 在第四天，他从安条克出发，在完全的轻松惬意中，带着自己全部的武器装备，平静地前往拉塔基亚。在那里，他享受了两天的休闲，等待那些有所耽搁，但正赶来的人。事实上，在他的全部军力于此地集合起来后，一条传言传到了他的耳中：所有的异教徒——既有突厥人，也有萨拉森人——从不同的地方集合了起来，正在逼近，要迎面阻拦他；他们要阻截他前进的道路，不让他再向前进了。事实上，仅大马士革这一座城市和地区，据说就有20000名突厥人持着武器聚集于此。因为其庞大群体无法计数，所以其余突厥人的数量根本就搞不清楚。因此，鲍德温军中的一部分人因恐惧而战栗，对性命感到绝望，在夜深人静的时候逃跑了。其他人则是装病，声称自此无法跟随他了。在早上，鲍德温意识到他的军队消散了，他感到极其悲伤。尽管如此，他无所畏惧，鼓励着所有他觉得与自己有共同心愿的人，他说道："我看到，因为对死亡及新近传言的恐惧，我们的人减损、消散了。但是，我根本不畏惧这些聚集起来的民族，我毫不犹豫，要继续已经开始的旅程。因此，因基督的信仰，我建议那些留下的人：要跟我前往耶路撒冷的人，不要被死亡的危险吓住，应该坚定信念，动身出发，将自己全部的希望寄托于上帝。那些心有疑虑和恐惧的人，不要跟着我由此处迈出一步，返回你们看着安全的地方去。"说完这些，在问过所有人有关旅程的事情后，他发现在场的所有人都无异议，同意上路。但是，当他前往杰拜拉并在那儿过了一夜后，400名骑兵和1000名步兵中，仅有160名骑兵和500名步兵同他留了下来。其余所有人在听说突厥人到来后，出于恐惧，都从他身边溜走了,四散奔逃。但是,鲍德温毫无畏惧,经由杰拜拉的平原和地区平静地前进着。他受到了市民们体面、礼貌的接待,获得了大量的必需物资。

33. 然后,在经过了托尔托萨城之后,他到达了的黎波里,也就是的波拉。这座城市的王公诚挚地接待了他,欣然提供军队所需的全部食物。在那里,他得知,大马士革的国王,以及萨拉森王公根杜瓦(Geneadoil)从一个广大的因骆驼而被称为卡莫拉(Camolla)[1]的地方——根杜瓦掌管着此地——及巴勒斯坦所有的沿海城市,以及山区和各地聚集起来。他们要在巴里(Baril),即贝鲁特城狭窄的隘路和甚为艰险的岩峭间阻截他。鲍德温对这些威胁,以及如此严酷的传闻毫不畏惧,他声言,以基督之名,自己可忍受万难,绝不因如此众多的民族所集合在一起的成千上万的人,就拖延其前往耶路撒冷的旅程,他要同他们战斗,直至流血、死亡。说完这些后,他整个白天都在赶路,夜幕降临后,为了利于驻扎,他在险峻山脉的脚下过了一个晚上。在那里,他得到消息:确凿无疑地,所有对手已经聚集于此,要阻止他通过,并于明天交战。因此,他的心有些受到影响,他的腰有些松垮[2],因为他身边的人所剩无几。尽管如此,在第二天天亮的时候,公爵鲍德温因主耶稣鼓起了勇气,继续业已开始的旅程,直到他到达大批敌人所在的地方。在那里,正如他所听说的,敌人的全部军队已准备好与他交锋。在确实查明敌人已离得不

---

[1] 译者注:即现代的霍姆斯,属叙利亚。
[2] 译者注:《以西结书》,29:7。

远后，正午时分，他们穿戴好了头盔和锁子甲，握紧了长矛，擎起了旗帜，奋力向前，进入狭窄的隘路，去迎击异教徒的军队，在这些极其狭窄的地方同敌人交战许久。最终，突厥人、萨拉森人不可抵挡的军力变得越来越强，用弓和投枪将基督徒同他们的王公鲍德温从隘路上赶走了。在这场持续许久的冲突后，因为夜幕降临，双方都收起了武器，停止战斗。当晚，鲍德温撤到了距离山脚不远的地方，在将少量的帐篷扎好后，在那里吃了顿饭，过了一个晚上。在那里，他提醒他的人，无论如何都不要同他分开，直到与正赶来的朝圣者全军会合。这样的话，在明天，凭着机敏的先见之明，他们就可更有把握地去面对一切危险，为耶稣之名接受殉教，毫不犹豫地去承受一切。

34. 这些事情就这样定了，基督教的子民完全同意鲍德温的话。在这个晚上，突厥人和萨拉森人点起了1000个火把，比其军队所需要的多得多，为的就是恐吓基督徒。在点完火之后，卡莫拉王公根杜瓦从告密者那里知晓，鲍德温的军力很少，于是向大马士革的国王提议：他们应该去进攻这些在营地里疲倦不堪的、睡着了的人。然而，这招致了其他王公的不满，他们这样答道："对我们突厥人而言，在夜晚的黑暗中交战并非一个有益、有利的建议——就怕我们会被对我们一直怀恨在心的萨拉森人突然包围、杀死，法兰克人及我们如此众多的战利品都会被劫走。但是，如果你愿意的话，我们可等到明天破晓，那时，我们能在各个方向上都照顾到自己的人。"根杜瓦的建议就这样被浪费了。第二天破晓，焦虑、无眠的鲍德温意识到突厥人在清晨时逼近了，便率领信者的全部军队回撤到了曾被留在身后的一片平原上,就像逃跑一样。所有异教徒都看到了这一幕,以为他在逃跑,以为他被吓坏了,于是就骑着马紧紧地追击他,有500名骑兵和15000名步兵被派到了前面。然而,向来无所畏惧的骑士鲍德温,看到敌人正紧紧地追击他,一支极其庞大的军队已然冲了下来,遍布整座平原,便立刻率领着全部大公教骑士勒马掉头,猛地向突厥人冲了过去。一场艰苦的战斗爆发了,在那里,大约有400名突厥人被宝剑、长矛、箭矢杀死。剩余的那一群仍旧在隘路中跟随着的人,因为道路狭窄,无法给予任何的支援。这时,异教徒感到没了活路,就转身逃走了。就这样,鲍德温靠着上帝的恩泽获得了胜利。在这场战斗中,他俘获了48名突厥权贵。除了150匹极其优秀的马,他没抢到什么东西,因为所有的牧群,连同突厥人的战利品和营帐,都在狭窄的隘路的另外一边。9点钟,在这样一场如此激烈的战斗结束后,鲍德温留在了上述的平原上扎营,因为这里有清泉,还有味道甜美的甘蔗。靠着这些,他们恢复了活力。人们发现,只有两位骑士死在了这里,他们是沃尔特·坦恩斯(Walter Tauns)和鲍德温。有少数人受了伤。在此地,俘虏被置于帐篷里,被看守着。到了晚上,鲍德温和他那些恢复了体力的人坐在俘虏中间,询问他们的出身和父母。人们发现,在他们中间,有一个人是大马士革的王公和小领主,据说,他为了赎回性命,交出了一大笔财宝。大马士革国王、根杜瓦及所有异教徒的王公在听说了自己人的毁灭、众多人被俘和鲍德温的荣耀之后,彻夜奔逃,唯恐到了早上,会在群山的另外一侧被他们发现,受到鲍德温的攻击,受到勇猛的突袭,受到极刑的惩处，或被当地认为他们已失去价值的萨拉森人击败、斩首。因为，萨拉森民族有这样的习惯：他们畏惧、服从所有新近的胜利者，蔑视、报复被打败了的人。因此，在得知他们所有人都逃走了之后，天一亮，鲍德温便带着缴获的马匹、俘虏的突厥人和战利品拔营，在经过西顿城和朱拜勒城时未受阻拦且没有危险。他转向了苏尔，也就是提尔。他们留宿在那里，获得了食物，轻松惬意地恢复了体力。他经过了普托梅达——也就是阿克，或者叫以革伦。他没有受到它抑或任何城市的抵制和反对，因为他们听说了他的胜利和名声。然后，他就这样平静地到达了海法，在那里过了几天。

35. 因为对背信弃义之事根本不知情，鲍德温在那儿急切地寻找坦克雷德，要同他交谈，其事务各处都要与他商议行事。但是，坦克雷德完全不知道鲍德温到来的事情，已动身前往耶路撒冷，去贿赂大卫塔的王公及守卫，这样一来，他的舅父博希蒙德或者他本人就可以夺取这个王国。并且，他是在宗主教的怂恿、支持、同意下做所有这些事情的。于是，就在此时，在海法城，当听说了坦克雷德的背叛和诡计——坦克雷德是在宗主教戴贝尔的同意下做出了这些事情——后，作为杰出且有远见的人，鲍德温去同福康贝格（Fauquembergues）的休，还有拉姆内斯，也就是拉姆拉城主教罗伯特商谈这些事情。在他的人的建议下，他立刻派他们前往耶路撒冷，以阻止整个叛变。鲍德温唯恐因背叛或金钱承诺而丧失了大卫塔及耶路撒冷王国。

36. 在这些人动身离开后，公爵戈德弗里家族一些正直的骑士——拉尔夫、格尔德马、斯瓦比亚人维歇尔、蒙特平康（Montpincon）的拉尔夫——在通往恺撒里亚的道路上碰巧遇到了他们，这些骑士正沿着这条路追击萨拉森人。他们完全不知道鲍德温来了。还是从这些被预先派出来的兄弟们那里，他们才第一次得知了此事：鲍德温已然前来获取耶路撒冷王国，以替代他的兄弟，他本人现仍留在海法接受款待。在听到如此杰出的王公到来，得知耶路撒冷有这样一位合适的继承人之后，所有人都欢喜不已。将同伴和武器都混编起来后，他们赶往雅弗（Japheth），也就是雅法。在那里，他们发现坦克雷德正在围城：他因为无法进入耶路撒冷城，愤愤不平地回来了。他们告诉他，鲍德温已经到了，并且想要获得耶路撒冷王国。在得知鲍德温近在咫尺后，坦克雷德立即解除了对雅法的围困。他经另一条道路动身前往海法，不想在最直接的路径上遇到从海法返回的鲍德温。的确，从海法出发的鲍德温遇到了上述的公爵戈德弗里的家族骑士，他们将所有关于坦克雷德的事情都告知与他。这之后，他们同他急速赶往雅法，并同他在那里连续待了两天。两天之后，雅法的事情已安排妥当，他带着所有的封臣，连同他从巴里——也就是贝鲁特——带来的全部战利品，还有那45名被俘的突厥骑士，前往耶路撒冷。他将俘虏安置于大卫塔的城堡中，并吩咐小心看守。

37. 然后，在前往耶路撒冷之后的第四天，他不分高低贵贱，将全体基督教大众都召集了起来，询问他的兄弟戈德弗里的家资，其武器装备和金钱，以及每位骑士和权贵的封邑。他们证实，自己没有拿他兄弟的任何东西，因之或是被用于施舍穷人，或是被用来偿还债务。他们指出，每个人被授予的封邑[1]都来自诸城市的收入。他耐心地聆听了他们所有人的答复，对他们将财物散尽、武器销毁并进行辩解的事保持了沉默。他将封邑逐一返还给每个人。因此，在誓言之下，他获得了所有人的认可，受大力擢升，光荣地坐在了耶路撒冷的御座之上。当公爵来到耶路撒冷，被所有人——不分高低贵贱——委任为国王和领主的时候，是11月，大约正值图尔（Tours）主教圣马丁节[2]。在鲍德温荣登耶路撒冷御座后，公爵戈德弗里家族的所有王公和骑士集合在他的面前，这样对他说道："您是最为荣耀、著名的公爵戈德弗里的兄弟，因此，周围所有的异教民族都听过有关您的传闻，都因为您的到来而战栗。这也是因为，他们知道您的伟大，知道您因战争而极富名望。正因为如此，相应地，您应着手去做一件卓越的事，令异教徒惊愕。您要令他们无尽惊诧。这样一来，您兄弟，那位耶路撒冷王公的名声，将会在您这里恢复，大受尊崇。"

38. 在听完自己人的这些建议后，鲍德温用自己的人所组成的一支卫戍设防于耶路撒冷的土地及周围的城市。在召集起150名骑士和500名步兵后，在这天的第九个小时，他从耶路撒冷城出发了。到了晚上，他驻扎于清泉旁，这里是群山的边界。在第五天，他离开了此地，带着他的人所组成的全部军力前往阿什克伦城。埃及派出的1000名阿拉伯骑兵正驻扎于此，保护防御墙，以免这位新王公的军力突然间出乎意料地袭击这座城市。在那里，鲍德温的

---

[1] 译者注：这里所指的封邑，应该是金钱邑，而非封地。
[2] 译者注：1100年11月11日。

战士在扎于城市防御墙前的帐篷里待了两天，没有进攻。然而，在第三天，那些阿拉伯战士连同市民一起，从城里冲了出来，反复地同他们交战。直到最后，双方均损失惨重。两天后，在这场对萨拉森人的大屠杀中，高卢人也受了重创，之后，鲍德温依照明智的建议，将自己的人从围城中叫了回来，这样说道："我们的这些对手，仰赖于城墙的保护及众多的市民。因此，即便运气不济，他们在自己人的众多支援下，也能够轻易地占据上风，而我们的人稍不注意，就会死于箭矢。因此，有益的建议是：我们现在应将营地从这座城市移走。"

39. 就在他们进行这些商议的时候，鲍德温发现，在阿什克伦和埃及的荒漠间，在埃塞俄比亚的地下洞穴中，有一群非常可憎的人正躲藏着，要扰乱、杀死正准备动身前往耶路撒冷的朝圣者。在知晓了埃塞俄比亚人这般恶毒后，鲍德温从阿什克伦移走了营地，以他的军队围困住了上述的那些洞穴。他在洞穴中放火，试试他们会不会因为烟雾和炙热造成的险境，从这些从未听闻过的隐蔽洞穴中跑出来。但是，除了两个人，其余所有人都没出来。这两人站在鲍德温的面前，他们以为，兴许能从他那里获得怜悯，得了性命。鲍德温打量着这两个粗鲁、卑劣的人，友好礼貌地同他们交谈着他曾听说过的关于他们的所有事情。然后，在给他们穿上昂贵的衣服后，他询问他们的民族和血亲。受到质询的这两人将一切都透露给他，以为他会同情他们，他们拼命地恳求：他们中的一人会留在鲍德温这里，另一人则返回洞穴和他所熟知的地方，去将那些被令人惊异的堡垒、深不可测的壕沟隔绝的同伴从错综复杂的家园中带到这位如此伟大的王公的面前，幸运的话，他们也能在他的心目中获得恩宠。然后一个人进入了地洞，展示了鲍德温的衣物和赠礼，将受到的亲切接待讲了出来。与此同时，就在这个人返回地洞的时候，另一个留在鲍德温身边的人被鲍德温手下的年轻人斩首。同样地，在珍贵衣物这个不会兑现的希望和承诺下，他将同伴中的 10 人从洞穴中带出来，之后，他们亦被秘密地带走。即刻间，他，连同 9 个人，一起被砍了头。第 10 个人被留下了性命，鲍德温向他隐瞒了其同伴所遭遇的屠杀。鲍德温将这个人单独带走，让他穿上了荣耀、柔软的衣服，用真诚的交谈来诱骗他。鲍德温要他返回地下的同伴们那里去，力劝他们出来。他声称，他会周到地款待他们，用大量的礼物向他们致敬，将此地所有的地方授予他们做封邑，依照他们的建议来处理一切事情。这个可怜人被这些承诺引入了歧途，被诱惑，带着贵重的衣物返回了洞穴，向他的同伴们讲述了关于这位王公的和蔼、慷慨的所有事情。他还讲了比他听到的还要多的事情：他以为他那些被带走斩首的同伴还活着，是被派去防守这位王公的城墙了。

40. 这些生活在埃塞俄比亚地下不为人知、深不可测的地洞中的人们听到了这名同伴的美好承诺，还有鲍德温的威胁和极好的许诺后，有大约 30 人出来了。他们站在了鲍德温的眼前，在友善的话语下，他们受到了接待。但是，他们立即就被从他的眼前带走了，像是去接受赠礼的样子。他们所有人都被处以斩首的刑罚。所有 30 人中，唯有一个人留在了鲍德温身边。他以非凡的荣耀和友爱来对待 30 人中仅存的这一个人，这人并不知晓同伴们所遭受的屠戮。

他同样被派往上述的地洞,向地下的人们报告他所收到的荣耀和礼物,鼓励他们怀着同样的希望,作为俘虏从他们的堡垒中出来。于是,再次地,在不会兑现的希望的诱惑下,220 人出来了。在鲍德温的命令下,所有人被立刻斩首。这是因为,他们曾经给前往耶路撒冷的朝圣者带来极大的伤害:他们抢劫、杀戮朝圣者,犯下如此大的罪行却一直都没有受到过惩罚。这还是因为,之前未曾有人能用计谋或武力将他们从这个洞里赶出来。于是,这 220 人被斩首,为了给朝圣者报仇,靠着至虔诚的王公的天才,他们的罪恶被归到了他们自己的头上。[1] 只有他们的妇女和儿童,连同从朝圣者那里抢到的东西,留在了洞穴里。因为再没人回来,这些人知道他们死了,不敢出来了。因此,鲍德温对他们感到愤怒至极,命令将木材、亚麻、稻草运到每个洞穴的出口前并点燃。这样,他们就会因为炙热和烟雾被迫出来了。最终,妇女和儿童被浓烈的烟尘和炙热压垮了。他们没有男人的力量,尽管不情愿,但还是出来了。立刻,他们被作为战利品分配给了战士们。他们中的一些孩子,连同母亲,被赎回去了;其他的,连同母亲一起,被斩首。

41. 在这之后,鲍德温动身前往被称为"圣亚伯拉罕之地"的城堡。他在索多玛和蛾摩拉的发臭的河旁驻留、休息。在那里,他经受了一场严重的食物和马匹草料的短缺。在那里,当他们正遍寻群山,搜寻给养的时候,他们从一些居民那里得知,如果他们往前走一点,到了一个被

---

[1] 译者注:《列王记上》,2:44。

称为"棕榈树之地"的地方的话，他们就能找到众多的财富和充足的食物，他们，连同其马匹，都能以此恢复体力。一些年轻人——大约有40人——在听到了这些后，偷偷离开鲍德温的军队，走在前面，为的是能占有金钱和劫掠品。然而，除了食物和极多的猎物，他们什么都没找到。他们用这些填饱了肚子。除了甘泉，他们也没喝到葡萄酒或其他饮品。但至少，基督徒在此处，即棕榈树之地恢复了体力，振作了起来，然后前往阿拉伯半岛的山区。他们翻过了这些山，驻扎在两座山峰之间。在那里，到晚上的时候，他们用食物充分地恢复了体力，他们是用骡子、骆驼、驴子拉的车运载着这些食物。在那里，除了淡水，他们根本什么都没找到。他们用了5天的时间攀爬这些山峰、险峻的岩崖及狭窄的隘路，花费了不可估量的巨大气力。直到第六天，他们在山中穿行时，在其中最高的一座山峰上，遭遇了最大的危险：有可怕的冰雹，有骇人的冰块，有闻所未闻的雨雪。因为这些危险所形成的严酷和恐怖的侵袭，大约30名步兵因寒冷而葬身于此。

42. 在经历群山和险峻的岩崖间的这般危险之后，他们下到了峡谷中，整整一个白天都骑在马上，穿越平原，晚上扎营在一处非常富有的地方。靠着住宿和补给，他们，连同其王公鲍德温，恢复了体力。一些萨拉森的探子来到了这里，为的是获得如此卓越的王公的好感，保全性命。他们将附近一座城市的情况报告给这位王公，这座城市名叫苏苏穆斯（Susumus），各种物资非常丰富。并且，这座城市可以被轻易地攻占、征服。在得知这些后，鲍德温在第五天离开了上述的那处地方，晚上到达了苏苏穆斯城。

但是,他发现这座城市的房屋和所有地方都是空的,他仗着武力,驻扎于此,进行修整。这是因为,在听说他到来后,所有异教徒都从这座城市逃走了,因为这座城市没有城墙,不堪一击。他们在这里未受敌人的任何妨碍或进攻,安稳、平静地照料了自己的身体 8 天。他们每天都在追击附近的异教徒,用剑杀死了众多找到的人。然后,第九天破晓后,依照鲍德温的命令,苏苏穆斯城被付之一炬。他们在这座城市里四处劫掠,有牧群,也有其他的东西。然后,他们转而进入了群山中的另一个地域,蹂躏着所知的萨拉森人之地,在所有地方进行劫掠。最终,在 8 天之后,他们受迫于地势艰难,间或还有饥饿等各种困难,着手返回前述的那些臭河那里。然后,他们到达了一处棕榈树种植园,除了海枣的果实,没有发现其他的食物。靠着它们,他们补给了疲倦不堪、饥肠辘辘的身体。

43. 然后,他们返回,途经一座被称为"圣亚伯拉罕之地"的城堡,走的是他们来的时候所走的路径,在第三天,于主耶稣基督的生日之前[1],返回了耶路撒冷。在这里,在同宗主教和他的所有贵族商议之后,他决定在伯利恒庆祝圣诞节。在那里,就在这样神圣、庄严的一天,鲍德温行了祝圣礼,涂油为耶路撒冷国王[2],在伟大的荣耀中加冕。事实上,他不愿意,也不敢受擢升。他戴上由金子和极珍贵的宝石制成的王冠,成为耶路撒冷国王。在这里,主耶稣——万王之王,万主之主——为了尘世的救赎,

---

[1] 译者注:1100 年 12 月 22 日。
[2] 译者注:鲍德温是耶路撒冷王国的第一任国王。戈德弗里为表谦卑,出于种种考虑,并没有加冕为国王,而是称自己为"圣墓守护者"。

谦卑、顺服,以至于死[1],并被冠以可怕、尖利的荆棘。第二天,他离开伯利恒,返回了耶路撒冷,在所罗门王圣殿上朝,同他所有的权贵在这期间商议了三天。在国王的城市中,他在那里荣耀地待了15天。于是,国王威严地坐在他的宝座上,若有不公加害于他人,或有争执产生,他就要在基督教兄弟间执掌法律,施以公正。他想要公平地处置一切,不粉饰太平。

44. 在看到国王阁下已经开庭伸张正义后,格尔德马来到他的面前,痛诉坦克雷德在海法城这件事情上对自己的不公。公爵戈德弗里将它作为礼物,送给了他,他靠着服军役赚得了它,若是它可被攻占的话。现在,坦克雷德在听说了公爵的死之后,不公地强行占据着它。在接受了格尔德马的控诉之后,国王依照自己人的建议,先是向坦克雷德送去了文告,要求他来耶路撒冷,对格尔德马的控诉,以及他对这个人所造成的不公做出答复。然而,坦克雷德回复道,他不会到鲍德温的面前对这些作答,因为他不承认他是这座城市的国王和耶路撒冷王国的裁决者。

45. 于是国王同他的人再做商议,第二次、第三次向他派去了信使,告诫他,不要背离公正。鲍德温这样做,是以免以后有人责难国王,说他对兄弟和一位基督教王公行事不公、没有耐心。最终,因为第三次的警告,坦克雷德忧虑于该如何行事,同自己的人做了商议。坦克雷德做出了答复:如果鲍德温愿意的话,他会在雅法和阿苏夫之间一条分隔开这两座城市的一条河的对岸向他作答,同他

---

[1] 译者注:《腓力比书》,2:8。

讲话，因为他害怕前往耶路撒冷。国王知道了坦克雷德的答复和请求，在自己的贵族的建议下，答应了他的请求。在约定的日子，他动身前往雅法和阿苏夫之间的河畔之地，以作商谈。在那里，在进行了各种商谈后，他们决定，15天后，在海法再次会面，因为他们这次什么决定都没能达成。然后，就这样，坦克雷德和宗主教返回了海法，国王返回了耶路撒冷。不久之后，一封信函由博希蒙德的贵族们从安条克送到了坦克雷德那里，他们请求他前往安条克，代替博希蒙德掌控这个王国，因为坦克雷德是他的继承人。在对此事做了商议后，坦克雷德决定动身前往安条克，但是最终，他还是安排等到约定好的同国王在海法会谈的日子之后再出发。他唯恐，如果自己在这天之前离开了，有人会指斥他逃跑的耻辱行径。于是，就在约定的那天，国王和坦克雷德在海法见面会谈。在那里，两人达成了同盟和友谊，所有的控诉都被解除了。坦克雷德不仅将海法，还将作为公爵戈德弗里赠予的礼物而获得的太巴列的卫城和土地，交还到了鲍德温的手中。因为它们是属于耶路撒冷王国的。他还将安条克的信函透露给了国王。尽管大家达成了完全的一致，坦克雷德依然公布了这样的协议：如果他在 1 年 3 个月之后从安条克回来了，作为采邑，他可获得国王掌控着的这些土地和城市；但是，如果他没能在上述的时限内返回的话，他就再不能想着从国王处索取这些土地和城市。因伟大的友爱，双方达成了这样的妥协。在这样的条件下，国王接收了这些土地和这座城市，将太巴列移交给了福康贝格城堡的休，作为采邑，由他来看守。他将海法还给了格尔德马·卡尔佩内。但他依旧守信：如果坦克雷德在上述的期限内返回的话，他会将所有东西作为国王的礼物交还到他的掌控之下。在颁布了这些决议，达成和平之后，国王撤回了耶路撒冷，坦克雷德带着他的全部骑兵和500名步兵部队，经陆路径直前往安条克。

46. 在这之后不久，在整个教会的面前，耶路撒冷国王就宗主教同坦克雷德对他做出的背叛，对宗主教进行控诉：宗主教曾声言鲍德温不堪重任，不配做戈德弗里的继承人，反而是要让无血缘关系的博希蒙德继任。鲍德温这么做，是因为宗主教因这个罪，受到了他的贵族们的严重控诉。鲍德温斥责道，他的诡计已然在信函中被查明了：这些信函是经由莫雷鲁斯送往博希蒙德那里去的，但是在路上被夺走了，莫雷鲁斯正是宗主教的文书和心腹。国王和宗主教之间的纷争及不和开始日复一日地愈演愈烈，以至于最终，国王鲍德温被此人的凶残和顽固激怒了，他呼请教皇、罗马教宗帕斯加尔（Paschal）[1] 主持正义，调查如此邪恶的反叛、教唆谋杀，以及从夺取的信件中所见的，这位宗主教极尽所能在基督教首领和新生而脆弱的教会间制造的不和。

47. 帕斯加尔是神圣罗马教会的牧首，是整个尘世间基督之宗教及信仰的公断人。他满足了鲍德温和耶路撒冷神圣教会的请求，依照信者的建议，决定派遣12位枢机主教中的一员，即兄弟莫里斯（Maurice）作为神圣罗马教会的代表，前往耶路撒冷。他要代替教皇审查这位宗主教的功过：或是宽恕他，批准他为大公教的宗主教；或是处置

---

[1] 译者注：教皇帕斯加尔二世（1099.8.13—1118.1.21）。

他，公正地判他有罪，按教皇的裁决罢黜、惩罚他。因此，在教皇的命令下，兄弟莫里斯动身前往耶路撒冷，依照教皇的话语，向鲍德温国王及全体教会致敬，并给予了祝福。他宣称，要完全公正、真实地聆听国王及神圣教会顺从上帝之子嗣的话语，希望借助教皇的权威，将所有的邪恶变为美好。国王鲍德温及信者的整个教会都因这些而感恩于上帝，做出答复：他们会完全公正、真实地服从教皇的命令。

48. 然后，未作耽搁，在约定的日子，在信者——既有主教，也有修道院长——的会议集合起来后，在所有在场人的听证下，在神圣罗马教会代表在场的情况下，在全体耶路撒冷神圣教会的证词下，国王鲍德温用被截获的信件做了控告，指控站在他面前的宗主教犯有假誓罪、出卖耶路撒冷王国罪及谋杀罪：因为，鲍德温原本会在从埃德萨前往耶路撒冷的路上被博希蒙德杀害。因此，鲍德温认为，他不能再担任宗主教，除非他能申明没有犯下这些罪。他这个时候根本无法开脱掉所有这些对自己的指控，尤其是亵渎圣十字架之木的事情：他将其部分削砍下来，并玷污了它。他被暂停了圣职。此外，他被给予了延期开庭，以望他能找到脱罪的办法。

49. 就在这各种各样的纷扰之中，3月已然过去，人们开始庆祝四旬斋，复活节临近了：在这天，病人用的圣油、油必须圣化。于是，和解、油和圣油祝圣的日子到了。在主耶稣同他的门徒共进了晚餐的这一天[1]，这位罗马的

---

[1] 译者注：1101年4月18日。

枢机主教爬上了橄榄山。圣油、油的祝圣习惯上是在这里完成的。他穿着白色的法衣和适宜的衣服,去完成如此神圣的任务。但是,他完全不准宗主教参加。无疑,宗主教看到自己的职责被剥夺了,在这天,他的所有前任都会按习惯的那样,在这座橄榄山上履行这项职责,为圣油、油祝圣。于是,他去见国王,谦卑地哀求着,流着泪强烈要求,在这天,他不能如此轻率、卑贱地被从自己的职责上逐走,这样的话,他会被所有朝圣者议论。然而,国王坚决抵制,强烈反对,列举了宗主教胆敢反对自己的劣迹。因此,宗主教焦虑不安,越发强烈地恳求着。他让鲍德温想想,自己是如何受他涂油,成为国王的。但是,国王并没有听他的。于是,宗主教秘密在他耳边讲,要将300拜占庭金币的钱款给他。国王被金钱诱惑,默许了宗主教请求的一切事情。国王因数目如此庞大的一笔钱的承诺而欢喜。这是因为,国王因巨大的亏空烦恼不已,需要用这个办法,为他的战士们所付出的辛劳支付酬劳。于是,他立刻行动起来,去找兄弟莫里斯,对他讲了这些话:

50. "兄弟莫里斯啊,我们的这个教会仍旧年幼、脆弱。因此,若耶路撒冷如此突然地就失去了它的公正,宗主教于这般闻名的一天被剥夺了自己的职务,并因此在复活节期间,在我们中间产生纷争,令朝圣者混乱、异教徒欢喜,这样的结果非我们所愿,也非我们的智者所希望的,我们在商讨中也未有此意。正因如此,我们坚决地请求您不要拒绝听我们的话,我们用自己的鲜血保住了这座神圣的教会,并为它战斗至死:在我们看到他的辩解朝向何方,或者他得到什么样的判决之前,您暂时不要将我们已知的有关宗主教的事看得太过严重。因为，我们若不能完全达成对一切的公允裁决，时间将不再是悄然流逝。出于这样的缘由，因所有的信者都愿如此，我们请求您，允许他在当下享有其宗主教的职务，依照神圣耶路撒冷教会的典仪，为圣油及油祝圣，为从遥远的王国跋涉来此的朝圣者免罪、和解。在这次已然于至高的爱与和睦中庆祝的神圣复活节的庆典后，我们已经决定接受您对此人的裁决：或是裁定他无罪，让他留在位置上；或是认定他有罪，剥夺他宗主教的教阶。"

51. 枢机主教被这番巧言说服，满足了国王和贵族们的心愿。他脱掉典仪用的法袍，允许宗主教去祝圣圣油、油，依照着各种祭礼，主持复活节典礼[1]。于是，从这天起，宗主教和枢机主教结成了至高的友谊。他们为了自己，聚揽了信众大量的捐赠，在偏远的地方，不分白天黑夜地享受着充足的食物和葡萄酒，国王却对所有这些毫不知情。3月，就在国王和宗主教之间达成和睦，冬季离去，土地和森林复苏的时候，白天开始变长了，晴空越发灿烂，各个异教徒城市的消息陆续传到国王的宫殿中，它们都以礼物和贡金向国王致意。其中，有的是诡诈之计，有的则是纯洁的。他们竭力要同国王达成和约。这样，他们就不用顾虑危险和恐惧，而是能为了自己的营生，安稳地通过这片土地，毫无畏惧地前去田地和葡萄园中劳作。国王，因为是新近到来，并且没有多少财富可偿付其战士的薪酬，同意接受异教徒的城市——阿什克伦、恺撒里亚、阿克、

---

[1] 译者注：1101年4月21日。

以及苏尔，也就是提尔——提供的所有东西，但是他拒绝了阿苏夫及它的礼物。他将和平及安全授予了其他的城市，一直到圣灵降临节结束后。

52. 就在这次和约约定的时间仅仅过了一半的时候，上述的城市就向埃及国王送去了这样的消息：除非他能短时间内来支援他们，将法兰克人从耶路撒冷赶走，否则，万不得已，他们就只能将自己交予法兰克人的国王之手了，因为他们无法再抵御基督徒了。在意识到自己的城市甚为严重的困境后，埃及国王向所有的城市和埃米尔送回去了这样的文告及安慰：在将武器给养都集合起来后，他会立刻前去支援他所有的城市。国王鲍德温，以及所有居住在耶路撒冷王国的信者对这些消息和计划全然不知。

53. 同时，突厥人的使者频繁地从大马士革前往耶路撒冷，去见国王，欲赎回他们的俘虏。鲍德温在贝鲁特非常狭窄的隘路中击败、俘获了这些人，并将他们关押在了大卫塔，监管了起来。国王为了用俘虏获取金钱，同他的贵族做了商议。因为，在这片新的、未知的土地上，他需要许多金钱支付薪酬。这样一来，他宽恕了全部45名俘虏。他原本已经决定要将他们斩首的。他收到了一笔令人难以置信的钱款：超过50000拜占庭金币。因此，他将所有这些活着、未受伤害的人从镣铐和锁链中解放了出来，也从大卫塔中放出来，和平地将他们送回到大马士革的土地上。

54. 同时，在3月，由意大利航海而来的热那亚、比萨的舰队抛锚于雅法，并在那里等待复活节[1]。最终，他们来到耶路撒冷，庆祝主复活之日。在最为虔敬地庆祝过这一天之后，他们前去觐见国王，并极力恳求让他们去进攻、征服他希望得到的异教徒城市。国王知晓了他们的渴望，决定由海上、陆上围困阿苏夫。于是，他率自己全部军力从耶路撒冷动身，在陆地上包围了这座城市及它的城墙。比萨和热那亚人则在海岸线上，戒备着城里的人坐船逃离。在围城的第三天差不多结束的时候，阿苏夫的市民试图同国王达成和约：若他能让他们保全性命，肢体安全，带着自己的东西从城市离开，他们愿意将这座城市交到国王的手中。在自己的人的建议下，国王宽恕了这些人，允许他们安全地出来，带走所有能背走的东西，并授予他们一直到阿什克伦的安全通行权，不用顾虑危险。然后，他带着全部的骑兵和步兵进了城，在那里休整了8天，并同王国的宗主教大人及贵族们就剩余城市的问题做了商讨。

55. 最后，所有人都同意，将国王的文告送往恺撒里亚，送给城市的埃米尔和首领们，要求他们将城市交给国王。不然，确定无疑的是：城市会被围困，而且一旦被攻占，所有人，一经发现，皆要死于剑下。城市的埃米尔和全体居民以这番话作答："我们离着将自己和自己的城市交给基督教的国王还远着呢，因为我们不久前才于埃及国王的手中获救，并且我们收到他关于此事的信件的时间还不长。"国王获悉了他们的妄言，盛怒之下，他将卫戍留在了城里，同宗主教一起从阿苏夫出来在恺撒里亚前布阵，将

---

[1] 译者注：1101年4月21日。

他的军力部署在了各个方向上。在那里，城墙的周围都是异乎寻常的果园，就像极其茂密的树林一样，非常漂亮，有不可估量的丰硕果实。国王命令，用斧子砍除它们，以免突厥人在茂密的树林中设伏，隐秘地发射箭矢，对军队造成伤害。在砍除这些果木后，他们在城墙的周围形成了封锁。15天时间，他们建造了一架攻城塔，要用它来猛攻城市，吓跑市民。攻城塔修建完毕，被军队竖立起来，位于城墙上方，高耸入云。最勇敢的斗士被部署于攻城塔之中，以征服城墙和城市的防御者。然后，因国王的命令，所有人受到征召：他们要在清晨从各个地方、营帐出发，在宗主教和国王的面前集合，获取他攻城的指示，然后执行。到了早晨，所有基督教骑兵和步兵依照国王的命令，出现在国王和宗主教的面前。他们忏悔了自己的罪，获得了宽恕，领受了圣体，同比萨、热那亚人一起，在海上和陆上猛烈地进攻城市。[1]在拉塔基亚，比萨人、热那亚人曾虚度了整个冬天，于3月份前往耶路撒冷，去庆祝神圣、虔诚的复活节。他们失去了自己的比萨主教。他秘密地离开了他们，在耶路撒冷被攻占后，他和博希蒙德、鲍德温一起前往那里，被公爵戈德弗里委任为宗主教。

56. 就在这天，宗主教穿着神圣、洁白的法衣，而非胸甲，持着主的十字架，去保护、守卫大公教的子民，全军将士毫不犹豫地跟随着他一直来到了城墙前。他们将因为严酷、沉重的打击而陷入混乱的市民驱离了防御墙。就这样，在将梯子突然抵在城墙上之后，他们强行进入到了

---

[1] 译者注：依照其他史料的记载，比萨人应没有参与这次的攻城行动。

城市中。萨拉森人意识到高卢人已然散布于城市之中，且无法抵御，就聚集起来，逃向了城市的另一座筑垒。它朝着海，凭一座极其宽阔、坚固的城墙将城市自内而外隔开来。在那里，尽管防御墙上的抵抗微弱，但他们坚持防御，用箭矢、着火的木桩、投石器徒劳无功地耗费了一个白天。最终，在这天的第九个小时，市民们被频繁的、从未停息的进攻压垮了，因投石机，以及同样猛烈的箭雨而精疲力竭，他们战栗着逃到了大街上以及城市的各个地方。高卢人追击他们，用梯子越过了城墙，给他们造成了沉重的毁灭：屠杀了一些人，俘虏了一些人。他们四处大肆劫掠金银、珍贵的紫衣。这座城市的教士是一位老人，在这里被俘虏了。500名埃塞俄比亚人被砍了头，他们是作为埃及国王的雇佣兵被派到这里来的。因此，上述的那位教士来到了国王的面前，依照国王的命令，被戴上了镣铐。他的女人也被俘获，戴上了镣铐。国王这样做的目的是调查一笔无法估量的银子，这个教士出于对基督徒的恐惧，将它埋了起来。事实上，在这座城市被摧毁、征服后，国王从圣灵降临节期一直到施洗者圣约翰的诞辰都在这里休整，各种必需品应有尽有。在这些天，上述的那位教士被普托梅达——也就是阿克——城的市民用1000拜占庭金币赎出，于是国王将他送了回去，他的肢体未受损害。

57. 在这些之后，国王于伟大的荣耀中，撤到了雅法，留下了布尔日（Bourges）城的阿尔潘（Arpin）——一位杰出的王公——看守城市的城墙和城门。于是，就在国王逗留于雅法的时候，他知晓了埃及梅拉尤斯那儿的信息和消息：所有埃及人蜂拥而起，拿起了武器，决心于8日之后同他交战。在听到这些后，国王将自己所有的同伴召集在一起，并在他们的建议下，离开了雅法。过了3个星期，国王，连同宗主教、自己所有的装备，以及他的兄弟公爵戈德弗里的整个家族一起，驻扎在阿什克伦和拉姆拉间一处辽阔的平原上。就在他们在此处等待敌人到来许久后，敌人中，未有一人如他们所吹嘘的那样到来，于是，国王将自己所有的人送返回家。他自己则平静地游历了周围的城市：有阿苏夫、恺撒里亚和其他地方。

58. 在这些事情之后不久，国王就因为钱在雅法城受到困扰。这些钱是他欠自己战士们的雇佣金。这些战士也曾为他的兄弟，即耶路撒冷王公戈德弗里服过许多的军役。现在，他们为了他的事业和荣耀辛劳着，付出了同样多的军事役的热情。因此，国王动身前往耶路撒冷，向宗主教发出吁请，要求他将信众赠予的一些金钱与他分享。国王要将这笔钱分给战士们，要让他们再度成为自愿为他服役的战士，留在他的身边，否则，他们就不会愿意留在耶路撒冷境内，不愿保卫至圣之所。然而，在听过了国王的请求后，宗主教拖延了整整一个晚上，在第二天，他回来了，宣称自己有供在此处侍奉上帝的兄弟所用的200马克银，没有再多的了。他和善地准许按照国王的吩咐将这笔钱分出去。国王相信了宗主教所述的一切，接受了他所提供的银子。但是，圣墓的教长阿努尔夫、其他许多知晓主圣墓全部金钱，以及受到捐助的人称，宗主教所言绝非事实。并且，他们补充道，他将无可估量的金钱偷偷地储藏在了自己的金柜中。因为阿努尔夫的这番声言，以及人们有关隐匿了财富的看法，国王出离愤怒，开始极力地督促宗主教，要求他以信众的捐赠来照管、维系战士的雇佣金：正是这些人在对抗着异教军队，保护、守卫着朝圣者和整个教会，使他们免受伏击、突袭造成的伤害。

59. 事实上，宗主教本人与神圣罗马教会的代表，即兄弟莫里斯结成了友爱的羁绊。于是，他们一起大肆享用着这片土地的福分欢乐，在他的房间中，随意分享着圣墓所受的捐赠。因此，他完全不屑于去听从国王鲍德温，而是将希望和信任寄托于因金钱而腐败了的教皇的枢机主教的承诺，还想着能靠着圆滑的恳求、馈赠的金子来贿赂、安抚住国王。因此，就在国王反复督促宗主教照管 40 名战士，给予他们金银，令他们重新全心全意地献身于战事的时候，宗主教根本不听他的这些说法。一天，发生了这样的事情：这位宗主教如通常习惯的那样，在他的房屋中，同兄弟莫里斯倚靠在餐桌前，享用着各种奢华的食物，还喝了不少的葡萄酒，在狂欢作乐中度日。终于，国王陛下收到了通报：他们每日都以如此奢华的方式大吃大喝，挥霍信众的捐赠，没有限度，不计数量。国王不仅可以通过听闻，也可以靠着眼见轻易地证实这件事情。

60. 立刻，就在他们于这般享受盛宴的热情下，倚靠在餐桌前的时候，国王率着他的一些贵族，敲门进去了。他严厉地斥责了这两位神父，爆发出了这番激烈的言辞：“你们享受着盛宴，而我们则为了我们兄弟的安全，白天黑夜都陷于麻烦、危险之中。你们随心所欲地将信者的捐赠用于自己的享乐，无视我们的险境和困窘。但是，主是永生的。从现在起，除非你们承担起战士的薪酬，否则，你们将不得触碰信众的任何捐赠，不得再如此奢侈地用它们来填饱你们的胃口。你们怎么能如此随意、专横地将信众的捐赠和供奉从主的圣墓拿走，将它们变成奢华的食物储藏起来，而完全不去解救贫困的信众？我们以自己的血，赎回了圣城和心驰神往的圣墓之所在，并且，为了守卫圣所，一直担负着辛劳和战争的重荷。你们却要将信众的捐赠从我们这里夺走？我断不能容忍如此的罪行，不能再让你们为所欲为。就两条路，你们或是值此困境，与我们共饮这个我们必要饮，且正在饮的杯子[1]，或是再得不到教会的任何东西。"在他说完这些后，宗主教爆发出了同样激烈的言辞，说道："你们想得不对，不该如此鲁莽地指斥，也不得令我们禁用教产。因为，伺候祭坛的就靠祭坛而活[2]，是我们的正义。你们怎么胆敢去令主耶稣——上帝和上帝之子——用自己的血从奴役中解放出来，并托付使徒照管的神圣教会纳贡、受奴役？你要考虑清楚了，不要再擅自地讲或做这些事，因为这完全不关你的事。在公正的审判下，你要因如此鲁莽的行径而被教皇阁下革除教籍。"然而，兄弟莫里斯仅仅是听这两个互相争执的人讲话，并提醒他们要和平、和睦。

61. 然而，国王再无法容忍宗主教的粗鲁答复。据说，他严厉、不耐烦地讲道："你要想明白，不要轻易地将这样的托辞——侍奉祭坛的人以祭坛而活——抛向我。现在是窘迫至极的时候，与其让萨拉森人强行将信众的赠礼从圣墓抢走、分掉，而我们的战士或教士都无法分享到的话，

---

[1] 译者注：《马太福音》，20：22。
[2] 译者注：《哥林多前书》，9：13。

还不如由基督教战士以祭坛为食。主是永生的。我不仅要吃尽信众的捐赠,将之分享给我的战士们,我还要将金子从主的圣墓和祭坛抢走,用它来维持基督教子民和耶路撒冷王国的战士及保卫者。在这之后,若上帝满意,若埃及国王的傲慢和威胁停息,土地享平静,我将归还一切,我将欣然地为教会和它的圣墓聚揽财宝,必配得上它。我要用更为贵重的金子、珠宝和工艺来赞颂它。"在说完了这些后,宗主教被国王——他是一个识文断字的人——驳倒了,依照兄弟莫里斯的建议,他承诺照管 30 名战士的薪酬。但是,不久后,他就厌烦他们了,他承受着无法估量的金钱的损耗。于是,他令这些战士无所事事,失去了收入。国王日益意识到他的伪善,强烈地督促着他,就军事役的事情烦扰着他。而宗主教对所有的事情都是装聋作哑。

62. 就在国王和宗主教正商谈着,后者拒付金钱,前者不是要求金钱就是要求战士的时候,一位基督教同伴——他是博希蒙德的兄弟罗杰[1]的一位特使——从阿普利亚动身出发,来到了国王的面前。在整个教会的听证下,他证实,自己曾在几天前,将一笔 1000 拜占庭金币的钱款给了宗主教。为了他的罪过,为了他和他的人的灵魂的安宁,罗杰将这笔钱公平、诚信地分为三份:也就是说,一部分作为对主圣墓的捐赠,用于在那里向上帝唱颂赞美诗的兄弟;第二个部分,用于资助为虚弱者和其他病患所设的医护所[2];第三个部分则是给国王的,以扶助、奖赏那

---

[1] 译者注:即罗杰一世,西西里伯爵(1062—1101),是博希蒙德的父亲罗伯特·圭斯卡德的弟弟。
[2] 译者注:此处是对耶路撒冷的医护所最早的记载。

些缺少财物和武器的战士。宗主教却耽于贪婪,将这些钱完全据为己有。他根本没有将这些钱分与被安排、嘱咐给他的这些或那些人。在国王的面前,宗主教被这些可信证人证明犯有极大的欺诈和不忠的罪过,无法再为自己辩解,沉默了下来。因此,立即地,他被剥夺了主圣墓的权力和捐赠,他的内侍、私人文书及同谋被抓了起来,送进了监狱。

63. 悲痛伤心的宗主教撤到了雅法。因为他拥有教士的身份,在国王的同意下,他在那里平静地度过了秋天和冬天。一直到3月初,在鲍德温统治的第一年,他经海路动身前往安条克,去找坦克雷德。[1] 此外,他那被逮捕、羁押的内侍们受迫于鞭笞的威胁和恐怖,供出了宗主教埋于地下的金钱,有约20000拜占庭金币。他们还交代出了一笔数目非常庞大的银子,迄今为止,所有人都不知道其数量和重量。因为兄弟莫里斯是罗马教宗的代表,国王以自己所能给予的一切荣耀将他留在了自己身边,非常周到地照顾着他,于所有事情上都与他亲切地商讨。

64. 同时,就在国王正在处理这些及其他各种事务,将这笔获知的钱分给他卓越的战士及每个他要补偿其所付辛劳之人的时候,一份残酷的文函从埃及而来,即:在王国中居于次席的梅拉尤斯正率着埃及国王的全部军力和装备赶来,不久之后就要与鲍德温交战。在知晓了如此残酷的消息后,国王鲍德温既忧虑,又沉重。在他当政的第一

---

[1] 译者注:实际上,这并非鲍德温统治头一年的事情,而是1102年。

年的9月,在圣母和童贞玛利亚的生日[1]时,他从耶路撒冷进发,带着所有的骑兵和步兵进入了雅法城。他凭借着自己人的无畏勇气捍卫着它的众多防御墙,只带着300名骑兵和1000名步兵赶去迎战敌人,以查明他所得知的战争的文函是否真实。于是之后,到了早晨,他在拉姆内斯,也就是拉姆拉的平原中布阵。他看到,埃及无可抵挡的部队——大约有200000名的骑兵和步兵——和武器占据了阿什克伦的土地和版图。对此,国王和所有同他在一起的人们不仅是惊诧不已,还感到惊慌害怕。

65. 尽管如此,国王看到无法回避危险,也无法逃离这些离得并不远的敌人后,将骑兵和步兵队伍组织成了5个阵列。在第一阵列中,有贝尔沃德(Bervold),他是一名非常高贵的骑士,战斗初始,他和自己所有的人就都被异教徒杀死了。仅有一名骑士幸免,此人的手被砍掉了,勉强从死亡的危险中逃了出来。就在这时,最无畏的骑士格尔德马·卡尔佩内指挥着第二阵列,冲到了敌人之中,竭力去救援那些身陷险境的同伴。他和他的所有随从及副手,落到了无法抗衡的敌群中。只有威廉和埃尔肯戈尔德(Erkengold)活着冲了出来。太巴列的休,一位尚武的年轻人,被布置在了第三阵列。他纵马疾驰,冲入敌人之中,同他们长时间地猛烈战斗着。最后,他因剧烈的搏斗而精疲力竭,勉强地从旋涡之中逃了出来。他队伍中所有的人都在那里被杀死、摧毁了。国王看到自己的人遭受了如此严酷的毁灭,连同跟他在一起的两个阵列,都因恐惧而极

---

[1] 译者注:1101年9月8日。

端战栗着。这并不令人感到惊奇。因为，国王估计，他们顷刻间就要遭受相同的死亡的惩罚了。

66. 就在这时，两位大公教主教，杰拉德和鲍德温——其中的一位，即杰拉德，持着主的十字架——为了令萨拉森人陷入混乱、盲目，搭救基督徒，以温顺、责难的方式对国王这样说道："国王陛下啊，我们担心，唯恐因为您和宗主教阁下间所产生的不和，妨碍了我们今日的胜利。因此，我们建议您，同他恢复和睦，向上帝保证和平，这样，我们就能被从当下的危险中挽救出来。"国王对他们说："你们提议得对。"说完这些后，他从马上下来，于主的十字架前拜倒在地，敬拜天国的上帝。然后，他对这两位主教答复道："最敬爱的基督教神父和兄弟啊，最博学的牧者和导师啊，对我们而言，死亡的裁决就在眼前了；不可计数的敌人正用弓、矛、飞快的剑对付我们；若非有主耶稣基督的恩泽，当下我是不会为了罗马帝国，为了法兰西和英格兰王国而打算着去进攻、征服他们的。愿主上帝能如是将我从他们的手中解救出来。我不会跟宗主教达成和约，除非他首先于教皇和整个教会的面前，照教会的律规，洗清了所行的这般背信弃义。"

67. 他发了这般誓言，在这两位主教的面前忏悔了自己的罪过，领受了主的圣体和血，然后，将10名穿着锁子甲的战士留在主教杰拉德的身边，这位主教正持着圣十字架之木站在队伍的最前面。国王上了马，这匹马在萨拉森人的语言中叫"贾泽拉"（Gazela），因为它比其他的马都要迅捷。国王派出了第四个阵列：他以耶路撒冷的战士组成了这条阵线，这些人能征惯战，极其坚强。他们要发起冲锋,打击敌人,进行厮杀。然而,依照国王的命令勇猛冲锋的第四阵列在同敌人交战的时候,因对手庞大的数量而无法承受战斗的重荷,开始转身逃走。国王察觉了他们的逃跑和覆灭,便率着强援前去搭救。顷刻间,国王就率着自己的第五阵列赶到了,同敌人进行了激战。反复的战斗造成了不少的杀戮和死伤。

68. 就在国王这样冲入敌人的阵营中,令平原遍布被杀之人的尸体时,一个非常著名的埃米尔,持着武器,在盛怒之下,向持着十字架的主教发起攻击,想要突然间砍掉他的脑袋。但是,他遭到了神的报复和打击,因骤然而至的死亡而窒息,断了气。然后,就在另一个埃米尔突然间向着基督教国王猛冲过去的时候,他的马即刻被国王的矛刺穿了脖颈。在这次的打击和猛攻中,这支被猛地掷出的矛还刺穿了这个埃米尔的胸和肝脏。于是,两者——也就是马匹和它的骑手——都被基督教国王杀死了。于是,在这两个埃米尔——埃及军队伟大的首领——就这样被杀死——第一个死于神的报复,另一个被国王的矛穿透——后,国王和他所有的人恢复了力量,冲入了充斥着众多人员的萨拉森阵线中,以主耶稣基督和圣十字架的力量对他们进行了令人难以置信的杀戮和屠杀。直到晚上,因为大家皆已精疲力竭,双方都停止了战斗。事实上,国王和剩余的信者占据了平原,在敌人的营地里过了一夜。当晚,绝望的萨拉森人待在了一座山的顶上。在这里,显然,确定无疑的是,圣十字架的力量不仅战胜了暗藏的敌人的投射,也降伏了可见的敌人的武器;异教徒的傲慢和力量胜过并征服了第一、第二、第三、第四阵列,然而,在对阵第五阵列的时候，在阵中，神圣而被崇敬的十字架之木被持在国王和他的同伴之前，异教徒的整个力量开始变弱而被践踏。但是，即使如此，异教徒最为凶猛的两位王公既不赞颂上帝，也不赞美圣十字架，而是鲁莽、愚蠢地向正对着基督信者的圣十字架冲锋。于是，死亡骤然而至，他们丧了命。

69. 基督徒赢得了这场于9月，而且是上帝的圣母玛利亚生日前夕发生的战斗，在第二天的太阳出来后，一些仍旧活着、没有受伤的高卢人，连同他们的国王，急忙武装了起来，猜想异教徒仍要发起战斗。但是，在这个地区的整个平原上，都找不到也看不到他们。于是，基督徒安全了，因胜利欣喜不已，着手返回雅法和耶路撒冷。然而，国王仅仅带着40名骑士及少量勉强逃生的步兵回来后，20000名萨拉森人出乎意料地出现在平原上。他们曾围困雅法，在昨日的晚上，他们并没有参加那场战斗，而是依照梅拉尤斯的命令，对这座城市发起了猛烈的进攻，不断侵扰。因为无处可躲，国王准备御敌，他以有力无畏的嗓音，这样鼓舞着他所有的人："看，我们的敌人正带着齐整的武器向我们迎面赶来。此外，我们刚刚因战斗而疲倦不堪。不久前，唯在上帝的保护下，我们从对手的手中逃了出来，敌人被征服了。除了我们之外，我们所有的贵族和骑兵都陨落了。因此，我们这样少的人，要怎么做才能对付如此众多、成千上万的未经战损的敌人？我们人少，并且因为新近的战斗而筋疲力尽。无处，也不可能躲开他们。因此，我想再无什么可建议的了，唯有以主耶稣之名和圣十字架的力量，所有人坚稳不动，同不信者战斗。上帝是大能的，足以将我们从他们的手中解救出来，就像昨天将我们从众多强大的敌人手中搭救出来那样。相反地，我们若注定要死亡和毁灭，我们要怀着自信和希望。因为，若我们当下为耶稣之名和耶路撒冷的圣徒，于现世中死去的话，在将来，我们就能同在昨日的战斗中为基督而被杀、毁灭的我们的兄弟们一起，保住我们的灵魂，得永生。"

70. 所有的骑士和步兵都因国王的这番激励而变得坚强，怀着永生的希望，迅速地拿起了武器，等待着于远处看得到的敌军。他们将主的受难十字架放到自己的面前，同敌人激烈交战。于是，面对着如此令人敬畏的标志，萨拉森人变得盲目、虚弱，感到恐惧，并没有坚持战斗多久。在看到基督徒的勇敢及自己人的毁灭后，一些人逃往阿什克伦，其他被打败、驱散了的人，逃向了耶路撒冷的群山。异教徒力量因沉重的毁灭而被削弱。国王残酷地追击着他们。不久，国王从对敌人的杀戮中回来了。然而，只有极少的同伴被带了回来。他带着新近的战利品——金银、马匹和骡子，还有极多的财富——转向去了雅法。真实且毫无疑问的是，在那里，当国王将铁制锁子甲和紫衣脱掉后，当即可以看到，直到脖颈处，紫衣完全被敌人的体液和血液浸透了。国王在那里，在欣喜、欢乐和丰富的食物中度过了这个夜晚。市民拥了出来，赶往阿什克伦的平原，用驴和骆驼拉的车辆，将国王和他那极少的人无法运载的被杀死的异教徒的帐篷、金银、大量贵重的战利品运到了雅法城中。第二天天亮后，国王在巨大的荣耀中，前往耶路撒冷。在那里，国王将从敌人那里得来的所有战利品和劫掠品中的十分之一，给予了医护所和基督的穷人们。

71. 同一年，斯瓦比亚的维歇尔在这场战斗前不久患了严重的热病，于 8 月死了，被埋葬在了雅法城。如果不是因死亡骤然而至结束了性命，他本应在这里，用自己的宝剑为国王带来不少的帮助：在安条克的桥上，他曾经用这把宝剑穿过一名突厥人的锁子甲和衣服，将他从中间砍成两半。在某一天，这位杰出的骑士曾以盾牌为保护，攻击了一头庞大、骇人的狮子。它经常在雅法的山区附近吞噬人和牲口，当时它正要袭击一匹放牧中的马匹。这头狮子迅速一扑，猛然一跃，面对面地迎向他，他用自己非常锋利的宝剑一记猛击，将它的头骨劈成了两半。他将这头死了的、凶残且无畏的牲畜留在了原野中。

第八卷

1101 年十字军

1. 在国王鲍德温当政的第一年，就在这场战争于 9 月爆发，国王取得血腥胜利的同时，一群来自意大利王国的不可计数的伦巴第人在听说了安条克和耶路撒冷被占领，以及基督徒的著名胜利后，从意大利各地集合了起来。他们旅途顺利，通过了匈牙利王国后继续前进，进入了保加利亚王国。他们想要去增援基督教兄弟们，对他们有所助益[1]。在这支队伍中，有发下了相同誓言的极其尊贵的人：米兰主教[2]；显赫的比安德拉泰（Biandrate）伯爵阿尔伯特（Albert）；他的兄弟圭多（Guido），一位出色的骑士；蒙特贝尔（Montbeel）的雨果（Hugo）；上述的阿尔伯特妹妹的儿子奥托（Otto），姓阿尔塔斯帕塔（Altaspata）；帕尔马（Parma）城伯爵吉伯特（Guibert）；还有其他的意大利首领。他们是极为尊贵的人，是军队的领导者。他们聚集起了大约 30000 人。如我们前述的，他们浩浩荡荡地进入了保加利亚的土地和王国。

2. 在到达之后，他们向君士坦丁堡皇帝送去了消息，

---

[1] 译者注：这支军队即历史学界惯称的 1101 年十字军。
[2] 译者注：即比瑟（Buis）的安塞尔姆，米兰大主教，1101 年死于君士坦丁堡。

请求靠着他的恩泽和赠予，能在从属于他的王国和管辖下的保加利亚人的土地上购得生活必需品，并就这样平静地通过他的土地。在收到了如此优秀、虔诚的大公教军队的文告和请求后，希腊人的国王仁慈地答应了他们所要求的一切。当然，是在这样的条件下：这般庞大的人群在属皇帝司法裁决之地，不得施加任何的暴力，也不得鲁莽地滋事，造成混乱。于是，在这样的条件下，他授予他们在保加利亚王国筑垒城镇中买卖的特许，这些城镇的面包、葡萄酒、肉及各种丰富物资都极其充足。这些城镇有：罗萨城堡、帕内多斯（Panedos）、罗斯特霍（Rostho）及达米斯堡，还有绰号为"天然之地"（de Natura）的城堡，以及萨拉波瑞亚、阿德里安堡、菲利普波利斯。这样一来，他们就能投宿在这些地方，靠着这片土地上的财富维系性命。

3. 然而，在进入了这片土地后，他们不服从国王的命令，也不听从军队的领导者和王公，而是不加限制、没有缘由地去劫掠所有的东西，不将自己的任何东西交易给保加利亚人和希腊人，还掠夺他们的牲口和家禽；这对大公教的子民而言是邪恶的事情。他们还在大斋期吞食它们。他们甚至还破坏了上述地方和城市中虔诚的皇帝本人的礼拜堂。他们这样做，是出于对那些被藏在其中，不让这般众多之人看到的东西的渴望。并且，有件事情听来骇人：这些食宿者中的一个人，邪恶地砍掉了一个保护自己财物的妇女的乳房。在听说了这些人对保加利亚王国造成的这般残酷的耻辱及令人忍无可忍的破坏，以及自己人的控诉后，皇帝向军中首领及官员送去了消息：他们不得再留在这些地区、城堡和城市里，要赶紧沿王室大道前往君士坦丁堡城去见他，那是全希腊的首都。于是，他们来到君士坦丁堡城，按照国王的命令和敕令，来到了被称为圣乔治海峡的海岸边，将自己的帐篷扎在了海峡岸边的这一侧。这条海峡有3罗马里宽。他们在那里待了两个月，度过了春季，等待一支来自法兰西或德意志的盟军加入。即使是在这里，他们也如惯常的那样，以诸多谬行激起了皇帝的愤恨和恼怒。

4. 皇帝频繁地因这诸多的谬行而恼怒，唯恐其他民族加入其中来增强这支人多势众的强大军队的力量，如果这样，他们会变得更加胆大妄为，或是因为贪婪，或是出于某种缘由而起来造反，进攻君士坦丁堡城。于是，皇帝警告他们，不要再留在这些地方或海岸边，要尽快离开，前往奇维特和吕菲内尔港，留宿在卡帕多西亚和罗姆境内，直到将要赶来的队伍同时与他们会合一处。他们全体一致地做出答复：在获得法兰西和德意志的增援之前，他们绝不渡过海峡。在听到伦巴第人这般顽固的答复，得知他们不愿意在同伴未到达前从所占据的海岸的位置离开后，皇帝禁止了他们的买卖特许。立刻，朝圣者中出现了3天之久的补给短缺。伦巴第人看到国王发怒了，生活必需品也被禁绝了，军队之中出现了饥饿的困境，所有人——既有骑兵也有步兵——突然间武装了起来，持着鹤嘴锄、铁钩子、锤子聚集在城市的一座大型宫殿的门和围墙前，那个地方名为"圣阿金特"。在那里，他们破坏并进入了两处地方。首先，他们杀死了一名与皇帝本人有血缘的年轻人。接着，他们屠戮了一头被驯服的狮子，它是皇帝在这座宫殿中的宠物。

5. 米兰主教、比安德拉泰伯爵阿尔伯特、蒙特贝尔的雨果及军中其他较明智的人及首领，意识到这样极端恶劣的骚乱对自己及自己人的危害远大于利益，于是冲了出来，来到了人们中间，阻止他们继续这样的恶行。最终，他们时而威胁，时而哄劝，约束住了这些人，将每个人送回到各自的营地里。于是，这场非常严重的争端平息了，上述的主教和伯爵坐船经前面提到过的海峡前去见皇帝，因为他们住在距离城市和国王的宫殿1罗马里多的地方。他们大胆地进去见他，试图安抚他的情绪，令他从激愤中冷静下来。他们发誓，坚称自己是清白无辜的，这些恶行是那些失去了理智，以及无可救药的人激起、唆使的。反过来，皇帝提醒他们那些过去的谬行所带来的烦恼，然后就是他们新近在他眼前所做出的侮辱的行径：毁坏他的宫殿，杀死他的亲人，屠戮他的狮子。不过，上述的王公们是机敏的，作答温和且口才流利，努力以各种方式来缓和皇帝恼怒的情绪。首要的是以誓言来为自己开脱，因为这些恶行根本不是因他们的意愿，或者在他们的准许下做出的。终于，皇帝被他们谦卑的辩解所安抚，而且因为如此出众的王公的斡旋，皇帝以完全仁慈的心宽恕了朝圣者对他所做的一切事情。但是，正如皇帝按照自己人的商议所决定的那样，他再次督促他们渡过海峡。皇帝非常担忧，怕自己的王国受到侵袭。于是，他送出了大量的金银和紫衣作为礼物，还做了许多的承诺，力求从他们那里获得这样的结果：他们令众人自愿地渡过海峡。比安德拉泰的阿尔伯特被皇帝众多的礼物和承诺所贿赂，且极度信任皇帝。他收到了 10 匹马,还有其他贵重的物品。然而,主教有着机敏的先见之明,拒绝了所有赠予他的东西,担忧军队在过了海峡后,被恼怒的希腊人出卖,死于突厥人的武器之下。皇帝在看到主教的坚定后,以各种方式与他恢复了和睦,并答应了他的请求,再次授予朝圣者买卖的特许。双方达成了确保和平的协议。同时,伯爵雷蒙德从拉塔基亚进入了君士坦丁堡城,他对朝圣者同国王重归于好帮助很大。优于前往耶路撒冷的所有人,在所有决议和敕令上,他是皇帝首要、亲密的顾问。最后,在欢庆了主的复活节之后[1],过了几天,伦巴第人渡过了海峡,到达了尼科美底亚城。

6. 同时,康拉德——罗马皇帝亨利三世的总管——带着 2000 名德意志人到了君士坦丁堡。他被引荐给皇帝阿列克修斯,并获得了其好感,比所有人都更受到喜爱,被给予了极好的礼物。他本人也渡过了海峡,同伦巴第王公们会合。然后,为了赎罪而来的布洛瓦伯爵斯蒂芬,打算返回耶路撒冷。同时还有:勃艮第公爵斯蒂芬[2];此外,有布雷(Bray)的迈尔斯(Miles)[3];还有红发的盖伊[4];布鲁瓦的休·巴杜尔夫(Hugh Bardulf)[5];拉昂(Laon)山主教林格洛兰德[6];菲尔马迈特姆(Firmamentum)子

---

[1] 译者注:1101 年 4 月 21 日。
[2] 译者注:他是勃艮第和马孔(Macon)伯爵雷纳德一世的儿子。
[3] 译者注:他是布雷的城堡主,也是特鲁瓦(Troyes)子爵。
[4] 译者注:即罗什福尔(Rochefort)伯爵盖伊二世。
[5] 译者注:即布鲁瓦领主,休·巴杜尔夫二世。
[6] 译者注:库西堡(Coucy)的林格洛兰德,他是拉昂主教。

爵赖诺尔德；苏瓦松（Soissons）主教[1]；格朗普雷（Grandpre）的鲍德温，一位非常英俊的骑士；克莱蒙的多多；拉昂城堡主瓦尔伯特（Walbert）。这些皆来自西法兰西王国的人，连同其全部的军队于此处，即尼科美底亚城和地区同伦巴第人会合。这些人是自不同的地方出发的，据说，他们聚集、停留在了这座城市及其地域之内。

7. 然后，在临近圣灵降临节的时候[2]，这些从世间不同地方聚集起来的人——大约有260000人，连同许多人的儿子和妻子，连同教士和修士，还有极多无力战斗的大众——向君士坦丁堡的皇帝请求护卫。皇帝满足了他们的请求，为他们委派了圣吉勒伯爵，连同500名特科波骑兵。因为皇帝与伯爵私交甚密。这样一来，在他的护卫和命令下，他们就能继续自己的旅程，理智地行万事。在这些事情被这样安排好，伯爵雷蒙德成为了军队的顾问和首领之后，布洛瓦的斯蒂芬决定出发，走公爵戈德弗里、博希蒙德，以及第一支军队曾行进过的道路，穿越尼科美底亚和罗姆的土地，因为这条道路对于他和同行的众人而言，是安全且适合的。但是，伦巴第人仰仗着自己庞大的人数，宣布要做大的分割，他们要行军通过帕弗拉格尼亚（Paphlagonia）的山区和地域。他们还说，要强行进入呼罗珊王国，或是将被突厥人俘虏的博希蒙德夺取、解救出来，或是凭借自己的力量围困、摧毁呼罗珊王国的首都巴尔达克（Baldac）城，从而强行将他们的兄弟从奴役中营救出

---

[1] 译者注：皮埃尔丰（Pierrefonds）的休，他是苏瓦松主教（1093—1103）。
[2] 译者注：1101年6月9日。

来。此外，布洛瓦的斯蒂芬、雷蒙德和其他的首领知道了伦巴第人在解救博希蒙德这件事上愿望极强烈，且过度自我吹嘘，无法令他们避免误入歧途。于是，他们就从伦巴第人所选的道路动身出发，伯爵雷蒙德率领着特科波佣兵走在前面，还带着皇帝的卓越军备。

8. 3个星期过去了，路途上的朝圣者仍旧幸运地充分享受着盛宴，许多人沉迷于禁戒之事，大肆纵情于不贞洁的私通。就在主的先驱者、施洗者圣约翰守夜祈祷之时[1]，军队行进到了难以攀爬的群山和极深的峡谷中，然后到达了一座被称为安卡拉（Ankara）的城堡[2]。在那里，他们猛烈地进攻所能找得到的突厥人。他们这次的攻势一直持续到了第二天上午，直至完全摧毁了城防，在这里，有200名突厥人被斩首。最终，只有6个突厥人在死亡的恐惧中藏了起来，后在夜深人静的时候逃脱了死亡的危境。于是，这座城堡被归还给了皇帝的战士，因为它属于皇帝的王国，皇帝因突厥人非正义的入侵丢失了它。之后，他们动身前往冈加拉（Gangara）要塞。但因筑垒的位置和地势极佳，未能对城堡造成损害，亦无法征服，于是，他们损毁了这个地方的麦田和所有的庄稼。全军都离开了之后，突厥人非常高兴，因为大群的基督徒对他们城堡的包围徒劳无功，它现在依旧是未受损伤、未被征服。自这天起，突厥人尾随着军队，追击那些因疲倦而无法跟上队的人，反复地以箭矢造成杀戮。

---

[1] 译者注：1101年6月23日。
[2] 译者注：即现代土耳其的首都。

9. 然后，基督教子民到了许多的城市和城堡，它们的名称并不为人所知。这些地方的突厥人送去了极多的礼物和食物，从而避开了走在前面的伯爵雷蒙德及皇帝的战士。这些被这般收买了的人引领着全军穿行于沙漠、难以通行之地、荒野，以及干旱的地方。在途中，突厥人持续不断的伏击妨碍着他们，军中所有因为疏忽或疲倦而落在后面的人都遭到了杀戮。于是，在意识到突厥人的伏击，以及军队所遭受的甚为严重的追击及毁灭后，军中首领决定，在他们的人的前后设置守卫。约700名法兰克战士一直走在前面，进行警戒，同时，约700名伦巴第人去保护、等待疲倦不堪在后面跟随着的兄弟。在看到伦巴第人守卫着军队的后部之后，超过500名突厥人持着弓、骑着马集合起来，突然间雷鸣般大喊着，从后面突袭他们，迅速地以箭雨攻击、创伤他们。最后，受到致命打击的伦巴第人恐惧地骑马疾驰，转身逃走，遗弃了那些因旅程而疲倦不堪的悲惨步兵。在这次最初的护卫期间，突厥人在沉重的杀戮中杀死了约1000人。第二天拂晓，这些人被杀害的残酷消息传到了营地中，军中所有的首领都陷入了混乱，大力斥责伦巴第人。这是因为，因他们的软弱和懒惰，军队被摧残、削弱。于是，他们决定由其他人去守卫那些筋疲力尽、自远处被追击的人。但是，除了勃艮第公爵斯蒂芬，没有人主动提出去担任守卫。就这样，他率领着500名身着护甲的人去保护军队。结果，在他看护的这天中，没有一个人丧命。

10. 在斯蒂芬看护的随后一天，伯爵雷蒙德负责当天的值守。突厥人将约700人集合在一处，在这天的第九个小时，从非常狭窄的地方向他猛地冲了过去，靠着箭矢同他激烈交战。但是伯爵英勇抵抗，除去一些在那里受到箭矢重创者，自己的人损失不超过3人。于是，伯爵雷蒙德看到，这场艰难的战斗正使得他和他的人面临险境，并且突厥人的数目在不断增加，要压垮他了，于是他派了7名骑兵疾驰着回到军中——军队已然是在前面7罗马里远。这样一来，就会有军队尽可能快地被派到他那里，赶来救援他和他的人。他们与敌人作战许久，受到极大的压迫，喘不过气来。在听到了伯爵的消息后，10000名骑兵即刻从军队中出来，穿上了锁子甲，罩上了头盔，用盾牌护住了胸口，沿着当天走过的路程向回走，去救援伯爵。他们觉得，突厥全部军力都已聚集在那里了。就在这时，这700名突厥人看到伯爵坚定不移，并且大群人返回来勇敢救援后，迅速地逃跑了，躲藏在群山之中。然后，从这天起，军队被混合在一处，伯爵雷蒙德及这10000人的全部首领和统领率着全部的骑兵队伍及疲惫的步兵同伴返回，重新加入到了大军之中。由于突厥人持续不断的进攻，以及敌人极其庞大的数量，基督徒决定，从今以后绝不分开，在任何地势上，不管有多大的把握，都不分散开来。

11. 之后，他们继续自己的旅程，连续过了15天，进一步地进入到了荒野及无人居住的可怕之地，穿行于崎岖的群山间。在那里，他们什么都找不到，没有人，也没有野兽。他们开始受到饥饿的重重困扰，没人用得着金子和银子了，因为找不到任何可用钱购买的食物。即使有普罗旺斯人赶到了前面——或500人，或200人，或300人——去寻找食物，但他们都会被突厥人立刻包围、杀死，据说，随后而至的军队每天都会发现他们中的被斩首者。因为，普罗旺斯民族比其他所有人都更热衷于劫掠和抢夺，因此，他们陷入了比其他人更大的危险中。只有富有、杰出的人才有生存的必需品，他们用货车自奇维特港和尼科美底亚城带来了面粉、面包、干肉或熏肉。严重的短缺迫使其他人去啃树叶和树皮，以及植物的根茎，以此来填饱肚子。

12. 确实，因受迫于这样的匮乏，军中的1000名步兵在名为卡斯塔莫努（Kastamonu）的城市境内发现了新的仍未成熟的大麦。尽管如此，他们还是满载着这些谷物进入了一座山谷，放火点燃了树丛和灌木，想用火烧、烘烤这些未成熟的大麦的谷粒，将它们从麦秆上抖动下来，以填饱肚子。同样地，为了缓解饥饿，他们学会了烹饪一种奇异的、从未听闻过的果实，那是一种苦味的灌木果实，是在那里的荒漠中发现并收集起来的。但是，他们被残忍的突厥人发现了，被包围了起来。因为地形、群山和山谷带来的困难，敌人找不到路，无法轻易接近他们，也没有什么能用箭矢造成伤害的机会或方法。于是，突厥人就用灌木的枝条和植物的枯枝败叶填满了峡谷四周，点燃了大火。这1000人被大火烧死了。这支大公教队伍被烧死的骇人消息在营地中散播开来，所有基督教王公都感到恐慌。于是，自这天起，连续6天，他们总是聚集在一起，照此来调整自己的行程。位于骑兵之中的步兵，看起来同样准备好了应对所有的危险，进行着防御。

13. 然后，仅仅过了6天，突厥人达尼什曼德、苏雷曼、卡拉格迪、阿勒颇的里德万，以及帕弗拉格尼亚山区和安条克所有地区的人率领着 20000 名持着角和骨制成的弓的弓手,挡在了基督徒队伍的面前。这些突厥人探察到了此事及这样的险境,决定在星期五同他们交战。就在这天,基督信者的军队艰难地通过了帕弗拉格尼亚狭窄的隘路,正前往平原。在这个星期五的第九个小时,他们安营休息。突厥人来到了近前,如惯常的那样高声喊叫着,突然间包围了整个军队,双方激烈交战。间或,突厥人凭借着突袭冲入营中,用箭矢射穿了那些迎战的基督教战士;这时,尽管受旅程所累感到疲倦,但高卢人和伦巴第人愤然而起,去对抗如此众多持续不断的进攻,频繁地击退他们,直至 700 名突厥人丧了命。事实上,没有一个基督徒被打倒,因为他们聚集在一起。在这天,突厥人根本无法冲进去,将他们驱散。突厥人看到白天无法对基督徒造成杀戮,而自己的许多人丧了命,便在夜晚笼罩大地之后,沮丧而悲伤地返回了自己的营地。同样地,基督教的军队在当晚,也在营地的周围布置了值守和卫戍,战争的整个风暴都归于沉寂,众人开始休息。

14. 在随后一天,即星期六,基督教军中的 3000 人,以及他们的王公——康拉德及他妹妹的儿子布鲁诺（Bruno）——还有其他最为勇猛的人离开了营地和平原,前往梅尔锡万（Mersivan）城[1]。在走了 2 罗马里之后,他们攻击了一座突厥人的城堡。突厥人的防御是徒劳的:它立刻就被摧毁了,其中所有的补给都被夺占,在那里所发现的突厥人都被杀死于剑下。基督徒因这个胜利的结果

---

[1] 译者注:也就是梅尔济丰（Merzifon）。

而欣喜不已，同他们一起将庞大、众多的突厥人的战利品带回营地，穿行于群山中的某些非常崎岖、多岩的隘路。在那里，他们受到突厥人伏击，被包围；受到箭矢的挑衅，被射中。因为疲倦、战利品的重荷，以及地势的困难，他们的抵抗甚微，有大约700人丧命。尽管并不情愿，他们还是将所有的战利品和劫掠品留在了那里。这些单独、散乱地从突厥人的手中逃脱出来的人仿佛被打败、摧毁了一般，在晚上沮丧而悲伤地返回了营地。并且，随后的一天，军队放弃了所有的进攻，静静地待在帐篷中，因同伴们的灾祸而悲痛。在礼拜日，突厥人和基督徒皆停止了所有的攻势及战争的喧哗。

15. 星期一早上天刚亮，米兰主教就站在了军队中间，他受圣灵触动，预言了当天要发生的战斗，并向永生上帝的子民做了布道，督促所有人忏悔自己的罪过。他以耶稣之名，凭着教皇的权力，解除他们罪的镣铐。在赐予免罪之后，他以米兰主教圣安布罗斯之臂使他们神圣，为他们赐福，这只臂被雷蒙德随身带着的圣矛所强化，从而神圣，可赐福子民。在经过这样的赐福和忏悔纯净后，勃艮第公爵斯蒂芬——非常著名的骑士——以自己的人组成了他的一个阵列；雷蒙德将特科波佣兵和普罗旺斯人留在了自己的阵列中；皇帝亨利三世的总管康拉德将斯瓦比亚人、撒克逊人、巴伐利亚人、洛林人和所有的德意志人接纳到了自己的阵列中。拉昂主教、林格洛兰德、迈尔斯、盖伊、布鲁瓦的休·巴杜尔夫、拉昂城的瓦尔伯特，所有这些人以法兰克人的军队组成了一支阵列。米兰主教、比安德拉泰的阿尔伯特、他的兄弟圭多、奥托·阿尔塔斯帕塔、蒙特贝尔的雨果、帕尔马的吉伯特,以及所有的伦巴第骑兵和步兵组成了一个非常密集的阵列。这五个阵列如是安排好之后,伦巴第人被布置在了前面,因为他们的人数之多是他人不可阻挡的。这样一来,他们坚定不移地迎面对抗就在他们附近的突厥阵列。然后,基督徒的每个阵列都被安排在了左右,抵御着异教徒的每个阵列,将他们打得频繁地溃退,并总是再次与其交战。但是,突厥人诡诈且久经战阵,在短暂的逃跑之后,突然勒住了缰绳,以箭雨回击,给基督徒造成重创,杀死了许多马匹和人。

16. 被排到最前面的伦巴第人,同突厥人长时间地激烈交战着。但是,在激烈而长久的抵抗后,他们的首领阿尔伯特无力承担战争的重荷。此外,马匹因饥饿而减损,尤其使得他们无以为继。于是,他将战旗持在右手,逃跑了。就这样,整个伦巴第人的集群,连同其首领和王公们,径直逃回了营地。无所畏惧的骑士康拉德看到战斗愈演愈烈,而伦巴第人战败逃走,突然间猛冲过去,带着他的阵列突入敌阵,去猛攻、驱散突厥人,从白天的第一个小时一直战到午后。最终,到了这时,因为毫不间断的投射,他被击败了,带着军队逃走了。康拉德的队伍因长时间的饥饿困顿而被损耗,耗尽了力量。他本人返回了营地。就在这时,公爵斯蒂芬想要率着勃艮第人帮助被击败、逃走的同伴,便带着他的阵列冲了过去,猛攻敌人。不过最终,在经过了长时间的搏斗后,他带着自己所有的人转身逃走了,他的人中不可计数的一群人被敌人那漫无目的、胡乱挥砍的武器摧毁了。他同样逃走了,回到了营地。布洛瓦的斯蒂芬目睹着伦巴第人和高卢人完全陷入灾祸,就率着他阵列中所有的法兰克人猛冲过去,去救援兄弟、遏阻突厥人。直到晚上,他都没有停止战斗。最后,突厥人不可阻挡的军队靠着箭矢和骨制的弓占据了上风,布洛瓦伯爵被打败了,受到重挫,跟同伴们一样溃逃了,回到了营地中。他的军中许多非常著名的人被打败、丧了命。其中甚为著名的人有:格朗普雷的鲍德温;克莱蒙的多多;拉昂山的韦伯特(Wibert),他是这座城市的守卫者和保护者,是上帝之友,是最为勇敢的骑士,身材高大;还有来自首支军队中的许多权贵,他们的名字我们无从知晓,也无法查知。伯爵雷蒙德率着皇帝的特科波战士,连同他自己的普罗旺斯人队列一起,急忙去救援在这场搏斗中的同伴们,骤然间,他击倒了许多的突厥人。但是,之后,事态意外地变得极为不利,他的许多人都被打倒了,被箭矢所伤,而突厥人的攻势陡增,特科波的整个军队都被吓坏了,落荒而逃,逃往帐篷所在之地,将伯爵舍弃在了危险之中,他的普罗旺斯战士几乎都被砍得残缺不全。

17. 伯爵在看到特科波佣兵逃走、他的人遭遇了不可挽回的毁灭后,不再留在近在眼前的死亡厄境中,而是勉强地从武器下逃生,转向了群山。在狭隘之地,经艰难攀登,他站在了一座极高的峭壁的顶上,只带着 10 名同伴。在那里,他,连同他的人,尽已所能地竭力抵御着追击、围困他的突厥人。于是,当所有从突厥武器下逃离的人返回营地后,布洛瓦伯爵斯蒂芬查问所有首领的情况:谁从战斗中返了回来,谁死在了武器之下。他迅即得知,伯爵雷蒙德逃到了峭壁的顶上,若非得到救援,绝无可能从突厥人的手中逃脱。就在这时,斯蒂芬重新集合起了 200 名穿戴着锁子甲和头盔的同伴，急忙去将雷蒙德从突厥人的进攻中解救出来。曾追击雷蒙德的突厥人逃走了，大约有30名突厥人迅即间被摧毁了。于是，斯蒂芬将伯爵安全地从峭壁上接了下来，毫发无损地送回了帐篷。在基督徒最为强大的阵列被打败、摧毁，并从残酷的战斗中逃回到营地之后，胜利的突厥人同样带着高卢人和伦巴第人的战利品返回了自己的营地，那里距离基督徒的驻地仅有2罗马里。然而，突厥人在这天取得的是一场相当悲伤而血腥的胜利。因为，在他们的同伴中，有3000名战士在这场战斗中丧命。在这场战斗中，基督教的战士被自己的罪的重荷所妨碍，因神的制裁而被交予不信者和邪恶之徒，受到了惩罚。就在伯爵雷蒙德被赶来救援的布洛瓦的斯蒂芬和总管康拉德从峭壁的顶上及突厥人的围困中解救出来，并带到营地中兄弟们那里的当晚，所有摆脱了屠杀和战斗逃到营帐中的人，开始准备篝火和必需的食粮。同时，他们还找来了木头和细枝烹煮食物，以此来恢复疲倦、饥饿的身体。然后，就在夜晚刚刚寂静下来后，伯爵雷蒙德——我不知道他因何而恐惧，并对性命绝望了——带着自己所有的人及皇帝的全部特科波佣兵给马匹备上缰绳和鞍子，然后逃跑了。他彻夜逃命，在群山和偏远之地间疾驰。人们说，他到了一座属于皇帝的被称为普韦拉尔（Pulveral）的城堡[1]。

18. 他逃跑的事情被人知晓了，也在营地中传开了，所有人都感到巨大的恐惧，以至于没有一个王公留下来。

---

[1] 译者注：即现代的巴夫拉（Bafra）。

不管是强大的还是渺小的，高贵的抑或低微的，所有未对活命失去希望的人径直、急忙地逃往皇帝在锡诺佩（Sinope）的城堡[1]。他们不知道，逃跑的不安同样困扰着突厥人的内心。此外，基督徒丢弃了他们的帐篷和所有的装备，连同所有的货车，连同温柔、挚爱的妻子，连同如此多的贵族及如此庞大的军队所必需的全部物资。立刻，这般突然逃跑的消息经由细作传到了突厥人耳中。突厥人也是在摧毁基督徒、取得胜利后，才返回自己的营地不久。在这个晚上，突厥人靠着食物、睡眠重振了自己因屠戮大公教战士而困乏疲倦的肢体。

19. 在得知这些后，突厥人立即行动起来，就像那些杀戮敌人时总在保持警戒的人一样，用喇叭和号角将所有人叫醒、召集起来。天刚亮，他们就进了基督徒的营帐。在那里，他们残忍地攻击极其尊贵的妇女和显赫的夫人——既有高卢人的，也有伦巴第人的。突厥人邪恶地将她们抢走，戴上了镣铐，抓了起来，将超过1000人送到了蛮族的言语不通之地。突厥人劫掠她们，就仿佛是对待一群不会言语的牲畜；突厥人将她们永远流放在了呼罗珊的土地上，就仿佛是将她们置于笼子和监牢中一样。他们将其余年纪稍微大些的人斩杀于剑下。此外，呼罗珊的土地和王国四面都被群山和水沼所包围：除非有突厥人的准许和同意，否则，不管是谁，一旦被俘虏，进了那里，就再也无法出来，近似于畜栏中的牲畜。哎，多么地悲伤，在那里能看得到多少的不幸。在此地，如此纤弱、尊贵的夫

---

[1] 译者注：即现代的锡诺普（Sinop），现土耳其的一个省会。

人们被邪恶、可怕的人作为战利品抢夺、劫掠走了。突厥人的头从前后左右被剃成脖颈的样子，他们稀疏的头发从这四面垂下来，就像未修剪过的鬃毛，令人毛骨悚然。他们还有着未刮过的、长长的胡须。据说，从其外貌来看，仅有丑陋、污秽的灵魂与他们相像。确实，在那个地方有着不少的悲伤之事，娇柔的夫人们甚为恐惧。营地中，听得到妇女巨大的嚎叫声。在那里，她们亲爱的丈夫——有的被杀死了，有的受迫于极端的困境逃走了——将这些不幸、孤凄的女人留在了凶犯的手中。一些女人依次受到奸污，并在极多的迫害后，被砍了头；其他的女人，因外表和美貌取悦了突厥人，如我们说过的，被送到了蛮族的土地上。

20. 于是，在逃跑的基督徒的营帐中找到并俘虏了如此多显赫的妇女后，突厥人仗马疾驰，去追赶从营地中逃走的骑兵和步兵、教士和修士及全部的女性。突厥人用剑砍倒了他们，就像惯于用镰刀收割成熟庄稼的收获者那般。他们没有宽恕任何年龄或阶层的人，仅俘虏了无须的年轻人和可服军役的人，并决定将他们带走，连同尊贵的夫人，放逐在呼罗珊。他们获得了一笔被逃跑及疲倦的人遗弃在旅途中的令人难以置信的大量金钱；还有柔顺的衣服，各种的毛皮——白鼬皮、白貂皮、貂皮，以及以高超技艺用金子编织的带有绝伦装饰的紫色印染过的布料，还有马匹和骡子，超出了任何一个能以数字、字母记录的人之所及。最终，对突厥人而言，将它们全部带走都成为了一个难题。

21. 正如那些目睹，并在那儿勉强逃脱了死亡刑罚的人所言，在如此庞大的一支军队毁灭、逃跑的时候，那片土地和群山就这么被拜占庭金币、不可估算的金子、无法估量的银子、散落的第纳里所覆盖：在超过3罗马里的路上，人们看到，逃跑和追击的人都是踏着金子、珠宝、银器皿、绝妙而贵重的紫色布料、精美的衣服、丝绸在前进。整条道路都流淌着被杀死的逃亡者的鲜血。并不让人惊奇的是，在那里，有超过160000人因凶残的突厥人的剑和箭矢丧了命。因为长时间的饥饿，他们轻易地被敌人征服、砍死。他们被饥饿极端折磨着，耗尽了力量，根本不能御敌。在帕弗拉格尼亚的沙漠中，巨大的饥荒折磨着他们，以至于一张牛皮被卖到了20苏勒德斯；一块手掌能容得下的面包，被卖到了3苏卢卡（Luccan）；一匹马、骡子或驴的尸体值6马克。在这场至为残酷的逃亡中，当布洛瓦的斯蒂芬的两位老练的骑士正在追击他们的突厥人面前疾驰时，山中的一只鹿，因突厥人和基督徒的喧哗和骚乱而受惊，迎面向这两个人冲了过去，堵住了他们的路径。突然间，他们都被鹿绊倒了，即刻就被敌人斩了首。

22. 于是，军队就这样被摧毁、溃逃了，他们匆忙地骑着马或骡子逃跑，在四散奔逃中，到达了锡诺佩城，那里有皇帝的战士在看守。然后，军队就这样一直逃跑着，一部分径直返回了国王的城市君士坦丁堡。此外，勃艮第公爵斯蒂芬、布洛瓦的斯蒂芬、罗马皇帝的总管康拉德、米兰主教、拉昂主教、苏瓦松主教、红发的盖伊、休·巴杜尔夫及其他的首领，还有全部能从突厥人严酷至极的武器中逃走的人在群山和偏远之地中逃跑，回到了君士坦丁堡。伯爵雷蒙德对所有的同伴和王公都置之不理，带着希腊皇帝的特科波佣兵，经群山的陡坡进入了锡诺佩，在那里度过了一晚。第二天，他上了船，经海路前往君士坦丁堡。

23. 同时，就在军队所余微小一部——也就是余下被驱散的基督徒——沿着伯爵雷蒙德和其他人的足迹，走着相同的路径，并有大约 400 人从溃逃中重新聚集起来后，苏雷曼、达尼什曼德、索罗吉亚的巴拉斯依旧不满于杀戮，从星期二到星期三一直在追击他们，循着跟在败逃的王公之后，欲前往锡诺佩的基督徒所走的路径，欲砍杀、俘虏他们。但是，因为忌惮皇帝的军力和城市，他们不敢再追击这些过于分散的人，于是返回。然而，这些正返回的突厥人四处斩首，杀死了 1000 名与他们遭遇的走散了并落在后面的人。在那里，一位尊贵的人，即埃拉尔德（Erald），与这些邪恶暴君相遇，死于他们的箭矢。他出身于沙隆（Chalons）城。遭受同样境遇的还有：这片乡土的林格洛兰德；优秀的骑士多多；庄园管家的儿子阿诺尔夫（Arnolf）；沙蒂永（Chatillon）的沃尔特，以及众多非常强大的骑士。他们马匹的速度根本帮不上忙，他们遭遇了这些刽子手，被箭矢杀死。

24. 圣吉勒伯爵和其他首领进入了君士坦丁堡，受到了皇帝陛下亲切的接待。但是，皇帝开始对雷蒙德感到些许的不满，因为他从其他的同伴——斯蒂芬和康拉德——那里逃走了，与他们隔绝开来。雷蒙德抓住机会，做了回应，称自己是出于这番缘由才如此做：他唯恐他们对自己群起攻之，因为他率着特科波佣兵首先从营地逃走了，还因为，他们以为他是出于诡诈和皇帝本人的建议才逃走的。然后，皇帝的不快很快消散了，他同情所有人，用华丽的礼物——金银、武器、马匹、骡子、衣服——为那些受了劫掠、失去了所有资财的人解困。并且,他允许所有人在整个秋季和冬季同他一起生活,重振精神,享受各种财富及大量的生活必需品。结果,就在他们待在那儿的时候,米兰主教去世了,诸位主教及全体信者为他举行了大公教的葬礼。

25. 同样地,就在这个时候,在鲍德温国王统治的第一年,尼奈瓦(Nineva)城——通常被称为讷韦尔(Nevers)——伯爵,一位非常强大的王公,名叫威廉,从西法兰西的土地和王国出发,取道意大利,经外海航行到了一座名为布林迪西(Brindisi)的港口,率有15000名骑兵和步兵,皆为尚武者。此外,还有数不尽的女性。然后,他到了一座名叫阿夫洛纳的城市。在那里,他重新回到了陆地上,然后到了塞萨洛尼基(Thessaloniki)城,它位于马其顿(Macedonia)地区,在保加利亚人的土地上[1]。在那里,于完全的公正下,在各种的好意中,他受到了居民和平的接待,留宿了下来。在死刑之下,偷窃、抢劫、劫掠及非法的争斗都被禁止了,以免军队像不久前的伦巴第人那样,因谬行引起君士坦丁堡皇帝的愤怒。

26. 在许多的旅程及各种的住宿之后,这位著名的骑士带着他的全部军队和装备,动身前往君士坦丁堡,受到了皇帝亲切而光荣的接待,并被命令将他的营帐扎于圣乔治海峡的沿岸,在城市的城墙之外住宿。在3天之后,在皇帝的吩咐下,伯爵及全军渡过了海峡,他们将营帐安置

---

[1] 译者注:在现代的希腊境内。

在了一座大理石的石柱旁，石柱顶上有一座镀金的公羊，离着海峡不远。他在那里停留了14天，大约是在施洗者圣约翰生日[1]的前后。每天他都要坐船去觐见皇帝，受到皇帝的尊重和恩宠，带着不少的礼物回来。皇帝经常送给朝圣者及卑微的子民一种他们称之为特塔塔伦的钱币，以维持生计。

27. 然后，在圣约翰的生日之后，他们动身前往奇维特，在那里，他们没逗留多久。他们在离开了早先公爵戈德弗里和博希蒙德的军队所行进过的路径后，在两天的旅程当中，行进于非常茂密的林地间，到达了安卡拉，也就是说，是到了伯爵雷蒙德和伦巴第人的军队不久前征服过的那座城市。他们发现突厥人在那里被斩首。他们想要同走在前面间隔不久的伦巴第人的军队会合，将武器和军队混合起来。然而，他们在上述的那座城市里停留了一天，完全赶不上经由帕弗拉格尼亚继续前行的伦巴第人的队伍。于是，他们放弃了左侧的伦巴第人，走上了右侧通往伊康城的道路。他们想在那里停留一段时间，去听听有关伦巴第人命运的事情。

28. 就在这时，他们还未靠近这座城市，苏雷曼和达尼什曼德就率领突厥人的军队，拿着武器从对伦巴第人的杀戮中回来了。此时，距这场杀戮刚过了一周。在得知讷韦尔伯爵尾随而至后，突厥人迅即在山丘和山谷中所熟知的路径间疾驰，去迎战这些人。突厥人用箭矢残忍地攻击他们，在3天的时间里，前后布设埋伏，以极为激烈的战

---

[1] 译者注：1101年6月24日。

斗和严酷的打击折磨着这支军队。但是，突厥人依旧没有在这些地方取得胜利。尽管如此，众多因疲倦而粗心大意、步伐缓慢地跟在后面的朝圣者，还是因反复不断的攻击而丧了命。亨利，一位伦巴第人，是其土地上显赫的伯爵，在同伴间被箭射穿，丧了命。

29. 基督教战士依旧在英勇地抵抗着突厥人，杀死了许多人，并频繁地将其他人击退。他们确实能够轻易地击退对手，因为他们尚不缺水，马匹的力气也并未衰减。因此，最终，基督教战士们在途中抵御住了突厥人众多的进犯，挺进到了伊康。在那里，在发现了城堡中的突厥卫戍和军力后，他们猛烈地进攻防御墙，里面的敌人为了活命抵抗着他们，直到双方都死了许多人为止。这个白天都被耗在了对城堡的猛攻当中，基督徒根本无法攻占它。于是，他们将营帐从这里移走，前往赫拉克利亚城。在3天内，军队受到无法忍受的干渴的压迫，变得非常虚弱，有超过300人于此处陷于危境，极其痛苦地死去。其他活着的人耗尽了力气，因缺少补给而虚弱，几乎无力抵抗。因为受到这种无法忍受的干渴的折磨，一些同伴爬上陡崖，站在顶上，想试着看看什么地方有水。但是最终，他们从那里只俯瞰到了一座被毁坏了的城市，没有居民。他们以为在这座城中会有水，但根本就没有找到。这是因为，它的蓄水池和水井不久前被突厥人毁掉、填平了。

30. 不久之后，突厥人意识到这支军队已然因干渴的折磨而衰弱，几乎无力抵抗，就立刻追击，用箭矢进攻他们，四处激战了整整一个白天。双方都在用剑、弓、矛杀戮着，血液溢满了整座宽阔的山谷。这个地域的土地上，挤满了被杀死的男人和女人的尸体。最后,随着这场极为残酷的战斗的激烈进行,基督徒的力量也因干渴而衰弱,无力抵抗,突厥人的凶残爆发了,并开始变得越发强烈,残酷地迫使被击败的基督徒逃跑。突厥人追击已然被打败并从战斗中逃走的伯爵,一直到了盖曼伊克普城(Germanicople)城[1]。这位伯爵的兄弟罗伯特,以及诺南塔(Nonanta)城的威廉——他是军队的掌旗官——首先转身逃走,所有从突厥人的武器中逃脱的骑兵也一起逃跑,到了上述的盖曼伊克普城,将悲惨的步兵留在了残暴的敌人手中。

31. 突厥人看到基督徒和他们的王公逃跑后,在基督教子民及整个队伍中猛烈地进行着残酷的杀戮:他们中,仅有700人从山间的陡坡及密林逃走,保住了性命。在突厥人的这场胜利及基督徒所受的令人痛苦的屠杀后,基督战士的妻子——大约有1000人——被俘虏,被可怖的敌人掠到了陌生的土地中。他们的马匹和骡子、金子和银子,甚至还有各种非常贵重的衣服都被抢夺、带走。闻所未闻、不可计数的资财变为了非常庞大的财富和战利品,填满了呼罗珊的土地和王国。这场残酷的战斗,以及基督徒所受的极其野蛮的屠杀发生在8月,这时,夏季总是因太阳炙热、干渴难耐变得更为难耐。

32. 于是,勉强逃脱了死亡危险的讷韦尔伯爵,在从突厥人手中逃出后,依旧掌控着的财产和收益仅剩下了一部分。他勉强转投盖曼伊克普城。在做了许多的请求,给

---

[1] 译者注:即现代的埃尔梅内克(Ermenek)。

予了极多的薪资后,他获得了 12 名特科波佣兵——他们是皇帝的战士,被部署在这里看守城墙——做他在这条路上的向导:这条路由安条克城的这一侧通往圣安德鲁城堡。也就是说,这样一来,他能通过安条克,继续前往耶路撒冷的旅程。事实上,这些特科波佣兵是背信弃义之人,根本没有对他守信。他们利令智昏,劫掠了伯爵和他同伴的财物,令他们一无所有、徒步而行,并将他们遗弃在了荒漠和偏远之地。在取得了这些劫掠物后,这些人经熟知的路径返回了盖曼伊克普。伯爵沮丧、痛苦,这尤其是因为基督教军队的毁灭。在破旧的衣着下,他坚韧地经历了各种困苦险阻,如他所发誓言那般,完成了这段旅程。终于,在各种的艰险中,他到达了安条克。

33. 坦克雷德在博希蒙德被俘后,成了安条克的王公。他悲叹于这位伯爵,这位极尊贵的人,就这样被邪恶的突厥人摧毁,一贫如洗。他重新给予了伯爵非常美好、尊贵的衣着,将马匹和骡子作为华丽的礼物赠予他,并留他在身边待了一些天,直至他靠着当地的食材——葡萄酒、油、肉的美味——很好地恢复了他因干渴、饥饿、彻夜不眠、旅途的疲倦而疏于照管、精疲力竭的肢体。在这之后,他的忧虑、灵魂和肉体的痛楚缓解了,这样一来,在等待并将一些被驱散的同伴重新集合起来后,他就能如所发的誓言那样,在初春的时候继续前往耶路撒冷了。

34. 之后不久,也就是在这场最近的屠杀之后的 8 天内,普瓦蒂埃(Poitiers)的伯爵及王公威廉——他来自罗马皇帝亨利三世的血统和世系——同巴伐利亚公爵韦尔夫及一位名叫艾达（Ida）的尊贵的伯爵夫人[1]自奥地利边境和平地通过了匈牙利王国。他率领一支由骑兵、步兵及女性组成的庞大的军队——超过160000人，带着大量的装备，进入了保加利亚人的土地。在那里，桀骜不驯、屡教不改的人轻易地就引发了纷争，名为古热（Guzh）的保加利亚公爵因各种冒犯而恼怒。随后，未尝一败的威廉率着他的军队挺进到了阿德里安堡城。但是，通向城里的桥预先就被这位公爵占领了，并禁止他们通行。

35. 因为帝国的佩彻涅格和其他库曼战士用弓和箭严密地封锁了那座桥，基督徒不遗余力地过桥。在双方间，一场残酷的战斗爆发了。结果，鲁道尔夫（Rodulf）——非常高贵的人，出身于谢列贡日（Scegonges），是威廉王公本人的亲戚——在那里被箭矢击中，丧了命；此外，圣梅达（Saint-Medard）的阿杜安（Ardouin）被抓做了俘虏；还有许多人，逐一细述的话，需要很久。于是，在那里，在这场战斗中，双方因各种战斗、激烈冲突互有胜负死伤，保加利亚人的公爵落到了威廉和他的人的手中，被俘虏。最终，就在这天，双方在做了商议后，所有人恢复了和睦，每个被俘虏的人都被放了回去，佩彻涅格人和库曼人被安抚了下来。

36. 在这之后，因公爵和他的人被和约安抚，事情有了很大的进展：公爵不仅允许基督教朝圣者和平地过桥，同意给予购买必需品的特许，并且还给予所有人直抵君士

---

[1] 译者注：卡姆（Cham）的艾达，是奥地利边疆伯爵利奥波德（Leopold）二世的寡妇。

坦丁堡的安全通行权，没有诡计和任何的阻碍。这位王公威廉、公爵韦尔夫、伯爵夫人艾达在这座城市里待了5个星期的时间，将对耶路撒冷的所有渴望都告知皇帝阿列克修斯陛下。出于这个缘故，他们凭着忠诚的誓言依附于他，得以获得大量的补给馈赠，还有购买必需品的特许。

37. 这之后，在收获季伊始，他们在皇帝的命令和催促下，渡过了圣乔治海峡，进入了尼科美底亚城的地域，由这里继续他们的旅程，到达了尼西亚城。他们扎营于舒适的草地间，此地有着大量这样的草场。在停留了两天后，他们从那儿出发，到了伊康，在那里，因为漫长的旅途，生活必需品被耗尽了，他们遭受了严重饥饿的折磨，全体——既有人也包括驮畜——都因无法忍受的干渴而变得虚弱。毫不令人惊奇，突厥人抢先占据了道路，在这一大群人的前面将所有的庄稼都烧毁了；他们还封堵了水井、蓄水池、泉水，如此一来，基督徒会因极端危急的饥饿和干渴被削弱，会在战斗中被轻易地征服。

38. 于是，当威廉、韦尔夫及他们随行的同伴看到突厥人的这般恶行和诡计后，猛攻突厥人掌控的城市，也就是菲洛迈利姆和萨里米亚（Salimia），竭力屠杀，打败了他们。此外，他们还未加克制地损毁了周围附属于他们的所有地方。此后，他们前往赫拉克利亚城，那儿有一条湍急的河流，正是他们长期以来一直期盼着、渴望着的东西，可满足他们所有的人。然而，突厥人的王公苏雷曼、达尼什曼德、卡拉特伊西（Caratyx）和阿吉米特（Agymith）率着无数军队和武器自另一边的河岸逼近，出乎意料地同这些疏忽大意的朝圣者交锋，用弓和箭雨阻止人、马匹和所有的驮畜汲水。直到最终,被长时间的饥饿和干渴耗得筋疲力尽的基督徒无法再抵抗他们的力量。于是,在淤泥深厚如沼泽般的两岸上,在一场巨大、长久的极残酷的冲突后,所有基督徒一起逃跑,并受到邪恶的追击者令人难以置信的杀戮,被打败了。此外,一些想要逃脱如此残酷殉难的人,自人群中脱离了出来,奔入了一处草地,试图靠着干草躲藏、隐蔽起来。但是,这样做根本保不住他们的性命:约有300人被箭矢射穿,死在了那里。

39. 奥弗涅主教及他的整个队伍看到基督的子民这样落荒而逃,并被邪恶的屠夫杀害后,逃往位于赫拉克利亚河源头的一座山的脚下,将马匹及所有的东西都遗弃了。尽管如此,还是只有少数人逃了出来。此外,相似地,公爵韦尔夫丢弃了锁子甲及所有的武器,逃到山中,勉强逃离了敌手。然而,据说,成千上万远离山区的斯瓦比亚人、法兰克人及加斯科涅人被杀死在那里。伯爵夫人艾达或是被俘虏并带走,或是被成千上万之多马匹的蹄子将肢体撕扯成了碎片。还有人讲,她被永远放逐,在成千上万的女人中间,被带到了呼罗珊的土地之外,时至今日都无人知晓她的下场。

40. 然而,伯爵只带着一名扈从经群山和偏远路径逃离。最终,他到了一座名叫隆因艾特(Longinath)的城市,毗邻塔尔苏斯城,由绰号"外来人"的伯纳德统治。他亲切地接待了伯爵,并提供了所有的生活必需品。过了几天后,安条克王公坦克雷德听说如此显赫的王公在失去了劫掠之物和所有的财物后,在这儿过着贫穷的生活,且非常卑微,便对这位同道的基督教兄弟和王公心生怜悯。出于这样的缘由，在接受了意见后，他派安条克的战士去接他，然后，体面地接待了他。在将伯爵留在自己身边的一些天里，坦克雷德使他重新穿上贵重的衣着，并以本地的食物款待他。

41. 在伦巴第人和讷韦尔的王公威廉，还有普瓦蒂埃伯爵威廉、巴伐利亚公爵韦尔夫被打败后，所有这些被打散了的基督教王公，或是在君士坦丁堡，或是在其他地方过了冬，在将各自剩余的人留下来之后，在3月初的时候，逐个从各地集合到安条克。这些王公是：比安德拉泰的阿尔伯特；总管康拉德；布洛瓦的斯蒂芬；同名的勃艮第公爵斯蒂芬；雷蒙德伯爵；讷韦尔的威廉；普瓦蒂埃伯爵威廉；巴伐利亚公爵韦尔夫。两位主教——拉昂的林格洛兰德及巴泽农纳（Barzenona）的梅纳西（Manasses），还有其他意大利的主教，同样坐船聚集到隐修士西蒙港，在安条克待了一段时间。

42. 这时，"外来人"伯纳德正将伯爵雷蒙德囚禁在这座港口中，因为他被控犯有致使伦巴第人及其他参加这场征伐的人遭受杀戮的罪过。当雷蒙德在安条克被移交给坦克雷德后，坦克雷德将他羁押起来。因此，过了没几天，集合起来的基督教王公们想起他们的基督教兄弟和王公就这样被囚在镣铐中，不受坦克雷德的理睬，便奋力恳求，希望他能因基督之名，将如此显赫的王公释放出来，交还给他的人。坦克雷德满足了朝圣者兄弟们的请求，将他从监牢中释放出来，交还了回去，但加上了如是的条件：雷蒙德不得侵占阿克城这一侧的任何土地，雷蒙德要受誓言约束，遵守这个约定。这之后，王公雷蒙德被接了回去，坦克雷德受到全体一致的赞颂。然后，他们从安条克径直返回名为托尔托萨的城市。他们围困、征服、控制了它。依照全体的意见，雷蒙德本人留了下来，看守它的防御墙，因为他被认为是一个谨慎、老练的人，可以御敌。其他人决定继续前往耶路撒冷的旅程。

43. 然而，公爵韦尔夫避开了这次的围城，同勃艮第公爵雷纳德一起前往耶路撒冷做礼拜。雷纳德是斯蒂芬的兄弟，斯蒂芬代替他统辖着勃艮第。雷纳德在伦巴第人远征的半年前就已经前往耶路撒冷，在安条克过冬，一直到现在。但是，这位雷纳德受到疾病的侵袭，死在了途中，被安葬了。相应地，韦尔夫到达了耶路撒冷，敬拜了主耶稣和他的圣墓。然后，在过了一些天后，他坐船返回了塞浦路斯岛，在那里，他也得了病，死了，随后被安葬。

44. 在攻占托尔托萨城后，前述的其余王公带着10000人离开了，经最直接的路径，径直前往贝鲁特城。在那里，他们发现国王鲍德温得到了预先派出的使团的提醒，正带着一支庞大的军队在迎接他们，因为若不是有这般著名、强大的新国王的引导，他们就会有所迟疑，不愿穿越异教徒的地区和城市。然后，在同他在一起休息了一夜后，翌日，他们军合一处，动身出发，经15天，在复活节[1]前到达雅法。他们在那里停留了8天，还过了棕榈主日。在棕榈主日的第二天，他们从雅法出发，前往耶路撒冷。他们在那里待了7天，在复活节的礼拜日等待天国之火，并游遍圣城，做祷告和施舍。此外，总管康拉德和拉

---

[1] 译者注：复活节是1102年4月6日。

昂主教林格洛兰德稍微拖延了些，跟随在兄弟们的后面，一直到了雅法，并在复活节加入到其他人当中。

45. 于是，在圣复活节周，他们从所有地方聚集在了耶路撒冷，光荣、愉快地同国王庆祝了这个神圣的节日。他们想起了朝圣者所受的灾祸和危险，向国王鲍德温提议：国王应以尽可能谦卑的方式，在温和的恳求下，为基督徒的苦难向君士坦丁堡的皇帝发出吁请，也就是说，请求皇帝停止毁灭、背叛基督徒，而要对耶路撒冷教会施以援手，不要听从突厥人和萨拉森人，不拒绝去全面、诚实地开展从他王国的岛屿、地域到耶路撒冷，有关必需品之全部贸易。

46. 因为，在大公教民众当中有一种传闻：由于皇帝本人秘密而背信弃义的提议，伦巴第人的军队被伯爵雷蒙德和特科波战士带到了帕弗拉格尼亚的荒漠和偏僻之地。这样一来，在那里，因饥饿、干渴而精疲力竭的军队就能被突厥人轻易地征服和消灭。事实上，正如诚实和尊贵的人所叙述的那样，他根本不应对这个邪恶的罪过负责。因为，皇帝一直在对这支军队发出预先警告：帕弗拉格尼亚这片人迹罕至之地上的荒芜、必需品的匮乏及突厥人的埋伏。皇帝告诉他们，因这样的缘由，他们是不可能安稳、平安地通行于这条道路的。

47. 国王鲍德温仁慈地答应了所有人的提议，经大主教杰拉德和巴泽农纳主教，将两头驯服了的他最钟爱的狮子送给皇帝做礼物，以巩固协约和友谊。皇帝友善地接受了国王的所有请求，连同赠予自己的礼物。皇帝以上帝之名发下誓言，解除了基督徒对自己所持的与伦巴第人之死有关的全部嫌疑。他承诺从此以后对所有人施以怜悯，给予国王鲍德温荣誉和友爱。在这封文告中，皇帝宣布，由巴泽农纳主教到罗马教皇帕斯加尔面前，为自己所受背信弃义之控做辩解。

48. 一个名叫恩格尔贝特（Engelbert）的骑士回到了耶路撒冷，带着皇帝赠予的大量礼物和好消息：皇帝想要同国王鲍德温保持友谊和信义，不再扰乱朝圣者。但是，主教对皇帝有些抵触，因为他察觉到皇帝对高卢人是反复无常的。因此，他怀着心中的酸楚前往罗马，在贝内文托（Benevento）的教堂斥责那位皇帝。然后，因他所取得的教皇本人的信件，在所有高卢王公中，生出了对皇帝的严重不满。

第九卷

拉姆拉之战及哈兰之战

1. 此后，过了许多天，基督徒的集群逐日在减少，有些人坐船返回，其他人分散开来，经不同的地方踏上了回程。这时，同国王留在耶路撒冷城的是：罗马皇帝的总管康拉德；比安德拉泰的阿尔伯特；布洛瓦的斯蒂芬；勃艮第王公斯蒂芬；姓阿尔塔斯帕塔的奥托；布尔日的阿尔潘；福康贝格的雨果；吕西尼昂（Lusignan）的休；海斯泰尔特（Heestert）的鲍德温；布鲁塞尔（Brussels）的古特曼（Gutmann）；佛兰德斯内的阿尔斯特（Aalst）城堡的罗多尔夫（Rodolf）；休·博通斯（Hugh Botuns）；温德克（Windeke）城堡的热尔博（Gerbod）；罗祖瓦的罗杰；其他众多的贵族和卓越的骑士。他们为了庆祝复活节，从所有地方集合起来，在至爱之完全虔诚中，在丰富充裕中，快乐地庆祝了这段神圣的时光。

2. 随着圣灵降临节[1]的临近，以及聚集在一起的基督徒的锐减——有些是坐船，其他的是经陆路返回，一支无以计数的比以往都要庞大的埃及军队出现了。他们自阿什克伦行军而来，一些人是坐船，其他人走陆路，带着马

---

[1] 译者注：1102年5月25日。

匹和大量的武器装备。他们烧毁了距离拉姆拉城1罗马里远的圣乔治教堂，连同其中正带着牧群和畜群逃走的所有人。事实上，他们毁掉了此地所有的庄稼，那是朝圣者不久前的辛劳，是整整一年的希望。就在这时，这座城市的主教罗伯特——一位至为虔诚的基督教徒——看到如此庞大的一支军队在用如此突然的火焰和劫掠蹂躏着此地，意识到在拉姆拉城被攻占后，他们就要前往耶路撒冷，进攻它的防御墙，将国王和基督教人民一起围困起来。于是，他立刻上马，逃脱了敌人的进攻，率先赶到了耶路撒冷，告知国王：一支军队正从埃及赶来，并已然用火焰和劫掠烧毁了拉姆拉城所有的庄稼及邻近之地。

3. 因此，在获悉成千上万的敌人已经赶来，要消灭大公教子民后，国王和他的兄弟公爵戈德弗里的整个家族，以及仍旧留在他身边的其他贵族立刻赶去武装起来。大约有700人已然集合了起来，穿上了锁子甲，同国王一起，带着喇叭、号角和紫旗，经王室大道向着敌人赶去。就在国王和他的人刚刚从山中出来的时候，萨拉森人、阿拉伯人这些敌方的阵列，还有埃塞俄比亚人，正率着成千上万的骑兵和步兵逼近这座山谷及拉姆拉极为宽广的平原，意欲以此军力重夺耶路撒冷，征服国王和基督的信众。

4. 国王和他的整个队伍看到敌人的阵列离得如此之近，就将对死亡的所有恐惧抛到了一边，不顾性命，全体一致猛烈地冲入到敌人中，冲入到他们成千上万的人当中，凭着军力，穿透敌阵，凭着自己的武器展开了一场巨大的杀戮。正当这寥寥700人——确实是很小的一支队伍，但都是杰出且非常英勇的战士——以此方式，竭力用杀戮和毁灭来突破敌人的壁垒时，位于成千上万异教徒中，势不可挡的埃塞俄比亚人用依照锤子的样式以铁和铅制成的棍棒，向国王和他的人发起了攻击。埃塞俄比亚人不仅攻击骑士，还打击马匹，猛烈击打它们的前额及肢体，造成重创，将其驱离战斗。余下的人包围了这些杰出的人，以像无穷尽的从天而降的冰雹一样的箭矢和投石不停地折磨着他们。直到最后，国王和所有人再无力为继，转身逃跑了。阿尔斯特的罗多尔夫、温德克的热尔博、阿韦讷的杰拉德、身材短小的杰弗里（Geoffrey）、公爵戈德弗里的内侍斯塔贝罗、里维拉（Rivira）城堡的伯爵霍斯托（Hosto）、普瓦图土地上的阿勒马扎（Almaz）的休、休·博通斯、巴森（Barson）的杰拉德，以及其余所有人死于敌人中间。这些人当中，有50人向着拉姆拉奔逃出来，进了城门。康布雷（Cambrai）的利特哈德（Lithard）、罗祖瓦的罗杰、布永的菲利普（Philip）、海斯泰尔特的鲍德温、拜尔盖（Berga）的沃尔特、伯克的休，以及奎亚兹的阿多（Addo）逃往了雅法。在那里，10000名基督徒与他们相遇，他们正急着去帮助国王。但是，在从这些人那里听到了国王的不幸及他的人所受的毁灭后，他们逃回了雅法这座城市。

5. 于是，这些人同逃跑的战士进了城，关闭上城门，追击他们的萨拉森人则返回了同伴那里，用遍布拉姆拉城周围的营地将拉姆拉城封锁了起来。然而，国王因城市并不坚固感觉没了活路，就仅仅在自己的一个扈从布鲁利斯（Brulis）的休的陪同下，由城墙上的一处缺口出去，骑上贾泽拉向着耶路撒冷的山区逃去。他徘徊了整整一个昼夜，漫无目的地行进着。直至最终，萨拉森人的绝大一部遇到了向着耶路撒冷前进却迷了路的国王。于是,他被他们拦截了下来,无法逃入山中,受其追击,受到重重压迫,开始毫无目的地四处奔驰。国王意识到自己无法逃到山中去了,在第二天破晓时,他依稀认出了路径,撤往基督徒的阿苏夫城。尽管如此,没多久他就被追击者的箭矢射穿了锁子甲,受了伤。整个昼夜他都在群山和偏远之地中竭力挣扎着,直到最后,他站在了一片平原中,未得喘息,没有食物,没有马匹的草料。他开始记起了地域和道路。就这样,到了第二天早上,他进了阿苏夫。在那里,作为封邑持有海法城的罗古斯(Rorgus)非常高兴地接待了他,因为他原以为国王已然跟其他人一起丧了命。就这样,国王从拉姆拉之围和萨拉森人的手中逃了出来,去了阿苏夫。其他的人——康拉德、阿尔潘、布洛瓦的斯蒂芬、另一位勃艮第的斯蒂芬,以及所有著名的骑士们——为了防卫,进了拉姆拉的一座塔楼。

6. 在第二天,萨拉森人,还有埃塞俄比亚人摧毁了城市的城墙,并且凭借着强大的力量,开始用呈弧形的铁制鹤嘴锄猛烈地破坏、打击那座塔楼。直到最后,这座塔楼被打了个洞,他们在其中点火,燃起黑烟,这样一来,那些因炎热和烟熏而被扼制、窒息的骑士要么丧命,要么就得出来。但是,这些杰出的骑士们宁可选择光荣御敌、被杀死,也不愿选择这般悲惨的窒息而亡。在第三天,在恳求耶稣之名及他的恩泽后,他们出来了,面对面地同萨拉森人激烈地战斗着,用极多的血,以及对敌人的杀戮为自己的性命报了仇。康拉德勇武无双,用宝剑大肆屠戮了萨拉森人,直到在场的所有人都惊诧不已、感到恐慌为止;

他们撤开，离他远远的，停下手来，要求他停止骇人的杀戮，接受他们为了活命而伸出右手发出的誓约。这样的话，他就会被交予埃及国王，只要国王的愤怒平息了，这样著名且令人惊叹的骑士就会在其眼中寻得好感，在镣铐之后，就能获得奖赏。事情就这样做了。阿尔潘同样被俘，保住了性命，因为在那里，靠着诚实的证人，人们得知，他曾经是希腊皇帝的骑士。其余所有人，连同至高的王公——斯蒂芬及另一名斯蒂芬，皆被斩首于此。

7. 同时，在这三天，国王留在了阿苏夫，听闻了事情的结果。然而，这样残酷的消息传到了耶路撒冷，所有居住在那里的人都极度惊恐，整座城市都陷入了悲痛和恸哭之中。因为，所有人的心都因恐惧而变得脆弱，开始变得畏缩，以至于，若非一个出身于布鲁塞尔，叫古特曼的人勉强逃脱出来，给他们带来了极大的安慰，并反复告诫他们，在知晓国王鲍德温是否仍旧在世之前不要轻易从城市离开，他们就准备在晚上，在黑暗中，从这座城市离开了。终于，在不久之后，消息传来：国王仍旧是安全的。在听到这个消息后，所有人都欢欣不已，受到了鼓舞。于是，从这以后，每天他们都分散在防御墙上，保卫这座城市免受萨拉森人的攻击。萨拉森人带着其胜利的傲慢，成群结队地赶到这里，持续不断地挑衅基督教市民。

8. 在这些人被斩首，而康拉德和阿尔潘接受了萨拉森人右手的誓约，被带到阿什克伦城羁押起来后，梅拉尤斯和埃及所有的权贵凭借着巨大的力量及强大的军队，动身前往雅法城。萨拉森人使用了一台巨大的装置，还投射石头，施予军事打击，困着在城内的人们。因为热尔博与国王相像，他们就砍掉了热尔博的头和腿，给它们穿上了贵重的紫布制成的鞋子和衣服，将它们展示给城市的守卫者，声称这些头和腿是国王鲍德温的。萨拉森人极力催促居民从城里出来，屈服于埃及国王的权威，可保肢体完整，性命无忧。基督徒确实以为远处所展示的真是国王的头和腿，感到极度绝望，互相商议，要带着自己所有的东西从海上离开，靠着船得救。在这些天，国王鲍德温的王后，他的妻子，就在这座雅法城内。她也因以为挚爱的国王已经死了而恐惧和悲痛，惊呆之余，也想同其他人一起逃走。

9. 然而，在过了7天之后，国王离开了阿苏夫，乘上了一条通常被称为双桅帆船的船只，英格兰王国的一个海盗，即戈德里克（Godric），同他在一起。国王带着少量的人，径直向着雅法航行而去。他将旗帜固定在矛上，升在空中，以映照上阳光。这样，基督教市民在认出他的标志后，就能确信国王还活着，就不会轻易地被敌人的威胁吓住，以至于难堪地逃走，或者被迫投降。因为，他知道，他们正因自己的性命和安全而感到非常的绝望。然而，萨拉森人看到，并认出了他的标志，便在他们海上围城的地方，以20艘大帆船和30艘通常被称作"卡兹"的舰船去迎击他，想要包围国王的双桅帆船。但是，靠着上帝的帮助，在萨拉森人的对面，海浪汹涌澎湃，阻挡着他们，而国王的双桅帆船则在暴风雨中经由一条直接、迅捷的航道溜了出来，疾驰而去。在躲避开了敌人后，突然间，他到达了当下被称为雅法的约普港。在这条小船上，国王用弓击中、打伤了6名萨拉森人。于是，国王进了城，毫发无损地立于所有人的眼前时，所有哀悼着的人的精神重新振奋了起来：刚刚还一直在为他的死而悲痛的人们，现在喜极而泣。因为，基督徒的首领和国王，耶路撒冷的王公回来了，仍然活着，没有受伤。

10. 在正午时分，国王立即上马，带着 6 名非常杰出的骑士从城门出去，去挑衅正在围困的萨拉森人，并向所有人表明，他仍旧活着，且安然无恙。因此，在知晓国王在世且安然无恙后，整个异教徒的部群自雅法拔营，进入了阿什克伦平原，在那里停留了 3 个星期，他们要确认，是否有援军前来增援国王鲍德温。为了求援，国王的使节已然经由城堡、城市及各个地区被派往所有兄弟们那里。但是，在这时，坦克雷德、雷蒙德、伯克的鲍德温没有带来支援，因为他们离得太远了。萨拉森人从阿什克伦出来，再次包围了雅法，就这样一直过了 15 天。

11. 其间，就在这场围困正在进行的时候，200 艘基督徒的船只经海上驶入雅法，去耶路撒冷做礼拜。这些人当中，据说，加拉西亚（Galacia）土地上的伯纳德·维塔兹（Bernard Witarzh）、英格兰的哈丁（Hardin）、罗日（Roges）的奥托、威斯特伐利亚权贵哈德沃克（Hadewerk）是首领和指挥者。在正对面，在海上封锁这座城市的萨拉森人看到如此众多的基督徒船只到来，决定从海上发起进攻，同他们战斗。但是，基督徒的船只因上帝的恩泽，靠着帆、桨及有利的风向占据了上风，有力地抵挡住了异教徒的军力，登上了陆地。他们同市民及国王本人会合，进城增援。这样一个非常庞大的集团在扎营之后，同样驻扎在了正对面开阔的原野中。这是 7 月的一个星期二，在这天，因上帝天佑，这些基督徒的军队经海上聚集到了这里，来支援这些受困、被围的人们。萨拉森军队看到基督徒的军力正无所畏惧地向着自己聚集起来，就面对面地驻扎在附近，在半夜时分月亮沉下后拔营，撤出了1罗马里还多之后驻扎下来。到了清晨，他们进行商议，是退回阿什克伦，还是以持续不断的攻势困住雅法的市民。

12. 自这个星期二起，萨拉森人因庞大的人数而自负、傲慢，坚稳不动，凭着武器带来的极大恐惧折磨着基督教子民。到了星期五，也就是第六日，国王带着喇叭和号角从雅法出来，凭着一支由骑兵和步兵组成的英勇军队，发起残酷的战斗，向萨拉森军队攻去，各处皆发出雷鸣般的响声。同样地，那些从海上而来的基督徒们，也同国王鲍德温一样，发出了巨大的喧嚣声，喇叭大声轰鸣着，向着埃及人发起了一场猛攻，对他们造成严酷而致命的打击。直到最后，萨拉森人因战斗而精疲力竭，再也抵挡不住，逃向了阿什克伦。一些人想要逃脱这些追击者，将希望寄托于海上，却被暴风雨那不可抵挡的汹涌浪潮所吞没。就这样，雅法城，连同它的居民，被解救了出来。在这天，人们发现，有3000萨拉森人丧生，基督徒则少有丧生的。

13. 因此，国王鲍德温光荣地取得了对敌人的胜利，在巨大的欢乐中，同所有聚集到这里，有着大量战利品的朝圣者们一起，于雅法度过了这个夜晚。翌日，他带着所有的朝圣者动身前往耶路撒冷，平静而有效地安排所有的事情，命令为朝圣者打开主圣墓的圣殿，以在耶路撒冷敬拜基督，履行他们的誓言。不过，在这之前，因新近的这支朝圣者军队的援助还没有从海上到来，国王鲍德温焦虑不安，因他的人的死伤而极度绝望，向安条克的坦克雷德及埃德萨城中的伯克的鲍德温派去了使者,让他们赶紧前来救援,否则,他不久就会失去叙利亚的整个地区及耶路撒冷王国。他还告知了萨拉森人靠着大胆蛮横取得的胜利,以及他因这些敌人而遭受的损兵折将的巨大灾祸。他们立刻集合起军队——坦克雷德在安条克周围,鲍德温在埃德萨,约有500名骑兵、1000名步兵——于约定之日一起集合,前往安条克城。普瓦蒂埃王公威廉也被收到了这支队伍当中。在敬拜过主的圣墓,过了复活节之后,他刚刚从耶路撒冷返回到坦克雷德那里。现在,他们通过了大马士革山谷和卡莫拉,但他们绕过了太巴列,到达了恺撒里亚科纳利,在那里扎营,过了一夜。就这样,到了清晨,他们决定驻扎在不远于雅法1罗马里的地方,便扎营于阿苏夫的河畔。他们是在9月赶到的,正值秋季,这个时候,那里通常是充满了大量的各种果实。

14. 国王鲍德温当时正待在雅法城,得知了如此勇敢的人们的到来,便委派专门的信使去迎接他们。使者们热情地为他们准备好了所有生活所需,有面包、肉、葡萄酒、油和大麦,以令因长时间的旅程而劳顿的战士及其马匹重新振作。事实上,戴贝尔也在这群显赫的贵族当中,他曾受到国王本人的斥责。他想要恢复宗主教的显要职位,便决定同坦克雷德前往雅法。因此,坦克雷德和伯克的鲍德温、普瓦蒂埃伯爵威廉,还有"木匠"威廉商议该如何恢复宗主教的职位,然后向国王送去了信函:国王应将这位宗主教重新任命到其教座上,否则他们无法前往阿什克伦,为他的人报仇。国王在听了他们的信函后,不愿意答应他们的请求,他曾因埋入地下的金钱而对这位宗主教感到极端的恼怒。不过，他还是接受了自己人的建议，向戴贝尔的这些卓越的调停人让了步：首先，他们前往阿什克伦，去对付埃及国王的战士，之后，他将依照公正的裁决及他们的建议，处理有关宗主教的所有事宜。他还颁布命令，所有这些事情要交予巴黎的罗伯特——他是枢机主教及罗马的代表——来权衡。在莫里斯死后不久，罗伯特被罗马教宗帕斯加尔派来，以检查、纠正在东方区域内，神圣普世教会中的非法之事。

15. 在听了国王的这番承诺后，坦克雷德、伯克的鲍德温、两位威廉凭着对自己人的武器和力量的信赖，同国王动身前往阿什克伦，围困了它的防御墙8天，摧毁了葡萄园、庄稼及其一年的全部收成，持续不断地猛攻着城墙。最终，就在他们凭着毫不停歇的进攻肆虐于此，攻打塔楼和防御墙的时候，埃及国王的一位非常尊贵的埃米尔，名叫马代尔帕斯（Mardepas）——他留下来保护市民——突然间凭着庞大的军力从城里冲了出来，仗着他的人发出的铁箭雨前来挑战基督徒。但是，因上帝的恩泽和力量，他即刻就被基督徒杀死了。埃及国王的这位甚为著名的埃米尔马代尔帕斯就这样被消灭了。阿什克伦的所有异教市民被赶了回去，他们不敢再做抵抗，在基督徒的面前将城门关闭起来。国王觉得自己人的进攻和辛劳不会有结果，便在权贵们的建议下，从这座看来无法被人力所征服的城市撤走了，连同坦克雷德、伯克的鲍德温、两位威廉一起，转道去了雅法。在那里，在完全的荣耀和喜悦中，他们共享盛宴。

16. 然后，在那里，在同主教、修道院长、所有阶层的教士做过商议后，依照在场所有教父的裁决，宗主教重新被授予了所有曾被国王剥夺了的荣耀和尊贵，并被带回了耶路撒冷，体面地复归于宗主教的御座。于是，在宗主教戴贝尔就这样被带回了耶路撒冷，重归其威严的教座之后，在第二天，在主圣墓的圣殿召开了一场会议。其中，合乎规矩的证人及原告们——恺撒里亚城主教鲍德温、拉姆拉主教罗伯特、主圣墓的教长及执事长阿努尔夫，还有其他许多教士——聚集在了枢机主教阁下及整个教会的眼前与听证之下。他们坚定、愤然地控告他：有些人控告他买卖圣职；有些人指控他在凯法利尼亚（Cephalonia）岛上教唆热那亚人谋杀基督教希腊人；有些人指控他背叛了国王鲍德温；还有些人指控他将信众的金钱和捐赠埋藏于地下。同时在这场会议中的有拉昂主教林格洛兰德，还有皮亚琴察（Piacenza）主教、塔尔苏斯主教、马米斯特拉主教，以及其他约18位主教和大主教。拉丁圣马利亚修道院长、约沙法山谷修道院长、泰伯（Tabor）山修道院长，以及其他约6名来自高卢土地的修道院长，据说也坐在了那里。

17. 在那里，前述的那位枢机主教就坐在这些非常可靠之人的集会当中，以公正的裁决来审查这件事情。这位宗主教因为背信弃义和其他的罪过，被这些合乎体统的证人击垮了，惊愕沮丧，沉默不言。依照上帝和枢机主教的惩罚，他被证实反叛且不顺从，但他还一直在顽固不化地为自己做荒谬的辩解。依照全体信众的裁决，他被罢黜，并被革除了教籍。坦克雷德及其他的王公看到这件事情以及对真相公正的裁决结果，不再阻拦，而是告别了国王，返回了安条克和埃德萨的土地，还带着被摒弃了的宗主教。不过，据人们所言，因这些非常显贵的人的恳求，他获得了宽恕。国王非常欢乐、荣耀地留在了耶路撒冷。没有耽搁地，在这位枢机主教罗伯特的建议，以及罗伯特教士和所有人的选择之下，一位叫埃夫尔马（Evremar）[1]的人——他是一位有着美好品格的教士，一位杰出而令人愉悦的布施者——被任命为宗主教，接替戴贝尔的地位和职位，凭着对宗教及美好行为举止完全的虔诚，以兄弟般的仁慈之爱，在这里，在主上帝圣墓之圣殿侍奉，成为了国王鲍德温的助手，以对抗萨拉森人等不信者。

18. 在坦克雷德同其他王公返回后，有超过140000人的朝圣者——他们于当年[2]聚集在耶路撒冷做礼拜，赶走了埃及人，解除了雅法所受之围——因长期的逗留而疲倦，已然为船只准备好了帆和桨，在向国王告别后，驶向了外海，返回自己的出生之地。此时，大海已从极度的狂暴及风暴的旋涡中平静了下来。但是，这些人仅仅在平静的天气中航行了两天，随后，大约是在冬季的昼夜平分时，天空的宁静开始被搅乱了，可怖的风被激起，船只全都陷入了飓风的险境之中，被严酷的风暴颠覆、反复拍击着。最终，海员和朝圣者筋疲力尽，被汹涌的海浪淹没，一些人在帆和桨被摧毁后，被带入了深渊；一些人则被狂风驱散，被抛入了未知的海域，不知所终；一些人到达了阿克；一些人则到了萨吉塔，也就是西顿；还有人到了阿什克伦；

---

[1] 译者注：即绍克的埃夫尔马。
[2] 译者注：1102年。

他们留在异教徒的城市中,或是被俘虏,或是被屠戮,或是被波浪溺死。事实上,有 300 艘基督徒的船只被毁了,它们当中,据说有十分之一被勉强救了起来。在耶路撒冷,在获悉了这样众多的一大群人的这场灾祸后,国王及城中的所有男女陷入了极度的悲伤和哭泣之中,因为他们这样多的成千上万的兄弟们如此残酷地死去了,不仅因波涛,还因异教徒的屠杀。

19. 在这之后,在其治下的第三年[1],国王鲍德温对阿克城感到非常的愤怒,因为它对朝圣者的伏击和突袭越发频繁,变本加厉。冬季严酷的寒冷已然过去了,温和的春季到来。在前一年的复活节周之后——当时,他在拉姆拉的平原上交战,他所有的人都被消灭了,他带着他的战士中所余下很少的人,勉强从突厥人的军队下逃了出来——他集合起约 5000 人的军队,前往上述这座城市的防御墙。在 5 周的时间里四面合围,他仗着投石机的轰击、攻城塔的高度,进攻着这座城市。结果,市民无力再承受这些战士之力及猛烈的攻势,以及投石的密集轰击,在获得活命的担保后,被迫携这座城市向国王投降。3 个萨拉森人秘密地从城里出来,其他人完全不知情。他们要同国王和解,使得自己的灵魂受到宽恕。他们将强者与市民的所有灾祸及困乏都告知与他。他们还说,里面的人害怕到了如此程度,以至于若再猛攻这座城市一次的话,毫无疑问地,城门会被打开,城市就会投降,落到国王本人的手中。就在这三人刚同国王讲完话,说了建议后,夜幕降临

---

[1] 译者注:阿尔伯特后四卷的时间经常出现混淆,不甚准确。

了,突然间,12艘大帆船带着众多武装的战士赶了来,一起的还有一艘庞大的船只,载有500名战士。他们来自埃及治下的诸城市:苏尔,也就是提尔;萨吉塔,也就是西顿;的波拉,也就是的黎波里。他们于当晚连夜进城,散布在防御墙和城市中。他们没有等到白天便立刻用硫黄、油、沥青和亚麻点起烈火,将火突然间掷向了国王的攻城塔,为的是将那些在上方不断地射箭、猛攻城市的人们吓跑。

20. 然而,在得知萨拉森人来了,并且火焰已然频繁地投掷到攻城塔周围后,国王的一位骑士,即赖诺尔德——他箭术非常高超,乃弓手中的大师——激励同伴们防御。他本人持起弩,对敌人造成了致命的打击,消灭了超过150名萨拉森人。但是,到了清晨后,双方的战斗开始变得越发激烈,战火加剧了。萨拉森战士频繁地从城门里冲出来,以矛和箭矢给一些基督的朝圣者造成重创,顷刻间就将一些人杀死了。然后,就在这个白天,正当赖诺尔德在攻城塔上大肆杀敌的时候,因过于鲁莽和无畏而露天站着,被一架发动突袭的投石车掷出的一块石头击中了头。他就这样死了。按照国王的命令,他的尸体被运走,被虔诚的修士安葬在泰伯山中。国王看到,由于刚从前述的那些城市经海路集合于这座城市的庞大军队,前来支援的多到无法抵御的萨拉森人的力量占据了上风,同时,自己人的队伍不仅不堪战斗的重负,还因长期围城而摇摇欲坠,无力抵抗。在其权贵的建议下,他命令点燃攻城塔。之后,他极度焦虑、悲痛地从这里撤走了,因为这次他没能得到一个胜利的结果。

21. 国王离开了未被征服的阿克，由雅法前往耶路撒冷，他要趁着战争的间歇在那儿休息一小段时间。就在这一年，大约是 7 月的一天，他仅带着 10 名骑士出去打猎。正当他从群山进入了毗邻恺撒里亚城的密林，热切地享受着这样的消遣时，大约 60 名萨拉森人从阿什克伦和阿克前来伏击基督徒，准备在平原和山中进行拦截、斩杀，劫掠他们的财物。这个时候，偶然间，一群基督教信仰的人迎面遇到了他们。上述的这些异教徒可谓胆大妄为，决定去追击、杀死他们，抢夺他们的财物，这样一来，他们就能带着从信者那儿抢来的东西，荣耀、胜利地返回自己的城市。于是，萨拉森人怀着这样残忍的意图追踪着这些基督徒的踪迹。整个地区都被有关他们的消息所扰乱、震撼，因为人们所估算的这些异教徒的军力要大于其实际的力量。国王鲍德温对所有这些事情一无所知，他只是专注于狩猎。有人向他通报，萨拉森人已经进入了这个地区，要伏击、屠杀永生上帝之圣子的子民，人们请求他，在这样紧急的情况下立即施以援手。在听到此事后，他立即高尚地去督促与他同行的 10 位同伴，不要有所耽搁，去追击敌人，决不允许他们未受损害就离开这个地方，要勇敢地同他们战斗，去夺取战利品及自己兄弟们被掠走的东西。很快，他们不再将狩猎的技艺放在心上，奥托·阿尔塔斯帕塔、比安德拉泰的阿尔伯特及其他同国王一起狩猎的人尽管没有装备锁子甲、盾牌和长矛，只是带着宝剑和箭袋，还是将所有对死亡的恐惧远远地抛到了一边，以马刺驱策着战马前进。偶然间，他们看到了萨拉森人，随即径直追击上去，拔出了箭矢和宝剑，发起了冲锋，两边展开激烈交战。

22. 国王鲍德温于其他所有人之前，更为急切地冲入敌人之中，用宝剑不断杀戮着。在飞奔的马匹的疾驰之下，他不经意间来到了一片低矮林地的灌木丛旁，在那里，他被一名躲藏在树枝及密不透光的树叶中的萨拉森侍从用暗藏的矛刺穿了大腿和肾脏。立刻，血流如注，血从令这位极其强大的国王如此痛苦的伤口中喷涌而出。他的脸开始变得苍白，他的心脏和力气开始衰减，他的手停了下来，不再持剑打击。直到最终，他从马上跌落到了地上，仿佛死了，被毁灭了一般，人们以为他已经断了气。他的战友们看到此景后，立即被激起了无法估量的悲伤，开始更为广泛、更加猛烈地砍杀、追击敌人，直到一些萨拉森人被杀死，其余的转身逃跑，被打散、逃入群山及杳无人烟之地为止。然后，他们簇拥在国王鲍德温周围，痛哭着。他们将他安置到担架上，在男人女人们的极度哀伤和哭泣中，将他载回了耶路撒冷，为他找来了最富经验的医生，凭着他们的医术和经验，国王，这位强壮的斗士，从这致命的创伤中恢复了健康。

23. 在听闻国王鲍德温所受创伤及所处险境后，埃及国王和梅拉尤斯从整个王国里集合起一支军队，由海上征伐，前往雅法，在那里抛锚，自海上围城。依照国王的命令，阿什克伦的人也于陆上前去支援，于内外各处激烈交战，竭力以各种进攻征服它。其间，正当围城进行着，雅法的市民和阿什克伦的敌人彼此攻伐，日复一日地战斗的时候，两艘船——较小的一艘被人们称为大帆船，较大的一艘被人们称为快速大帆船——出乎意料地载着一群基督徒驶了过来：他们要去耶路撒冷做礼拜。这两艘船中较大的那艘——除了妇女外，载有超过 500 名男人——趁着异教军队不知晓的情况下，于夜深人静之时，秘密地停泊在了雅法城的港口和海岸上。但是，海浪汹涌翻腾，它受到反复拍击，加之物资和人员所带来的重荷，它爆裂成了几个部分，开了洞，困在了沙子之中。另一方面，萨拉森人看到这艘船在这般不可通行的航向及疾驰中解体，被困在海岸上含沙的淤泥中，随即乘船疾驰过去，想要攻击这些遭受海难的人，劫掠他们的财物及所有必需之物，并互相瓜分。然而，在看到这些基督徒的危险后，聚集在雅法城的这片海岸上观看此事结果的基督徒们为了救助这些遭受海难的人而激烈抵抗着。他们赶走了这群残忍的人，最终，在上帝的帮助下，异教徒被赶走了，他们解救了自己的兄弟们。

24. 然而，另外那一艘较小的船，船长因缺乏经验，在行驶的时候操舵不当而驶入了歧途，在漆黑的夜晚中，突然间冲到了敌人的船只当中。在意识到此事后，船长带着自己的 7 名同伴秘密地乘着一艘小船逃走了，将这艘船弃置于敌人中间。就在这艘船上，除了女人，有 150 个男人，还有 7 名骑士及他们的马匹和大量的装备。异教徒在察觉到基督徒的这条船因愚蠢的错误而滑入到他们当中后，从四面八方包围了这艘船，以剧烈的攻势彻夜折磨着它上面的乘员。反过来，这些基督徒则在勇敢地抵抗着。拂晓时分，他们再也无力承受如此众多数以千计的人的投射和攻击，放弃了抵抗，所有人，连同那 7 位骑士及全部的妇女，都被俘虏、斩首，仅有一位扈从除外，他不顾一切地纵入波涛中，靠着游泳勉强逃过一劫。此外，他们抢夺了这些被杀死或被溺死者的全部财物,并在彼此间瓜分,为这般幸运的胜利就这样突然地落入自己的手中而欣喜、欢呼雀跃。

25. 就在这时,国王鲍德温得知了在雅法城周围的这场长时间的围困,知晓了自己兄弟们的毁灭,他自己已然在不久前恢复了健康,于是决定前往雅法。这样一来,在听到他到来后,萨拉森人就不怎么能威吓到基督教的市民,也就不能继续围城。另一方面,在发现这位极其强大的国王到来了,且安然无恙,并估量他所带来的庞大军力后,萨拉森人不敢再留在那里,趁着冬季10月这个机会——当时,海上风暴肆虐,日趋猛烈——立即准备返回。国王和雅法城的基督徒决定乘快速的双桅帆船和划桨船去追击他们,运气好的话,可以抓住一些安稳地缓慢航行的人。但是这次,他们一点机会都没有,也没法为他们的基督教兄弟报仇雪恨。国王和居住在雅法的所有基督的信众都为发生在自己身上的如此荣耀的全部事情而兴高采烈,安稳地入眠,自此以后,耕种着农田和葡萄园。随着国王逐渐康复,阿什克伦的人不敢再这般挑衅雅法的人与之一战。他们也因为和平而感到喜悦,并且,因为国王并未忙于战事,在这一年当中,他们自己同样也处于平静之中,在耕地和葡萄园之中辛劳着。

26. 在接下来的一年,也就是国王鲍德温治下的第四年,3月伊始[1],比萨人和威尼斯人——他们为了在耶路撒冷做礼拜而集合起来——再次乘着舰船前往朱拜勒城:

---

[1] 译者注:1104年春天。

他们自拉塔基亚而来，他们是在那里过的冬天。伯爵雷蒙德自托尔托萨城前去见他们，为了征服这座朱拜勒城而去寻求他们的帮助和力量，这样一来，在将萨拉森市民赶走后，这座城市就是基督徒的了。他们欣然同意了他的请求，以一大群舰船包围了这座城市，并勇猛地攻击它。伯爵在陆上围困它，用持续不断的攻势及攻城器械压制住了它。直到最后，这座城市被占领，它的市民被征服，伯爵获得了这座臣服于他的城市。

27. 在这座城市被占领后不久，国王鲍德温的使者到了这些热那亚和比萨人那里，代表国王本人向他们热情致意。随后，国王的一个极具说服力的心愿被传达给了所有人：为了上帝和耶路撒冷的圣徒，他们应该以海军在海上封锁，进攻普托梅达城——人们这时称其为阿克，他本人则在上帝的帮助下，带领基督信众的军队在陆上围困。在听到国王这番请求和建议后，所有人都很高兴，立即乘着船，带着一支强大的军队抵达了阿克，也就是以革伦。同时，国王于陆上扎营在城墙周围。在那里，他们用了一些天建造投石机和攻城塔，然后，他们不受约束地、严厉无情地猛烈攻打这座城市和市民，到处都在交战，直到萨拉森的军队精疲力竭，再不敢抵抗为止。

28. 这时，这座城市的埃米尔看到，自己的人渐渐无力防御，他们不能指望任何支援，并且不敢再抵御国王的军力，就请求达成和约，延缓战事。如此的话，这位埃米尔就采纳这番建议：在市民的安全得到保证后，这座城市可以被移交到国王的支配之下。之后，因埃米尔的请求，双方以右手起誓，达成了和约，争斗完全平息了。随后，这位埃米尔将全部萨拉森市民召集到一起，焦虑不安地同他们商议，在所有人的面前这样讲道："我们已然防守了这座城市许久，乃至抛洒鲜血。但是现在，由于海上围困的阻碍，我们无法如从前所惯常的那样，寄望于从我们的埃及国王，抑或他的城市那里获得帮助。因此，现在，如果我们所有的人都愿接受的话，在这个万分紧急的时刻，在我们被他的武器毁灭，我们的性命或城市都无法保全、终将毁灭之前，我们要将这座城市洞开，向国王鲍德温投降。如果我的建议看起来还算有益，并找不到其他更好主意的话，在这座城市向他洞开之前，在我们和他之间，应达成这样的协议：我们要带着自己的妻子、儿女及全部的财物安然无恙地离开，我们要有一条能够和平通行，完全不受他的人阻碍、伏击的通道。"所有人都同意了埃米尔的这个建议。埃米尔也立刻将这个提议传递到了国王的耳中，即在绝对的信任下，以右手发誓，应提供给市民一个和平的出口，他们将不再抵抗，他们将为国王打开城门。于是，国王和宗主教埃夫尔马同自己人对这个提议进行商议。因为，如果拒绝那些人的请求，不予以信任和应允，市民因安全无保不敢出城的话，他们不可能在基督徒不遭受危险和损害的情况下征服这座城市。于是，基督徒就这样答应了他们的请求：在投降并打开城门后，他们可以带着全部的财物和平地离开，不用担忧任何的危险。然而，比萨和热那亚人因对异教徒财物的贪婪而被激怒了，做出答复，绝不能让城市的财物及其无可估量的珍宝就这样被和平地运出去。最后，因为国王和宗主教阁下，他们恢复了常态，平静了下来，不再反对，答应了所有的事情：对他们而言，为了基督徒的安全,这看来是更好的选择。就这样,在国王以誓言向萨拉森人承诺、确认了和约后,在神圣而著名的耶稣升天节[1]那天,城市和它的城门被打开了。

29. 国王和他的军队被放了进去,这座城市的王公和其他的居民,连同妻子和孩子,带着自己的牧群和全部的财产和平地出来了。比萨和热那亚人看到他们带着全部家产出来,还载着让他们难以置信的财宝,因强烈的贪婪而失去了理智,忘记了同国王所达成的信用及和约,突然冲到城市之中,杀戮市民,抢夺金银、各种的紫衣及许多珍贵的东西。从陆上跟着国王进了城的高卢人看到比萨人在城中四处奔跑,杀戮市民,抢夺数不胜数的财宝后,心中同样燃起了贪婪之火,忘记了誓言,将大约 4000 名市民击杀于剑下,攫取财宝、衣服、牧群及无法估量的全部财产。在这场不法的暴乱最终平息后,国王因为誓约,对比萨和热那亚人对自己所造成的不义之行勃然大怒。并且,这样一来,为了免得人们以为基督徒是因诡计及他本人的应允而违反信义及和约,国王斥责了他的同伴和家属。他想要严厉地惩罚实施这次罪行的人,只是宗主教阁下做调解,并频繁地跪在他的脚下,以审慎的建议安抚住了他,才恢复了双方之间的和平及和睦。

30. 在普托梅达——也被称为以革伦,通常被称为阿克——被占领的同一年[2],已然到了 9 月中旬之后,就在荣升圣十字架之日[3],约 500 名阿拉伯战士骑着马,持着

---

[1] 译者注:1104 年 5 月 26 日。
[2] 译者注:1104 年。
[3] 译者注:1104 年 9 月 14 日。

武器从阿什克伦出发,行至雅法,当太阳正在天空穹顶灼烧之际,他们站在了城门前,企图挑衅大公教的战士与之一战。这时,姓阿尔塔斯帕塔的奥托——他是比安德拉泰的阿尔伯特姊妹的儿子,是一位无畏的骑士和新手——仅仅带着20名在此驻守城市的同伴,在穿戴上头盔和锁子甲之后,向着500名战士冲了过去。他们骑在马上,竭力挑衅着敌人,以莽夫之勇去进攻其军队。最终,他们被卷入到了异教徒那庞大的阵线之中,根本无法从中挣脱出来,也没法回去。最后,据说,奥托,连同5位兄弟一起,被敌人杀死于那里。即刻间,萨拉森人和阿拉伯人下了马,将这些被杀戮的人的头割下来,作为胜利的象征带回阿什克伦。如此一来,在看到这些头颅后,市民们就会受到激励,去做出一些勇敢的事迹。

31. 然后,仅仅过了7天,60名武装着的阿拉伯人也想着凭显赫功绩为自己取得荣耀和胜利的名声,便向着恺撒里亚城进发。在使徒、传福音者马太的诞生之日[1],他们想着,在可能的情况下,突袭一些粗心大意的基督徒。但是,因为未遇到一个人,他们就在牧场中,抢夺了在城市的防御墙前所发现的基督徒的牛羊,这样一来,基督徒势必要从城里出来追击他们,就会受了算计,遭到惩罚。于是,恺撒里亚城的基督教市民被这些劫掠东西的人激怒了,差不多有200人从城里冲了出来,连同一名骑士:他身染热病许久了,非常虚弱,迄今都没有恢复健康。他们去追击在远处持着弓、箭和矛的阿拉伯战士,以夺回被抢

---

[1] 译者注:1104年9月21日。

走的东西。另一方面，阿拉伯人勇敢地抵抗着，频繁地击退步行的基督徒，杀死了那位最近依旧虚弱、正在紧紧追击着的骑士。他们将他的头割了下来，放在自己扈从的小袋子中，通常，他们在马上用这样的袋子来运载草料。立刻，这件事情传到了正待在雅法——也就是约普——的国王鲍德温那里：60名阿拉伯战士为了劫掠已经转往了恺撒里亚。眼下，他身边只有40名骑士，他将每10人分为一组，将他们派到山中，预先抢占了他所预判的敌人返回时经过的所有路径。他本人则带上了10个人，动身出发，走由雅法通往恺撒里亚的直接路径。如果凑巧的话，他就能碰到上述的那60名战士，这样，他就能为他们在恺撒里亚犯下的恶行好好地报复他们。于是，就在国王和他的人差不多要走完了这段路的时候，他们迎面遇到了阿拉伯人的扈从和奴隶，这些人穿着锁子甲，拿着武器，走在前面，带着劫掠之物及那位骑士的人头。国王对他们一无所知，反之亦然。同时，那60名战士，也在这条路上，穿着盔甲，持着武器，正在远处跟随着。国王和他的人抓住了这些扈从，问他们从何而来，并打开了他们的行李，在其中一人的袋子中，他们发现了那位基督教骑士的人头。在看到并认出这颗头颅后，阿什克伦人的残暴行径显露无遗。国王立刻以酷刑的威胁和恐怖强迫他们将做过的全部事情交代出来。若是拒绝，国王威胁要以斩首之刑当场惩处他们。他们当即供认，他们的主人就跟在这条他们已经走过来的路径上，并已经决定经山区返回雅法。在听到这些后，国王立刻用盾牌覆盖住了胸口，拿起了矛，带着10名同伴沿着这条伊始就走的道路疾驰，猛扑向那些敌人，唯恐偶然间他们听到些传闻，从这条路上折返。然后，没有间隔太久，这 60 名正在走近的阿拉伯人不经意间就撞见了国王和他的人，他们根本就没有料想到会在这里遇到国王或者埋伏。这些人如此掉以轻心，自然落到了国王的手中，国王猛踢马的肋腹，他的人也是同样驱策着马匹，伴随着突然间的呐喊及冲锋，向敌人攻去。基督徒冲入其中，用矛刺穿了一些人，将其他人从马上摔了下来，用宝剑屠戮着他们，暴怒异常。最后，当国王以其全部勇力占据了上风，如对梗茎一般刺穿、驱散阿拉伯人的时候，敌人再无力坚持战斗，转身逃走。他们中，不算被杀死的人，有 10 人被俘虏，并被羁押。他们的马匹中，有不少于 40 匹被俘，更不用说他们的武器及劫走的东西，国王带着这些东西，在巨大的荣耀中返回了雅法，为自己的那位被斩首的骑士报了仇。雅法及获悉了此事的信众所在的所有城市自这天起，都欢欣不已，倍感欣慰。因此，国王扬名于阿什克伦人及所有异教徒的领土之内。他带着 10 名同伴，如此成功地与 60 名阿拉伯人交锋，将一些人杀死，并将其他人俘虏、带走，这令他们非常恐惧，惊叹不已。

32. 还是在这一年的这个时候，伯爵雷蒙德在从各个地区、王国集合起一支基督徒的军队后，包围了的黎波里城，人们通常称之为的波拉。他用了许多天、许多年，竭力以攻城塔和武器去征服它。但是，在很长时间内，他在这座城市及它的防御墙周围的努力都没有成效，他的战争计谋也是收效甚微，他也不能靠着饥饿的困境迫使他们将城市交出来，因为他们总是能从埃及、阿什克伦、西顿和提尔获得援助，还能从海上获得大量的物资。在同自己的人做过商议后,伯爵雷蒙德命令,建造一座可令他一直对付这座城市的新堡垒,他的人就可以撤到其中,就能一直受到保护,免受敌人的袭击。这座城堡被称为"朝圣者之山",因为在那里,它一直被当成朝圣者和基督教战士抵御异教军力的筑垒。在攻占阿克,修建好这座被称为"朝圣者之山"的新城堡的两年后,在2月,过了上帝圣母净礼,伯爵雷蒙德逝世了,并被以大公教的方式安葬在了他所建造的这座新的城堡中。[1]

33. 同时,就在上述的,于阿克——它又被称为普托梅达——周围长期的行动正在进行,一些人在围城,一些人在赎回市民、投降城市,而这时君士坦丁堡的皇帝阿列克修斯一直在猜疑博希蒙德,唯恐不能将其从王国中驱赶出去。经由持着信件、接连不断的使团,皇帝向显赫的突厥王公达尼什曼德提出,要给予他260000拜占庭金币,请求他将迄今还被拘禁的西西里王公博希蒙德交到自己的手中。皇帝想要他死在永远的放逐或者终身的罪罚中,唯恐他再能用什么诡计危害自己的王国。

34. 苏雷曼——在这些年之前,他曾经是尼西亚城的王公——获悉皇帝为了赎回博希蒙德而承诺了这笔数目如此巨大的钱款后,经由一个携带着信件的谨慎而秘密的使团,斥责了与他共事的贵族达尼什曼德,要分享这笔巨款。因为在战争及众多的侵袭中,他们彼此一直都是朋友和伙伴。但是达尼什曼德渴望将这笔财富全部纳为己有,就抓

---

[1] 译者注:雷蒙德死于1105年2月28日。他所修建的这座城堡,现在称为的黎波里城堡,到20世纪90年代,一直被作为军事之用。

住了这个巧妙的机会，断然拒绝了他。苏雷曼收到了这个糟糕的答复，随即打破了同他所达成的友谊和协定，开始持续不断地进攻他，还洗劫了属于他的东西。在集合起军队之后，他击败了已然被第三次的战争所激怒且饱受众多伏击困扰的达尼什曼德，并将其击退。确实，因为苏雷曼的活跃，达尼什曼德受到了侮辱，丢了脸，开始在他所有朋友的旁听下陈述自己这般的不幸，非常哀伤，悲叹不已。他想以此获得他们的帮助，以对自己所受到的这些伤害进行报复。

35. 博希蒙德凭借着诡谲的耳朵，渐渐听到了尼克山大城王公达尼什曼德的这些怨言，就在他依旧被拘禁的时候，他开始秘密地向其守卫和监护者询问，是什么令如此卓越的王公达尼什曼德举止悲伤，令他的全家人现今要比平常更焦虑不安。有的人详述了发生的事情，有的人则是刻意隐瞒了实情。最终，在某一天，当达尼什曼德得知博希蒙德打听他所受到的伤害及侮辱，并为这些事情哀叹不已后，他前往那所监狱。在其中，博希蒙德被铁链锁着，被看守着。达尼什曼德向他叙述了自己因皇帝为赎他提供的金钱——他拒绝同苏雷曼共享这笔钱——而遭受的来自苏雷曼的伏击和灾祸。达尼什曼德清楚，这位博希蒙德是一个深思熟虑的人，是一个可以想出极好主意的人，在听了他所言之后，兴许自己能更清楚该如何为了所受到的不公好好报复苏雷曼。对于得知的所有这些事情，博希蒙德想出了一个他所能想到的最好的主意，便这样答复他："只要您不为了这笔高昂的钱款及将我出卖而如此轻易地同阿列克修斯皇帝达成协议的话，您就能从所有这些不利于您的事情中得到一个足够好的主意，将苏雷曼对您和您的人所做的所有事情都还到他的头上。"这时，因为急欲为自己所受伤害复仇而怒火中烧的达尼什曼德再三请求博希蒙德，将想出的好主意教给自己。他立即作答："只要您愿意拒绝皇帝的这笔钱款，接受我的钱款——是这笔巨大金额的一半——并恢复我往昔的自由，将我从这些镣铐中释放出来，并在任何您所乐意的条件下向我的上帝宣誓保证的话，我将在牢不可分的友爱、忠诚之纽带下同您联合起来，所有的基督教王公也会如此。我的朋友和亲属——他们在安条克，在埃德萨，或居于耶路撒冷及所有的地方——在这样诚信的羁绊之下，将会同您联合，会一直关切您的荣耀和安危，并为之而行动。此外，如果您更看重为了毁灭我而被提供给您的金钱，而非我和我的兄弟们的信义、友谊和服侍的话，您已可确信无疑的是，这笔钱会逐日减少，被瓜分掉。您将会知道，只要我的亲属和兄弟中的一人还生活在这些地方，得了势，您和您的土地就永远不会缺少来自他们的憎恨、敌对、伏击及有害的阴谋。如果您倾向于我及我的人的服侍和友谊，拒绝皇帝的金钱，接受我所承诺的这笔钱，尽管它要少一些，您就可确保我的所有兄弟们的友谊，并且，毫无疑问地，在您所有的事务当中，您会一直得到他们的军事协助，他们会完全忠实且顺从。若双方发下誓言，结成同盟，成为朋友，凭借着您和我们的力量，我们不仅能轻易地击败飞扬跋扈、与您为敌、令您丢脸、想要侮辱您的苏雷曼，征服他所占据的罗姆之地，将他击败、赶走，还能如您所愿那般迅速地使皇帝的王国和土地臣服于我们的支配之下。"

36. 在听了博希蒙德的这些话及美好的承诺后,达尼什曼德心中是相当的摇摆不定,开始为他应首先选择什么、拒绝什么而苦恼。于是,达尼什曼德向他做出了这番答复:"我从您口中听到的所有这些是足够令我满意的,如果您能用行动来实现这番忠诚的言语的话。但是,不跟我的人商议就向您伸出右手做承诺,是不合适的。因此,不久后,我会同他们进行商议,将您的意图和提议透露给他们。我或是立刻就照您所提议的去做,或是同意我的人的建议,总归,我不会忽视更有益的建议。"然后,过了一些天,他们进行了商议,达尼什曼德将从博希蒙德那里听到的告知他的人,这一切都令他们感到满意。在他们所有人看来,不再拒绝他的主意和请求,将之付诸实施才是合适、有益的,不过,要有一个既定不变的条件,即双方要凭借着各自的法律和宣言,信守这份友谊和协约。在这样定了之后,他们向博希蒙德免掉了皇帝所承诺的钱款的一半。他们同意,要偿付、收取的只有100000拜占庭金币。于是,在这个数额被敲定之后,达尼什曼德向皇帝派去了使者,拒绝了他所提出的那笔金币。博希蒙德大喜过望,因为他已经忍受了两年的束缚和囚禁,此外,还因为,靠着上帝的怜悯,他在达尼什曼德的眼中获得了好感,获得了他在赎金上的宽容。为了凑齐这笔钱,他向所有在安条克、埃德萨和西西里的亲戚和朋友送去消息:他们应在约定的日子将集齐的钱运入梅利泰内城的地界,他将被带到那里释放,并将在那里同达尼什曼德达成和约及协议。很快,在听说赎回他的事情后,所有人都满怀欢喜愉悦,一丝不苟地执行他的命令,在约定的日子集合起来,将从各地筹措、聚集起来的金钱运到了指定的地方。正如所宣布的那样，他们在那儿看到了达尼什曼德和博希蒙德，于是将约定了数量和重量的钱交给了达尼什曼德本人及他的人。双方平等地建立起友谊，达成了协议，彼此间重归于好，成为了朋友。在这笔钱被达尼什曼德的仆从和侍者接收、存放起来后，博希蒙德举右手起誓，承担起至高友爱的关系。他完全自由了，连同他的人一起，被送回了安条克。在那里，在巨大的喜悦中，他们受到了所有基督教市民的接待，受到了尊敬，被接了进去。

37. 在知晓了这些后，苏雷曼非常恼怒，因为他无法分享这笔钱。于是他写信说达尼什曼德的坏话，并挑拨呼罗珊和巴格达（Baghdad）——它是突厥王国的都城——的国王索尔坦（Soltan）及其他所有异教王公与他为敌，剥夺国王对他的支持和恩泽，因为他无视国王，释放了博希蒙德：他是一个好战之徒，在所有军务中都狡诈至极，总是在突厥人和希腊人的领地上对突厥人作恶，谋划埋伏。不久，因为苏雷曼向突厥国王的控诉，危险的使者到来了，从他们那里，达尼什曼德得知了国王和所有突厥贵族的怒气、愤慨及各种的威胁，这使得他感到非常忧虑。一天，苏雷曼以这样的方式向他写了一封信："达尼什曼德，突厥族的兄弟和儿子，直到现今，因为你所发动的战争、赢得的胜利，对突厥的国王和整个王国而言，你是一个卓越而受欢迎的人。但是，现在，你的声望大大下降，在呼罗珊国王和你的整个族群面前已经是身败名裂，被所有人憎恶，因为你如此轻率地就让博希蒙德被赎了回去，并且，你将我们对于这次的协议和赎买的建议视作无足轻重，毫无意义。但是,如果你想要摆脱你的耻辱,安抚国王和呼罗珊的贵族们的愤怒的话,你就假装求助,邀博希蒙德——在所有基督徒中,我们最不信任的就是他——到我所标明的地点来。到时,我们设好埋伏,会突然间就包围,并抓住他。否则的话,你要清楚,你将永远不能再获得国王的恩泽,永远无法摆脱突厥人的军队和愤怒。"但是,达尼什曼德根本没有答应他,以免他和所有突厥人的信义在基督徒和其他异教徒面前变得一文不值。

38. 在这之后,在普托梅达,也就是阿克被占领的同一年[1]的5月份,博希蒙德由流放和囚禁之中返回了安条克。乔库米什(Chokurmish)——他是突厥人的卓越王公,科布哈的亲戚,索克曼的兄弟,在他非法侵占的耶路撒冷王国因埃及国王的军力陷落后,随着基督教军队到来伊始,他就逃到了大马士革,在那儿受到了突厥人的保护,他是呼罗珊王国的一位权势者——集合起一支由60000名突厥人组成的军队,持着骄横之气和庞大的军力,动身出发,前去围困罗哈斯——也被称为埃德萨——的城墙和防御墙。

39. 被国王鲍德温任命为这座城市王公的伯克的鲍德温,因这样无法计数的一群人的到来及突如其来的传言惊讶不已,以雇佣金为代价,将身边所有人召集起来,布置他们去防守防御墙。此外,他出了城,向博希蒙德和坦克雷德送去了信函,请求他们出手增援。他以上帝之名请求、恳求他们,勿要纵容突厥人狂傲地对基督教兄弟作威作福。在收到他的信函后,大约3000名骑兵和7000名步兵立即

---

[1] 译者注:博西蒙德是在1103年被释放的。

从安条克的各处及诸城堡中集合起来,前往所约定的地点,也就是阿兰(Aran),即卡兰(Caran)城[1]的平原,鲍德温正率着其刚刚集合起来的全部军队在那里等候他们。在那里,鲍德温伯爵、博希蒙德及坦克雷德从一个阿拉伯人那里得知,突厥人的整个联军正急速逼近,要去围困城墙,猛攻埃德萨城的筑垒。于是,在听到了如此众多的敌人即将到来的消息后,他们将营地和自己所有的装备移到了乔巴(Chobar)河畔,这条河经河道从埃及王国界内一直流入到这个地方。有人说,他们在扎营之后,在河道的岸边过了一个晚上。然后,天一亮,他们就拔营,在拉卡(Raqqa)城的平原上布阵,在安条克宗主教及埃德萨城主教本尼迪克特(Benedict)的面前忏悔了所有的罪恶和过错,将全部的纷争重归于友爱。他们组成了20个阵列,布阵于左右,以抵御敌人,支援基督教盟友,由此来减轻他们所承受的战争重压。就在这些阵列刚刚安排妥当后,索克曼率领着30000名强壮的武士和弓箭手从右翼逼近,大胆突袭,伴随着喇叭骇人的鸣声参战。博希蒙德、坦克雷德及安条克的全部军队没有懈怠,持着武器,穿戴着锁子甲和头盔,将盾牌举过头顶以作抵挡,高声吹响喇叭和号角,迅速地正面迎敌。在左侧,伯克的鲍德温和库特奈(Courtenay)的乔斯林(Joscelin)[2]——作为鲍德温的礼物,他还持有人称柏萨庇的图柏赛腊作封邑——穿上了锁

---

[1] 译者注:应该是哈兰(Harran)。
[2] 译者注:库特奈的乔斯林是在第一次十字军结束后到的东方,大约是在1101年。他到了东方后,去埃德萨找了他的亲戚伯克的鲍德温,成为了图柏赛腊的领主。1118年,他接替鲍德温,成为了埃德萨伯爵。

子甲，持着长矛和宝剑，骑着极为迅捷的马匹冲了过去，喇叭和号角声震天鸣响，他们加入了战斗。博希蒙德和坦克雷德在右翼同敌人搏杀，上帝怜悯，他们开始占据上风，开始穿透、驱散敌人，直到其力量被削弱，逃走为止。在这场博希蒙德于右侧进行的战斗中，有500名突厥战士死掉，差不多200名基督徒被杀死。伯克的鲍德温、库特奈的乔斯林，以及其他显赫的骑士们距离博希蒙德及其阵列超过1罗马里远，获悉博希蒙德和坦克雷德已然交战并占据了上风，便试图凭借着马匹的速度，在快速的突击中突入、摧毁对手密集的阵线，急切地想要同博希蒙德和坦克雷德的阵列会合，混合在一起，以作增援。但是，突然间，10000名突厥人自埋伏中冲了出来，用弓和箭矢迎面猛攻过来。这些突厥人猛烈地突袭他们，向他们射箭，直到他们全军溃逃为止。他们当中，有些被抓住杀死了，许多人被掠走，流放到了异乡。

40．就在这次残酷的溃逃中，18名教士和3名修士——他们为了激励基督教战士，做宗教训诫而来——被斩首。主教本尼迪克特被俘虏并掠走；甚至，因为过于渴望杀敌而轻率地冲杀，埃德萨王公鲍德温没有安稳地等待博希蒙德得胜的军团，而被打败、俘虏、掠走。这时，坦克雷德正荣耀地从当前对突厥人的杀戮中过来，但是，他因为这个不幸的消息而沮丧，带着自己的人猛冲过去，追击那些屠戮鲍德温和他的人而成为了胜利者的突厥人，以夺回俘虏。但是，他们已经在路上疾驰而去，逃走了。只有主教和3名战士被勉强救出并带了回来。然后，随着夜幕降临，白昼退去，博希蒙德和坦克雷德带着所有的同伴返回了自己的营地,以恢复在这个白天因战事的极度重荷而精疲力竭的肢体。

41. 然后,到了拂晓,人们确认鲍德温失踪了,所有人都感到了即刻而至的恐惧,迅速逃往埃德萨城,以抢先一步,去守卫城墙和防御墙,以免这座城市会向趁着胜势而在前面疾驰的突厥人投降。此外,埃德萨的市民——他们本身也是基督徒——听说了自己人的灾祸和毁灭,知道他们非常卓越的王公被掠走了,悲叹、痛哭成一片,但他们还是极力地去安慰所有的基督教战士去保护城市。这一天是礼拜日,是受到基督教子民至高尊崇的日子。此外,到了翌日清晨,这座城市的亚美尼亚市民在同集合起来哀悼如此显赫王公的所有人商议过之后,决定让坦克雷德顶替他的位置,直到他们确认鲍德温是否能被赎回或者解救出来为止。坦克雷德就这样受到委任,替代鲍德温掌控这座城市,获得了它的统治权,然后,博希蒙德带着自己的人顺利地返回了安条克。

42. 在这之后,过了8天,当坦克雷德正警惕地看守着埃德萨的城堡和它的防御墙的时候,乔库米什和索克曼——他们因自己的胜绩和俘虏鲍德温自吹自擂,还想要取得更大的胜利,以为能轻易推翻坦克雷德在埃德萨的统治,将高卢人的全部军队赶走——对坦克雷德感到极为恼怒,从突厥人所有的地方和领地召集起比之前庞大得多的军队。带着这些人,在强大的军势之下,他们来到了埃德萨平原,围困城门和它的防御墙,广扎营地。于是,在看到如此众多的人、如此众多的帐篷,以及敌人如此众多各种各样的装备后,坦克雷德开始陷入巨大的险境中。因为,相对于突厥人而言，高卢人的力量根本是微不足道的，无力迎战、抵抗如此众多被集合起来的突厥军团。因此，在听取了建议后，坦克雷德用一支忠诚的卫戍保卫这座城市，还安慰市民们，承诺过不了多久他就会带着自己的人去同敌人的部队战斗，英勇一搏。他们理解他慰藉的话语，知道他是一个非常可信、勇敢的人，城里的所有市民和战士都分散到了城墙和防御墙上，同围城的敌人战斗，将突厥人赶出去很远。他们毫不懈怠，以全部的聪明才智加固门闩和城门。

43. 但是，正当他们四处交战，突厥人围城不退的时候，坦克雷德——在各种军事行动中，他都是一个狡黠的人——秘密地向安条克送去了信函，在信中这样说道："坦克雷德向舅父，博希蒙德阁下，上帝委任的安条克卓越王公致以问候并祝好。自您离开我们，并由我来替代忠诚的鲍德温成为埃德萨城的保护者和守卫者以来，乔库米什和索克曼再次聚集起他们的军力和部队，突然围困了埃德萨城及其城墙。在塔楼和防御墙被摧毁后，他们就能屠戮市民，劫掠城市，将我像鲍德温那样抓住，带到蛮族的土地去。因此，我们冒险前来，决定要仰赖您一直对基督的信者所持的仁慈，让您知晓我们的困境和危险。这样，您就能知晓我们的厄运和困境，能更为迅速地将同伴和朋友召集起来，能迅疾地从安条克和其他地方赶来支援被围困、受围攻的我们。您将终结突厥人的威胁和夸耀，并以上帝之名，将他们从当前的围城中赶走。您应该想得到，在这朝圣之地，我们人数甚微。因此，我们不可轻易地因倦怠对敌之战事、厌倦对敌之辛劳而落败。他们处心积虑、急不可待、不知疲倦地等待着机会，要进攻并摧毁我们。然而，不管适宜与否，个人的重担总是要互相担当的[1]，我们应该共同担待、共同行事，去经受逆境和顺境。反之，如果懒惰俘虏了我们，愤怒阻碍了我们，或令我们变得疏于救助兄弟的话，我看我们还是离开这片土地，将它交予无时无刻不在作乱的敌人为好。显而易见，因为我们人少，如果我们分隔开来并变得倦怠的话，我们就会落败。在如此多敌人的力量面前，我们承受不住，是不可能幸存下来的。"在听了这些话后，博希蒙德赶紧集合起300名骑兵和500名步兵，动身出发，去解救他亲爱的外甥坦克雷德及埃德萨城的大公教居民们。但是，他们似乎受到山中艰险地势及7天旅程的极大阻碍，并遭受着突厥人每日的突袭和围攻。

44. 因此，坦克雷德和其他的兄弟及市民们每日深深叹息，等待着他。但是，在紧要关头他并没有到来，他们彻底绝望了。他们全体发誓，宁死也不要被抓走，不要被流放到呼罗珊，不要被邪恶的人以各种刑罚无耻地折磨。然后，在集合到一起后，市民和战士决定战斗，天一亮，他们就带着武器从城里列队出来，寂静无声地向着突厥人的营地迅速移动。在逼近之后，他们要用喇叭和号角制造出巨大的喧闹声，突然间向着仍旧酣睡、安然无忧地做梦的敌人冲过去，打他们个措手不及。突厥人根本来不及跑过去拿武器，基督徒就能迅速展开屠杀，将他们斩杀。他们依照既定的计划行事，很快，天一亮，他们就带着所能

---

[1] 译者注：《加拉太书》，6：2。

聚集起来的全部武器和军力出城。伴随着出其不意的猛烈喧闹和喊叫声,他们攻进了敌人的营地。突厥人仍旧因昨日的葡萄酒而昏昏沉沉,未加防范,基督徒将他们全部击杀于剑下。最终,周围的平原是尸横遍野,血流成河。此外,随着天色大亮,坦克雷德的军队和力量开始占据更大的优势,敌人变得更加恐惧。最终,突厥人因极端的屠杀而害怕,他们的军队被迫径直逃往首领的营帐。最后,乔库米什和索克曼看到他们所有的军队都被摧毁、溃逃后,勉强上了马,带着所有扎营在自己身边的人,将他们的所有帐篷及其他的东西、劫掠品、贡金都丢弃了,匆忙逃走。坦克雷德对他们紧追不舍,大肆杀戮。就在他们被驱散、溃逃,坦克雷德在后面穷追不舍的时候,拜上帝怜悯和恩准,就在当天,博希蒙德带着自己全部的同伴与这些逃跑的人迎面相遇了。事实上,他知道他们在晚上的时候还牢牢占据着那座城市的平原,但完全不知道坦克雷德在早晨进行了一场大战。然而,在这个时候,正如一个审慎的、富有战争谋略的人一样,他注意到,突厥人的傲气和力量已然消退了,且一心逃跑,就欢欣不已,随着巨大的呐喊声,去追赶基督徒那胜利的旗帜。在基督徒将自己的军队混到一起后,同样地,博希蒙德也在追击这些逃走的人。有人说,整整一个白天,他都在不停地杀戮、抓捕他们。

45. 于是,在这场突厥人的溃逃和沉重的毁灭中,乔库米什和索克曼仅是勉强带着少数人逃了出来。但是,一位呼罗珊王国非常尊贵的夫人——她带来了援助和军队,还有大量的装备——于此地被坦克雷德和他的同伴抓获,并羁押了起来。在靠着上帝怜悯,取得这场胜利后,博希蒙德、坦克雷德，以及所有的基督教战士平静地取得了众多突厥人的战利品，带着它们，在巨大的欢乐和荣耀中进了埃德萨城。

46. 在这之后，过了一些天，一封来自乔库米什和呼罗珊王国权贵的信函被交予在埃德萨城的博希蒙德和坦克雷德，事关那名被俘夫人的赎回：为了换回她，他们愿意将被拘押在监狱中的伯克的鲍德温送回来，或者，他们可以用15000拜占庭金币将她赎回。当乔库米什的这封信及如此尊贵的一位夫人被俘的消息传到耶路撒冷后，国王鲍德温的含有众多恳求之词、内容谦卑的信函到来了，他请求博希蒙德和坦克雷德，释放那位被俘的夫人，将他的兄弟，也是埃德萨的王公鲍德温换回来，多少钱也没有这件事情重要，他们也不该觊觎这笔钱。博希蒙德和坦克雷德这样亲切地答复国王关于此事的请求："博希蒙德和坦克雷德随时都向鲍德温阁下，也是耶路撒冷最虔诚的基督教国王鲍德温敬表顺服。我们决定，完全、自愿地服从您关于赎回我们的朋友和同伴鲍德温的命令，从过去到现在，这件事情一直都为我们所挂念。但是，在这个时候，对此事做些掩饰、保持沉默是必要的。或许，我们能利用将这位夫人放回去的事情，在将这位鲍德温兄弟要回来的同时，勒索到一些金钱。我们焦虑不已，非常需要钱，以偿付那些在不懈的奋斗中同我们一起辛劳的战士们。"他们的这些答复足够美好和圆滑，但是其中根本没有信义、真实可言，更别说任何赎回那个人的意愿。因为他们有谋求这座城市以及商业交易收益的野心，这些收益大多来自防御墙之内，每年总计约有40000拜占庭金币，这还不算众多附属于这座城市的城堡和地区所赠予的那些收入。在用一个友好的答复和承诺如此满足了国王后,博希蒙德返回了安条克,坦克雷德则留下来保护、驻守埃德萨城。

47. 在伯克的鲍德温被俘的第二年,也就是国王鲍德温治下的第五年[1],博希蒙德动身出发,不仅去了意大利,还去了高卢,去募集军力,挑动王公们反对希腊国王阿列克修斯。此外,坦克雷德代替他的舅父留在安条克,看管这座城市,埃德萨也由这位坦克雷德来监护。阿勒颇的卓越王公,也是突厥人兄弟的里德万抓住了这个机会,诡诈地废弃了同坦克雷德的友谊和协议,大肆劫掠了附属于安条克城的地方和城镇,甚至阿博拉城的主教都逃走了,许多上帝的教堂也被毁了。但是,这样的劫掠和屠杀依旧无法使他满足,终于,他率领10000名骑兵和20000名步兵,从自己的土地上动身出发,无比傲慢、自以为是地要进攻安条克城,征服坦克雷德。另一方面,在获悉里德万的力量和军队数量已然增长到了不可阻挡的地步后,坦克雷德和他的人感到无比的恐惧,但是,他依旧立刻向图柏赛腊、埃德萨及马拉什送去了消息,也就是说,他召唤周围所有的大公教徒前来救援,并安排他们在安条克集合。大约1000名骑兵和9000名步兵集合起来后,安条克主教对所有人做了布道:他们勿因敌人庞大的数量而踌躇,要因上帝之名及力,自信御敌,有上帝相助,必胜无疑。然后,在主教的建议下,他们宣布,并完成了3天的斋戒,此后,坦克雷德带着10000名骑兵和步兵一路来到奥龙特

---

[1] 译者注:1105年。

斯河的桥上,并在这里过了一夜。翌日天亮后,坦克雷德起床,他的人也起了床,组成阵列,竖起旗帜,装备着锁子甲、头盔、盾牌和矛,动身前往阿塔。里德万凭借着无数的骑兵和装备占据了那里的全部地方。于是,在这里,在得知基督徒和他们的王公坦克雷德到来后,里德万命令组织起阵列和队形,在迫近这个白天第三个小时的时候,双方交战了。然而,这场战斗和巨大杀戮一直延续到第九个小时,在主耶稣基督的帮助下,基督徒的阵列不可战胜,坚持到了最后,异教徒则被摧毁、驱散,都逃跑了。坦克雷德和他的人追击他们,杀了一些人,将其他人抓起来并羁押,连同的还有武器和马匹这些战利品。翌日,在获得并分发了敌人的战利品和武器之后,坦克雷德在胜利的巨大荣耀和喜悦之中,返回了安条克。基督的全体信众,以及安条克的市民,连同这座城市的宗主教和主教一起,欢呼雀跃,喜悦不已,感谢、赞颂上帝和主耶稣基督,正是因为他的仁慈和保护,这位非常虔诚的大公教王公安然无恙,取得了胜利。

48. 在阿克城被攻占的第二年[1],埃及国王的一支人数、装备众多的军队在8月由海路和陆路出发,去围困杰费特(Jafeth),也就是雅法城,然后用海军征伐之。他们移营在阿什克伦城的平原上,出人意料地从海、陆全面入侵这个地区。如此一来,因为对手措手不及,他们可更轻易地征服国王鲍德温和他的人。国王鲍德温这时正待在雅法。在看到这支海军后,他立即识破了埃及人的诡计和谋

―――――――

[1] 译者注:1105年。

略,意识到他们是出于这样的缘由才先从海上围困城市:即当国王率他的人正专注于抵御海上之敌的时候,其余的异教军队就从阿什克伦的平原上猛冲过来,突然间征服雅法城。不过,国王意识到了他们的骗局,也知道他们的军力已经在阿什克伦的平原上驻扎了3个星期,隐匿且完全不暴露出向雅法的迫近和攻势。他毫不懈怠地召唤盟友,聚集武器,以在整个间隙期间做好准备,设防筑垒,这样,不管他们哪天到来,他本人都可带着他的军队前去御敌。太巴列的休;海法的罗古斯;大卫塔的古弗里德(Gunfrid);圣亚伯拉罕的休;尤斯塔斯·格兰纳留斯(Eustace Granarius);布鲁塞尔——它是布拉班特(Brabant)的一座城堡——的古特曼;高卢城市康布雷的利特哈德;图奥纳(Tuorna)的皮赛洛和海斯泰尔特的鲍德温——两人都来自佛兰德斯的城堡。所有这些人都受到国王召唤,在集合起基督教的骑兵和步兵部队后,他们由各地集合起来,去做支援。在国王的这支队伍中,有一名年轻的突厥人是一个顽强的战士,名叫马胡麦特[1],论武器和人数的话,他有100名突厥弓箭手。因为对个人成就的贪婪和妄思,他被从父亲的家庭及大马士革的土地上驱逐了出去。现在,他同国王达成了协议,他会于各种军事援助中向国王保持忠诚,果敢迅捷,相应地,他会在同大马士革的对抗中获得国王的帮助。同时,萨拉森的军团看到他们的诡计和圈套已经被国王识破了,已有先见之明,

---

[1] 译者注:即别克塔什·伊本·突突什(Bektash ibn Tutush),他是大马士革的杜卡克的兄弟,因为继承权问题与杜卡克颇有恩怨。

当下从四面八方调集起一支军队支援，之后，他们就从阿什克伦的平原上拔营，自恃人数众多，动身前往被称为哈比兰（Habilin）的地方。

49. 就在国王预感到萨拉森人到来，并毫无疑问地确认他们已然逼近的时候，他向耶路撒冷宗主教送去了信函，告诉他立刻集合起信者的部队，赶紧增援人力和物力应敌。在接到国王的消息后，宗主教集合起 150 名步兵，并提供武装，依照国王的命令中向其布置的那样，朝着拉姆拉赶去。在这之后，国王和所有为了这次的战事集合起来的信众被主肉和血的圣餐所强化，大约有 6000 人在星期五离开了雅法城，因为康布雷的利特哈德的谨慎和忠诚，他同其余 300 人被留在了这座城里，抵御敌军及海上的进攻。于是，国王带着他的所有同伴，带着喇叭、武器和旗帜离开了，行军到了拉姆拉，于星期六逗留在那里，等待宗主教埃夫尔马阁下及整个耶路撒冷教会。在接待了宗主教及耶路撒冷的其他兄弟后，在礼拜天的清晨，国王将骑兵和步兵组成了 5 个阵列去同敌人交战，他本人则无畏地留在骑兵中殿后，以激励、鼓舞自己的人。事实上，只有很少的骑兵——从数量上说，有 160 人——围绕着他。这样少的数量并不让人感到惊讶，因为在这片土地上一直都缺少马匹。在这些阵列被国王这样安排好，全体基督徒被宗主教阁下凭圣十字架的标记圣洁化之后，旗帜被树立起来，喇叭和号角不断地发出巨大的鸣响。国王和他的人做好了准备，要向敌人的营地冲去，他们要首先发起战斗，再不能让敌人未受惩罚地经过此地。同样地，在发现国王和他的军队已经近在咫尺之后，异教徒也带着武器、旗帜和马匹，在无法忍受的喇叭的巨响声中,从营地里出来。他们数量非常庞大,有 40000 人,向基督徒迎了过去,同样是迫不及待地要来交战。顷刻间,就在双方的军队出现在平原上之后,四面八方都响起了雷鸣般的喇叭声,信者和不信者的军队猛烈激战,自 8 月末礼拜日[1]的清晨,一直持续到第九个小时。这时,因上帝的恩泽和怜悯,萨拉森人变弱了,逃走了,竭力赶在斩杀、追击他们的基督徒之前撤退,进入阿什克伦。

50. 事实上,7000 名异教徒死在了这场战斗中,阿什克伦的埃米尔也死了。阿克的埃米尔,还有阿苏夫的埃米尔——他们曾经被国王饶了性命,投降之后,在前年逃到了阿什克伦,连同他们所有的劫掠之物一起,被俘获。此外,因上帝和主耶稣基督的援助而取得胜利后,国王带着从敌人那儿得来的无可估量的战利品,在巨大的荣耀中返回了雅法。在他的队伍中,只有 100 人被杀,其中有一位卓越的骑士,即凡尔登(Verdun)的雷纳尔(Reinard),国王和整个教会都沉痛地哀悼他,以大公教葬仪安葬他。在城市的一侧仍旧有海军。海上的敌人觉得是自己人取胜了,朝圣者被击败逃走了,发誓要突袭这座城市。然而,在看到被斩首的阿什克伦的埃米尔的首级,并得知了阿什克伦人及埃及人的溃逃及惨败后,他们哀伤而绝望,划船疾驰,从雅法城附近的地方离开了。怀着避难的希望,他们航行到了的黎波里,并在那儿过了一夜,到了清晨,他们就坐船返回了阿什克伦和埃及。此外,名为威廉的塞尔

---

[1] 译者注:1105 年 8 月 27 日。

达涅（Cerdagne）伯爵，在他的叔叔伯爵雷蒙德死后，靠着血亲的继承权，继任了卡莫拉的土地和城镇。现在，在他叔叔死后，他正从那座被称为"朝圣者之山"的城堡——正是雷蒙德本人将它建造得非常牢固——对的波拉，也就是的黎波里城进行着猛烈的进攻。因为的黎波里驻扎着海军，他对其港口无计可施，既不能对峙，也无法力夺，这既是因为他们仰赖着海水，还因为城里总会有多到令人难以抵挡的大群人到海边去帮助他们。尽管如此，这位伯爵还是付出巨大的努力，克服万难，竭力阻止他们返回，有的时候是用投石车，有的时候是用弓箭手。但是，异教徒在水上很有信心，强势地停泊在阿什克伦近旁，不受阻碍和伤害。

51. 于是，在这场战争后，当国王在位于阿什克伦和拉姆拉之间的哈比兰获得胜利之后，国王的土地平静了下来，阿什克伦人和埃及人的内心感到非常的恐惧，因为他们一而再、再而三地被少数人组成的部队打败，阵亡、溃逃出现在他的面前，他们再无抵抗或幸存的希望了。在这样的哀伤和绝望中，萨拉森人安定了下来，这时，他们平静了8个月的时间。其间，他们经营葡萄园，因国王停止兵戈而欢欣，迫不及待地用相互间的和约和赠礼来取悦他。不过，他们所有的努力都是白费心机，除非他们将阿什克伦城交到他的手中。春天的月份到了，这时，这一年的水果等作物，以及所有的希望都在萌发、结果、成熟，丰收在即。于是，就在所有这些都显得那么称心、丰硕，整个阿什克伦的平原上都在忙着收获的时候，国王从耶路撒冷及所有给予他帮助的地方集合起战士和大量的武器，并在祈祷日期间[1]——在这个时候,这些地方的所有作物都在急着收获——抢占了阿什克伦人的土地,以一支强大的军队收割葡萄园、无花果树及各种的树木。甚至,国王不满足于将作为马匹、骆驼及其他牲畜草料的作物毁掉,还用火将它们烧掉了。这样一来,无论如何,因为这番无法估量的损害,这个坚强、难以驯服的民族就会俯首称臣。就这样,整个地区不但是被军队,亦被火焰所毁灭了。随后,国王带着他的一部分军队返回了耶路撒冷。所有陪同他的人在山中行进的时候,吹响了喇叭和号角,巨大的轰鸣声响声震天,周围的群山和峡谷中的所有地方顿时都陷入了巨大的恐惧之中。凭借着自己的力量,他们从这些地方穿行而过。众多野兽都被这种无法估量的巨大喧哗声吓呆了,恐惧得都从自己的洞穴及山中的荒野之地中出来,迷了路,一反常态地在道路上徘徊。这并不让人感到惊讶,因为,飞鸟都无法忍受人们大声喊叫所带来的喧闹声,因被巨大的声响所惊吓,而无法飞翔,从空中掉落到了人群中。于是,正当各种野兽就这样被从洞穴中吓出来,受到这样巨大声响惊吓的时候,偶然间,一头胆怯的小鹿不幸地从山中出来,乱窜一气,匆忙间逃到了人群中间。军队的先锋马上看到了这头鹿,纵马疾驰,从各个方向去追击它,要赶到前面,以将其抓获。他们就像是参与狩猎一般。

52. 正当极尊贵的年轻的阿诺尔夫[2]——他是一位优

---

[1] 译者注:起始于1106年4月30日。拉丁原文为"rogationum",即"Rogation days",祈祷日,即基督升天节前的三天,祈祷日沿袭基督诞生以前的仪式,以传统的斋戒和祷告为特征,是基督徒专门祈求丰收的节日。

[2] 译者注:奥德纳尔德的阿诺尔夫二世。

秀的骑士，还是奥德纳尔德（Oudenaarde）城堡的一位王公——的一名扈从快马加鞭，急迫地追逐这头钻到人们中间向着山里疾驰的小鹿的时候，扈从马匹的肚带断裂了，在这样竭力的奔驰中，他从马上掉了下来，跌到了地上，停止了追逐。他的马因周围喊叫的人的喧哗声而受到惊吓，无法驯服地快速向山中跑去。没有人能靠近或者抓住它。直到最后，它逃到了山中的隘路间，再也看不到了。与此同时，一些人急忙去寻找这匹逃掉的马，阿诺尔夫也加入到其中。但是，在找了很久之后，他们也没找到这匹马，每个人都因山中艰难的地势疲倦不堪，撤了回来。唯独阿诺尔夫因这匹马而焦虑，心烦意乱。他不能没有扈从的支持和服侍。为了找这匹马，阿诺尔夫追出去很远，想着若是运气好，或许能发现它，将它带回来。但是，非常不幸，马是找到了，这位卓越的年轻人却再未回到自己人那里。因为那里隐藏着阿拉伯人的埋伏，他们由阿什克伦来到了山中充满着潜伏之地的山峰之间，想着要烧毁、蹂躏这个地区，并对付基督教军队中任何一个毫无准备地与他们相遇的人，为他们所遭受过的劫掠和火焰复仇。他们看到这位非常尊贵的年轻人独自一人在山脊和山坡间徘徊着，而且没有武装，便出其不意地大喊着，持着武器去攻击他。他拔出武器，在相当长的时间里竭力抵抗、防御，但都徒劳无益，最终，他不堪长时间的持续战斗，精疲力尽。他们用矛和箭矢刺穿了他的肝和肺。他从马上掉了下来，流了很多的血。他们杀死了他，并且，将他的头砍了下来，作为胜利的象征带回了阿什克伦。然后，他所骑的马在山中的隘路和陡坡上疾驰，异教徒根本抓不住它，直到最后，它跑出了山，回到了国王的军队中，沾着它的主人，它的骑乘者的血迹。所有人都清楚，这表明他已经死了。实际上，当看到这匹沾满鲜血的马后，国王和所有基督徒同伴就想到，阿诺尔夫一定是掉以轻心，死在了阿什克伦人的武器之下。他们立刻就在山中散开，去找出、追击这些敌人。但是，他们只找到了躺倒在地，且没有了头的阿诺尔夫。他们根本就没能看到那些阿拉伯人。他们收起死尸，带回了耶路撒冷，以大公教的葬仪将其光荣地安葬在了约沙法峡谷中主耶稣之母圣玛利亚的拉丁教堂旁。国王在葬礼这天为他痛哭，军队所有的王公也都在哭泣。埃诺伯爵尊贵的妻子也为他流下了最为悲痛的眼泪，因为在她从遥远的高卢到耶路撒冷朝拜的时候，他是她的同伴和同行者。这并不令人惊讶，这位年轻人配得上如此多的大人物的眼泪和哀痛，因为所有人都觉得他谦恭、友善，他没有拒绝过任何的军事行动，没留下任何坏名声。在这样著名的一名骑士被安葬后的第三天，经中间人，阿什克伦人将基督徒正在寻找的他的脑袋送了回来，连带着的，还有系在他的一缕头发上的信件。信中这样写道："阿什克伦人将这个被杀死的人，这个至为尊贵的人的脑袋送回给国王鲍德温，并不是出于任何友爱的缘由，而仅是要重新唤起，并增加他以及看到他的人们的悲哀。这样做的目的是让基督教徒明白：这样一个人的死，根本不能与阿什克伦人所遭受的全部毁灭及烈焰相提并论，无法相抵；斩首了这样一名骑士后，阿什克伦人再不想去回忆、哀痛自己所受的伤害。"

第十卷
耶路撒冷王国拓疆与稳固

1. 还在这个时候，在耶路撒冷的大公教国王鲍德温治下的第七年[1]，英格兰人的一支非常庞大的海军——大约7000人——乘着被人们称为双桅帆船的船只，带着来自丹麦王国、佛兰德斯和安特卫普的另一支军队，经过了长途的海上航行后，抛锚于雅法城的港口。他们决定停留在那儿，直到获得国王的许可，得到安全通行权，可安全地进入耶路撒冷，进行礼拜为止。他们中最为著名、最有口才的人到了国王那里，这样对国王说道："愿基督与国王同在，愿您的王国日益繁盛！在上帝的保佑下，我们这些信仰基督的人和战士们经浩瀚大海的广阔水域，由遥远的英格兰王国之地、佛兰德斯和丹麦航行至此，为的是在耶路撒冷做礼拜，拜访主的圣墓。因此，我们一起前来，恳求您在此事上开恩：靠着您的恩泽和通行权，让我们得以和平地进入耶路撒冷，做礼拜，然后返回。"

2. 国王温和地听了他们全部的请求，答应给予他们由精壮的武装人员所提供的护卫，这些人引导着他们，安全地避开了异教徒所有的突袭和埋伏，沿着熟知的路径一直

---

[1] 译者注：鲍德温统治的第七个年头是从1106年7月到1107年7月。

来到了耶路撒冷和全部圣所。在被带到这里后,这些基督的朝圣者及新的拜访者们在主圣墓的圣殿中、主殿的院内向主还了愿[1],然后就返回了雅法,非常高兴未受任何妨碍。在这里,他们见到了国王,发誓在一切事情上都为他提供支援,他心中所想的一切皆可。国王亲切地称赞了这些人,吩咐他们住下来。他声言,在他将自己的贵族及宗主教阁下召集起来开会商议何事做来更为有益之前,他根本没法对如此突然的一个提议做出答复,他不愿毫无意义地去劳烦这样自愿效劳的一支军队。于是,过了没几天,宗主教阁下、太巴列的休及大卫塔的保护者和统领人古弗里德被召集来,此外,还有他军中的其他权贵。他安排在拉姆拉举行一次会议,以同他们商议,该做何事才更为有益。

3. 在约定的日子,他们集合在了一起,感触不同,各抒己见,最后,在所有人看来,最好的一个主意是:趁这个时候,将萨吉塔,也就是西顿城包围起来,或许,在上帝的帮助下,新来的这群人的军队和力量能从海、陆征服这座城市。然后,在场的所有人都请求围困这座城市,因为它是一座不断作乱的异教徒的城市。于是,他们受到国王的赞扬,并收到他的指示:每个人都要返回自己的土地,为这次远征提供必需的物资和武器。每个人都回到了他们各自的土地。太巴列的休也回去了,他是一个特别善于对付突厥人的袭击的武士,在异教徒的土地上,不管是在白天抑或黑夜,只要还活着,他就不会因战斗和埋伏而疲惫。

---

[1] 译者注:《诗篇》,116:19。

此外，国王的使者立即吩咐英格兰的全体大众不要将他们的帐篷和船队从雅法城移走，要毫不懈怠地在这儿等待国王的命令。这名使者还告诉所有人：国王和他的所有权贵决定，由海陆围困、征伐西顿城；英格兰人的帮助和军力是必不可少的；出于这样的缘由，国王和宗主教要前往阿克，也就是普托梅达城，去建造攻城塔和投石机，以进攻防御墙及其居民；其间，在得到国王的命令前，他们要留在雅法。所有人同意，就这样按照国王的命令去做，他们做出答复，在雅法的港口等待他的使者，所有事情都服从他的命令，乃至抛洒鲜血。

4. 国王带着宗主教和自己所有的眷属前往阿克，用40天的时间建造、组装攻城塔和极多种类的投掷机械，他还命令，将所有这些看起来适于攻城的器械都制造得尽善尽美。国王的这种热切和意图传到了西顿城居民的耳中，他们还获悉，一支不可抗拒、全副武装的军队已经聚集在雅法，要支援国王。他们非常恐惧，害怕会就此被杀死、降伏于国王的剑刃之下，就像其他的城市——恺撒里亚、阿苏夫、海法、太巴列——那样被摧毁、征服。于是，在做了商议后，他们经由秘密的中间人向国王承诺了一大笔拜占庭金币，还承诺每年都会给他一大笔钱，只要他不围困、征伐他们的城市，饶了他们的性命。于是，这样的谈判每日都在国王和西顿的市民间进行着，他们为了赎回这座城市，为了它的安危烦扰着国王，不时地给予他越来越多的礼物。作为一个为所欠战士薪酬而忧虑的人，国王完全被这笔钱诱惑住了。尽管如此，因为担心基督的信众会反对自己，他一直不敢收下这笔钱。

5. 同时，太巴列的休召集起了 200 名骑士及 400 名步兵组成的部队撤到了"肥农"苏维达（Suweida）的土地上，那里金银、牲畜甚为丰富，毗邻着大马士革地区。他在那儿劫掠了闻所未闻的财富和牧群，足以支持他去围困西顿，此外，还将其大量地分给国王和盟友。然而，在将这些抢来的东西从各地聚集起来，一路带到巴尼亚斯（Baniyas）城——他们称其为恺撒里亚菲利皮[1]——之后，住在大马士革的突厥人，还有居住在这个地方的萨拉森人察觉到了此事，他们从各个方向汇聚起来，形成了多股部队，要去追击休一行人，要将被劫走的东西夺回来。他们动身出发，径直来到了休的步兵四处劫掠的山区。在那里，双方间爆发了激烈的混战。一方进行着抵抗，要守住抢来的东西，另一方则竭尽全力地要将东西抢回来。直到最终，突厥人占据了上风，抢来的东西被夺走并带了回去。

6. 正在山坡上的休和他的骑兵突然间察觉了这个情况，便立刻纵马疾驰，飞速回到了狭窄且乱石丛生的隘路上，与敌人猛烈交战，想要去救援他们的步兵。但是，不幸的是，战斗进行得很不顺利。休因为脱掉了锁子甲，很快就陷入了险境之中。正当他按照惯常的方式进攻、痛击异教徒的时候，被箭矢从背后穿透了心脏和肝，在自己人的怀抱中，咽了气。这时，异教徒的军队带着夺回的劫掠物返回，分散在崎岖不平的山坡的各条黑暗、难行的小路

---

[1] 译者注：巴尼亚斯（阿拉伯语的称呼）在戈兰高地，不要与沿海的巴尼亚斯，也就是恺撒里亚混淆在一起。

中，而休的骑士将他的尸体放到了担架上，运到了毗邻泰伯山的拿撒勒城。在这里，在痛哭和巨大的哀恸之中，这位如此杰出的王公、勇敢的斗士被荣耀地以大公教的方式安葬了。这位休的兄弟——名为杰拉德——此时正重病缠身。在获悉了兄弟被杀之后，因为悲伤，他身体的病情变得越发严重，8 天之后，他也逝世了。依照信众的习惯，他被安葬在了他兄弟的墓穴旁。

7. 在如此著名的贵族们所参加的这场令人伤心欲绝的葬礼之后，国王利用了这些人和他的军队的这位首领的死这个机会，在所有人都不知情的情况下，答应接受这笔为了拖延对西顿城的围困而被提供给他的金钱。不过，他将同萨拉森人达成和约的事情隐瞒了下来，假装着想要将他所发起的事情做到尾。因此，他向雅法送去了信函，吩咐英格兰的战士们坐船前往阿克，与他讨论、商谈围困、进攻西顿城的事宜。他们依照国王的命令行动了起来，立即在双桅帆船的高大桅杆上铺上了紫色的和以各种颜色相互区别的帆，升起了他们紫色印染的丝质旗子。他们到达了这座城市，在其海岸附近抛锚，并在那里驻扎。翌日，在将自己的参事和心腹，以及英格兰和丹麦人的首领召集起来后，国王告诉他们，自己因休的死，以及他的兄弟的陨落而悲痛，他在战争的事情上非常仰赖这两个人。因此，现在，在他们两人去世之后，他必须推迟对西顿城的围困，并在此时将召集起来的军队解散。国王的想法在人群中已然传播开来，军队四散而去，英格兰人、丹麦人、佛兰芒人上了船，再次扬帆起航。在同国王告别后，他们返回了自己的故土。

8. 国王从西顿那里获得了这笔钱：为了这座城市的安全而支付的15000拜占庭金币。国王带着其家族的全部骑兵转而去了太巴列，要在那里部署一支由强壮之人组成的卫戍部队，要凭着与以往一样强大的力量来保护这片土地——休因国王的馈赠而获得了这片土地，强有力地防御、征伐，在许多持续不断的战争后，赢得了它——抵御敌人，绝不允许他们穿过山区。为此，他委任杰维斯（Gervase）来替代休，由他掌管太巴列整个地区。杰维斯是一个著名且非常尊贵的人，出生于西法兰西地区，精于战事，久经战阵。国王知道他忠诚，且热衷于以战争反对异教徒——萨拉森人、突厥人，抑或大马士革人——的一切侵袭。

9. 正当国王逗留于此地处理这些事情的时候，阿什克伦人得知他已经离开了，这支新的军队已经撤走了，休和他的兄弟死了，于是立即送信给苏尔——也就是提尔、萨吉塔——也就是西顿，还有巴鲁奇（Baruch）——也就是贝鲁特，让他们在安排好的日子将武器和军队集合在一起，趁势对拉姆内斯——也就是拉姆拉——和杰费特——也就是雅法——发起进攻。他们要打基督徒一个措手不及，在杀人的同时，将一些人作为俘虏掠走。他们依照阿什克伦人的信函从各地集合起来，总计有约7000名骑兵。在突然的大吼声中，他们骁勇无畏地冲到了阿苏夫和拉姆拉的平原上。在那里，在一条从阿苏夫和拉姆拉之间流过的河的岸上，他们发现了一群朝圣者，这些人掉以轻心了，没有察觉到他们。此时，正值10月的一个星期三，是殉教者圣狄奥尼西（St Dionysius）的生日。他们用矛和箭矢猛烈地进攻朝圣者，其中，不少于500人被屠杀、斩首。

10. 因为异教徒武器的威力，如此众多的朝圣者被杀死了，阿什克伦人和埃及王国的其他异教徒唏嘘不已，很快就出现在了拉姆拉的平原上，要进攻这座城市，挑衅其居民与之一战，或许，有人会从城中出来，因为基督徒勇敢无畏，总是习惯硬碰硬。当天，基督教市民和战士都是始料未及，尚未做好防备，据说，驻守城市的骑士不超过8个人。他们，连同他们的保护人——一个名叫鲍德温的人，感到非常的恐惧，以为埃及国王的全部人马和装备都已经到了眼前。立刻，这8位骑士骑着非常迅捷的马匹出了这座城市，进了雅法，向罗祖瓦城堡的罗杰——他掌管着雅法城——及其他基督教同伴们通报，阿什克伦人及埃及的全部军力已然占领了拉姆拉城的平原，毫无疑问，他们会毫不停歇地赶往雅法城的防御墙。在听了这番话之后，雅法城中所有的骑兵和步兵依照罗杰急促的命令，全副武装，从城门出去，向着逼近的敌人迎了过去。他们要用尽各种武器和全部力量，阻止敌人逼近防御墙，进入城市。

11. 但是，阿什克伦人和阿拉伯人故意将自己的军队隐藏在雅法对面群山中的隐匿之地，将一些精于骑马、用矛和箭矢的人派到了前面，让他们径直向着城门疾驰，将城中的人远远地引诱出来，直到其落入埋伏为止。他们将从四面包围这些人，从隐匿的地方冲出来，将这些被蒙在鼓里、掉以轻心的人杀死，或是抓为俘虏。同时，另一方面，罗杰和他的战士已经准备好了武器，正迎面出来，无所束缚地同这些阿拉伯人战斗。他们耗费了这个白天的大部分时间骑马、搏斗、奔驰，受到严重创伤的折磨，并因巨大的辛劳而精疲力尽。最终，基督徒取得了胜利并追出去很远，同时，阿拉伯人则在故意撤退。这时，敌军从山中出来，开始自四面八方出现、逼近，数量庞大，数不胜数。尽管基督徒想到了这些军力是从埃及派来的，然而，他们根本就没有被吓住，而是猛烈抵抗，将活命的希望寄托于主耶稣，为了他的名和爱而抛弃了全部的血肉同族。

12. 这时，一个叫杰拉德的人——他是国王鲍德温的家族骑士，作为服军役的回报，他领有雅法城的部分收入——骑着快马赶到了基督徒的队列之中，声言敌人的力量和军队锐不可当，以现在的基督徒的军力，绝对抵挡不住，因此，对骑兵和步兵而言，退到城市的保护之下，去守卫防御墙才更明智。结果，有的人因为不信服他的话，勃然大怒，斥责那些因杰拉德的言语而变得恐惧的人，激励他们坚持战斗。其他人则因为国王不在，大喊着同意杰拉德的建议，却感到极度的恐惧。因为这样的不和，在眨眼之间[1]，这群基督徒闹翻了，四散分离，都向着雅法城逃去，就像是在旋风面前四散飞离的蜜蜂一样。

13. 与此同时，萨拉森人和阿拉伯人看到这些人因为恐慌而放弃了，向着城市逃去，就驱策马匹，全力追击这些逃跑的人。异教徒用矛和箭矢猛烈地刺穿他们，唯有那些已然逃入到城门之内的人除外。罗杰、杰拉德和其他基督教骑士仗着马匹的速度逃离，在溃逃的飞驰之中，践踏了缓慢而不幸的步兵。面对正在追击自己的敌人，他们没有任何的可能或空间去勒紧缰绳。人们争着进入城门，那是他们活命的唯一希望。这些人受迫于紧迫的追击，在巨

---

[1] 译者注：《哥林多前书》，15：52。

大的压力下抵达城门后，便迅速关闭城门，最终，一些基督徒因速度缓慢晚了一步，被关在了外面，在城门和城墙之前，被邪恶的异教徒用武器杀死，大约有40人在那里被斩首。

14. 实际上，阿什克伦人在取得了这场胜利后，并没有试图强行通过城市的防御墙，而是带着被斩首的人的首级走了，因这场战斗的幸运结果而兴高采烈，返回了拉姆拉的地界，吹着喇叭和号角，傲气十足，围困了阿诺尔夫城堡[1]——这座城堡是在大公教国王的命令下，用城墙和防御墙修筑而成，矗立在正对着耶路撒冷的山上，保护这个地区。因为异教徒在这里围困了两天，并威胁定要动用投石机和攻城塔，令城堡里的居民感到极度的恐惧，以至于古弗里德——他是耶路撒冷卫城和大卫塔的保卫者及统领者，现在正掌管着这座阿诺尔夫城堡——只求能保住性命，向萨拉森人寻求右手之诺：他本人会投降，还要向敌人洞开城堡的大门。在进入城堡后，他们立即摧毁了城堡的城墙，将所见之人全部击杀于剑刃之下，只留下了古弗里德的性命，将他作为俘虏带去了阿什克伦。

15. 自这个星期三起，在殉教者圣狄奥尼西节之后的第六天伊始，阿什克伦人因为他们的胜利而兴高采烈、得意洋洋，准备好8艘大帆船，搭载上弓手和精壮的人。这些人要径直坐船驶往雅法，阿什克伦人以为，他们会遇到某些基督教的船只，进而交战、俘获，或者击沉它们。于是，到了早晨，在巨大的鼓噪和喇叭的喧哗声中，他们驶

---

[1] 译者注：现在的亚鲁（Yalu），在耶路撒冷以西，于1132—1133年被重建。

往雅法，自远处发现，城市的港口中有一艘非常庞大的船只，人们称其为快速大帆船，它载有各种的物资和生活必需品。他们从各个方向猛攻过去，劫掠了它，用箭矢射穿了两个人——他们只不过是被留下来看守这艘船的人。雅法城的基督教市民看到萨拉森人占了上风，杀死了快速大帆船的守卫，还抢走了船上的物资，急忙带着矛、弓和投石机前去救援。终于，这艘庞大的船被夺了回来，保留下来。但是，萨拉森人凭借着他们的力量，夺走了一艘小船，它总是紧靠在这艘快速大帆船旁，以卸载货物。因为这艘小船上也承载着众多的财富，他们将它抢走了。

16. 基督教兄弟及其城市两次三番地被这样巨大的灾祸和不幸所烦扰的消息飞跃各种阻隔而来，严酷地响彻于正在太巴列地域及城市中的国王鲍德温的耳边。所发生的一切令他极为焦虑不安，因为，在遣散了同伴和军队后，他曾宽恕了萨拉森人的这些城市和地方。此外，还因为，这些异教徒胆敢以前面提到的金钱为诡计来诓骗他。于是，他立刻返回了雅法，集合起500名穿戴着头盔和锁子甲的骑兵，还有大约6000名步兵，动身前往阿什克伦，为自己人报仇。他一路行进到了"棕榈之地"，此地毗邻着贝罗奥（Beroart）城堡，距离阿什克伦城2罗马里远。

17. 在那里，就在那个地方，在同自己人进行过商议后，国王考虑到，在这个时候，不管是踩躏庄稼或葡萄园，抑或树木，他的攻击都不会有任何的效果，因为在这些天以前，这个地区频繁遭受踩躏，已经被彻底摧毁了，城外已经没剩下什么可烧可抢的了。无疑，阿拉伯的市民和战士根本不允许任何自己人从城市的防御墙出来——国王要用这些人来为自己人报仇，抚平自己心中的愤怒。于是，在推迟了为自己人报仇之后，他带着宗主教阁下返回了耶路撒冷。同年，因国王的赠礼而掌管海法的罗古斯身染重疾，病了很久，直到最终，身体的病痛加重，他的生命也走到了尽头。他被荣耀地以大公教的葬仪安葬在了主圣墓教堂前廊的庭院之中。

18. 还是在国王鲍德温推迟围困西顿，送回英格兰的战士，太巴列的休死于一个突厥人的弓和箭的时候，凭借着极为强大的力量掌控着周围辽阔的土地的阿帕梅亚（Apamea）城市一位王公，因为被基督徒和朝圣者臣民认为是慷慨而仁慈的，而受到在他身边为他服军事役并获取雇佣金的名为博特乌斯（Botherus）的一个萨拉森人的巨大敌视和愤怒。直到最后，在某一天，博特乌斯看到一个发泄恨意的机会，在一份虚假的诚意下邀请这位王公去赴宴，用诡诈之计使他被隐藏在屋中的埋伏所包围，被博特乌斯的同谋杀害了。在他因诡计被杀之后，对如此残忍的罪行毫不知情的市民们燃起了对博特乌斯的极大愤怒，而且被频繁地激发起来，要为他们的王公复仇，要杀死、驱逐那些胆敢对他动手的人。

19. 博特乌斯住在这座城市最为坚固的一座塔楼中。他料到市民会有猜疑，尤其是因为他们是基督徒，于是他秘密地向阿勒颇的王公里德万派去了信使，请求他立刻集合军队过来，占领并征服阿帕梅亚城，在互相以右手起誓之后，他们将占据这座城市及地区。当基督教徒和亚美尼亚市民知晓这些后，感到极度恐惧，因为他们将再次臣服于异教暴君里德万的统治之下，被合法地变为奴隶，在叛徒博特乌斯的手下受苦。于是，他们即刻接受了建议，向坦克雷德派去了使者，因为他既是一位基督徒，又是一位杰出的战士。他们请求他召集起军队和同伴，到他们那里去，夺取这座城市和地区的领主之位，继而成为领主。坦克雷德马上集合起700名骑兵及1000名步兵，动身前往那座城市。在那里，他没有被市民放进城。因为那个邪恶的叛徒博特乌斯用花言巧语的承诺和众多的礼物贿赂了所有的市民和要人，并用威胁和恫吓摧毁了所有人的精神和心。

20. 确实，坦克雷德在看到市民反过来与自己作对后，在城市的防御墙前扎营。在这儿待了3个星期，他的所有进攻根本没有效果。那个叛徒就这样打垮了所有人。这时，四旬斋已然过半，即将结束。因此，在看到这时取得不了什么进展后，坦克雷德拔营，返回了拉塔基亚和安条克。在这之前不久，他围困了拉塔基亚，征服了它，使其臣服于自己，使得这座城市从希腊国王的手中，以及他的人的看守中，归于自己的统治。[1] 在基督教的仪式和荣耀下庆祝了复活节周之后，坦克雷德从各地重新集合起盟友和军队，前往阿帕梅亚，将攻城塔和投石车安置在了四面八方，这样一来，或许，这座城市就会被征服，被交到他的手中，而非是里德万的手中，市民就会同那个叛徒一起受到惩罚。

21. 已然过了许多天，他努力攻城，部署攻城塔，但

---

[1] 译者注：阿尔伯特的记载存在问题，坦克雷德直到1108年才收复了拉塔基亚。

毫无成效，根本吓不走市民，与此同时，这座城市那位因诡计被杀的王公的两个儿子——在获悉父亲死后，趁着夜幕，勉强从博特乌斯的手中逃脱，逃到了大马士革。由于害怕博特乌斯和里德万，他们待在那儿，住在亲戚的家里——听说坦克雷德再次围困了阿帕梅亚，并且里德万对他无可奈何，于是向坦克雷德派去了信使，告知他：如果他和他的人觉得有益且可接受的话，他们会来支援他，他们要为自己的父亲报血仇。另一方面，坦克雷德听了信使所言，仁慈地将他们送了回去，满心欢喜地答应他们来支援自己，想就在城市周围对付这些市民及博特乌斯之事与他们达成协约。于是，这两人就依照他们承诺的，带上了100名战士，既有突厥人也有阿拉伯人，来到了阿帕梅亚，一直进入到坦克雷德的营地。这二人对坦克雷德这样讲道："这片土地及这座城市是我们的父亲及先祖的定居之所，但是我们却因博特乌斯的嫉妒、贪婪被从这里赶了出去，背井离乡。因此，我们现在寻求您的庇护和帮助，我们正要达成一份协议，证实我们的忠诚：如果您占领了这些防御墙，我们既不会嫉妒，也不会心怀任何重新得到它的希望，而是会善意地将一切都让给您。在您心想之事成了之后，为了这份军事役，您则应该成就、补偿我们。"在以右手就所有这些事情如此起誓后，他们获得了他的亲善。坦克雷德对他们感到满意。

22. 顷刻间，城门之外就变得攻势不断，石头的轰击没有间隔。然而，所有这一切似乎都是徒劳。直到最后，整座城市都被堑壕包围。这样一来，里面就没有人能出得来，市民就会因此受饥饿的折磨，住在其中的那个叛徒也是如此，这座城市就会向坦克雷德投降，受他支配。于是就这样做了。市民和那个叛徒因为受到无法承受的饥饿的折磨，且再也无力承受坦克雷德的力量，于是向他请求宽恕，并伸出右手发誓，承诺打开城门。然后，坦克雷德听取了自己人的建议，因为基督徒已经因漫长而冗繁的围城精疲力尽，并且已然持续扎营到了8月，便同意了博特乌斯及这座城市市民们的请求：也就是说，他要以右手向博特乌斯发誓，宽恕市民，和平进入向他洞开的城市，接受城市的投降。然后，就这样做了。

23. 然而，因诡计而死的那位王公的两个儿子对此怒不可遏，他们一起去找坦克雷德，竭力恳求他。他们说，如此恶劣的一个人，如此邪恶的一个叛徒，不应该被任何人所接纳，也不能被宽恕了性命，而是应完全地从尘世间消失。坦克雷德非常温和地，如此答复他们："我知道此人十分邪恶、虚伪，但打破我向他的承诺并非基督徒的习惯，我们要对所有人坚持诚信，毫无保留。因此，我们要留下他的性命，让他肢体安全无忧。不过，我们并没有饶恕他的同谋，我将他们交到你们的手中，生死由你们决定，以报你们父亲的血仇。现在，我们首先要撤出这场围城，然后，我们的军队就准备回家。但是，我的双手是不会亏欠你们任何报酬的。"

24. 在这番话之后，城市被交予了坦克雷德，他的人组成的守卫被部署于其中，之后，依照他所给予并被接受的誓约，他带着博特乌斯和其余人质返回了安条克。他让那位死于诡计的王公的儿子们掌管阿帕梅亚城所在地域的众多地方。此外，这两个人在坦克雷德离开后留在了这个地区，杀死了博特乌斯的同谋，这些人犯有杀害他们父亲的罪过。这两人大量设伏，抓住了这场谋杀中其余的共谋和罪犯，或是摧残他们的肢体，或是用套索勒死他们。

25. 在休死后，国王在太巴列和苏维达的土地上庆祝了圣诞节，同年，在其治下的第八年[1]，他返回了阿克，以从旅途的劳顿中休息过来。不过，就在这个时候，有消息传到他的耳中：大马士革城的王公——他还是位国王，是一个突厥人——集合起武器和装备，要去围困太巴列，决心征服替代了休的位置的杰维斯。他也不再惧怕国王的力量。听到这些后，国王立即集合起很少的军队，大约140名骑兵，急忙去抵御突厥人。他在海岸上留下了15名非常年轻的同伴，这些人精通武器，非常善于骑马，是从其余人中挑选出来的。他先走一步，赶往山区，勇敢地去探察突厥人的整个军力。突厥人的军力大约为3000名武士。在侦察到全部的军队，看到了帐篷之后，他小心地经偏远之地及他所熟知的路径返回，去同自己人会合。

26. 在夜晚时分，就在武器刚被放到一边，马匹刚被卸下缰绳和马鞍后，5个突厥人令人意想不到地出现在国王的营地中，他们是其余突厥人的使者。他们滔滔不绝，极力要促成各种谈判及和约的安排。此外，他们还满载了珍贵的衣物、银器皿及拜占庭金币作为礼物，最终，他们获得了友好的接待。他们受到国王好言好语的夸赞，在做了大量的商讨之后，返回了自己人的营地。这5个人在

---

[1] 译者注：鲍德温作为国王的第八个圣诞节是在1107年，但是文中的当年可能是1106年。

受到国王这般的恩惠和尊待之后，非常倾向于鲍德温那一方，在叙述中将鲍德温的军队和装备规模扩大了7倍，并在大群突厥人之中吹捧自己之所见，想要还给国王给予自己所有财物和馈赠相配的回礼。因此，突厥人及其首领们在得知他们所说的这些后，确实相信了他们所述的所有这些事情，感到极其恐惧。于是，突厥人趁着夜幕笼罩整个苍穹大地的时候，逃跑了。

27. 在从告密者那里得知这些后，天刚亮，国王就去追击这些突厥人，直到他们逃入大马士革的地区和城墙为止。这些人溜走了，躲在他们的筑垒中，之后，国王决定从这里返回。过了一些天，他到了伯利恒，在那里，于主显节，他郑重地接受了加冕。[1] 两天后，他前往耶路撒冷。他在那里停留了8天，处理各种军务，动身前往雅法，然后是纳布卢斯（Nablus），人们称之为撒马利亚（Samaria）。鲍德温国王兵不血刃就征服了它。他要经营、看守这些城市，以免奸诈、欺骗的行径危及到它们。在此之后，过了9天，他从周围所有的地方将自己的同伴召集起来，于2月返回了耶路撒冷。在此地，因为正值斋期伊始[2]，他依照基督教的习惯，在锡安山进行大斋期仪式，恺撒里亚科纳利主教鲍德温亲手将灰撒在了他的头上。

28. 于是，就在四旬斋这样开始之后的翌日，在一个名为西奥多（Theodore）的叙利亚人的建议下，他召集起了500名战士。这个叙利亚人得知，大约有3000名突厥人

---

〔1〕 译者注：国王鲍德温的加冕礼是1100年圣诞节于伯利恒进行的。这应该是在基督教节日当中，国王穿正装、戴冠冕出席的一个仪式。
〔2〕 译者注：1107年2月27日（或者是1108年2月18日）。

从大马士革进入了古代的摩西谷,他们要建造一座城堡,这样一来,国王的子民中,在那儿做生意的人就无路可走了。国王踏上征程,要去摧毁这座城堡。突厥人是在阿拉伯人的请求和准许下,在那里修建了这座城堡,要禁绝所有基督徒通过。然后,他走了8天,经过了索多玛和蛾摩拉的臭河、荒漠之地,以及山中的险要之地。他和他的所有伙伴都是精疲力尽,苦不堪言。后来,国王到了一处一些叙利亚基督徒的居所,在那里住了下来,得到了充分的休息,他的所有随行者也是如此。因此,在意识到他们是基督徒之后,国王召来了他们的教士,向他打听这座新的城堡还有突厥人的意图,还向他寻求关于各种事情的建议。这个教士清晨起床,忠实守信地与国王一起行进了3天,成为了国王在路上及这个地区的向导。直到最后,国王在他的引导下,在一处距离那座城堡和突厥人不远的安全之地驻扎休息。

29. 翌日拂晓,这位教士——也就是这位同行的旅者——起床,进了突厥人的营地,跟他们说了很多,但没有一句是真的。他这样说道:"国王鲍德温带着一支庞大的队伍自耶路撒冷而来,摧毁了我们微不足道的住舍,我们被赶得四散而逃,我是唯一一个勉强逃出来的人,前来见你们。我来通告你们,千万不要候着他的武器和军队。他的队伍和装备离你们已不到1罗马里远了。"在听到这个消息后,如上帝所愿,所有人的心头都感到非常恐惧,他们遗弃了在此地的帐篷,所有人都在急着逃跑。就在夜幕刚刚退去,天将亮的时候,国王突然在喇叭的喧哗声及武器的碰撞声中赶到峡谷。然而,他没有发现一名突厥人,没能杀死一个人，没能俘虏一个人。因为他们彻夜都在逃跑，而且速度还不慢。

30. 同时，那些阿拉伯人——正是在他们的建议下，突厥人从大马士革聚集于此——对活命没了希望，突然间就遁入到山洞和隐秘之地，就像老鼠一样，从国王的面前消失不见了，连带着牧群及所有汇聚于此用来建造城堡的物资。国王带着他的军队进了峡谷，安扎营帐，遍查整个地区的洞穴，将洞口封锁起来。但是，他没能就此迫使他们出来。最终，他在这些洞穴的出口燃火，以火焰和烟雾迫使所有人都出来了。他们中，一些人很快就被消灭了，一些人被俘虏，大约有60人被带走。他们所有劫掠来的东西都被从洞穴里搬了出来，连带着许多驴子、公牛、绵羊及山羊。

31. 在成功地做完这些事情后，国王带着他全部的军队及获得的战利品，一路返回到约旦（Jordan）的湍流近旁。他将叙利亚的兄弟及同行的基督徒从这个地区的所有地方集合起来。出于对阿拉伯人的忧虑，他带上了那大约60人的俘虏。在此地，国王和战士分享了战利品。过了两天，国王带着自己的战利品——依照分配，他获得了第三份——到了耶路撒冷，所有基督教朝圣者和市民都愉悦欢喜地前来迎接他。这之后，过了4天，他从耶路撒冷前往雅法，在那里待了一段时间。不过，他还是去了阿克，处理了自己王国诸多事务。在复活节临近之后，他于主日返回了耶路撒冷，在主复活这样神圣的节日当中，光荣地依照大公教的仪式戴上了冠冕[1]。过了8天,他再次出行,途经诸城堡和城市,到了阿克,然后动身前往太巴列,勇敢地鼓动着,去强化自己的人,防备突厥人的伏击和威胁。

32. 阿什克伦人因他的外出而深感欣喜,即刻间,大约有3000人出城,来到了拉姆拉城的平原上。但是,在那里,他们并未因此举获得什么好处,于是,在盛怒之下,他们到了雅法,将它包围起来。在如此严峻的消息传到了已然从太巴列返回阿克的国王耳中后,他派遣60名精力充沛、热衷武器和战斗的战士乘船前往雅法,去救援市民们,并告知他们,国王在集合起军队后,马上就会赶来。于是,在获悉国王先头的支援已然派到,国王不久就要跟进之后,市民们打开了城门,出城拒敌。双方交战中,萨拉森人死了18人,基督徒则有13人被杀。此外,余下的萨拉森人以为国王已经到了,市民们才会因而更为勇敢地抵抗着,于是,主耶稣袒护,这些萨拉森人逃走了。基督徒猛烈地追击他们,仅仅用箭矢和矛刺中了他们的60匹马。最终,基督徒未抓到他们中的任何一个人。国王如他所承诺过的,立刻带着大量的武器装备赶到了雅法。不过,因为在上帝的护佑下,他的市民们已经夺取了胜利,国王和他的人在那里享受了渴望已久的休息。

33. 然后,过了4天,国王返回了耶路撒冷,他要管理王国,并就此享受一些休闲的时光。然而,有消息突然传到他的耳中:在以佣金将突厥人从大马士革召集起来后,阿什克伦人再次决定去建造一座城堡,以征服、摧毁那座

---

[1] 译者注:1107年4月11日(也可能是1108年的4月2日)。

被称为"圣亚伯拉罕之地"的城堡。这个时候,一个姓马胡麦特,叫沃尔特的人在罗古斯死后,因国王的赠予而获得了这座城堡,正看守着它。当这些不利消息证实了此种状况后,国王挑选、召集起70名优秀的战士,从这里疾驰而去,在圣亚伯拉罕安静地驻扎了一夜。到了一个星期六的清晨,他们纵马疾驰,在强有力的冲锋中,在号角的轰鸣中,在呐喊之人的喧哗声中,侵袭了阿什克伦人的营地。阿什克伦人毫不知情,被如此突然的喧闹吓住,立刻逃走了。

34. 然而,国王的基督教随从因对敌人财物的贪婪而变得盲目,急不可耐地要去搜刮、搬走敌人营帐中的战利品,忘记了战争和武器。阿什克伦人和突厥人看到这些,发现基督徒正竭力去抢战利品,而非追击逃跑的敌人,全部再次集合起来,同他们交战。他们杀死了国王5名优秀的战士,在他们之中,人们发现,卡塞勒(Cassel)的休和姓阿波斯尔(Apostle)的阿尔伯特是被武器杀死的。然而,在上帝的帮助下,国王在勉强恢复了他的军力后,变得更强大了。最终,鲍德温取得了胜利。30名敌人死于他的剑下,60人被俘并被带走,其他人则逃走了。国王和他的人带着33头骆驼、68匹马等战利品及大量的帐篷回了耶路撒冷,因这场胜利欣喜,欢呼雀跃。

35. 同时,阿什克伦人根本没有忘掉自己的战斗,带着武器和补给拥向了耶路撒冷,他们骑在马上,到处奔驰,在那儿同国王的侍从战斗了整整一个白天。但是,据人讲,在经过了多场战斗后,他们中的5个人,连同马匹和战利品,在那儿被俘虏了。据说,前去御敌的7名基督教步兵被砍掉了脑袋。在这之后，一直到 8 月，国王的王国和土地就变得安静了。异教徒的恐怖和威胁都被大大地抑制了下去。

36. 这之后，过了一些天，国王被告知，埃及的商人要趁着夜晚的昏暗和寂静，渡约旦河而来，并要前往提尔、贝鲁特、西顿交易货物，国王能够从他们那里抢到许多的劫掠品，还能以此来解救子民的匮乏。在依次听了这些消息之后，国王召集起 60 名战士，来到了河岸边。然而，在看到商人的数量实在是过于庞大后，他放弃了正面交锋，秘密地避开他们。然后，国王高声呐喊，攻击位于后部的人。即刻间，他用剑打倒了 11 个人，将 40 人抓了俘虏。他将俘获的骆驼带到了耶路撒冷：11 头载着糖，4 头载着胡椒及其他的香料和贵重的武器，还有 17 头载着油和蜂蜜。整个朝圣者的地区都受到这样丰富物资的救援，变得稳固。

37. 这之后，在国王鲍德温治下的第八年[1]，图柏赛腊的乔斯林——最忠诚的骑士——在交付了 100000 拜占庭金币后，将伯克的鲍德温——因他赠予，乔斯林凭军事役换取了这片土地和地区——从一位非常强大的突厥人乔库米什的手中赎买回来。[2] 这笔钱是乔斯林四处恳求，从所有基督教王公和基督教徒——不分高低，以及所有信众的所在地和城市集合而来的。于是，鲍德温就这样被赎回，并非常光荣地被带回了埃德萨城，坦克雷德则离开了这座

---

[1] 译者注：也就是在 1108 年 7 月之前。
[2] 译者注：事实上，乔库米什在 1106 年就死了，这个时候乔斯林正被卡瓦里·萨卡乌（Cawli Saqawu）关押着，此人可能在 1107 年占领了摩苏尔。

他曾经获得，并由他来监护的城市。这两位王公彼此间的敌对和嫉恨一直存在，且愈演愈烈，以至于两方都集合起军队，不停地用劫掠、埋伏来伤害、抵制对方。

38. 最终，一天，一方从安条克出来，另一方则从埃德萨出城，都带着装备和武器，率领着军队。他们激烈交战。但是，鲍德温阵营中的许多人被砍倒、击败，还有许多人被抓为俘虏。此外，鲍德温勉强从战场上逃走，被坦克雷德及他的人围困在了图卢帕（Tuluppa）城。勉强从战场及敌人那儿逃脱的乔斯林在得知鲍德温被坦克雷德围困住之后，动身去找乔库米什，再三催促、恳求他去支援鲍德温。靠着彼此间的友谊，乔库米什与他结盟，要将这般著名，且是耶路撒冷国王亲戚的一个人从坦克雷德的围困中解救出来。乔库米什立即召集40000名突厥人，决定让全境知晓，他将于约定好的日子前往图卢帕，去解救鲍德温。在那天，在此地，乔库米什的军队将会自四面八方向他聚集而来。在得知突厥人决意解救鲍德温之后，坦克雷德移走了营地，不再围城。鲍德温心满意足、欢欣喜悦地返回了埃德萨城，忘掉了过去的灾祸。

39. 此外，还是在这个时候，罗马皇帝亨利三世的总管康拉德——因各种军功负有盛名的一个人——因皇帝本人给希腊国王的信函及请求，进而是国王向埃及国王送去的函告和请求，被从监牢及禁锢中带了出来。因友爱和相互间所欠的债，他被送还给了伟大的希腊国王阿列克修斯。在活着且毫发无损地接到了康拉德之后，国王阿列克修斯非常高兴，给予众多的礼物以表敬意，将他作为比任何金银、紫色印染和宝石都更受欢迎之物，送还给罗马皇帝亨利。这也就是说，阿列克修斯觉得，给予皇帝任何的金银、紫色印染和宝石，都不可能比此人更加地让他愉悦和宝贵。

40. 在这之后，在康拉德复归之后的第二年，博希蒙德从高卢和意大利的各个王国集合起一支军队，坐船前往阿夫洛纳，马上占领了它，并征服了周围属于希腊王国的所有地方。[1] 之后，他转向了都拉斯。这是一座伟大的城市，因资财、市民与战士的力量而强盛异常。他将帐篷散布在城墙的周围，重重包围。[2] 他统领着12000名骑马的战士，还有60000名步行的战士。

41. 在被希腊皇帝送回来后，康拉德当时正待在意大利，由于皇帝亨利陛下和他的儿子国王亨利五世之间因心怀恶意之人的嫉恨和主意发生了严重的纷争，他唯恐因偏向他们中的任何一方而严重地触怒了另一方。在春季，在将四面八方的封锁部署好了之后，博希蒙德决定制造攻城塔和投石车，用以攻打城市。就这样，多日之间，他持续不断地用石头轰击着、削弱着防御墙和塔楼，用猛烈攻势折磨着市民及所有的居民。另一方面，市民们用无法被水熄灭的可燃物填满了铜罐，将它们掷向攻城塔，还将各种各样的燃烧物投向他的每架攻城塔。他们以箭矢和弩炮全力抵抗着。因为，对市民们而言，此事攸关性命。

42. 最后，正当博希蒙德凭众多的攻势和军事手段折磨着这座城市及市民，并已然令整个夏季都充斥着战事的时候，希腊国王集合起一支为数众多的军队，来到了博提

---

[1] 译者注：博希蒙德的入侵是在1107年的10月。
[2] 译者注：1107年10月13日。

利亚（Bothilia）城的平原之上，去救援都拉斯城，要将博希蒙德及他的全部队伍从围城中赶走。于是，在皇帝的营帐扎在上述的距离都拉斯地区一天路程的地方和平原上之后，皇帝的战士们——不仅有为了佣金而为皇帝服役的外来的高卢人，还有特科波佣兵、库曼人、佩彻涅格人——集合了起来，大约有10000人。他们武装起来，穿上了盔甲，持着矛和箭矢，决意要去进攻在营地中的博希蒙德及他的军队。不过，博希蒙德靠着细作察觉了此事，在开阔的原野中迎战这些正在迫近的人，发起冲锋，展开了战斗。博希蒙德用宝剑、箭矢和矛杀死了1000人，吓得其余的人一路逃回了皇帝的营地。这之后，博希蒙德继续猛攻，要摧毁都拉斯城，还搬来了攻城塔和投石器。这样的话，守卫会因博希蒙德最近所取得的胜利而恐惧，或许会为他打开城门。但是，防御者依旧未能因这些威胁和攻击而变得软弱，也没有被吓走，而是尽全力，以战争之策来抵御那些向自己施压的人。

43. 一天，博希蒙德的军队正短缺粮食和马匹的草料，他派出300名骑兵、500名步兵去到希腊人的区域搜刮、劫掠。无穷尽的一大群特科波佣兵、库曼人，以及佩彻涅格人——他们是皇帝的战士——前去迎战这些人，爆发了激战。博希蒙德的战士中，有大约300人被杀死，更多的人被带走了。

44. 这些冲突、伏击、每日的突袭、严重的屠杀已经于四处持续了差不多一年。博希蒙德的军队厌倦了长时间的围城，不堪重负，许多人都逃走了。此外，舰队因为面包和其他物资的短缺被削弱，开船返回了意大利。同时，皇帝的海军携带着各种各样大量的食物和武器，被派到了这座城市。博希蒙德姊妹的儿子盖伊、威廉·克拉雷（William Claret），以及这支军队的其余首领受了皇帝金钱和阿谀奉承的收买，对博希蒙德进行了各种严重的咒骂：有时是因为食物的短缺，有时是因为人们四散而逃，有时是因为海军的返回，有时是因为被送入城中的皇帝的财宝。他们竭力要迫使他撤除围城，同皇帝缔结盟约。

45. 最后，博希蒙德看到，他的人在溜走，许多人转去帮助皇帝，这些人在攻城这件事上花的力气越来越少。于是，他采纳了自己人的建议，因一堆又大又重难以计数的金银和珍贵紫衣，同皇帝重归于好。[1] 在重归于好并收到了无穷尽的礼物和财富后，博希蒙德乘上船，返回了阿普利亚。所有在都拉斯周围付出了长久辛劳，承受了战争重荷的人都被他骗了，什么奖赏都没有得到。他们察觉了博希蒙德的诡计，发现他离他们而去，以及他同皇帝的秘密协议。他们悲伤痛苦，从围城中撤了出来，恳求皇帝的怜悯，允许他们和平地经过他的王国，继续前往耶路撒冷。在缔结了这项和约后，皇帝返回了君士坦丁堡，他应允，让所有人不受阻碍地通过他的王国，正如缔结盟约时，他向博希蒙德及所有当时在场的高卢、意大利首领发誓承诺、申明的那样。

46. 还是在这一年，到了秋季的时候[2]，国王鲍德温从陆上和海上各处集合起军队，他们来自意大利王国各个

---

[1] 译者注：这项和约就是1108年的《代沃条约》（Treaty of Devol），是博希蒙德一生最大的耻辱，也就此终结了他的野心和征途。
[2] 译者注：其时应是1107年秋季。

民族：有比萨人、热那亚人、威尼斯人、阿马尔菲人，以及所有那些在海上航行，惯于以海盗的方式进攻、劫掠的人。他在8月，从海、陆围困住了西顿城，在陆上，他于城墙周围部署投石车和攻城塔，选出了舰船的桅杆，装上塔台，准备战斗，在朝海一面形成了强大的军力。他猛攻了这座城市许多天，凭借着自己的人强大的军力，不断地猛烈攻击着它。

47. 在发起这场围城并布置妥当后，过了一些天，国王从探子那里得知，有一位阿拉伯王国的妇人极为富有，因为丰美的牧草，她带着一群数不尽的骆驼、公牛、绵羊、山羊居于约旦对面的群山旁。并且，同她在一起的还有大约500人，富有牧畜，他们带着所有的依附者安稳地定居于此。他随即秘密地召唤威廉，即诺曼王公罗伯特的儿子，派他返回耶路撒冷，将那些留下来看守城市的战士集合起来，带着步兵急速通过约旦，去攻击那些尚且一无所知，安稳地让牧群吃草的阿拉伯人和萨拉森人，将男人、女人，连带着全部的牧群俘虏过来。他依照国王的敕令，迅速赶到耶路撒冷，集合起200名骑兵及500名步兵，率着他们通过了约旦的浅滩，冷不防地率自己的全部队伍向骆驼的看守者冲了过去。但是，他们发现，萨拉森人在抵抗，在激烈地用弓和箭保护自己及自己的牧群。最终，威廉和他的人占了上风，仅仅死了两位有名望的人，但杀死了众多的异教徒，将许多人，连同幼弱的男孩、女孩，以及上述的那位非常尊贵的妇人一起抓为俘虏。他们将大约4000头骆驼同其余的牲口——换言之，无可估量的战利品——一起带去了耶路撒冷。他以这些战利品为价码，获得了一大笔金币，依照国王的命令，这笔金币被分给了战士们。

48. 与此同时，国王正努力以猛烈的攻势和连续不断的石头轰击西顿城的一座塔楼，并已经差不多穿透了它。这时，在国王的教士及教长阿努尔夫的建议下，他压制住了心头的热火，以免进一步的石头轰击摧毁了这座已经受到过于频繁猛烈打击的塔楼。因为阿努尔夫说，这座杰出的建筑至少能值2000拜占庭金币，若未崩塌，没有损毁于投石的话，过不了几天城市就会洞开，被交到国王的手中。此外，还有一座塔楼，其中，有一群普罗旺斯的叛教者、亵渎信仰的人——他们来自雷蒙德的队伍——布防于此，进行着抵抗。他们嘲弄、取笑国王从耶路撒冷带来保护上帝子民的主十字架，他们为自己做了个逆十字架，将之固定在这座塔楼的顶上。他们这些人，向它吐痰、小便，邪恶至极，胆大妄为地去侮辱它。国王阁下和所有人都为此而恸哭，以悲痛的呼声祈求天国的上帝，显现他的慈悲之泉，要向那些叛教的人及愚蠢的萨拉森人表明，他们胆大妄为地亵渎神的威严的所作所为是不对的。很快，他们的祈祷就被应允了，这座塔楼未经人力就破裂、垮塌了。此时，夜晚即将降临于世间，没有一块石头能留在石头之上[1]，那些不信者因其垮塌而窒息，被压死了。国王和他的人看到了上帝这样的威力后，打算经由这座塔楼进入城中。但是，因为已经到了晚上，夜幕降临，在做了商议后，他们推迟到天亮之后。

49. 不过，就在这个晚上，人员及大量的武器由埃及

---

[1] 译者注：《马太福音》，24：2。

王国而来，前来援助西顿的市民。他们人数众多，有50艘船，以及8艘被称为"猫"的三层桨船。他们吹着喇叭和号角来到了阿克附近，但是他们的行程被迎面的旋风稍微阻碍了一天。阿克城的统领者得知此事后，急忙在晚上向国王送信，令他知晓此事。这样一来，不利的旋风就不会对有所准备的人造成伤害了。到了拂晓，同样地，一支庞大的舰队自的黎波里城[1]而来，载着强大的军队和武装，增援埃及的军队。他们要强行夺取港口，驱离信者部署的舰船，解除国王的封锁。在从远处看到异教徒携强大且难以阻挡的军力到来后，基督徒离开港口，前去御敌，要凭借着战船的猛烈突袭同他们战斗。双方交替进攻，持续了很久。但是，基督徒寡不敌众，勉强逃到了陆地上，根本进不了港口。他们的3艘船被征服、俘获，所有在船上被发现的人都被杀死并斩首。凭借着强大的军队，萨拉森人占据了这座港口。

50. 然后，在第二天，萨拉森战士穿上了盔甲，武装起来，带着他们的军队从城门里出来，仗着自己的军力，向着国王的营地赶了过去，想要进攻、赶走国王。然而，国王预料到这些人会向他冲过来，带着500名骑兵和4000名步兵前去迎战。他加入了残酷的战斗，将敌人当中大约1500人杀死于剑刃之下，追击剩余的一大群人——有40000人，这些人一路逃入到城市的壁垒之中。有人说，就在这一天，国王的军队中有500人被杀了。在这天竭力的战斗厮杀后，来自被人们称为库万（Couvin）的城堡的

---

[1] 译者注：这是北非的的黎波里。

吉塞尔伯特也阵亡了。他是一位有名望的人,也是一个勇猛的战士,国王和他自己的人为他感到非常的悲伤,依照信者的习惯将他安葬了。已然到了晚上,并且萨拉森人已经逃到了城堡里,国王依然毫发无损,胜利地夺取了平原。这时,一个可靠的使者前来告知国王,千万不要等到第二天的拂晓,因为西顿人用30000拜占庭金币从大马士革获得了前来支援的突厥人。而且,他们的人数差不多有15000人。

51. 于是,国王相信了这名忠诚的使者,答应了这个妥当的建议,将所有负伤的人都先送到了阿克,在夜幕降临之时,点燃了自己的船只及所有的攻城塔和帐篷,直到它们化为灰烬和碎屑。国王在这片平原上等到了第二天。在到了白天后,国王拔营,不再围城,前往阿克。这天,他停留在山区里,靠着狩猎活动重新振作起来,依照惯常的方式,凭借着猎犬的奔驰,他袭击野猪,捕获了大约5头。他将烦恼、自己的人的灾难都抛到了脑后。

52. 与此同时,在阿克城,男人和女人都处于一片深深的悲伤和凄凉中,因为他们依然不知道国王还活着,并且安然无恙。这还因为,他们听说,自己人中,许多人都阵亡了,舰船和营帐及所有装备都被付之一炬。在这之后,耽搁了一段时间后,国王自狩猎和群山中返回,进了阿克。所有基督教的子民欢呼着迎接他,喜极而泣,多次地亲吻他的头和手,仿佛他是死而复生一般。

53. 于是,就在国王从围城中返回,在阿克受到荣耀、欢乐的迎接后,突厥人带着众多骑兵自大马士革来到了西顿的城门和防御墙前。但是,城门紧闭,他们根本进不了城。然后，一个名叫图格蒂金（Tughtigin）的人[1]——他是大马士革的统治者，是突厥军队的首领——找城市的贵族和居民索要30000拜占庭金币，因为这些突厥人是受邀前来帮助他们的，并且，国王鲍德温在获悉他们到来后，才取消了围城。城里的市民和首领们声称确实拿不出这笔钱，断然否认了所有的交易。市民说，是出于对死亡的恐惧才向他们承诺了成千上万的金币。这样一来，在许下这样一笔庞大的钱款后，他们就更容易被激发起来，前来支援。突厥人和他们的首领们听到这些后，勃然大怒，不停歇地攻击了这座城市10天，时而是武力，时而是威胁。他们还声言，要叫国王鲍德温回来屠杀他们。最终，西顿人受迫于突厥人的进攻，并因他们的威胁而绝望，提出支付9000拜占庭金币。突厥人反复拒绝，最后，因十分倦怠，又担心国王的军力和攻击，就接受了这笔这般少的钱，返回了大马士革。

54. 在围困西顿城之前，祈祷日伊始[2]时，也就是圣灵降临节之前，上述的那些突厥人从大马士革出发，披戴盔甲的骑兵有4000人，动身前往太巴列。他们到处设伏，将300名骑着非常迅捷的马匹的人派到了前面去。这些人欲靠着惯常的冲锋和进攻令人们从筑垒中离开，直到进了设伏之地为止。杰维斯，非常著名且尊贵的一个人，来自法兰西王国，他这时因国王的赠予而掌管着太巴列的城市和城堡。获悉突厥人骤然而至后，他立刻召集起80名战

---

[1] 译者注：即扎齐尔·阿丁·图格蒂金（Zahir al-Din Tughtigin），大马士革的突厥总督（1104—1128）。

[2] 译者注：1108年5月11日。

士，骑上战马，披戴着盔甲，带上200名作战非常勇猛的步兵，以比平常还要快的速度去追击那些被派到前面来的突厥人，而没有依照他人的建议等待后面追赶的步兵。

55. 突厥人佯装逃跑，退往设伏的地方。在经过了山中多岩、偏远之地后，他们将杰维斯引入到敌人之中。他的马匹和步兵因过度疾驰而不堪重负。正在这时，突厥人从伏击中冲了出来，从四面八方将杰维斯和他的人包围起来，以猛烈的冲锋压制住了他们，不停地向他们射箭，根本不让他们逃到山中去。杰维斯立刻就被如此庞大的一群人吓坏了，带着很少的一队人逃入一片泥沼地的旷野中。但是，因为长时间的追击，以及泥泞地面的松软，马匹精疲力尽，喘不过气，速度慢了下来。直到最后，突厥人从四周包围住了这些人，箭矢和宝剑造成巨大威胁。杰维斯和他的人无路可逃，对活命失去了希望，看到突厥人已然从他们的侧翼猛冲过来，便纵马向敌人猛地冲了过去。尽管人很少，他们还是浴血杀戮，用自己的右手为自己报了仇，杀死了许多的突厥人，最终荣耀地死在那里，倒在了凶残的敌人当中。所有这些人中，除了将此事的结果告知了太巴列的两个扈从，没有一人幸免，不是被杀就是被俘。杰维斯同样被俘，被带到了大马士革，囚禁起来，交予了一名专门的看守。所有人在听说了如此杰出的一位骑士，以及他的人的牺牲这么残酷的消息后，都是悲痛欲绝，痛哭流涕，哀痛持续了许多天。国王鲍德温，尽管如狮子和野猪一般凶猛，总是能坚毅地面对所有厄运，现在也是心中沮丧。尽管如此，他全部的悲痛都被愉悦的陈词掩盖了起来。

56. 然后，过了一些天，突厥人的信使在阿克对国王鲍德温这样说道："我们俘获了杰维斯，他还活着，如果您想要让他安然无恙地回来的话，您要将阿克、海法和太巴列这三座城市交还到我们的手中。否则，您就要清楚，他断无可能逃脱死亡的厄境。"国王听了这些，在同他的人商量后，就答复了这番话："若你们想要以杰维斯的安全和赎回获取金银及其他珍宝的话，你们一定能从我们这里获得超过100000拜占庭金币。不过，至于你们要的那些城市，即使你们将我的兄弟、我的家族，以及基督教子民的所有首领都囚禁起来，我们也绝不会为了换取他们性命无忧而交换，更不用说为一个人了。如果你们杀了他，我们的力量不会因此而削减，相反，我们随时都会为了他的死而报复你们。有上帝和我们的主在，这并非不可能。"

57. 在国王答复了这番话之后，突厥人不再寄望于得到上面提到的那些城市。杰维斯被带出来，置于大马士革城之中，在遭受众多的嘲弄之后，被突厥人的箭矢射穿，撒手人寰。就在这位著名的骑士杰维斯这样死后，索伯阿斯（Soboas）——非常强大的一个突厥人——吩咐将此人的头砍了下来，将头皮，连同很久都没有修剪过的白色、茂密的头发一起，割下来，晒干。因为它们极漂亮，他一直将它们高高地挂在矛上，作为胜利的象征和纪念，以激起基督徒的痛苦。

58. 就在国王鲍德温解除了对西顿之围的同一年[1]，耶路撒冷宗主教埃夫尔马阁下从罗马的宗教会议回来了。

---

[1] 译者注：1108年。

他参加这次的宗教会议是要为自己受到的来自国王和教长阿努尔夫的所有指控和责难进行开脱。他还在罗马教会之中，在教皇阁下的听讯下，令对自己恶语相向的阿努尔夫语塞。于是，依照圣罗马教会的裁决，他带着教皇阁下本人的信件和印鉴，被送回到国王那里：他应再次荣耀、不受阻碍地居于教宗之位。不过，国王根本不听事关此人复职的函告或带有罗马教宗印鉴的信件。这位宗主教留在了阿克城，他要看看，在上帝的帮助下，国王对他迄今依旧的不满是否能被平息。

59. 最终，因为阿努尔夫的煽动，国王更加讨厌这位宗主教了，不允许他返回到宗主教的席位上。依照众人的建议，国王决定，无需商议和裁决，这位埃夫尔马阁下应主动放弃其宗主教的职位，不要抱有任何期望，免得初创的神圣耶路撒冷教会因这样的憎恨、争执而在这么多天里缺少牧人的警惕。就这样，埃夫尔马自愿地不抱任何复职的希望，放弃了宗主教的显要职位。其后，在国王、教长阿努尔夫及整个教会的推举下，一位名叫吉布兰（Gibelin）的教士受到任命，成为继任者。并且，所有人都同意，由埃夫尔马担任恺撒里亚科纳利的大主教，那里不久前失去了它的牧人。尽管在这样的争执产生后，这样做是不对的，除非他们中的一方受教会法敕令和裁决被判有罪，不过，耶路撒冷教会尚未发展，仍然脆弱，教皇就应允了此事。就这样，在国王的馈赠和全体信众的赞同下，双方都获得擢升，得到了显要职位。

第十一卷
的黎波里伯国建立

1. 就在国王鲍德温从西顿之围中返回的同一年[1]，塞尔达涅伯爵威廉同大马士革名为图格蒂金的国王打了一仗，在将他及其军队于"朝圣者之山"城堡的平原上摧毁后，带着1000名穿戴着盔甲的骑兵，以及大量的战利品，胜利而荣耀地回去了。有一座亚卡要塞，在初次的远征中，公爵戈德弗里无法以任何的攻城手段或力量来征服它。这时，庄稼和果实受到严重毁坏——每年这个地方周围都会遭受这样的蹂躏，此地的居民正缺少食物，在一个萨拉森人的建议下，威廉伯爵就强势地围困了亚卡要塞。

2. 在3个星期里，威廉凭借着攻城塔和弩炮对这座城堡的守卫施加了极其猛烈的攻势，不许任何人进出，直到这座依自然之势筑垒，而无法被人力所征服的城堡受饥饿所迫，向他投降为止。于是，就这样做了。因为已经过了3个星期，所有人都被如此严重的饥饿所迫，在城墙上打开缺口，已然遗弃了缺乏武器、满是牲口的城堡，带走了钱和所有贵重的东西，前往无法被封锁的山区。因为城堡的防御墙上无人防守，威廉军中的一个人察觉到了这个情

---

[1] 译者注：1108年。

况，便秘密地爬过了外堡和城墙，去调查此事。他没有看到，也没有察觉到一个人，便立即向领主，也就是王公威廉，还有所有的同伴报告此事。他们立即破坏了门和门闩，进入城中，占据了塔楼和防御墙，并驻守在那里，进而就这样占领了这座城堡。他们逐日攻伐整个地区，一直到大马士革。

3. 同年，在四旬斋的时候，正值3月初，雷蒙德伯爵的儿子伯特兰（Bertrand）在自己的土地上的各个地方聚集起了一支由尚武者及披戴盔甲的骑兵组成的军队，连同40艘容纳有4000人的大帆船——不算水手，每艘大帆船容纳有100名战斗人员，由圣吉勒地方和城市起航，来到了意大利的比萨城[1]。在那里，他召集起了因前往耶路撒冷这个相同的誓言而联合起来的热那亚人，他们与他达成了彼此间的信任。在热那亚人的80艘大帆船加入他之后，他由海路抵达了皇帝的城市阿尔米洛斯（Almiros）。在此地，他强行从所有地方聚集起包括食物在内的生活必需品。

4. 立刻，有传言传到了皇帝的耳中：伯爵雷蒙德的儿子携着强大的军力占领了希腊人的土地，且肆无忌惮地大肆劫掠。皇帝立即向他派去了信使，要他前来见自己。在获得皇帝的贵族们的诚意，并同皇帝会谈和约之后，他会获得皇帝的金钱馈赠，想要多少有多少，代替他的父亲，恢复对皇帝的友谊和忠诚，并可带着他的人和平地通过皇帝的土地。伯特兰马上就服从了皇帝的命令，带着一些从队伍中选出的人，自海上途经博斯普鲁斯海峡，前往皇帝

---

[1] 译者注：阿尔伯特在这里犯了错误，应该是热那亚而非比萨。

的宫殿，同他谈话。伯特兰发下效忠的誓约，同皇帝联合，成为他的臣属。然后，他从皇帝那里获得了极多的礼物，有金银和紫衣。之后，他再次上船，由海上一路前往圣西蒙港，这时，坦克雷德正掌控着它。

5. 在自己人的建议下，伯特兰立刻向坦克雷德派去了信使，吩咐他们去问候他，告知自己的到来，以及自己战士的装备。他们坚决请求坦克雷德不要拒绝与他会谈。确实地，坦克雷德在获悉他带着强大的军力到来后，将自己的人全部集合起来，从安条克城出发，前往那座港口，去见他。他们互相亲吻，一起非常快乐地度过了一夜。接着，到了清晨后，坦克雷德询问伯特兰为何而来。

6. 在他们亲切地交谈了许久之后，伯特兰极尽谦恭地恳求坦克雷德，不要拒绝将他的父亲在先前攻入城市时占据的安条克的那个部分归还给他。坦克雷德没有拒绝他的请求，但是开出了这样的条件：他要用伯特兰的援助和力量去围困、重新占领马米斯特拉城——他最近因为亚美尼亚人的背叛将这座城市输给了皇帝。否则，他不愿在这些事情上给予其任何的答复。伯特兰不答应坦克雷德围困这座城市的要求，因为他不能违背对皇帝忠诚的承诺。不过，如果坦克雷德决意如此，他承诺去围困、攻占杰拜拉，因为这是一座萨拉森人的城市。坦克雷德再次坚持要攻打马米斯特拉，绝口不提杰拜拉。不过伯特兰答复道，自己发过誓，不能对皇帝和他的城市行不利之事。

7. 这个时候，坦克雷德勃然大怒，蔑视着伯特兰，并警告他赶快带着自己的人，从他统辖的土地上穿过，免得他集合起军队之后，对伯特兰及他的人造成巨大的危害。

并且，整个这个地区都立即收到命令：不管是谁，若是珍爱身体的话，都不得胆大妄为地将生活必需品贩卖给伯特兰及他的人。听到这些后，伯特兰和他的人再次从港口上船，径直前往托尔托萨，伯爵雷蒙德曾再度征服、攻占了这座城市，现在，塞尔达涅的威廉正将它据为己有。这座城市肯定不拒绝他，他和他的人在城里住了下来，享用着这片土地上的美好果实。

8. 到了白天后，伯特兰派使者去见自己的同族威廉。使者对威廉讲，如果他愿意保住伯特兰的友谊和服役的话，不要拒绝将卡莫拉[1]的土地交予他，他的父亲在这次旅程的伊始就占领了此地。威廉答复道，自己无法轻易地满足这番话的要求，因为，在雷蒙德死后，他继承到了这片土地，他经历了巨大的危险，付出了极大的辛劳，长时间防卫着它免受敌人侵害。最终，威廉因这次同使者的会面而忧虑，在同自己人商量过后，他向坦克雷德派去了信使，请求他：如果坦克雷德能够支援他对付他的亲戚伯特兰及其军队的话，威廉从其手中获得了这片土地后，就会作为坦克雷德的骑士为其效劳。坦克雷德听到这些后，答应给予威廉全部的帮助，定好了同他在托尔托萨会合的日子。于是，在集合起自己的武器和军力后，他们就能将伯特兰和他的盟友从这片土地和城市中赶走。

9. 在知晓了他们的约定和联盟之后，伯特兰从托尔托萨撤离，匆忙起航。在第三天，他仗着强大的军力从海、

---

[1] 译者注：卡莫拉，是叙利亚的霍姆斯的俗称。不过，这座城市从来没有被十字军占领过。

陆围困了的黎波里城。在围城部署好后，他派使者去见耶路撒冷国王鲍德温，告知他，伯特兰正在封锁的黎波里。因为塞尔达涅的威廉和坦克雷德拒绝将他父亲的城市交予他，且已准备好调集力量，联合起来对付他，所以，在这些不义之事上，他非常需要鲍德温的帮助，并申明他本人愿意保持对鲍德温的忠诚。

10. 国王亲切地听了伯特兰使者所言，承诺援助，立刻召来了海法的佩恩，还有姓格兰纳留斯的尤斯塔斯，派他们去坦克雷德和威廉那里，传达这番话："你们要知道，伯特兰——他是兄弟，也是同道的基督徒，是伯爵雷蒙德的儿子——已经为了你们目前因其父的土地和城市而对他造成的不义之事寻求我们的帮助。事情本不该至此。全耶路撒冷教会决定，你们要到的黎波里来见我们，归还你们从伯特兰、伯克的鲍德温，以及图柏赛腊的乔斯林那里不法攫取的城市。这样一来，我们彼此间集会，进行商榷，可重归和睦。否则，面对周围的这些突厥、萨拉森敌人，我们根本不可能守得住我们刚刚登上的这片土地。"

11. 与此同时，国王率着500名骑兵，以及同样多的步兵向的黎波里行进，和平地通过了提尔、西顿和贝鲁特。这是因为，西顿被围困之后，他们为了照料庄稼和葡萄园，以众多的金子从国王那里获得了牢固而不可侵犯的和约。在看到国王及他的装备后，伯特兰非常高兴，立即宣誓，成为了他的人。在国王到来之前，这场围城和攻击已经持续了3个星期，因为，这座城市根本就不会被攻城塔或投石器的任何轰击所震慑，也不会被征服，以至于唯有国王鲍德温在场，城门才会向伯特兰洞开。

12. 坦克雷德在听了国王的意愿和使者所言后，克制住了威廉的愤怒和所有攻伐之行，直到他们当面同国王讲话，动身前往的黎波里见他为止。在集合起 700 名优秀的骑兵后，他们立刻转变方向，前往的黎波里。不久之后，依照国王的命令，埃德萨的鲍德温和库特奈的乔斯林带着庞大的骑兵紧随着他们而来。在所有这些人聚集在那里，双方所有的损害都于国王和忠实于他的人的面前被详述之后，在国王的建议下，双方互相谅解，都平静了下来。伯克的鲍德温和坦克雷德重归于好，那些鲍德温正当获得的东西都被坦克雷德亲善地归还给了他。伯特兰和威廉同样达成了和睦，尽管有着这样的条件：威廉和平地持有亚卡和其余他所能拥有的地产，没人可阻挠伯特兰获得他父亲的那些领地。在获得了坦克雷德的忠诚后，鲍德温将海法城、主的圣殿、太巴列，还有拿撒勒，连同它们所有的收益，都归还给了坦克雷德。于是，自此以后，坦克雷德一直坚定不移地为他服役，保持着友善。

13. 在得知如此多的王公达成和睦后，萨拉森人再不能承受基督徒之力，便谋求和平。不过，他们不打算将这座城市交予国王以外的任何人。因为，在确保了性命和肢体的安全后，他们特别相信他的信义，唯恐比萨和热那亚人撕毁条约，使他们受到兵戈攻伐——就像阿克人所遭遇的那样，无法和平地从这座城市离开。于是，国王在接收了这座城市后，以右手向他们承诺，他们可以毫发无损地从城市离开，但只能带走肩膀所能扛动的东西。于是，这座城市及它的城门被打开了，比萨和热那亚人，以及全部军队都进入城中，驻守防御墙和塔楼，遍布其上，占领了它。

14. 有500名持着武器、穿着盔甲的战士是被埃及国王派出的，他们同市民们一起防御着城市。在听说将城市投降到基督徒手中的协约达成后，这些人从侵入、遍布整个城市的基督徒面前躲了起来，进入到地下的居所——它是由工艺精湛的墙壁筑成的。他们发着誓、谋划着，在夜晚寂静伊始的那一刻都不曾入眠，他们要从地下的隐蔽之所中出来，出其不意地凭借着冲锋和战吼声，以武器去屠戮所有那些正在酣睡、高枕无忧地休息着的基督徒。然而，一个在城市刚被攻占的时候被抓了起来的妇人，正在受到严酷的折磨——这是为了逼她交出钱财。最终，极其痛苦、濒临死亡的她这样对折磨她的人说道："如果你们愿意饶了我的命，不再对我施加酷刑，并将我从枷锁中放出来的话，我一定会顾及你们及你们兄弟们的安危，我会向你们透露这样一件事情，可保你们的性命无忧——尽管你们现在性命无忧，但过不了多久，你们就将因诡计和惊人的阴谋而被消灭。如果在这些事情上我有一句谎言的话，请向我施以你们所知的最残酷的折磨，不要让我的性命在世间多停留一时。"这些战士对这个女人的话语和坚定感到惊讶，彼此间秘密地进行了商议，真心诚意地承诺，如果她说的话真应验了的话，他们会饶恕了她。这时，这个女人将这件事情及全部的阴谋都如实地告诉给所有人，说道："在经过了狡诈而秘密的商议后，于占领这座城市及有关他们安全的协议之前，市民们决定，将500名全部披盔戴甲的战士从基督徒的和约中略去。这些人进入地下的某个隐蔽之所，隐藏在城市的居所之下。待夜幕降临，你们都安然入睡之后,他们就一起冲出来,大吼着突袭,用武器将对此事一无所知的你们杀死。"然后,就在这些毁灭基督徒的诡计被这名妇人告知一些大公教的战士们,并由这些战士告知国王鲍德温及其他的首领之后,国王及所有人立刻都持着武器集合起来,冲向各处,前往地下隐蔽之所的入口,从四周将此地封锁起来。里面的人抵抗甚微,最后,被武力和猛烈的攻势打败,带了出来。基督徒将这些人击杀于剑下,没有宽恕他们当中的一个人。然后,依照信者真诚的承诺,这名女人被从监牢及枷锁中解放了出来,她的所有财产都被毫无异议地归还给了她,既有房屋,也有其他的东西。[1]

15. 在不久之后,塞尔达涅的威廉,因为一次微不足道的错误和争斗,惹恼了他的扈从,于一次隐秘的袭击中,被其用箭矢射穿了心脏,断了气。就这样,伯特兰独占了亚卡城堡及所有威廉曾统辖的地方,并令之臣服。于是,在的黎波里城被占领、征服之后的一年,国王鲍德温在伯爵雷蒙德的儿子,即受他任命统辖这座城市的伯特兰的建议下,将全部有教名的人召集起来,在12月的严寒之中,围困了巴里姆城:他们称之为贝鲁特。这座城市位于群山中一条几乎无法靠近的狭窄隘路上,自群山中为跋涉而来的人提供了一条毗邻深海海滨的道路。伯特兰和比萨人的舰船停泊在了这片海上,以围困这座城市,同时,国王和他的人将营帐布置在了平原上,还有一支高卢人组成的庞大军队严阵以待,可应对马上、马下的一切战斗。国王围

---

[1] 译者注:这应该是阿尔伯特对打破和约屠城的一种辩解,所谓合理化的解释。

困了这座城市许多天，每日都在不遗余力地用攻城塔和投石车去攻击、撼动塔楼和城墙，令市民和防守者无暇喘息，甚至还损毁、砍倒了葡萄园和庄稼，给这座城市带来了非同小可的恐吓。

16. 在这些之后，就在围城过了一些天，且春季已然在萌发的时候，自埃德萨城而来的伯克的鲍德温的使者到了。他们向国王报告，在坦克雷德的教唆和建议下，突厥人的王公，也就是阿哈马迪尔（Ahmadil）、艾勒·加齐（Il-Ghazi）和索克曼率重兵从呼罗珊王国而来，围困了埃德萨城，狂暴地四处蹂躏着这个地区，用持续不断的袭击挑衅鲍德温，同时以众多的攻势折磨着这座城市。这些信使还声言，鲍德温及他的所有人都陷入了饥饿、防卫的极端困境当中。因此，他们急需国王的力量去对抗如此众多的突厥人，以免这座城市，连同它的财物和居民一起，被占领、降伏，陷入险境，令鲍德温及他的人被处以斩首之刑。在听到了这些事情后，国王命令使者们对这个令人不快的传闻缄默不言，否则以死刑论处。他本人亦假装不知此事，以惊人的缄默将此事隐瞒了起来，以免人们因听闻到突厥人这般傲慢、这样大胆而惊恐，不再为摧毁贝鲁特城奋斗。国王沉默不言，这些信使们也是如此。国王全力以赴，专注于投石机的攻击，以及在城市防御墙周围的攻势，一直到城内萨拉森人的军力被消灭，城市洞开、投降，市民被宝剑惩处，或被征服、被俘虏为止。

17. 最终，城门，连同其门闩和城墙一起，受到了严重的摇撼。于是，这座城市的埃米尔就趁夜同许多绝望的人一起，坐船逃到了一座名为塞浦路斯的岛屿上——那是一座希腊王国的岛屿。因为,他们没有勇气在城市的堡垒中生活或待下去,还因为,在过了许多天之后,埃及国王的支援都没有到来。另一方面,市民们听闻,埃米尔和所有的首领都逃走了,面对基督教国王,这座城市无法被守住了。并且,在如此长的时间里,来自四面八方,海上和陆上的战事令其无法承受,这座城市正变得日益危险。于是,他们无力再抵御这样的力量,请求国王能向他们发誓,保证宽恕他们的性命。如此一来,在打开城门后,他们就能安然无恙地从城中出来。此事就这样做了。在以右手发誓后,市民们和平地离开了,在星期五,这座城市被占领,城门被打开了,这天正是在圣灵降临节之前[1]。但是,基督徒发现城中依旧有人在和约达成之后没有走,愚蠢地留了下来。这些人当中,大约有20000人被伯特兰和比萨人杀死了。事实上,他们没找到多少值钱的衣物或首饰,因为绝望的市民将自认值钱的所有东西都带到了城市的中心,付之一炬。金子、银子,还有珍贵的器皿都趁夜被秘密地、逐步地经隐蔽的路径运到了塞浦路斯岛。

18. 在这座城市被占领后,国王在其中安排了卫戍,然后返回了耶路撒冷。他在那里庆祝了圣灵降临节。然后,他首次将埃德萨,也就是罗哈斯被围,以及伯克的鲍德温受辱的事情告知了伯特兰和他的家族,以及耶路撒冷王国的所有人,就像他从鲍德温的使者那里听到的那般。他以这样的方式和话语,激励着所有人:"因上帝及主耶稣基督的恩泽,我们在贝鲁特的愿望和胜利已然实现了,尽管我

---

[1] 译者注:1110年5月27日。

们攻打了它很长的时间。不过现在,我们要去救援埃德萨城以及被围困在其中的鲍德温,我需要你们所有人的好意,在这儿的所有人都不要转脸走开,因为他们是我们的兄弟。我们必须要做好前去救援的准备。这是一种不朽的爱,我们应去支援,毫不犹豫地为兄弟和朋友而舍命。"[1]

19. 就在国王说完这番话之后,所有在场的耶路撒冷王国的人都自愿远征埃德萨,聚集力量支援被围的基督教同道,同突厥人交战,为兄弟而舍命。他们再次集合起装备,整修好武器,已然忘记了刚刚在贝鲁特周围付出的辛劳,在6月初踏上了前往埃德萨的征程。他们戴着头盔,穿着锁子甲,由600名挑选出的骑兵组成阵列,还有一支由300名极其强壮持着弓和矛的步兵组成的队伍。于是,国王出发了,伯特兰也带着他的军队动身了,耶路撒冷城则靠着警觉、老练又有先见之明的战士们被固守着。国王所掌控的其他城市也派去了人驻守。他们在路上用了一个月的时间,行进到了亚美尼亚平原和地区,向埃德萨城进发。在听说国王到来后,许多亚美尼亚的基督教同道,还有高卢人从各个地方和城堡而来,或数百人一群,或60人一群,或50人一群,前来见他们,同他们会合。就在他们刚到幼发拉底河畔的时候,国王的军队就已猛增到了15000战斗人员。

20. 国王率领着这样一支强大的军队进入了这座城市的边境,因夏日炫目的阳光,旗帜、头盔耀眼灿烂,喇叭则发出巨大的声响,人们在喧闹中抵达。就在这个时候,

---

[1] 译者注:《约翰福音》,15:13。

突厥人经由探子获悉这支军队的到来，卷起帐篷，从围城中撤走了，然后，再次扎营，在距离埃德萨有 6 罗马里远的哈兰城的土地上占据了位置。突厥人要搞清楚，是否能迎战、抵御国王鲍德温的军队。就在这些突厥人用了一天的时间，从围困埃德萨的驻扎地撤走后，伯克的鲍德温因国王到达的消息喜悦不已，赶紧带着 400 名骑兵——皆为尚武之士，还有 10000 名亚美尼亚人从城里出来迎接他。他告诉国王，突厥人已经离开，去了哈兰，但是他们仍然在营地中等待，探听国王的意图，他们拥 40000 名骑兵，自信至极。他告发，这些突厥人是在坦克雷德的建议和怂恿下集合起来围困埃德萨的，在所有的事情上，这个坦克雷德都与他作对为敌。

21. 在听了伯克的鲍德温对坦克雷德谬行的这番控诉后，国王在自己人的建议下，向安条克的坦克雷德派去了使团，让坦克雷德前来见他及基督教军队的首领。倘若鲍德温对坦克雷德行了什么不公之事，国王会在基督徒的面前，或是靠着公正的裁决，或是靠着权贵们一致的决定，解决一切。坦克雷德非常不愿意去，最终，在他的人的建议下，他还是带着 1500 名穿锁子甲的战士去了，去听伯克的鲍德温所指控的所有事情，并予以应答，如果他有可反驳伯克的鲍德温的申诉的话，可在所有人的听证下呈现出来。到达之后，坦克雷德前去问候了国王，受到国王亲切的接待。然后，在信众的集会当中，国王要求他自行解释，在他更应该去帮助基督徒的时候，为何引突厥人来对付兄弟和基督教同道。坦克雷德没有为自己辩解，他答复了没去救援他们的理由：埃德萨城的统治者鲍德温没有向他显示过任何的尊重,在这些天之前,埃德萨城本身,还有这个王国其他众多城市都是安条克的,归附于他,而且每年都向安条克的领主纳贡。

22. 就在这个时候,国王鲍德温极其温和地制止了坦克雷德的这番怨言,说道:"我的兄弟坦克雷德啊,你所述的并非一个正当的理由,就这些城市迄今所交予你的贡金而言,你也不该将其说成是一个反对鲍德温的正当怨愤。因为,我们彼此间决不能凭着异教法律,从上帝令之臣服于我们统辖下的所有城市之中获得任何的好处。我们知道,且所有基督徒都知晓,当我们为了耶稣之名而离开土地和亲族,寻求放逐,放弃继承权的时候,我们已然声明,在这片我们所朝圣的土地上,任何一个人,无论是从异教徒那被征服的王国和土地上夺取到了什么,他都可以和平、自由地持有它;没有人能派军队去伤害他,唯有去支援他;每个人都要为了兄弟而舍弃性命。因此,你要知道,你对鲍德温的控诉并不正当。因为,除为了令基督徒的事业蒸蒸日上,我们任命了一位国王,让他成为领袖、支配者、保卫者,维护我们的财产,我们要向他称臣,追随着他外,异教徒的信条与我们的并不相合。并且,我们已然一致对此事达成过一个不变的决定。于是,出于对上帝的敬畏,以及所有当下在场的基督徒的公正裁决,你必须恢复和睦,收回对鲍德温的所有怨愤。否则,你若是想同异教徒联合,打算辱没我们的话,你绝不可能再是一名基督徒兄弟。同时,依照我们的信条,我们已然准备好了,在所有的事情上,都要做基督教兄弟的援助者和保卫者。"坦克雷德意识到国王是在依照所有人的主张义正词严地斥责自己,他也没有一个正当的理由去反驳国王说的话，就恢复了和睦和友谊，并受命做了忏悔，因为他曾谋划着同异教徒对付一位基督教兄弟。他承诺，以后他将一直是兄弟们纯粹而忠诚的盟友，就像他在旅程伊始所宣誓的那样。

23. 在这样的和约达成，军队和武器混合到一起之后，国王和坦克雷德在哈兰的土地上追击那些突厥人，要同他们一战。不过，在听说基督徒和解之后，突厥人逃走了，散布于偏远之地及群山之中。尽管如此，突厥人的队伍当中，还是有许多人被摧毁了，不少的牲畜和食物也被截留、掠走。国王鲍德温自对敌人的追击和蹂躏中返回，在埃德萨的土地上停留了几日，修补、平息了他所发现的基督徒各方之间的分歧与敌意。

24. 就在国王和坦克雷德夜以继日、争分夺秒刚刚赶到幼发拉底河畔的时候，从四面八方聚集起军队的突厥人即刻间出现，迅速地追赶他们，要从后方追击他们，凭借着冲锋，在惯常的吼声中用箭矢攻击他们。然而，在得知了突厥人的到来及大胆后，国王赶紧用仅有的两艘船渡河，连同一起的，还有他所带出来的全部军队。但是，不幸的是，当国王和坦克雷德，以及他军队中大部分的人已经渡过河之后，因为装载了太多的武器和战士，两艘船都开始陷入险境，没入波涛之中，余下的军队，大约5000人，就这样留在了另一边的浅滩上，根本无法靠着桨或任何的帮助渡过河去。在这天正午的灼热之际，突厥人出现了，人多势众。他们发现了那群无法渡过河逃跑的可怜平民，猛烈地突袭过去，残忍地用弓和箭矢杀死他们，国王、坦克雷德，以及所有站在河的另一边的人的目睹了这一切。国王伤心不已，痛苦至极，因为船已经损毁了，他根本没法救援那些在他眼前倒下的自己的人。

25. 在这场极为残酷的屠杀之后，突厥人返回到了埃德萨的土地上，这时，正带着300名骑兵在后面跟随着国王的伯克的鲍德温迎面遇到了他们。鲍德温根本无法避开他们，就无畏地同他们交战。但是，突厥人仗着人多势众的优势，占据了上风，用箭矢射中了所有的人。唯有鲍德温竭力逃往山中，勉强从突厥人的手中逃了出来。翌日，有关这件如此严重事件的残酷消息传到了国王和坦克雷德的耳中，他们立即上船，带着自己的人渡河，无论在哪儿，只要发现这些突厥人，就要对他们施以应有的报复。但是，他们根本看不到，也找不到这些突厥人。随后，他们找到了伯克的鲍德温，他孤独一人，因为自己的人所受的屠戮而难过、悲泣。他们用一支强大的高卢军队将他安然无恙地送回到埃德萨。

26. 就在这个时候，挪威国王的兄弟——名叫马格努斯（Magnus）[1]——携带着大量的装备和盔甲，率着一支拥10000名战斗人员的强大军队，乘着60艘双桅帆船，用了两年的时间，从其王国航行到了这片广阔的海域周围。他在阿什克伦城的港口停锚了整整一天一夜，要看看城里的人是否会从陆上或海上出来迎他，他就能或有意或偶然地与他们交手。不过，阿什克伦人一直没有动静，根本不敢出来。于是，他第二天前往雅法，也就是约普，渴望在

---

[1] 译者注：即西居尔·马格努松（Sigurd Magnusson），挪威国王（1103—1130），在1103—1122年他与兄弟埃斯泰因（Eystein）共治。

耶路撒冷做礼拜。

27. 然后，过了一些天，一支无可比拟的埃及王国的海军——有大帆船、双层桨帆船，以及惯常被称为"猫"的三层桨帆船，装有塔台，为战争做好了准备——前往贝鲁特城，也就是巴里姆，若有机可乘的话，他们要重新夺回这座城市。他们在那里待了一天的时间，挑衅基督教守卫，不过，他们没法靠着诡计伤害他们，也占不到什么便宜。确实，他们无法靠着力量或勤勉，在这儿占得上风。不过，萨拉森人形成了一个广阔的圆环，将这座城市围了起来。自桅杆的顶上，他们发现远处有 4 艘船。其中，3 艘来自佛兰德斯和安特卫普，由威廉、斯塔科尔福（Starcolf）和伯纳德指挥着，是为了在耶路撒冷做礼拜才航海而来，第四艘船来自希腊王国，载着各种的货物和给养，为了生意亦动身到此。在看到这些船，并认出了基督徒的标志后，埃及人自四面八方奋力划桨，调动双桅帆船和大帆船向着它们疾驰，要过去包围、俘获它们。在猛烈的追击之下，它们被迫逃跑。但是，有上帝的恩泽相救，基督徒的船航行得更快，桨频更快，加紧赶路。一艘逃到了海法城，基督教市民用弓和箭在陆上为他们提供了帮助。另外两艘，因为其承载的庞大人群的重负，于海法和阿克之间瓦解了，还好水不深，且同样得到了基督教市民们的帮助，他们逃脱了。来自希腊王国的那第四艘船因为过于缓慢，被俘虏、拦截了下来，所有东西都被抢走了。

28. 此外，就在 8 月的这个时间[1]，就在这些事情正

---

[1] 译者注：1110 年。

发生的时候，阿什克伦人因为国王鲍德温的离开及长时间的远征而欣喜，觉得耶路撒冷只剩下很少的战士，就召集起500名骑兵，决定去围困并攻打这座城市，挑衅在大卫塔卫城中的人与之一战。确实地，基督的信众知晓了他们的决定和到来，四处派人，去拉姆拉、阿苏夫、雅法、海法、恺撒里亚寻找所有服从于国王鲍德温的人，请求他们立刻星夜兼程地赶往耶路撒冷，去防守这座城市及它的卫城，使其免受敌人的攻击。基督徒立即从所有地方拥来，在夜深人静的时候入了城，用一支由教士和妇女组成的警觉卫戍驻守城门，凭借着战士们忠诚的勤勉来看守塔楼。余下的300名集合起来的战士或骑马，或步行，带着武器和箭矢，穿越山区，那里是阿什克伦人即将到来的路径。突然间，阿什克伦人带着庞大的骑兵和装备出现了，迎面与基督徒在一片旷野上相遇了。在那里，凭着武器和箭矢，战斗进行了很久。到最后，阿什克伦人转身逃走了。基督徒追击他们，杀死了200人，在突如其来的欢乐和胜利当中，他们将马匹和众多的战利品，连同许多的俘虏一起，带回了耶路撒冷。

29. 那支从埃及出发，准备自海上伏击基督徒的海军离开贝鲁特，转而去了阿克，仗着桅杆的高度，以重兵威胁着这座城市，以战争围困、折磨着这座城市，以至于他们凭借着舰船的庞大数量及其力量，用8天的时间，差不多侵入、攻占了整座港口。正当这座阿克城处于巨大的绝望之中，港口的锁链几乎无法阻挡敌人，市民唯恐敌人攻占这座城市的时候，国王鲍德温和伯特兰正准备带着仍旧未分开的全部军队从安条克和埃德萨返回。在获悉了埃及人的联合及对阿克的进攻后，他们赶紧加快了行程，去救援自己的人，将他们从敌人的进攻中解救出来。

30. 然而，国王在留下自己的一部分军队前去支援阿克的基督教市民后，在极为审慎的人的建议下，首先转向了雅法，去见挪威的国王，去听听他口中所言，知晓他首先要做并实现的是何事。很快，他们就以完全友爱的吻成为了盟友。然后，这位名为马格努斯的国王坚决地恳求国王鲍德温，同他一道前往耶路撒冷礼拜，因循着主耶稣的吩咐：他在那里吩咐自己的信徒，要先求上帝的国，然后，所有好的东西才会被求的人寻到。[1] 然后，不管鲍德温选择了哪座城市，他都会带着自己的海军前去围困。国王鲍德温完全发自善意地答应了国王马格努斯及其权贵们的意愿，没有拒绝同他们一起前往耶路撒冷，就如他们所宣誓的那般。于是，在两位国王进了圣城之后，全体教士着白色圣职衣及神圣宗教的各种华丽服饰，唱着赞美诗和颂歌，带着全体市民及大众去迎接他们。在喜悦的欢呼声中，他们引领着两位国王及其队伍，径直前往主的圣墓。实际上，在亲密的友爱之下，国王鲍德温体面地用手引领着国王马格努斯，依循使徒所言：他劝告我们要恭敬，彼此谦让。[2] 鲍德温确实引领着他，指引给他所有圣所，以及自认为重要的那些东西，并照料了他一些天，提供给他大量的食物及王室的款待。然后，随着他们越发坚定了友爱和信义，鲍德温和他带着一支强大的军队进发到了约旦河畔。

---

[1] 译者注：《马太福音》，6：33。
[2] 译者注：《罗马书》，12：10。

在那里，在以主耶稣之名进行了大公教的仪式之后，他将这位国王马格努斯带回了耶路撒冷，荣耀而愉快、安全、可靠，未受到任何的干扰。

31. 在这之后，他们返回了耶路撒冷，将教会的人召集在一起，在共同建议下，他们决定从海、陆封锁萨吉塔，也就是西顿。这座城市给朝圣者带来了极大的损害及烦恼，因它总是与国王作对。直到这座城市被攻占，并被交到基督徒的手中之前，他们永远不会退出围城。没耽搁太久，国王鲍德温和伯特兰就将军队集合了起来，带着大量的装备扎营，围困西顿城，布置攻城塔和投石车，每天都用它们攻击这座城市。国王马格努斯同样将庞大的舰队从雅法驶出，来到了西顿城，从海上围困、攻击这座城市，不许任何人在此处进出。那支埃及海军在意识到这些强大之人及伟大国王的装备和军队已由海陆到来后，从阿克的港口撤出，不再攻击这座城市，退到了苏尔，也就是提尔的港口，停留在那里，以免国王马格努斯发现他们在围困阿克，以海战来阻挠他们。不过，尽管如此，一些埃及人因为信赖其极快速的双桅帆船，在水中到处横冲直撞，想大打一仗，借助机会打败、掠走这些大公教的人。不过，这些埃及人根本取得不了什么战果，于是，出于对国王鲍德温的无畏及坚韧的恐惧，他们从海上驶回了埃及。

32. 在召集了军队后，国王鲍德温和伯特兰在陆上实行封锁，挪威国王率其全部军队抛锚，在城市周围的海上占据了位置。围城就这样布置好了后，整个9月他们都用进攻和持续不断的破坏来压迫着这座城市的城墙和塔楼。另一边，市民则用武器和投石器在里面猛烈抵抗着。然后，基督徒对着城墙部署了一架用了许多天建造好的攻城塔，并将持有弩的人布置在塔中。这些人仗着攻城塔上层的高度高出了城墙，监视着城市及其塔楼和防御墙，就这样凭借着无法忍受的打击，不断侵扰着走在街道上的人们。

33. 然而，市民看到攻城塔高过了城市，在伤害着市民们，便趁着夜深人静的时候，在城墙的地基之下掘洞，非常地努力，惊人地勤奋。这样一来，在将洞挖好后，他们就会将干木柴和引火的东西聚集在这里面：此地道穿过城墙，径直到攻城塔所在之地。待这些东西出其不意地被烧成灰烬后，攻城塔就会倒塌到地上毁掉，即刻就闷死那些被布置在其中的人们。但是，国王因为某人的报告，正警惕着这个邪恶的计谋，将攻城塔从洞穴所在的位置移开了，这样一来，西顿人的辛劳也就白费了。

34. 最终，在过了6周之后，西顿人看到自己对这架攻城塔无能为力，城市及其城门则在持续不断地受到投石器的摇撼，确实地，海上的攻势对他们的压力也不小，而埃及的海军已然逃走了，遂请求国王向他们伸出右手承诺，这座城市会向他投降，它的塔楼和钥匙也都会交到他的手中，不过，是要在这样的条件下：埃米尔——这座城市的统治者——及同心之人可和平地离开，不受伤害，并带着他们能用颈和肩膀带走的一切财物。国王鲍德温因长期的围困和进攻而疲倦，在同挪威国王、伯爵伯特兰及其他明智的人商议过之后，答应了西顿人的请求。然后，这座城市就这样被交到了鲍德温及他的人的掌控之下。大约5000名西顿人，正如他们与其埃米尔达成的协议那样，带着自己的东西，平静地出来了，动身前往阿什克伦。其余留下来的人，则处于国王的束缚之下，受其奴役。

35. 在这以后，在将这座城市置于自己的手中及坚守之下后，国王鲍德温在使徒托马斯的生日那天[1]，于巨大的荣耀及胜利中返回了耶路撒冷。在那里，他光荣地以大公教的方式庆祝了圣诞节。随后，因为这场胜利，国王名扬于异教徒的所有城市，异教徒皆知晓国王攻无不克，一切皆遂心之所欲，都相当恐惧，一连许多日停止了所有的进攻和突袭。然后，在国王鲍德温及整个教会庄严地庆祝了主的复活节之后，一位埃米尔——也就是阿什克伦的首领——因恐惧或神圣之爱，产生了不为人知的情绪，受此驱策，以至于开始通过参赞去恳求国王大人，要同他商谈此城的投降。在双方间进行了守信的承诺之后，这位埃米尔进了耶路撒冷，前去见国王。正如埃米尔发自内心所宣誓的那样，他同国王讲了关于降城、国王本人及他的人进城向国王及他的人效忠的所有事情。最终，国王承认、接受了他真诚的效忠及心意，在彼此间达成了诚信后，首先宣布的是：按照国王及他的王公的建议，国王留在耶路撒冷，他的300名军中的武士，则同埃米尔进入阿什克伦，占据它的塔楼，使所有的市民向国王臣服。于是，他们就像决定的那样行进，在埃米尔的帮助和同意下，进了城门，占据了防御墙和塔楼，令市民臣服于国王的统治。

36. 上述的战士们占据了整座城市，将所有东西从埃米尔的手中转到国王的统辖之下，居住在耶路撒冷的国王有了巨大的权势及荣耀，就在这个时候，伯克的鲍德温的

---

[1] 译者注：1110年12月21日。

使者前来见国王,并说了这些话:"从呼罗珊王国出发的突厥人军势强大,有200000名强壮的骑兵围困了图柏赛腊城堡,劫掠并完全摧毁了基督徒,蹂躏着这片土地。"国王集合起骑兵和步兵力量,一直行进到了一处被人们称为索罗迈(Solome)的地方。正当国王因为从大马士革集合起来,要来对付自己的突厥军队而停留在这里几日的时候,残酷的消息传来了:埃及国王的儿子向阿什克伦进军,要进攻在那里的大公教战士,将这座城市置于自己的掌控之下。

37. 在听说了这些后,国王推迟了征程,返回阿什克伦,看能不能支援他的人。事实上,居住在城里的市民看到埃及国王的军队即将到来,而国王鲍德温并不在场,就在一天聚集起来,将那位埃米尔击杀于剑刃之下,并打开城门,让埃及国王的儿子进了城。在进城后,于国王鲍德温抵达阿什克伦的地界之前,他突然进攻那些分散在塔楼和防御墙上受到惊吓的大公教战士,将所有人都用剑杀死了。他用门闩及全部萨拉森卫戍来固防这座城市。国王鲍德温加紧赶路,可他发现自己的人被摧毁,这座城市因为市民的背叛而沦陷,埃米尔也因诡计而被杀死了,之后,他返回了耶路撒冷。因为在当时,国王没有机会进攻这座城市,为他那些被斩首的人报仇。

38. 与此同时,集合起200000名突厥骑兵围困了图柏赛腊的马乌杜德(Mawdud)和其他突厥王公——阿哈马迪尔、艾勒·加齐、索克曼——在两个月的时间里,凭借着极强的军力,在这座城堡的山下挖洞,要就此将水井和蓄水池填埋上以耗尽水源,俘虏此地的保卫者乔斯林,以及居民们。不过,在付出了极大的辛劳后,突厥人看到,在毁坏山岩及山中挖洞这件事情上,没有任何的成效。于是,他们带着100000人动身前往安条克。由于过度而长期的滞留,维生必需的补给日益减少,他们命令其余100000人返回呼罗珊的土地。在意识到突厥人分开并且返回之后,乔斯林率领150名骑兵及100名步兵去追击那些正在返回的突厥人。在一次冲锋之中,他向那些跟在后面,掉了队,或是受装食物的货车拖累而耽搁下来的突厥人发起了进攻。在杀了1000人之后,他将大量的掠夺之物,连同自己的战利品带回了城堡里。

39. 余下的突厥部群有100000人,到了阿勒颇,恳求此城的王公保护自己的妻子和年幼的儿子、女儿,直到他们能看到胜果时为止。不过,他拒绝了他们,因为他和坦克雷德之间有和约。他仅仅是向这些人做出了这样的承诺:他不会给任何一方提供援助,出于这样的缘由,他将自己的儿子交给他们做人质。这些突厥人在得到他的儿子之后不久就违背了诚信的协约:他们坚称要将他的儿子斩首,除非他为他们提供帮助,并将他们的儿子、女儿,连同他们的妻子及辎重留在防御墙之内,因为战争的结果是难以预测的。当里德万因为同坦克雷德达成的协约拒绝了这样的威胁后,他们肆无忌惮,要在这位父亲的眼前,以及他的人都在场的情况下,将其子斩首处死。就这样,在如此邪恶、奸诈地将里德万的儿子斩首之后,他们动身前往沙耶扎尔(Shayzar),它位于杰贝勒(Jabal)的群山附近,距安条克有一天的路程。在那里扎好帐篷后,他们在奥龙特斯河河畔宿营。

40. 在听说这些突厥人从图柏赛腊——也就是柏萨

庇——转向安条克后，乔斯林立刻带着 100 名骑兵和 50 名步兵赶往安条克，去支援坦克雷德。伯克的鲍德温也带着 200 名骑兵和 100 名步兵赶了过去；还有索罗吉亚的佩恩，带着 50 名骑兵和 30 名步兵；坎塔卢（Cantalou）的休——他来自叫洪恩宁（Hunnine）的地方——带着他的同伴一起去支援他们。马拉什城的统领理查德也来了，带着 60 名骑兵和 100 名步兵；还有布雷索尔特（Bresalt）的盖伊和阿尔宾（Albin）的威廉。绰号"野山羊"，身为塔尔苏斯和马米斯特拉城王公的盖伊也来了。塔尔苏斯主教也来了，同时还有阿博拉主教；同时，诺曼伯爵的儿子，领有托尔托萨城——坦克雷德从伯特兰处窃取了这座城市——的威廉也带着他的随从加入进来。阿帕梅亚的统领恩格尔格（Engelger）带着 200 名骑兵来了。据有萨马达（Sarmada）城的博纳布勒（Bonable）也来了；绰号"椴木"的盖伊也来了，他据有哈里姆城；同时还有苏敦（Sudon）的罗伯特，据有哈布（Hab）城堡的蒙特马林（Montmarin）的罗杰，以及据有塔拉姆里亚的庞斯（Pons）。帕科阿德也来了，还有科索恩城的科嘉·瓦西尔，还有自安条克山区而来的奥欣（Oshin），还有阿滕埃鲁（Attenellus）和他的兄弟利奥（Leo）。来的还有拉塔基亚伯爵马丁（Martin）——在皇帝的战士被驱逐、征服后，坦克雷德将这座城市交予他来管辖。来的还有旧蓬特（Vieux-Pont）的罗伯特，他是一位不屈不挠的骑士，一直在用军队劫掠异教徒的土地。所有这些来自安条克全境的坦克雷德的战士们都集合在这座高贵的城市中。同样地，在自己的人于阿什克伦城中被摧毁后，国王鲍德温急速从耶路撒冷赶到了这里。跟他在一起的还有伯特兰、尤斯塔斯·格兰纳留斯、圣亚伯拉罕的沃尔特，以及宗主教吉布兰阁下和其余的一大群信众，他们大约有 4000 人在此地，聚拢于一支强大的军队中。基督徒度过了一晚，直到早晨。到了早上之后，他们动身前往格里尔（Gyril）城堡。

41. 在他们从所有地方和城堡集合到一起后的第三天，他们排好阵列，向沙耶扎尔进发，大批的突厥人聚集于此，就像海滩上的沙子一样。基督徒的军队有 16000 人的骑兵和步兵，都是尚武之人。在看到基督徒的军力正在逼近后，突厥人渡到了奥龙特斯河的对岸，在那里，他们在一处开阔的地方再次扎下了帐篷。双方在这个地方停留了 16 天，但基督徒无法做到坚定地与突厥人一战，因为突厥人仗着马匹的迅捷，对着基督徒，在原野中四处驰骋，侧翼包抄，令人惊愕。这些突厥人以巨大的威胁和恐吓，强迫周围的城市和堡垒，不得将任何的东西卖给基督徒。因此，在 6 天之后，面包严重匮乏，尤其是马匹的草料短缺，使基督徒受到了极大的折磨。人们看到，有超过 1000 人因为饥荒和疾病而陷入了险境。

42. 在第 15 天，基督徒再次排好阵列，突厥人亦排好了阵列。在双方都如是布置妥当后，基督徒的三个阵列极为渴望屠戮敌人，无所束缚地加速向敌人的阵线赶去。不过，他们离开同伴太远了，受到大量箭雨的攻击，被击退后逃向随后赶来的军队，许多人受伤了。同时，许多人同马匹、骡子及全部的战利品一起被拦截了下来。另一方面，当国王鲍德温和坦克雷德看到自己的人战斗失利，径直向着军队逃回后，将圣十字架拿到了前面来，对着敌人，以求安全和胜利。然后，他们纵马驰骋，向敌人冲锋。但是，突厥人就像他们惯常的那样，在马匹的疾驰中分散开来，或百人，或千人，基督徒根本就无法与他们交战。一天拂晓后，突厥人经过商议，返回了呼罗珊之地，因为他们无法对安条克造成任何的损害，且有无法被战争抑或箭矢吓走的基督徒的军力在阻碍他们。这些事情发生在天使长圣米迦勒节，正值秋季，通常所有的果实都在收获，被聚集在一起[1]。

43. 同年[2]，坦克雷德在国王鲍德温及其他成群结队地前来帮助他的权贵们撤走之后，留下了他自己的人。在10月，他率领着一支强大的军队围困了塞雷兹（Cerez）城堡，因为曾臣属于西顿国王，它被称为"西顿人的萨雷普塔"（Sarepta Sydoniorum）。[3] 不过，他发现它被突厥人的武器和卫戍保护着，此外，它各个方向都因有塔楼和防御墙筑垒而异常坚固。这座几乎无法攻伐的城堡距离由里德万以自己的武器保护的阿勒颇城有6罗马里远。在看到这座城堡固若金汤，且受到突厥人的严密保护后，坦克雷德耗费了许多天来建造攻城塔和投石车，凭借它们，他将自己的人部署在城堡四周，分12个方向，夜以继日地冲击、攻打着塔楼和城墙。坦克雷德还在他的人周围挖了一

---

[1] 译者注：1111年9月29日。
[2] 译者注：1111年。
[3] 译者注：在这里，阿尔伯特混淆了两个地点，同时可能将两场发生在当年的战役合并在了一起。"塞雷兹"，也就是萨雷普塔，是现代的萨拉方德（Sarafand），位于黎巴嫩沿海地带，大体上距离西顿和提尔一样远。然而，"塞雷普"（Cerep）被拉丁人用来指代阿塔里卜（al-Atharib），它在叙利亚，位于阿勒颇以西大约20英里，是一座北部的要塞，这里指的应该是塞雷普这座城堡。

道防御堑壕，还为它加上了警戒的卫戍，以免敌人突然狡诈地向他及其因围城被分隔开来的人发起进攻，如此的话，基督徒会轻易地就被打败。

44. 就这样，在将自己的攻城塔部署于城墙和塔楼前，并将自己的人置于堑壕的保护中之后，坦克雷德用了许多天攻打这座城堡，一直到圣诞节后的一个礼拜日，高耸的卫城被持续不断的石头轰击所摇撼，崩塌了。而且，在它从高处坍塌下来的时候，因为它的跌落以及令人无法承受的重量，还摧毁了两座毗邻的塔楼。这样一来，一条通路就向坦克雷德及他的随众们洞开了。这时，坦克雷德比惯常更为卖力，猛烈地向城堡内的敌人施压，举起盾牌，面对着他们，竭力向里面挺进。不过，因为占据入口的大量石块，以及突厥人投掷出的阻碍着基督徒的危险投射物，他仍不能贸然进入。防卫这座城堡的突厥人看到他们的塔楼被毁了，并且坦克雷德长期地围困他们，且依然决心围困，直到占领这座城堡为止，就请求他举右手宣誓保证。在将紫衣及其他金、银等贵重之物从城堡取出后，他们从城堡里出来，投降并受他支配。这样一来，坦克雷德就成了这座城堡及整个地区的所有者和领主。

45. 同年，在四旬斋的时候[1]，塞雷兹被攻占，重建了城墙和塔楼，并且被派驻了卫戍，之后，坦克雷德集合军力，在 3 个月的时间内围困了一座被称为韦图拉（Vetula）的城堡，它位于杰拜拉地区的群山之中。不过，由于地形险峻，还有遍布此地各处的萨拉森军队，在一个

---

[1] 译者注：1111 年 2 月 15 日—3 月 31 日。

侧面它一直没有被封锁上。在布置好围城后,坦克雷德四处劫掠,俘虏异教徒,对此地造成了巨大的损害。最终,一个埃米尔在看到这些地区受到坦克雷德军队的严酷蹂躏后,同他达成了协议:坦克雷德不得为了劫掠而侵害于他,这样,他就去围困住那座城堡无法被封锁的地方。因为,这个埃米尔知晓一条未被发觉,高卢人无论如何亦无法知晓的路径。然后就这样做了。在同他达成协议后,坦克雷德安排10名骑兵、100名步兵支援他。如此一来,凭借着他的引导及对路径的熟识,他们就能抢先占据那块无法被封锁的地方,使城内的人不得进出。

46. 在带上坦克雷德的战士并召集起自己的500人之后,这名埃米尔围困住了那些艰险的地方,在那里建造居所和庇护所。这样的话,在围困的时候,他们就能在其中停留一些天了。他们承担了众多的工作,承受着极大的辛劳。于是,就在他们因为艰苦的旅程、劳作而精疲力尽、疲倦不堪,并陷入酣睡之后,在初夜时分,突厥人和萨拉森人带着大量的战士,出人意料地出现在他们的营地之中。同时,在听到这些异教徒的信号和吼声后,所有的防守者从城堡里冲了出来。他们一直战斗到了早晨,杀死了那100名步兵。那位埃米尔受了重伤,勉强带着10名骑兵逃脱了。但是,那500名战士背信弃义,同萨拉森人进了城堡,离开了自己的首领和埃米尔。

47. 始终无畏的坦克雷德进一步强化了围困,对着城市的防御墙安放了12架投石机,用一个月的时间反复轰击外堡和塔楼,直到能打穿了它们,进入城堡内部为止。同时,防御者看到根本无法阻挡掷石,在某天晚上夜深人静的时候,将一些木制建筑点燃,四散而逃。坦克雷德看到这座城堡被火烧着时,已然是到了晚上,意识到那些人已经逃走了,便勇敢地带着同伴进入城中,用自己的卫戍驻守塔楼。他开始攻伐、征服这个地区。

48. 在这一年,坦克雷德的舅舅博希蒙德身染疾病,撒手人寰[1],依照大公教的仪式被安葬在了圣尼古拉城的巴里附近。同时,国王亨利五世——罗马的第四位皇帝——将许多与他为敌、侵害他的人残酷地征服于剑刃之下,他有力而荣耀地把持着这个因袭于祖先继承之权的王国和帝国。

---

[1] 译者注:1111年3月7日。

第十二卷
鲍德温一世去世及鲍德温二世继位

1. 在这之后，在他治下的第 11 年[1]，也就是西顿被攻占，坦克雷德攻打、占领阿塔里卜后的第二年，国王鲍德温将耶路撒冷王国的整个教会从他所控制的所有地方召集了起来，商议围困提尔。它依旧在反抗，在陆上和海上对基督教兄弟施加威胁，完全不纳贡，撕毁协约，承诺与国王的所有事情都是谎言。所有人都被告知了此事，且都愿意围困这座城市，于是，在安排好的日期，他们将会集合，并依照国王的命令扎营，包围、封锁城市的防御墙。

2. 当这则严峻的消息传到提尔人耳中后，他们极其恐惧，同大马士革的突厥王公，一个叫图格蒂金的人达成了协议：他们将从他那里得到保护和支持，凭着他的应允和许可，他们可将城市的金库及珍视的东西置于大马士革的看守之下。此外，他们请求他向他们派来弓箭手和城市的防御者以作支援，以约定好的金钱为代价：他们承诺给予他和他的人 20000 拜占庭金币。

3. 于是，双方在分别给予、获得了承诺后，达成了协议，提尔的市民接洽了一个姓雷弗里德（Reinfrid）的人。

---

[1] 译者注：1110 年 7 月—1111 年 7 月。

他是基督徒，还是国王的一位著名的骑士。在承诺并给予了1000拜占庭金币为奖赏后，他们就可以在他的保护下，将载着他们财宝的辎重一路和平地运送到大马士革，然后，不受任何阻碍地带着骆驼和马车返回。雷弗里德是个变化无常之人，即使是打破对异教徒和不信者的承诺，也没有多少顾虑。于是，他将所有事情都报告给了国王，并将他们带着全部财产和珍宝前往大马士革的日子都泄露给他。他声言，国王可完全不受到任何抵抗，就俘获、占有所有这些东西。在听到这些后，国王大喜过望，立刻召集并命令200名骑士和步兵去封锁道路，仔细观察他们是由哪条道路带着辎重动身前往大马士革的。当晚夜深人静，万物都平静依旧，提尔人带着他们的骆驼，载着无以计数的金银、紫衣及各种珍宝，在上述的那位雷弗里德的护佑下，走在了前往大马士革的道路上。这时，出乎意料地，他们遇上了国王的埋伏，一些人被杀死了，一些人被抓获了。国王夺占了无数的珍宝，连同珍贵的紫衣及各种颜色和种类的丝绸，同那位雷弗里德一道，用骆驼和骡子拉的车将它们带了回去。

4. 于那里俘获了绝妙而令人难以置信的珍宝后，国王仁慈地以慷慨之手将它们赐给了战士们——他们一直被长期的贫困折磨着。于是，在一些人被俘，一些人被杀，少数人逃脱之后，图格蒂金——提尔人想要投奔并获得庇护的那个人——非常恼怒，立即向提尔人的城市派去了500名精于弓箭的突厥人，要抢在国王包围之前到达，阻挡国王和他的人，不让他们进城，支援市民，以换取谈好的报酬。国王鲍德温带着装备和10000人的军队从耶路撒冷行军而来，于使徒圣安德鲁节的前夕[1]，在陆上扎营，攻击城市的防御墙，还是在城市的这一侧及港口。在海上，有舰船的封锁，但力量、装备都不算强。希腊国王已然承诺经水上派军支援，但因为正值冬季，他们未能会合。

5. 国王建立起封锁，用堑壕做防护，将自己及自己的军队环绕起来。这样一来，敌人就不会出乎意料地冲过来。然后，他强攻这座城市，用各种各样的战争装备进攻塔楼和防御墙，日复一日连续不断地进攻着。另一方面，突厥人仰赖箭雨，并以之抵抗基督徒，他们散布于防御墙和塔楼上，肆无忌惮地屠戮、重创着基督徒，攻势越发猛烈。他们持续不断地投石，还倾倒硫黄、热焦油，扼杀拥向城门和铁闩的那一大群人。然后，某一天，在众多的攻势及长期的辛劳之后，正当门外的军队稍有延缓，不起战事的时候，里面的提尔人和他们的突厥战士安静无声，但依旧在谋划：他们要从城门冲出，突入国王的营地。于是，他们很快就再次武装了起来，穿戴上了锁子甲和头盔，突然打开了一些城门。这些人人数众多，大胆地冲到了开阔的原野上——国王和军队居于此，这时依然没想起战事——并径直来到了帐篷所在地。突厥人打了许多人一个措手不及，用箭矢射穿了他们，以恐怖的巨大吼叫声搅动着整个军队。就在这时，顷刻间，所有基督教战士持着武器和矛，穿着锁子甲，从所有的营地里迎面向着他们冲了过去，仗着极大的勇气四处拼杀。不过，最后还是基督徒占据了上风，迫使突厥人转身逃到了城门里。然而，双方——一方

---

[1] 译者注：1111 年 11 月 29 日。

是迅速逃跑,另一方则在快速追击中混到了一处——都猛然进了城。提尔人和突厥人意识到高卢人已然同他们一起进了城,转身面对着在后面猛追不舍的基督徒,猛烈反击,并爬上防御墙,用各种投射武器阻挡仍然在竭力进入城门的军队。直到最后,异教徒的力量占据了上风,他们关上了城门,还将大约200名基督徒阻截在了城墙之内。其中,有旺格斯(Wanges)的威廉,一位荣耀而尊贵的骑士,还有另一位威廉,有着非凡的勇气和战争名声,同他们卓越的同伴们——有骑兵也有步兵——一起被俘,被处斩,其他许多人则被锁链绑缚起来。

6. 一些天以后,在看到完全无法靠着进攻和投石机伤害到市民和城墙后,国王命令建造两座高耸于城墙之上的攻城塔,并建造成两层的结构。其中一座塔是由尤斯塔斯·格兰纳留斯出资,在他的努力下建造完成并竖立起来的。他是一位著名的骑士,是国王的家臣及参事中的首席。因此,这位尤斯塔斯就同他所挑选出的新征募者留在了里面,当提尔人在早上、中午、晚上于城中穿行的时候,他们就用各种投射之物杀死一些人,创伤一些人,并监视城市的塔楼、防御墙及其他所有的地方。被布置在另一架攻城塔之中的国王的战士们自塔中同样有力地攻击着突厥人和提尔人。他们趁势用弩打击、杀死任何从门中出来的人。于是,另一方面,提尔人准备投石机,以损毁攻城塔及待在其中的人。然而,攻城塔外面覆有牛、骆驼、马的皮,以及柳条,能承受住石头的轰击及炙热的铁柱,不受损害,牢不可摧。提尔人意识到以这样的方式无法伤害到这些塔楼,就试图用另一种诡计来摧毁它们。他们用绳子竖起一棵非常高的树，并依照树冠的样式，用一块巨大的木材造了一个庞大、宽阔的环，再用铁链将它固定在那棵树的顶端。他们在那个木制环的周围涂上了焦油、硫黄、蜡、油脂，并混以亚麻，用火点燃，这火无法被水扑灭，然后用绳子径直拖到了尤斯塔斯的塔楼所在的位置。那个木环熊熊燃烧，突然就被从树上向着攻城塔扔了出去，无法阻挡的火焰从四面八方包围了攻城塔，不可征服的巨大火焰烧毁了它。绝大部分人也都被一起烧死了，他们试图弄掉并扑灭这些火，但是根本就成功不了。在这样的手段和诡计下，国王的攻城塔被烧毁了，什么都没有剩下。就这样，这两座塔楼都被烧毁了，不过，国王对围城依旧是无所畏惧，仍然想要用饥饿或某种手段征服这座城市。

7. 就在这时，提尔人认识到了国王的坚定不移及不可动摇的勇气，秘密地向大马士革派去了使者，请求强大的王公图格蒂金救援他们，并承诺给他一大笔钱，发誓会一直为他服务和效劳。他立即召集起20000名骑兵在山区行军，直抵提尔的边界，要在翌日对营地中的国王及他的人发起进攻，并就此将这座城市从国王的手中及他的围困中解救出来。就在这位多基努斯（Dochinus），也就是图格蒂金经山区进入提尔边界的同一天，国王军队中的700名扈从，连同60名优秀的骑兵出来寻找马匹的草料，偶然间就撞见了突厥人的武装。除了少数勉强逃脱，回报事情经过的人，其余所有人都被敌人用箭和剑杀戮、残害，丧了命。于是，在知晓了成千上万的突厥人已然聚集在附近，且杀死了国王的扈从和骑士之后，国王在他的那些厌倦了漫长的围城，且耗尽了物资及食物的贵族的建议下拔营，在棕棕主日之前的礼拜日[1]经过了阿克和其他的城市。在神圣的复活节的那一天，国王率领着自己的人，连同当他仍旧在围城的时候刚刚到来的一些希腊国王的优秀使者们一起，进了面朝着橄榄山的那座门——主耶稣就是骑着驴从此门进入的。然后，他在那里度过了圣周，遍览圣所。为了向希腊国王的使者表达敬意，他头戴冠冕，在宗主教的指引下，庄严而堂皇地庆祝了复活节[2]，祈祷、慷慨布施、忏悔罪过。

8. 在用了一周的时间庆祝复活节的典仪之后，国王召集起200名骑兵、100名步兵，动身前往摩西山谷，进入了阿拉伯王国的区域，要从那里夺取大量的劫掠品。他要用这些东西令那些贫困的、空无一物的战士们富有，并令颓废的人们重振精神。希腊国王的使者们受到了亲善的褒奖，并被赐予了极好的礼物，然后，他们被送回了君士坦丁堡。就在国王刚刚进入阿拉伯人的地区后，艾督迈人（Idumei）——现在的人称他们为贝都因人，是些经商之人——在骡子和骆驼上载着各种各样的大量货物出现了。他们根本没法逃走，他们所有的资财都被抢走了，有金子和银子、贵重的珠宝、各种样式和工艺的紫衣，还有香料。许多人被俘，被掠去了耶路撒冷，关押了起来；他们被抢走的那些东西及战利品被战士均分了。同年，掌控安条克的兄弟坦克雷德身染重疾，在主耶稣基督降临节[3]去世了。在大公教的仪式下，他被安葬在了使徒圣彼得大教堂

---

[1] 译者注：1112年4月7日。
[2] 译者注：1112年4月21日。
[3] 译者注：1112年12月11日或12日。

之中，他给身处近旁抑或远方，所有听闻其死讯的人留下了巨大的悲伤。

9. 在这位著名而尚武的人，也是四方之中最勇敢的突厥征服者死后，在3月，新春伊始的时候[1]，上述的马乌杜德——他是呼罗珊王国的一个权贵——召集起极为凶猛的突厥军队，大约有30000人，意欲径直前往大马士革，同图格蒂金——他也是一个突厥人，是大马士革不合法的王公——会合，之后，他要征服国王所拥有的城市，若进展如他所愿的话，他将到达耶路撒冷，征服并驱逐基督徒。当如此强大、蛮横的一位王公的联军及其意图传遍埃德萨城整个地区之后，亚美尼亚的信使被派往国王鲍德温那里。他们要将整个事情及敌人的军备告知他，这样一来，他就能预先受到警告，将自己人召集起来，更有把握、更为容易地去迎击、抵御敌人。在听到信使们的话之后，国王立即准备了信函，送往安条克，交给罗杰。他是一位非常杰出的年轻人及骑士，是坦克雷德姊妹的儿子，他接替了坦克雷德，获得了安条克的至高权。国王请求他竭力支援自己，刻不容缓，带着他的武器、武装和军队，正如自伊始所声言的那样，基督徒应支援他们的基督教兄弟。在获得了国王的信函后，罗杰立即集合起700名骑兵、500名步兵，准备到国王那里去。但是，他因为要聚集武器，稍微耽搁了一点时间。突厥人加速赶往大马士革，在加利利海附近扎营，围困太巴列城堡，他们在约旦河这一侧待了很长时间，占据了泰伯山，力求从四面八方将基督徒的居所

―――――

[1] 译者注：1113年。

毁灭掉。在对基督徒的侮辱、劫掠及挑衅当中，他们摧毁一切，不放过任何一个人，已然强势地度过了3个月的时间。他们无论白天黑夜都会设伏，警惕着，用战斗及持续不断的进攻折磨着太巴列的战士们。

10. 在这些天，1500名为庆祝复活节而留在耶路撒冷的朝圣者，准备着返回，但是他们害怕穿越提尔地区，便去向国王谦卑地恳求，为他们提供保护以通过提尔，以免受到这座城市居民的攻击，因为他们根本就无力抵抗，他们疲倦不堪，且受供给严重不足的拖累。在看到他们一心回乡后，国王集合起300名战士，带着他们径直前往提尔山区。不过，他在山中一处隐蔽的地方停留了一会儿，让朝圣者走在前面，这样一来，他就能弄清楚是否有提尔市民的军力出来追击基督教朝圣者。在这些朝圣者走到前面之后，提尔城的大约500名战士出来了，追击正在远离这座城市的朝圣者，要杀戮、俘虏他们。异教徒在巨大的喊叫声及号角的鸣响之中发出如雷的响动，为的是威吓他们。在听到这样的嘶喊声后，国王迅速地从隐蔽之地及埋伏中冲出来，自后方扑向提尔的战士，大肆杀戮。直到最后，萨拉森人被征服、消灭，而后一部分人逃走了。不过，在进入城门前，萨拉森人有200人被俘虏和杀害。朝圣者的旅程仅持续了这一天，第二天他们听说了突厥人和成千上万人的到来，在做了商议后，便返回了阿克，同国王留在了那里。

11. 突厥人胆大妄为，重犯国王的人，到处聚揽劫掠之物，几近无限制地进攻，国王得知后勃然大怒，将在耶路撒冷及他据有的全部城市周围的所有人都召集了起来，集合了大约700名骑兵、4000名步兵。连同朝圣者军队一起，国王发誓，不再等罗杰及远处同道的基督教王公们，也不会再忍受突厥人的傲慢和侮辱。他将这些新到的朝圣者及其余人立刻从阿克集合起来，在使徒彼得和保罗的庆典日当天[1]，决定渡过约旦河扎营，也就是说，正位于当时突厥人遍布于美好、讨人喜欢的草地上的营帐所扎之地。突厥人是狡诈之人，通过探子察觉了这些，拔营撤到了泰伯山中，就仿佛是惧怕国王，赶紧逃跑，根本不敢跟他战斗一样。但是，就在国王的营帐刚刚扎上的时候，突然间，马乌杜德，还有图格蒂金带着他们整个如同海中的沙子一样的队伍从泰伯山上冲了下来，勇猛地持着弓和箭冲锋，在国王和他的人的营地里猛烈厮杀，攻击基督徒的阵列，造成重创。直到最后，国王和他的整个军队都无力抵御成千上万人的力量，逃走了。大约有1500人被杀，这还不算骑兵——他们当中有30人被杀死。赖纳·布吕斯克（Reiner Brusc）死在了那里，他是一位无所畏惧的骑士；休——年轻的贵族，一位杰出的骑士——死在了那里，还有其他的那些其事迹及战斗值得称道且纪念的人也死在了那里。

12. 于是，就在国王刚逃走，突厥人胜利地占据平原的翌日，罗杰——安条克的继承人和承袭者，坦克雷德妹妹的儿子——率着400名骑兵和600名步兵来了，因国王的不幸及他的人的灾祸出离愤怒。此外，这还因为，由于行程迟缓，罗杰未能在昨日的战斗中给予支援。的黎波里

---

[1] 译者注：1113年6月29日。

城的王公也到了，同样也因为国王的营地就这样被突厥人粉碎而感到惊愕。不久之后，基督徒的众多阵列到了，他们中的16000人由各个方向拥来，既有海上的，也有陆上的，集合到了一处。成千上万的人于一阵子间集合起来了，在所有在场人的建议下，国王决定去攻击那些穿过约旦、依旧在继续其凶残行径的突厥人，在上帝的帮助下，他或许能将突厥人试图对他、他的人，以及整个地区造成的恶事还到他们的头上。然而，突厥人在获悉了国王的到来及意愿后，从约旦的这个地方和地区撤走了，前往了罗姆，围困、攻击希腊国王的众多城堡和城市。

13. 于是，国王停止追击敌人，带着其全部军队返回了阿克，之后，在8月伊始，有消息传到国王的耳中：西西里公爵罗杰——也就是卓越王公博希蒙德的兄弟——极为尊贵的妻子[1]在其丈夫去世及其葬礼之后，带着众多财富构成的庞大补给，还有一支巨大的军队，坐船赶来同国王结婚。他们有两艘三列桨帆船，每艘上都有500名久经战事之人，连同一起的，还有7艘载着金银、紫衣及大量珠宝和贵重衣物的船只，这还不算闪着璀璨金光的武器、锁子甲、头盔、盾牌。除了这些，还有极强健之人惯于使用的用于舰船防御的其他武器装备。在上述的那位夫人所决定搭乘的那艘船上，桅杆被至纯的金所覆盖，向远处射出光芒，就像太阳的光辉。并且，这艘船的两端都凭着工匠的技艺包裹着金和银，其景象令所有观者蔚为惊叹。在

---

[1] 译者注：她是萨勒诺的阿德莱德（Adelaide of Salerno），是死于1101年的西西里的罗杰一世的遗孀。

这7艘船当中的一艘上有极为强悍的萨拉森弓手因贵重衣服的光辉而光彩夺目,他们是送给国王的礼物,他们的箭术不逊于耶路撒冷地区的任何人。于是,在得悉这位夫人的到来及她的富丽堂皇之后,国王派了3艘船去迎接她——这3艘船被人们称为大帆船,载着杰出的人及善于海战的人。不过,海上狂风大作,汹涌澎湃,他们根本无法迎上或与她相会合。另一方面,那些船被风的力量抛离了很远,最终,在晚上,他们躲避在了阿什克伦城的港口和海湾中,第二天,直到第九个小时,因相反方向的强风,船员们根本无力航行,抑或无计可施,他们在海上的旅程止步不前。

14. 阿什克伦人——总是对基督徒怀有敌意的人——很快就认出了基督徒的标志,乘着武装的包铁帆船,急速迎了过去,同他们战斗。然而,在经过了大战及频繁的相互攻伐之后,阿什克伦人的一艘载有50名战士的帆船被摧毁并沉没了,其余的被打败,并被击退。基督徒们取得了胜利,全面占据上风,并在上帝支持下会合到一起,便趁着风平浪静,大海的暴怒平息之际,立即大批地从阿什克伦的港口和海湾航行出来。就这样,在一段平静的航行之后,她到达了阿克。在得知如此荣耀的夫人到来后,国王立即带着其王国的全部权贵,以及其家族的所有侍从着各种美丽的服饰彰显国王的气派,乘着因紫衣及金子而光彩照人的马匹及骡子,在喇叭和各种甜蜜的音乐中,将夫人从船上迎接上岸。甚至于,街道上都覆盖了各式各样绝妙的地毯。为表示对这位如此尊贵,因财富而享誉盛名的夫人的敬意,一排排的房屋被装点上了紫色布料,染成了红霞，正适合于在极尽的荣耀和隆重之中赞颂君主。于是，在这般的愉悦和赞颂之中，她被引了进去，同国王结成了不朽的婚姻。在这座城市的国王的宫殿中，婚礼隆重的准备和装饰持续了数日。她将众多的财富分给了战士们，将大笔的财宝转入到国王的金库中，靠着它们，国王和所有在同突厥人的战斗中损失了武器的人们这时都脱了贫，致了富。婚礼结束后，国王正准备带着他的妻子前往耶路撒冷，这时，受到国王亲切褒奖的罗杰决定继续前往安条克，新王后本人将1000马克银，连同珍贵的紫衣、500拜占庭金币、上好的骡子和马匹送给他当礼物。此外，还有从远方拥来支援国王的普通士兵，同样被赐予了不菲的金银奖赏。

  15. 如是，因为每个人都渴望着回到自己的地方去，一些人走陆路经过罗姆，到达了米拉（Myra）城，留宿下来，受到了希腊人——他们是基督徒——的盛情接待，获得了各种必需品的补给。那些被国王从加利利赶走的突厥人——他们征服并摧毁了希腊国王的城市和集镇，凭着劫掠和蹂躏，使得它们变得一无所有——立刻攻打这座城市的防御墙，还在周围布置了围城，施加了极大的力量，对市民造成了巨大的威胁和恐惧。自此之后，没过太多天，在以极大力量对这座城市的大门造成了骇人攻势之后，因为希腊战士——那些阴柔之人——几乎没有抵抗，突厥人用斧子破坏了城门，一起向着那些终于筋疲力尽的防御者冲了过去，用箭和弓攻击所有人——既有市民，也有朝圣者。突厥人造成了严重的杀戮，掠走了许多人。所有的金钱及在此地所找到的贵重之物都被这些残暴的强盗劫掠走了。在这座城市里，基督教军队中的一些正留下来享受食宿款待的人——大约有40人，被俘虏并斩首。不过，用不着为这些朝圣者流的血而大举报复了。因为，在交战中，他们凭着力量，一步都没有离开他们要防御的那座城门，还击退并杀死了众多的突厥人，坚定不移，不可征服，直到突厥人突破了希腊人看守的那座城门为止。

16. 此外，大约有7000人决定走海路返回，他们顺风航行，没有经历暴风，在圣马丁节即将来临之际[1]，到达了塞浦路斯岛的港口和泊点。他们投锚到深水之中，力求从这些船上登陆。然而，顷刻间，一场强大而猛烈的，之前许多年都未曾被海员们听闻过的风压到了海上，重新恢复了它的喧闹及无可阻挡的暴躁，反复猛击着船只。在强袭下，船的绳索被摧毁了，船锚被以极大的力量从深海中拔了出来，不断加强的风暴冲击着这些船，以至于在没有划手的情况下，一艘船撞向了另一艘船，双双毁灭。就这样，这整整一群基督徒，连同其全部的装备都被吞噬，不幸地沉没了。共计13艘船当中，除了两艘双桅帆船，其余一艘都没有逃出来。此外，翌日，在大海平静下来，不再残暴后，成千上万的尸体——既有贵族的，也有卑贱者的——被密集的浪潮冲到了陆地上，以至于信者差不多用了3个星期才为他们建好坟墓。

17. 在国王鲍德温婚礼之后的第二年[2]，一支庞大的埃及军队在圣母升天节[3]坐船来到了提尔，在那里，一些

---

[1] 译者注：1113年7月4日。
[2] 译者注：1115年。
[3] 译者注：1115年8月15日。

人应付基督徒的埋伏,一些人则在从事着贸易。在待到圣母诞生节的第三天之后,他们准备返回。在逼近了普托梅达,也就是阿克之后,他们准备了舰船,并受到各种武器装备的保护,以对付基督徒。其中,有两艘船的力量和人员都很强,便殿后防卫,但是,因为其承载了太多的物资和人员,在1罗马里远之外跟随着。国王的市民和阿克的战士们依照惯常的习惯,每天都会分散在防御墙上,他们发现了航行返回埃及的异教徒的帆和桅杆,便立即穿戴上锁子甲和头盔。大约400人上了3艘帆船,乘着浪出航,要靠着战斗的谋略扰乱、俘获落在后面的那些船。那两艘船中的一艘承载的武器和人员要少一些,无力逃脱,开始用武器全力防御,从白天的第九个小时一直抵抗到晚上。不过,最终,在双方都历经了巨大死伤后,其上的人力开始势衰,被俘获,并被一路带到了海法港口。被俘且受伤的萨拉森人被看守了起来,送到了阿克;没受伤的,则连同其被俘的船,被一路送到了阿克,同时,一起的还有一些受伤的基督徒。当受伤的基督徒从3艘帆船上下来后,其余逃过一劫、全身而退的基督徒集合起另两艘帆船上的其余同伴,追击那艘因承载着更多的物资、战士和武器被拖累着,行进更缓慢的船。这5艘帆船包围了它,猛烈地攻击它,反过来,萨拉森人则同样在拼命地自卫,为了保住性命,使用各种武器,发射箭矢,猛烈地抵抗着。最终,在双方自清晨一直到中午都被这场大战压得喘不过气之后,异教徒的那艘被称为"猫"的船从他们手中逃脱了。阿克的人和战士从防御墙上观察到了这些,看到基督徒的帆船失败了,在商议过后,决定派出两艘去支援他们。然后,就这样，这艘船因遭受四面八方连续不断、毫无间隔的进攻精疲力尽，被征服了，在晚上被强行地带入阿克。两艘帆船曾从苏尔——又被称为提尔——驶出，要去支援他们，但是，在看到高卢人的坚定及自己人的失败后，他们逃了回去。在这艘船上有1000人，都是非常勇猛的斗士，基督徒依照国王的命令，彻夜凭着众多的警戒和武器看守着他们，以保护市民。这些萨拉森人无数的物品被战士们分掉了。这些萨拉森人中一些被斩首，其余的则被用无以计数的价格赎回，被释放了。

18. 在这之后，在第二年，前面提到过的一位突厥的强权者马乌杜德，在对基督徒的大屠杀及杀戮之后，自罗姆地区返回了大马士革，他的名声在突厥人及所有异教徒中被赞颂，因为他对基督的信者施加了比任何人都要大的暴行。因此，大马士革的王公图格蒂金甚为嫉妒和愤怒，谋划着用自己所知的所有诡计消灭他，但仍是秘密的，以免招致自己人的憎恨。这位马乌杜德因颇为慷慨大方且热衷战事，非常受人尊敬。于是，尽管图格蒂金一直专注于用奸计害死马乌杜德，但于众多诡计之中，没有一个能让他毁灭了此人。终于，他为自己的花招找到了一种办法，他能够借以杀死此人，还能就此毁了他的名声。靠着礼物和美好的承诺，图格蒂金召集起4名埃塞俄比亚族的战士，让他们在马乌杜德行其宗教仪式那天，趁着他在其礼拜堂中独处，全神贯注于异教的仪式时，秘密地用隐藏着的武器出其不意地刺穿他。这样，他们才能赚得所承诺的礼物。于是，他们秘密地进了礼拜堂，就在马乌杜德进来了，没有戒备地开始仪式的时候，突然冲了过去，攻击他。他们同时用极锐利的剑刺穿了他的胸膛，杀死了这个完全不知情的人，即刻间，他们就逃脱了。知晓此次背信弃义及谋杀的图格蒂金——尽管直到从自己人那里得知此事前，他都假装着不知情——开始以虚假的眼泪和巨大的哀嚎，毫无诚心地为如此卓越的王公的死哀悼着。图格蒂金命令找出并追捕所有谋害他的人。不过，过了没多久，他的诡计就开始为突厥人所知晓了。从这天起，他招致了他们的憎恨和仇视。并且，作为其完全不可原谅的背叛的代价，他遭受了众多的密谋作乱。

19. 在马乌杜德被谋杀后的第二年[1]，呼罗珊王国的布尔苏克（Bursuq）、阿勒颇国王里德万、拉贾布里亚（Lagabria）城的科科桑德（Cocosander）带领着 40000 名突厥战士行军而出，带着庞大的装备和不可阻挡的武装动身前往安条克的土地，在罗萨、罗伊达（Roida），还有阿帕梅亚城的平原上扎营，用投石机摧毁并征服了它们的郊区。因为他们根本无法伤害到阿帕梅亚，就用劫掠和火焰蹂躏了该地的整个地区。凭借着庞大的力量及强大的军队，他们征服了托尼莫萨（Tonimosa）、图尔古兰特（Turgulant）和蒙特法贾（Montfargia）这几座城市。他们将基督教王公——这些城堡的统治者，佩西（Percy）的威廉——俘虏并捆绑起来，掠走了。至于这些城市中余下被发现的人，其中一些人被以斩首之刑处死，其余人则被俘虏。据说，他们在这些地方驻扎了 11 个星期。这时，国王鲍德温正待在耶路撒冷。他受到召唤，要去支援基督的战

---

[1] 译者注：1115 年。

士，便率领着 500 名骑士和 1000 名步兵，以及众多骑兵向安条克疾驰而去。同他一起的，还有大马士革王公图格蒂金，此时他同国王宣誓结盟。的波拉——也就是的黎波里——的伯特兰的儿子庞斯在这支队伍中，他率领着 200 名骑兵和 2000 名步兵。经王室大道，他来到了塔拉姆里亚，在那里，安条克的罗杰和埃德萨的鲍德温带着 10000 名骑兵和步兵去接应他们。基督徒在这片土地上扎营，停留了 8 天。在得知国王到来，并知晓了他的人的数量后，突厥人决定逃到山中，一路前往梅利泰内城，因为他们不敢与他一战。在得知突厥人撤退后，国王鲍德温准备带着他的人返回，他带上了坦克雷德的遗孀——她是法兰西国王的女儿。在国王的建议下，她嫁给了那位庞斯，在的黎波里城——它是凭着继承权由父母遗赠给他的——举行了十分盛大的婚礼，极尽完满、丰富。

20. 在国王返回后，突厥人立刻强势地回到了巴格拉斯（Baghras）、哈里姆，以及西纳（Sinar）。这些都是高卢人的城市。他们侵袭土地，毫不留情地蹂躏所能找到的一切。在听说这件事情后，罗杰和鲍德温对国王的返回感到非常的焦虑不安，因为他离开得太远了，已经不可能回来了。因此，在做了商议后，他们决定不再白费时间向他派去信使，而是将自己的人集合起来——有多达 15000 人，他们来自各个民族，既有法兰克人也有亚美尼亚人。突厥人在奥龙特斯河畔被分成了 3 支军队，这条河在恺撒里亚斯特托尼什（Caesarea Stratonis）和阿帕梅亚两座城市之间形成了一条河道。然后,天刚亮,在荣升圣十字架之日[1],罗杰和鲍德温组成了阵列,攻击那些在营地里的突厥人,在那里,交战之后,他们杀死了15000名突厥人,但只有很少的基督徒死去。当第一支军队就这样被摧毁后,罗杰在巨大的嘶喊声中扑向第二支军队,所有的敌人都被吓坏了,向着上面说的那条河流逃去,在河中,大约有5000人被冲走、溺死,丢了性命。然后,第三支军队,被大公教徒这样的胜利吓得目瞪口呆,四散奔逃,误打误撞地到了卡莫拉地区某座毗邻梅赫勒贝(Mehelbeh)城堡的山谷中。在那里,图格蒂金带着8000人与他们相遇了,同他们激战,杀死了他们中的3000人,俘虏并带回1000人。在这些逃跑的突厥人当中,有很多是马乌杜德的后裔及血亲,他们一直在强烈地反对着图格蒂金,在呼罗珊的土地上,于高贵和贫贱者之间,控诉他的背信弃义及他们的亲戚所受到的邪恶的谋害,要为亲属受的谋杀报仇。出于这样的缘由,图格蒂金总是疑心重重、焦虑不安。现在,他同国王鲍德温及基督教信者达成了全面同盟,极尽所能、一刻不停地伤害着突厥人。

21. 在以王室的气派举行了上面提到的那场婚礼后的第三年的秋季,国王鲍德温召集起200名骑兵和400名步兵后,动身前往芒特霍雷布(Mount Horeb)——它通常被称为奥雷莱(Orel)。在那里,在18天的时间里,他建起了一座新城堡,以便就此更强有力地攻伐阿拉伯人的土地。若非有国王的恩准和许可,商人就不能再来往通行,敌人

---

[1] 译者注:1115年9月14日。

的埋伏或军力也不会突然出现了，他们很快就会被布置在卫城中，忠实于国王的人一目了然。这样一来，这座国王的卫城就成为了萨拉森人的阻碍。就这样，这座城堡的筑垒建了起来，御敌于四面八方。国王——他总是渴望新的功绩——秘密地召集起60名杰出的骑兵，前往埃及王国，看看能不能找到机会俘虏萨拉森人或贝都因人，或侵袭城市，创下番功业。然后，国王带着被载在骡子背上的充足食物，穿过了荒漠及人迹罕至之地，据说到了红海。在那里，他和他的人洗海水澡，凉快了下来，摆脱了当地的酷热，并靠着这片海中的鱼重振了精神。在此地，国王听说有修士留在西奈山中侍奉上帝，国王为了祈祷并同他们谈话，决定走山坡去见他们。不过，在这些修士先派来的信使的请求下，他并没有成行，为的是以免这些修士由于这位大公教国王而受到异教徒的猜疑，被从山中的居所赶走。[1] 人们说，从此地到开罗用不了4天。

22. 然而，因为他所率的秘密地从荒僻之地行至此地的人甚少，还因为，有一些耽搁他到达的事情开始传得沸沸扬扬，同伴们向他建议，不要再前进了，应该尽快秘密地安全返回耶路撒冷。若萨拉森人知晓了国王进入并离去后，得有超过100000名的异教徒拥来与他交锋，持着武器自四面八方把持住道路。国王同意了自己人的建议，尽可能小心地离开这片土地，决定经由希布伦山谷和圣亚伯拉

---

[1] 译者注：这是圣凯瑟恩（St Catherine）隐修院，在西奈的沙漠中。它始建于337年，圣海伦娜（St Helena）吩咐在据信为摩西燃烧荆棘之地的周围建造一座修道院。6世纪的时候，它被皇帝查士丁尼加固，到近日都保持着希腊东正教信仰。

罕城堡返回。他在那里过了一个晚上，用当地的食物很好地恢复了众人疲惫的身体。然后，他取道前往阿什克伦，劫掠在阿什克伦平原上于草场之中徘徊的所有牲畜：200头骆驼、众多牛群、成群的绵羊和山羊。国王带着它们，强势且毫发无损返回了耶路撒冷。

23. 在过了一些天之后，在3月初，国王前往阿克，自此开始，他病得很厉害，他的健康日趋恶化。[1]他对活着失去了希望，吩咐将自己拥有的财产——金银器皿，还有数以千计的拜占庭金币——的一部分给予穷人，为忏悔他的罪和拯救灵魂；同时，他还吩咐将他在耶路撒冷及其他许多地方拥有的葡萄酒、谷物分给穷人、孤儿和寡妇，不得耽搁。他对自己的性命感到极度的焦虑。他还将其中一部分给予了他的家人，还有家族和外来的战士。他还将拜占庭金币、金银，以及众多的紫衣分给其他以佣金为自己服军役的人。他命令并坚决地敦促，要将其所有的债务都偿清，以免它们妨害到他的灵魂。不过，因赐予所有忏悔者生命、带走死亡的上帝所愿，靠着孤儿、寡妇的祈祷和哭泣，健康被还给了这个对活着已然不抱希望的人，他身体的虚弱也得到了缓解。这位基督的斗士彻底地恢复了健康。早先，在国王如此严重的疾患传播开来后，埃及的舰队进入了提尔，要在国王去世之际攻打基督徒的城市，在获悉他恢复了健康之后，他们便立即走海路返回了自己的国土，没有实施任何的伤害，也没有造成损失。

24. 在国王从其疾病中恢复过来后，阿努尔夫——主

---

[1] 译者注：1117年。

圣墓的教长——在宗主教吉布兰逝世后,被选举、任命为宗主教。然后,阿努尔夫动身前往罗马,受到罗马教宗帕斯加尔的亲切褒奖。之后,他回来了,被免除了全部的指控。出于教宗本人的建议和命令,他开始谴责并警告国王陛下:他应该将上述的那位成为其妻子的妇人从寝宫中赶走,因为他对第一任妻子——她出身于亚美尼亚王公——犯下了通奸罪,而且以通奸的、非法的婚姻玷污了合法的婚姻。[1] 阿努尔夫的理由还有:他犯有与那位拥有高卢血统的夫人近亲结婚之罪。在这样的指斥下,在阿克的圣十字架教堂中召开了一次会议,国王需同他的妻子分开,宗主教阿努尔夫拥护这一主张,全体教士及民众也做出了这样的判决。这位夫人悲伤又难过,在被教会法解除了这种婚姻的关系之后,坐船返回了西西里。自那日起,国王始终如一地遵守着所规定的苦修,凭借着惊人的禁戒和禁欲,克制住了自己的身体,不为任何非法之事,因此为上帝所动,并受到了训诫。

25. 过了不久,在听到了阿什克伦人对前往耶路撒冷,或返回的朝圣者做出的所有敌对行径后,国王鲍德温征求了自己人的建议,决定征伐埃及王国,如果有机会的话,那片土地、王国,以及其财富就会被驱散,阿什克伦就不会那么傲慢自大、反叛不羁。一直以来,阿什克伦习惯于靠着埃及王国的财富及大量的武器获得救援和鼓励。随着春季的到来,他召集起 216 名骑兵、400 名步兵——他们

---

[1] 译者注:鲍德温与西西里的阿德莱德的婚姻属重婚并不是因为他的第一任妻子仍然活着——她在 1097 年就死了,而是因为他的第二任妻子,其为了稳固在埃德萨的地位而娶的亚美尼亚妻子,她仍然在世。

训练有素，久经战事，取道荒野、偏僻之地。他带着装有补给的货车，因为在阿拉伯人的所有这些地方，他既不抢劫，也不占任何东西；他们或是与他结盟，关系紧密，或是对他有所敬重。在他带着所提到的这整支军队连续前行了 11 天之后，尼罗河出现在了他们的面前，它浸洗着这片埃及之地。他们到了河里，洗掉了汗水。他们从这里拔营，在大斋节中期之前的一个星期四——在 3 月[1]——到了一座被称为法拉玛（Farama）的城市的边界，这座城市筑有城墙、城门，以及防御墙。这座城市是埃及王国最为庞大的一座，距离开罗有不到 3 天的路程。在星期五，即第二天，如此渺小的一支军队的旗帜及阵列被准备妥当。在穿戴上锁子甲和头盔后，他们进攻这座没有防御者的城市，仗着军力、攻势及巨大的喧闹声，进入了它开放的城门。在城里，他们找到了必需品，数量庞大得令人难以置信，有葡萄酒、谷物、油、肉和鱼，以及所有能吃的东西。基督徒在那里发现了无以计数的金银及各种贵重的装饰物。事实上，这座城市的所有居民在突然听说这位国王已经离得如此近以后，全然忘记了防御及他们的财产，只想着逃跑，只想着自己的性命及安全，远远地撤出了这座城市。国王和他的军队，因为这 11 天的旅程，以及这个炎热地带难以想象的炙热精疲力尽，不堪重负，靠着在这里所发现的大量食物及饮品恢复了精力。在星期五、星期六及礼拜日，他们停下了所有的攻势，做所有他们想要做的事情。

---

[1] 译者注：1118 年 3 月 21 日。

第十二卷　鲍德温一世去世及鲍德温二世继位

26. 在平分大斋节的那个礼拜日[1]，一些明智的担忧自身安全的人去见国王，这样讲道："我们人数寥寥，且我们的力量已经为这座城市及埃及王国所知晓了。据说开罗距离这里只有不到3天的路程。于是，我们彼此间做了商议，认为我们应该离开这座城市，如我们所宣誓的那样，继续我们的旅程，不要停留在此地。"因此，国王采纳了自己人的建议，在破晓时分催促同伴们起来，摧毁城墙，放火点燃塔楼、房屋在内的所有建筑，投入了全部的力量，比任何人都更为专注于毁灭这座城市，以免它再为埃及人提供军力及支援。据说，国王比所有人都更为积极、频繁地破坏这座城市，摧毁城墙，燃烧建筑，正在这个时候，他受到炙热和辛劳的极度折磨，身染重病，其肉体所受的折磨越来越严重。在黑暗复归，彻底日落之后，他对活着失去了希望，将其军中的首领叫到一起，透露了自己身体的虚弱，声言自己是难逃一死。在听到了国王这样的绝望及凄凉之后，所有人——从最低微的直至最显贵的——都开始悲叹、哭泣，所有人都是备感凄凉。没有人再抱有任何返回耶路撒冷的希望或信心，他们觉得，自己会于这次的流放之中死于斩首之刑。

27. 为了鼓励他们，尽管痛苦异常，国王鲍德温还是这样说道："你们是非常勇敢的人，总是身处险境，为何因为损失我一个人，你们的精神就变得如此焦虑不安，还反复地哭泣、忧伤、痛苦？我最可爱的兄弟们，我最亲爱的战友们，别让我一个人的死就这样令你们的心变得软弱、

---

[1] 译者注：1118年3月24日。

失落，你们更不能在这样一片陌生而敌对的土地上一蹶不振。以上帝的名义，你们要记住，我的力量是一个人的力量，并且，在你们中间，有许多人的力量和智慧都近似于我，或者没有差别。因此，你们是最坚强的人，绝不要为我的死而痛苦悲伤，开始变得怯懦。你们该关心的，是如何凭着自己的武器安全返回，保住耶路撒冷王国，就像自旅程伊始你们向上帝发誓的那样。"在说完这番话之后，他强烈要求他们信守承诺，并告诫所有在场的人，如果他死了，绝不要将他的尸体埋葬在这片萨拉森人的土地上，以免被异教徒愚弄和嘲笑，要极尽他们之所能的全部办法和努力，将他的尸体带回到耶路撒冷的土地上，埋葬在他的兄弟戈德弗里的旁边。在听到这些之后，他们勉强使自己停止了哭泣，回答说，他给他们强加了一个沉重的、难以承受的负担，即便是空着手，他们也只能寄望于勉强返回耶路撒冷的土地。在这样炎热至极的夏日里，保存、携带着尸体，更是不可能。这时，国王愈加坚持，并告诫所有人，出于对他的爱，他们不能拒绝这个任务。说完这些话之后，他恳求他们，如此说道："我马上就要死了，我恳求你们，用匕首打开我的肚子，将我的内脏取出来，用盐和香料保存我的尸体，并用兽皮或毯子包裹起来，就这样带到耶路撒冷的大公教墓地去，葬在我兄弟的墓旁边。"他立刻召来了家族的厨师阿多，让他立誓约保证，会切开其腹部，去除内脏。国王还对他说："你知道的，我不久就要死了。因此，因为你爱戴着我，或者说，你爱戴着活着的我、在世的我，所以，即便现在我就要死了，你依然要保持你的忠诚，用匕首为我开膛，一定要在里面和外面都涂抹上盐，填满我的眼、鼻孔、耳朵，还有嘴，不要吝惜，务必将我同其他的一起带回去。你知道的，你会这样实现我的愿望，你也相信，在这件事情上，你会遵守同我的誓约。"在安排好这件事情后，在第三天，那是一个星期二，在其忠诚的贵族的眼前，他受到疾病的严重折磨，就要死了。

28. 他们感觉到他生命垂危，因为他是一个有着伟大智慧的人，趁他仍有意识的时候，他们向他询问，在他死后，他想让谁来做耶路撒冷王国的继承人，加冕王冠。这样一来，依照他的建议和指示，那个应加冕的人就能稳妥、没有纷争地加冕为国王。他将王国交予兄弟尤斯塔斯[1]，如果他能前来的话。如果他因为年纪而无法成行的话，就选择伯克的鲍德温，或者是这样的一个人：他能够支配基督教子民，保卫教会，信仰坚定，不畏惧敌人的任何力量，不会轻易被贿赂所腐化。在说完这些后，这位在其故土洛林有着高贵血脉、至为尊贵的人，这位耶路撒冷王国最为著名、常胜的国王，上帝最为勇敢的斗士，断了气。他对基督的信仰坚定不移，并因忏悔而被净化，获得了主的肉和血，受到了护佑。这时，这位最著名的王公就这样死在了野蛮人的土地上，那些卓越的贵族和战友们，既有骑兵也有步兵，因为悲痛，泪如泉涌，大声哀号着，悲恸万分。若不是在这样一片四面受敌的土地上，因失去这样一位伟大的王公所带来的恐惧，他们会哭得更加厉害。因此，他们将他的死及全部的悲伤都隐藏了起来，然后，完全按照

---

[1] 译者注：尤斯塔斯三世，是布伦伯爵，死于1125年。他是戈德弗里和鲍德温的兄长。

他所要求的那样,切开了他的腹部,将内脏掏出并埋葬了,尸体从里到外——眼、嘴、鼻孔、耳朵——都抹上了盐,还用香料和香脂防腐,缝到了兽皮中,再用毯子裹起来,放到了马上,牢牢地绑好。这样一来,异教徒再狡猾,也不会察觉到他已经死了,也就不会被激发出勇气,从四面八方蜂拥而上,来追击这支凄凉悲恸的军队。在以这样的方式,用这辆货车安排妥当这具尸体后,连续数日之间,他们小心谨慎地由这片陌生的土地返回,经过了荒漠和偏远无人之地,以及希布伦山谷之地,在那里,教父亚伯拉罕、以撒(Isaac)、雅各(Jacob)的城堡及墓地直到今日都受到信众的尊奉。从右至左,他们一直都保持着武装骑兵和步兵的护卫。然后,在带着国王的尸体到了阿什克伦平原之后,他们竖起了旗帜,排好了阵势,对自己的军力有了把握。据说,他们是在没有受到敌人阻碍和攻击的情况下穿行而过的。最终,在神圣而光荣的棕榈主日那一天[1],他们带着国王的尸体,一起进入了耶路撒冷的群山。

29. 在这天,宗主教阿努尔夫大人在做了棕榈供奉之后,带着其教士从橄榄山上下来,兄弟们则为了这个节日,从主的圣殿及所有的教堂里出来,前去迎接他,唱着庆祝这样神圣的日子——在这一天,主耶稣乘着驴,屈尊进入了圣城耶路撒冷——的赞美诗和颂歌。就这样,在所有基督教会众为这样一个神圣的日子,因赞美上帝而集合在一起之后,死去的国王出乎意料地被带到了正在唱赞美诗的

---

[1] 译者注:1118年4月7日。

人群中间。在看到他之后,歌声停止了,赞美声变得低微,听到的只有教士及民众巨大的哭泣声。尽管如此,棕榈主日的宗教仪式还是完成了,所有人带着死去的国王,经由"金门"进了去。主耶稣正是从那座门进了去,前去受难的。所有人共同决定,这具尸体应该立刻被埋葬,因为它已经被保留了很久,已然发臭了。所有人都觉得,保留得再久的话,是令人痛苦的,并且是不合时宜的。立刻,大公教的葬仪完成了,他被宗主教大人归于尘土,就在他的兄弟戈德弗里的墓旁,在骷髅地,在主的圣墓之圣殿的门廊之下。在那里,他们建造了一座与国王相称的陵墓,以纪念并崇敬他。这座陵墓有着伟大而惊人的工艺,用的是精致的白色大理石,比其余的墓穴都要宏大,并且连他的兄弟戈德弗里都因为这座陵墓的荣耀而受到了提升。就在这位如此著名的国王被安葬在耶路撒冷之后,令人尊敬的宗主教阿努尔夫因对如此伟大的一位王公、基督的斗士的死的悲伤而身染重病,3个礼拜之后,生命走到了尽头,被葬在了宗主教的墓地的旁边。

30. 就在国王鲍德温被埋葬,宗主教开始患病的那一天,这个尚未健全的教会的教士和子民们失去了如此伟大的一位国王及保卫者,开始寻找这位国王的接替者。他们说,让此地和人民长时间地缺少一位国王,缺少一位守卫者的慰藉,让此地和这片土地因无人防卫而消亡,可不是一个好主意。不同的人在说着各样的主意。最终,所有人同意,将伯克的鲍德温安置在耶路撒冷王国的王位上。因为他是一位无畏的骑士,为了基督徒的安危,经常在战斗中遭受众多的危险,并且一直有力地保卫着埃德萨,免受一切敌人的进犯。所有人立刻表示同意，由他来合法地接受王国的王冠，由宗主教大人来成就他，提升他为国王。这位鲍德温为了这个节日，已经来到了耶路撒冷做礼拜，对发生的所有事情一无所知。此外，宗主教尽管生了病，但仍然在世，看到人民对鲍德温的热爱及执着，他本人也仁慈地同意了，为这位鲍德温——他稍微有点不情愿，声明埃德萨的财富对他而言已经足够了——涂油，行耶路撒冷国王及君主的登基礼。事实上，鲍德温是在耶稣复活这样一个极好的日子[1]受涂油，加冕为国王的，他在荣耀中变得崇高，幸福地享受着这些神圣的日子，在所有事情上都极为虔诚地秉持着上帝的公正。在约定的一天，正如正当且适宜于国王的那样，他在所罗门王的宫殿之中召集王国的所有贵族，将封邑授予每个人，获得了他们的忠诚和宣誓效忠，并体面地将每个人送回家。他令纳布卢斯、撒马利亚、雅法、海法城、圣亚伯拉罕城堡、阿克、西顿、太巴列，以及其他属于耶路撒冷王国的城市和地方臣服于自己的权威，并将它们的一些收入分给自己的贵族，授予它们的一些人与自己同桌共餐的权利。在国王鲍德温和宗主教阿努尔夫逝世、鲍德温涂油为国王之后，瓦蒙德（Warmund）——一个有着优秀品质的人——被全体教士和人民选为宗主教。在被神圣的主教们祝圣后，他实至名归地获得了耶路撒冷宗主教的牧座，统治永生上帝的子民，巩固耶路撒冷的新生的神圣教会。

31. 在耶路撒冷新国王——埃德萨城的王公，伯克的

---

[1] 译者注：1118年4月14日。

第十二卷　鲍德温一世去世及鲍德温二世继位

鲍德温——治下的第二年[1]，一些来自阿拉伯境内的萨拉森人，还有一些来自艾督迈族的人——现在的人称呼他们为贝都因人——带着成群的 30000 多头骆驼、100000 头牛、成群的绵羊，以及闻所未闻的、数以千计的山羊从他们的土地和地域出来，赶着它们到大马士革境内的一侧放牧。在大马士革土地上的王公的许可之下，他们追逐着那里充足的牧草。作为交换，这片土地的主人要从这些人那里获得一笔约定好的拜占庭金币。因为有如此众多的牲畜，超过 4000 名骑兵和步兵从埃及、阿拉伯、贝都因人的土地前来看守这些牧群，持着弓和箭袋、矛和剑，携带着大量各种各样的食物补给。这些人在大马士革王国一侧平静、专注地看守着牧群，无所畏惧，因为他们信赖大马士革王公图格蒂金。在他的恩泽及许可下，他们和妻子、孩子都分散在了草场上，这是这些异教徒的习惯。就在同时，这些牧人从遥远的土地一路来到这里的消息传到了库特奈的乔斯林的耳朵里。作为戈德弗里兄弟鲍德温的馈赠，他获得了太巴列的土地和收益为封邑，因为他出身高贵门第，是伯克的鲍德温——他成为了耶路撒冷国王——父亲的姊妹之子。这位乔斯林在得知了如此庞大的、无以计数的大批牧群就在这片遥远的荒寂之地后，马上告知了布雷斯（Bures）及巴黎城之地的戈德弗里——他是一位杰出的人，还是一位骑士，因各种军功而声名显赫——及他的兄弟威廉，并鼓动这两兄弟前去劫掠。他们赞同了他的怂恿，召唤并集合起 160 名骑兵——他们都是极为勇猛好战且对战

---

[1] 译者注：鲍德温二世统治的第二年是从 1119 年 4 月到 1120 年 4 月。

利品贪得无厌的人——及持有弓、矛、剑的极为凶猛的60名步兵。他们动身出发,进入了那片区域,那些牧人及牧人的守卫们——他们是阿拉伯、埃及和贝都因非常勇敢的战士——正居于此地,这里到处都徘徊着牲口,连同绵羊和山羊。就在他们到达此地后,乔斯林带着50名骑兵组成了一个阵列,从右侧支援。威廉在自己的阵列中妥当组织了骑兵,各阵列数量相同,都穿戴着锁子甲和头盔,在左边的远处占据了位置,这样,他就能为正在激战的同伴们提供人员支持。布雷斯的戈德弗里在自己的阵列中留有60名骑兵,然后率领着顽强的步兵的全部队伍布阵于中央,勇敢地向着牧人及牧人的首领冲了过去,率着全部人马竭力抢劫,试图将战利品抢走。不过,他冲得过远了,到了守卫牧群的人群当中。另一方面,那4000人在获悉了号角声及信号后,一会儿就到了,要驱赶走这一群基督徒。他们包围了戈德弗里及他的人,同他们激战。最终,戈德弗里和他那微乎其微的人无力抵御如此众多之人的力量,大约有40人死在了弓、矛、剑之下:他们是最勇敢的人,在此日之前一直是战无不胜,靠着土地上的收益和地产而致富,他们本身也有在自己之下为自己服军役的骑兵,有的有20人,有的有10人,最少的有5人。仅有8人被俘虏并带走,其余的都死于敌人的武器。威廉在听到了双方间猛烈厮杀的喊叫声后,同他的人上了马,想要援助那些陷入险境的人,但他在穿越灌木丛和干旱之地时迷了路,被耽搁了下来。就这样,他根本没法去援助那些陷入了巨大危险之中的同伴。乔斯林在知晓了这些勇敢之人的不测和毁灭后,他本人也勇敢地向凶残的敌人的队伍中奔驰而去。

然而，他根本帮不上任何忙，那些同伴已经被杀死了。不过，在这场战斗中，据说有超过 600 名萨拉森人被杀。60 名步兵当中，只有 10 人从偏远、昏暗之地逃掉了。这些杰出骑士惨重至极的伤亡发生在主复活的那一天[1]，在这天，所有大公教徒习惯上会休息，不事劳动及所有的争斗，为施舍和祈祷空出时间。我以为，正是这样的缘由，他们被交到了敌人的手中送死。因为，在这般至为神圣的一天，他们贪求劫掠，失去了那些徘徊于无法逾越的赤贫之地中的同伴们的帮助。

32. 在这些非常勇敢的人死于如此可悲的一场屠戮之后，有关这些著名贵族——凭着他们的帮助和建议，耶路撒冷教会被极大地强化，每日都从中获得巨大的好处——的死和厄运的残酷消息不胫而走，传到了离开了耶路撒冷正待在阿克的国王鲍德温那里。在听说并知晓了此事，还有他非常敬爱的骑士戈德弗里的死之后，他的内心因极度的悲伤而受到折磨，他的脸上失去了所有的快乐，所有因复活节的欢乐而快乐地拥到一起的人们内心变得悲伤哀痛，阿克城的所有大街小巷皆是如此。即刻间，所有耶路撒冷的居民都被召集起来，要为被杀害的兄弟们复仇。从基督徒居住的所有地方，国王召集起了一支军队，他率着 6000 人一直到了贝坦（Bethan），并命令他们在平原上扎营。当天晚上，耶路撒冷的这支军队，还有其余被召集起来的人开始不愿意进行这场征程和报仇了，因为大马士革城离得实在是太近了，还受到突厥人武器的保护。正当他们这样

---

[1] 译者注：1119 年 3 月 30 日是当年的复活节日。

犹豫不决的时候,那些贝都因人被新国王到来的消息吓坏了,对突厥人的力量,以及他们变化无常的信义失去了信心,决定给予国王4000拜占庭金币,以作为杀戮他的人的补偿。如此一来,有国王的恩泽和应允,自此以后,他们就能安全、平静地看护自己的牧群,不会再有力量加害于他们。在自己人的建议下,国王答应如此行事,因为他看到自己的人民三心二意,不愿自此动身了。在收到这一大笔金币后,国王返回了阿克,为了戈德弗里的灵魂,还为了其他被杀的人的灵魂,他宣布进行布施,并举行众多的弥撒。

33. 同样地,还是在鲍德温二世治下的第二年[1],在这个复活节的圣星期六——在其后的一天,戈德弗里和上述的骑士们被贝都因人屠杀——因上帝的恩泽,为了强化主复活的信仰,天国之火在主的圣墓之中的油灯里重燃,一会儿就熊熊燃烧起来,这火是用来在复活节的当晚点燃蜡烛的。就在这个时候,一些朝圣者,大约有700人,在耶路撒冷,于主令人敬畏的圣墓之前,拜了主耶稣,并目睹火自天空点燃的奇迹之后,兴高采烈、满心欢喜地从耶路撒冷出来,要遵照信者的仪式,去拜访约旦的河水,并已然从山区径直行进到了库斯科特(Cuscheth)及伯格温斯(Burgevins)城堡。在一片荒僻之地,提尔和阿什克伦的萨拉森人突然出现,持着武器,极为凶猛地向着朝圣者冲了过去,同他们交战。朝圣者没有武装,因多日的旅途而疲倦不堪,并因耶稣之名斋戒而变得虚弱,很快就被打

---

[1] 译者注:1119年。

败了，继而逃跑。这些邪恶的屠夫追击他们，将300人杀死于剑刃之下，俘虏、抓获了60人。当耶路撒冷及其周边地方听说了这些朝圣者所受的不幸和屠杀之后，国王和宗主教瓦蒙德大人，以及所有的大人物都受到悲伤的折磨，立即安排战士去为这些被杀的信众报仇。这些人赶忙去武装起来，上了路，却纯属徒劳。因为，在这场屠杀之后，这些萨拉森人立即变成了逃亡者，带着被俘虏的基督徒和劫掠物，进入了提尔和阿什克伦的城墙。[1]

---

[1] 译者注：记载止于此。

译 后 记

《耶路撒冷史》（*Historia Ierosolimitana*），由亚琛的阿尔伯特著成，共12卷，记述了第一次十字军战争及拉丁东方最初20年的历史。所谓第一次十字军战争，始于乌尔班二世克勒芒会议首倡，是西欧军事贵族集团持"收复主的圣墓，支援基督教兄弟"之名，向近东及耶路撒冷进军所引发一系列战事之总括。这场战争爆发的背景纷繁复杂，与东地中海剧变有着直接关系。11世纪中后期，迅速崛起的大塞尔柱帝国入主近东，主宰耶路撒冷，连败拜占庭和法蒂玛，如入无人之境。同时，拜占庭自马其顿王朝终结后陷入颓势，内乱频仍，外患不断，无暇东顾，主动退出小亚，半推半就地将突厥人迎入小亚。复国无望的亚美尼亚人则在谋求独立与忍受外敌欺辱的夹缝中挣扎。1092年，随着苏丹马立克沙逝世，大塞尔柱帝国逐步瓦解，埃米尔纷纷自立，互相征伐。拜占庭尽管不复昔日雄风，但皇帝阿列克修斯在平定西部纷乱后，决心重建东部行省秩序，兴建海军，剿灭海盗，收复岛屿，着手反攻。近东绝对权力真空，区域霸权缺失，政局震荡，给了有野心者外部干涉的可乘之机。

11世纪末的西欧富有这样的野心。西欧内部秩序相对稳定，外部疆界业已稳固。封建制度日趋成熟，城市经济复兴，农业拓荒运动蓬勃发展，封建权贵获得了向外扩张的可能和动力，迎来了扩张的黄金期。西班牙的再征服运动、英格兰对爱尔兰和威尔士的征伐、德意志向东欧挺进，皆为表征。教会推波助澜，与异教徒为敌，强取土地成了获得金钱、地位的捷径。自1054年东西方教会大分裂始，罗马教廷就一直在寻求契机，恢复大一统格局。耶路撒冷朝圣路的戛然中断、隐修士彼得对圣地基督徒所受欺凌的控诉，成了恰逢其时的导火线。骑士制度、开荒拓殖、宗教虔诚综合作用，加上饥荒、瘟疫作祟，东侵之路就此展开了。宗教虔诚与军事征伐混于一处，产生了奇异的共鸣，衍生出了虔诚战争、武装朝圣、基督武士的溢美称谓，于之后形成、泛用的十字军称呼，更为这个时代打下了不可磨灭的烙印。

1096年至1099年，诸多混杂着封建武装、虔诚信徒、教士、破产农民、老幼妇孺的庞大队伍，自欧洲逐步集结成伍，不断东进。在失败的大众十字军之后，贵族武装在君士坦丁堡集结，跨过海峡，克尼西亚城，败罗姆苏丹基利什·阿尔斯兰于多利拉埃姆，行军小亚，分兵乞里齐亚，围攻安条克，历时8月攻占安条克，重挫突厥联军。此后，他们趁势南下，兵不血刃地通过了的黎波里，最终攻克耶路撒冷城，并在阿什克伦战役中重挫法蒂玛军队，捍卫胜果。在这场战争中，诸十字军国家陆续建立，以耶路撒冷王国为首，形成了所谓的拉丁东方。

第一次十字军战争是200年间，十字军东方战争中唯一对穆斯林取得胜果的战事，夺占耶路撒冷圣城，夺回主的圣墓，在当时的西方基督教世界引发了空前轰动，也是乌尔班二世至死未曾想象过的完美大捷。自然，它受到了整个基督教世界累世的传诵，众多随军教士及后世的教会编年史家都在竭力记述此役，赞美基督大能，如神迹般传诵。同时，这场战争及其后拉丁东方的建立，更是影响了整个东地中海格局，如一石激起千层浪，受到各方的强烈关切。拜占庭、亚美尼亚、突厥人、阿拉伯人，各种宗教背景、不同地位出身的史家都在著述陈辞，详述此事，以资借鉴反思。第一次十字军战争无疑是中世纪记载最为丰富、史料最为充分的历史事件之一。丰富的文献资料为近现代西方学界的研究奠定了基础，成为了直至当代十字军研究仍能不断探索前进的基石。西方学界尤其重视原始文献，仅2000年以后就重新整理、校勘、翻译了一批的十字军文献，新校勘翻译本亦不断出版，且日趋系统。相比而言，国内学界在译注相关文献方面的工作，尚属起步阶段，无论是在资料的储备抑或成果的转化上，都存在着明显的差距和不足。

在众多文献中，阿尔伯特的这部《耶路撒冷史》居于显著位置，不可或缺。这部书是对第一次十字军战争记载最为详细、生动和完整的史著。它篇幅最长，数倍于其他文献，且记载最为完整，一直延伸到战后的1119年，拉丁东方的内政外交皆涵盖于其中。这部书由拉丁文写作而成，以军事战争为主线，对战场的描述翔实细微，真实地反映了近东残酷漫长的血腥冲突，对其中各色人物的描绘刻画生动到位。因为篇幅巨大，在征战这条主线之外，全书还涵盖了包括政治、经济、文化、宗教在内的各方面、层次的内容，其广度同样令人印象深刻。

若要说清楚这部书的价值及意义，有必要结合著者阿尔伯特的背景来谈谈。该书最早的手稿当中并未见作者名姓，只是在之后的支系手稿中有见阿尔伯特这个名姓。为了便于研究，阿尔伯特也就被默认为此书的原著者。书中未见阿尔伯特对自己有过多少的记述，只是在开篇时，提到自己是名教士，想要前往东方但未能成行。他写作本书的目的非常明确，就是要将先人的丰功伟绩记于笔下，为后人景仰，令其不朽。依据现代学界的研究来看，他应生存于11世纪末到12世纪初，生活在莱茵兰的亚琛附近，可能是圣玛利亚大教堂的教士。他在1096年十字军出发前业已成年，受过严格的修道院教育，精通拉丁文，有古典文学的基础，且对宗教经典颇有研究。

相对仅受过有限教育的随军低阶教士（教皇乌尔班二世明令禁止高级教士随军出征，以免妨碍军事进程）的手迹，这部史料的文字水平明显高出一筹，用词并非千篇一律，其词汇使用甚至算得上是相当丰富。譬如，仅贵族一类范畴，阿尔伯特就使用了 *primoris*、*princeps*、*maiores*、*potentes* 等多种表达，并能有意地区分表现其地位权势之别。并且，他还偏爱于同义词的复写、对联，如 *cedes et strages*、*menia et muri*、*offere et dare* 等，这样的习惯特别有益于后世学者对历史人物身份地位的准确定位，两分法更使得划分、界定社会关系变得简单明了。不仅如此，他对整个社会中的各个阶层都怀有浓厚的兴趣。除贵族士绅外，他还对下层群众的经历有着强烈的关注，以最细致的描写和多样的词汇对其记述和划分，这种平衡性尤其可贵。阿尔伯特丰富的用词，对社会关系清醒的认识和理解，对于研究当时的西欧封建社会及社会结构而言，意义和价值之大毋庸置疑。此外，他对女性群体的记述和评陈也相当丰富，全书中存在着大量各样境遇的妇女人物，亦是社会学研究不可多得的宝贵资源。

当然，在文字以外，这部书最重要的意义还是体现在其史料价值上。尽管阿尔伯特本人并未亲身参与到十字军战争中去，但他却尽己所能地真实地还原了这场战争及近东情势的变幻。书中相当一部分的记载，直接来自亲身参与过这场战争的十字军战士的口述，这些人来自法兰西北部、佛兰德斯、莱茵兰及德意志的其他地方。在书中，他不止一次地在强调记述的真实性，尤其强调"证言"之重。譬如，在开篇，他就点明，自己记述的，乃是那些亲历者的回忆，是要将这些东西变为文字，流传于世。"来自在世的亲历者"（*ab hiis qui presentes affuissent*），如"亲历者所言"（*ut dicunt qui affuerunt*），"如亲历者如实所言"（*ex ueritate qui aderant*）这样的说法常见于文间。可以说，阿尔伯特在史料方面具有一定坚持求真的精神，这在中世纪的教会史家中并不多见。并且，阿尔伯特在文间所表现出的立场和态度也令人瞩目。在其书中，尽管有对上帝及基督教的称颂赞美之辞，但相较于中世纪其他基督教史家，他从未长篇累牍地引经据典，全篇写作风格洗练，很少有偏离事件主旨，类似普世传教之类的大段宗教陈言。少量恰当准确的引注，又表现出其不同寻常的神学造诣。相对而言，他对拜占庭的态度更为缓和、宽容，确实地反映了拜占庭对十字军的支持，体现出了东方基督徒的作用和价值。他完全反对迫犹行为，痛斥其为极端行为，是愚民和疯子才能犯下的罪行。不仅如此，他对伊斯兰世界及近东局势的洞悉程度令人惊异，他可以准确地分辨阿拉伯人和突厥人，将二者区别开来，还能判断出埃及法蒂玛王朝同大塞尔柱帝国间的敌对关系，将各方的微妙关系表露于笔尖。从时间上看，该书著于12世纪初，成书时间很早，基本属于同时期的记录。综合所有这些因素来看，其史料价值完全可等同于亲历者之所著。

从今日的研究状况来看，其书中的许多记述确实非常准确，乃至可与同时期东方的穆斯林史家的记载比照，相互印证，实为罕见。其中，有关大众十字军、迫犹活动、分兵乞里齐亚、埃德萨伯国建立、1101年十字军等等内容的记载更属珍贵，可弥补其余史料记载之缺失，无可替代。实际上，这部书的史料价值早在中世纪就已得到了证实。13世纪，中世纪最负盛名的编年史家之一，提尔的威廉所著《海外功绩史录》（*Historia rerum in partibus transmarinis gestarum*）可谓不朽名作，其中涉及第一次十字军的章节，大量借鉴了阿尔伯特的《耶路撒冷史》的内容。尽管有他论，以为这两部书或共同参鉴了一部现已遗失的史料文献，但无论如何，能完整留存至今的《耶路撒冷史》对今日研究价值之大显而易见，无可置疑。

谈到学术史及谱系学，该部《耶路撒冷史》先后被发现过13个抄本，在19世纪被近代学者编号以示区分。19世纪以来，保罗·梅耶最早对这些抄本做了整理，并做出了最早的评述版。在19世纪末，贝尔纳德·库格勒对其德文抄本进行了整理。近年，英国学者苏珊对所有现存抄本做了系统的研究和比对，整理出了到目前为止最为精确和完整的拉丁文本，并以拉英对照本的方式予以出版。本中文译著所采用的，即是苏珊版的拉丁文本。

这部书字数众多，又是拉丁文直译，工作量之大可想而知。全书翻译校对润稿历时两年有余，即便如此，时间也相当紧张，难说是有条不紊，最后还是拖稿半年才得收尾。作为原始文献，著于中世纪，距今已有800年时间，自然有许多问题需要说明。首先，全书的体例是必须一提的。总体而言，这部《耶路撒冷史》不能算编年史的范畴，可归为依年代顺序，以十字军战争为主线的历史叙述史编撰体例。全书尽管有13卷，但最初的手稿各卷皆没有名称，每卷都依自然段落分成数十节，有长有短，每节也没有标题概括。只是到了后期，一些后人的手抄本上对每小节以拉丁文新加了标题。此次中译本中所有卷都在最初样式上增加了命名，各节仍仅以序号顺序编列，便于引用。

此外，拉丁文词格复杂，高度屈折化，语法严谨繁复，语序十分灵活，与中文有着很大的差异。拉丁文的断句风格也很有特色。在文中，三五行的长句司空见惯，每个长句又是由多个小句构成，这样一来，在翻译的过程中，篇章结构的把握，语序的调整，部分长句的重断就显得相当复杂棘手。尽管阿尔伯特拉丁文的造诣要远高于同期的其他基督教史家，但与古典时代的修辞大师相比，依然是差距显著，甚至可算天差地别。作为中世纪的基督教史家，阿尔伯特同样是本着服务宗教的社会功能在写作，并未特别钻研于语句的凝练，叙事的艺术，文辞的雕琢。因此，若单纯探讨言辞句法，其文笔算不上优美，远称不上雅，甚至可说是枯燥单调。加之我在翻译方面资历经验尚浅，远未参透信达雅之深意，难以再为译本添上多少的光彩。因此，综合全篇，文字是比较单纯朴素的。本着译文准确至上、忠实原本的精神，句式大体保持了作者的原有风格，在此基础上对语序做了适当调整，以尽量贴合中文语法及阅读习惯，减少词语搭配造成的误读曲解和模糊，以求有条有理。尽管如此，因上述的这些缘由，译文难免还是显得略微生涩。

要特别指出，在全书拉丁文本的翻译过程中，我部分参考了苏珊的英文译本，以保证中译本的准确。苏珊·爱丁顿教授，就职于伦敦大学玛丽皇后学院历史系，是十字军研究领域的资深学者，常年致力于原始文献的校勘翻译，这部《耶路撒冷史》的拉丁文本就是由其重新整理校勘的版本，受到当今国外学界的普遍认可。苏珊不仅重新挖掘了这部史料，且做出了学界最好的英文译本。在我与苏珊教授的邮件往来中，她曾特别提到，这部书的校勘和研究耗费了她多年精力，可算珍惜备至，研究入微。苏珊教授的英文译本我是通篇读过的，并将其中事件节点与现今主要十字军研究著述做过比对，译注水平确实令人钦佩。在翻译的过程中，我时常与苏珊教授沟通，她及时、细致的解答对我帮助很大，在此特表感谢。就参考的具体内容来说，在中文译本中，关于年代、时间的界定，地名、人名的翻译，我皆依照苏珊的译本，并做反复推敲，在与其他涉及相关内容的权威专著做过比对后，再加以采用。应该说，她译本中的时间及地点、人名，与现今学界的主流研究成果是基本一致的，几无出入。我个人碍于资源有限，难以逐一推算史料中纪年、纪日的具体日期，判定各样的地域、地点。这样的参照我个人以为是妥当的，至少减少了读者理解的困难，可直接与学界公认的时间线接轨。在此，仅就上述参鉴做此专门说明和解释。

当然，中译本并非与英译本各处一致，避过语法习惯、语序、表述方式上的显著区别不谈，一些理解上的差异所造成的翻译差别也是存在的，在此不做赘述，若有兴趣和能力，读者可自行将拉丁文本与两个译本比照，以作评判。另要补充，因原始文本未有任何注解，作为原始材料，本就是用作研究之用，再加之我个人精力、时间有限，专业领域上亦不敢妄称尽数延揽，因此，除了时间、地域等必要提及，否则可能导致混淆不清之处有所注解，基本未做其他多余的添加，权当谨慎保守处理。

翻译这样一部鸿篇巨制，对任何一个致力于中世纪研究，特别是十字军研究的学者而言，都可算作一项既艰巨，又光荣，并且值得骄傲的成就。至于我个人之所以有幸能获得翻译此书的资格，就必须要感谢几位前辈的提携与指点。其实本书的拉丁文本，在我博士在研期间即已经有所接触，并作为主要史料加以翻译，不过，仅停留在有选择译注部分章节的程度，为的是研究之用。2010年秋，当我在《古代文明》刊发《〈耶路撒冷史〉中的安条克之战史料译注》后不久，我的博士生导师，东北师范大学历史文化学院的徐家玲教授多次建议我将全书翻译完成，并寻求出版。作为拜占庭及东地中海研究领域的知名学者专家，徐老师对这部史料可谓推崇备至，她多次跟我讲，既然可以做到部分译注刊发，何不一气呵成，将全篇都译下来呢？

如今想来，若没有导师的倾力支持和鼓励，我不可能有勇气去挑战这样一部鸿篇大制。此外，世界古典文明史研究所所长张强教授也对此主张持着同样积极乐观的态度，认为完全可放手一试，更使我平添了不少的信心。现在想来，如果没有前几年在古典所的苦读经历，没有张强教授的指点和鞭策，我个人根本不可能在拉丁语研习上有所突破和长进。时至今日，我对二位老师的感激之情难以言状，只是所做成果还是不足以与当年老师们的期待和设想相提并论，甚感惭愧不堪。转续前文，正是在徐老师的引荐下，幸得上海师范大学陈恒教授真诚提携，在当年冬，我终得以与大象出版社签订了出版合同。

在此，我还要对我的硕士导师，河北师范大学历史文化学院的骆继光教授表示由衷的感谢。自我硕士在读伊始，骆老师就为我指明了十字军研究的方向，我以"圣殿骑士团"为题，做了三年的研读。因中文材料专著罕见乃至稀缺，我自入学之日起就反复与各种英文译本的文献资料及专著打上了交道。现在看来，这段经历和积淀弥足珍贵，实在是影响我日后乃至今生学术研习之路的一段重要历程。此外，我还要感谢清华大学历史系的张绪山教授。他多年来一直在对我就中世纪长短情势的各种问题予以耐心解答，其治学的宽阔视野，专业翻译的严谨精神，令我受用不尽。受张老师启发，现今我对本书所处历史情势的认识已然清晰明了许多，得益之处极多，无以言述。在中译本的编辑校对方面，我要向刘东蓬及徐淯琪两位编辑表示谢意。我初涉译著，很多程序性的事情并不清楚，译稿也未见都合标准，且拖稿数次，幸有两位编辑的大力支持及耐心处理，才得以有了现在的模样,在此致谢。最后,谨此机会,我想对我的家人,我的父母和爱人致以谢意。关外求学四年,前后数来,十年有余,我也过而立之年,尚未能全尽子女孝道,反倒一直受着二老的照顾,深感不安自责。虽成果不济,但权且算作一个交代,聊表安慰之情。我的妻子王琳,与我同为河北师大的教师,任职于外国语学院翻译系,在生活上,她对我照顾有加,体贴入微;在专业上,于本书的翻译她也为我提过不少有益的建议,帮助很大,在此特表谢意。

王向鹏
2014 年 2 月 17 日